图书馆 · 情报 · 文献学

国家社科基金项目书系

本书是国家社科基金重点项目"信息生态视角下智慧城市信息协同结构与模式研究"（17ATQ007）的研究成果

智慧城市信息协同研究

Information Collaboration in Smart Cities

马 捷 蒲泓宇 胡 漠 张云开 谢雨杉 著

国家图书馆出版社

图书在版编目(CIP)数据

智慧城市信息协同研究 / 马捷等著. -- 北京:国家图书馆出版社,2024.11
(图书馆·情报·文献学国家社科基金项目书系)
ISBN 978 - 7 - 5013 - 7437 - 3

Ⅰ.①智… Ⅱ.①马… Ⅲ.①现代化城市—城市管理—信息化—研究—中国
Ⅳ.①F299.2

中国版本图书馆 CIP 数据核字(2022)第 005030 号

书　　名	智慧城市信息协同研究
	ZHIHUI CHENGSHI XINXI XIETONG YANJIU
著　　者	马　捷　蒲泓宇　胡　漠　张云开　谢雨杉　著
责任编辑	唐　澈　高　爽
封面设计	陆智昌

出版发行　国家图书馆出版社(北京市西城区文津街 7 号　　100034)
　　　　　(原书目文献出版社　北京图书馆出版社)
　　　　　010 - 66114536　63802249　nlcpress@ nlc. cn(邮购)

网　　址	http://www. nlcpress. com
排　　版	北京金书堂文化发展有限公司
印　　装	北京科信印刷有限公司
版次印次	2024 年 11 月第 1 版　2024 年 11 月第 1 次印刷

开　　本	787mm×1092mm　1/16
印　　张	21.5
字　　数	416 千字
书　　号	ISBN 978 - 7 - 5013 - 7437 - 3
定　　价	168.00 元

前　　言

新时代城市运转加速，随之而来的人口拥挤、交通拥堵、资源短缺、环境污染等各类"城市病"也成为困扰城市发展的难题。破解城市困局，智慧城市建设势在必行。"智慧"的城市需要能够迅速、灵活、正确地理解和处理各类问题，解决矛盾的速度需要跟上甚至超过问题涌现的速度，才能够进一步推动社会发展。而当前城市运行速度加快的重要原因之一，在于信息传递速度的加快和信息量的爆炸性增长，因此，信息的及时、准确和高效利用是实现智慧化的基础，信息协同的实现是智慧城市建设的关键环节。

当前，我国信息协同建设正处于初级阶段，政府、企业、公民等城市各类信息主体之间的信息不协同，共享渠道不畅通，信息从产生、传输、存储到利用整个周期并未形成一个生态体系，大量信息被重复采集、挤压存储、低效利用，耗费时间、人力、物力、财力，造成资源的极大浪费，同时也严重拖慢了问题处理速度，行事低效。基于这一现状，本书对智慧城市的信息协同结构与模式展开研究，以协同论、图论、复杂网络理论、信息生态理论以及群体智慧理论为理论支撑，采用定量与定性分析相结合的方法，解析智慧城市的信息协同结构和信息协同模式，分析信息协同网络的薄弱环节，提出智慧城市信息协同的整体优化和配置策略，对丰富信息协同理论体系、促进信息协同建设向信息生态化发展、完善智慧城市顶层设计、推动智慧城市建设具有重要意义。具体内容阐述如下：

前3章介绍了本书的研究背景与研究意义、主要内容以及相关理论和基本概念。第1章介绍了研究背景与研究意义，明确核心研究问题以及国内外研究现状，介绍了本书的研究思路与研究方法以及研究内容。第2章解释了本书的理论基础，包括协同论、图论、复杂网络理论、信息生态理论和群体智慧理论。第3章对信息协同的概念和层次模型等进行解析，搭建了智慧城市信息协同三元理论框架和数据融合框架，并对人的信息协同行为进行详细阐述。第1—3章主要由蒲泓宇、胡漠、张云开、葛岩撰写。

第4、5章对我国当前智慧城市的信息协同结构进行解析。第4章以智慧政府为核心，识别政府部门节点以及节点关系并测度各节点的信息协同关联强度。第5章进一步从实际的城市治理和服务流程操作层面解析信息协同生态网络结构，对比我国不同城市之间的信息协同差异，实现对智慧城市信息协同结构的可视化和强度分析。第4、5章主要由马捷、胡漠、蒲泓宇撰写。

第6、7章进一步解析智慧城市信息协同结构中的多元信息主体，并完成对信息协同网络的协同度测度。第6章识别和分析智慧城市体系下多元主体构成的信息生态链，通过对信息生态链协同效应作用机理的分析，提出协同效应优化策略，并设计出基于多元主体协同效应的智慧城市信息生态链。第7章以网络结构熵为指标，识别出信息协同网络结构的重要节点和核心关系，为信息协同的量化提供支撑。第6、7章主要由马捷、胡漠、张云开撰写。

本书发现，在信息协同实际操作过程中，信息系统元数据的标准化问题以及信息人员的协同意愿问题是推动信息协同的重要阻碍因素。因此，第8、9章分析了我国智慧城市多源信息系统元数据的建设标准以及映射规则，析出了多源信息系统元数据映射的原则与方法，并解析了映射流程。第10章以政府公职人员为例，针对信息协同行为展开研究。从认知视角解释了信息协同行为的动机，分析了政府公职人员信息协同行为的影响因素模型和驱动模型。第8—10章主要由马捷、谢雨杉、张云开撰写。

第11章基于整体研究内容和结论，构建信息生态视角下智慧城市信息协同模式。秉承系统观、人本观、互动观、发展观和循环观的原则，析出信息协同模式构成要素：信息人、信息环境、信息，并解释了各要素间的作用关系，阐述了以应用情境、服务对象、协同数据三大模块为基础的智慧城市信息协同模式，并分别从人本层、业务层、协同层和实施层给出信息协同模式的驱动路径。该章主要由马捷、胡漠撰写。

第12章阐述实际操作过程中的协同策略和保障措施。从信息协同参与者能力提升、业务流程再造和底层技术支持三个方面提出相应的协同策略，并给出法律制度、人力资源、技术和资金四个方面的保障措施。该章主要由蒲泓宇撰写。

本书在理论方面梳理出智慧城市信息协同分析的概念体系和理论框架，并提出信息协同网络的抽象、测度方法体系，为智慧城市信息协同网络结构的识别和测度提供科学方法和理论支撑，为优化智慧城市信息协同结构提供新的思路和方法。在实践方面，为智慧城市的顶层设计提供理论参考，也有助于政府相关部门在信息协同建设中精准施策，完善智慧政府信息协同网络结构，辅助顶层设计，促进智慧城市建设。

全书由马捷、蒲泓宇统稿。

马捷

2024 年 10 月

目　　录

1 智慧城市信息协同研究概述

1.1 研究背景与意义

1.1.1 研究背景

联合国人类住区规划署在《2014—2019 战略规划》中指出，全球超过一半的人口居住在城市里①。在过去的近 20 年中，伴随全球经济的蓬勃发展，各国均出现人口向大城市迁移的迹象。随着人口的不断迁徙，城市面貌日新月异，城市人口拥挤、交通拥堵、资源短缺等问题也困扰着各大城市的管理者，其问题根源在于社会管理与服务方式的落后，为了有效解决上述问题，智慧城市建设被许多国家政府提上议题②。智慧城市是一个开放的巨型复杂系统，包含智慧城市系统本身及其周围物质、能量、信息的交换③，其核心是智慧政府④。

我国政府高度重视智慧城市建设工作，国务院发布了《国家新型城镇化规划（2014—2020 年)》，八部委联合印发《关于促进智慧城市健康发展的指导意见》。这些文件要求确

---

① Goals & strategies of UN-habitat［EB/OL］.［2019 - 01 - 16］. https://unhabitat. org/goals-and-strategies-of-un-habitat/.

② DAS R K, MISRA H. Smart city and E-Governance：exploring the connect in the context of local development in India［C］//Fourth International Conference on Edemocracy & Egovernment，IEEE. Quito，2017：232 - 233；PASKALEVA K. Enabling the smart city：the progress of city e-governance in Europe ［J］. International journal of innovation and regional development，2009，1（4）：405 - 422；BAKICI T，ALMIRALL E，WAREHAM J. A smart city initiative：the case of Barcelona ［J］. Journal of the knowledge economy，2013，4（2）：135 - 148；SUTANTA H，ADITYA T，ASTRINI R. Smart city and geospatial information availability，current status in Indonesian cities［J］. Procedia-social and behavioral sciences，2016，227（7）：265 - 269；KOMNINOS N，PALLOT M，SCHAFFERS H. Special issue on smart cities and the future internet in Europe［J］. Journal of the knowledge economy，2013，4（2）：119 - 134；NJENGA M，BRAITSTEIN P，GALLAHER C. Innovations in urban agriculture and energy for climate-smart cities in Kenya［J］. Urban agriculture magazine，2014（27）：24 - 27；国务院关于促进信息消费扩大内需的若干意见［EB/OL］.［2019 - 01 - 22］. https://www. gov. cn/gongbao/content/2013/content 2473877. htm.

③ 胡漠，马捷，李璐. 智慧城市多元主体信息链协同效应作用机理之实证研究［J］. 图书情报工作，2019，63（15）：23 - 32.

④ 马捷，蒲泓宇，张云开. 基于复杂网络分析的智慧政务信息协同结构及特征研究——以深圳市为例［J］. 情报理论与实践，2020，43（1）：24 - 32.

保智慧城市建设健康有序推进。根据全国信息技术标准化技术委员会面向服务的体系机构分技术委员会对我国试点智慧城市的调研，政府、企业等均认为"跨部门业务协同""信息资源共享、整合""政府的统一规划和指导"是推动智慧城市发展的主要因素，然而现实中，政府职能部门信息共享不力、信息协同水平低等问题非常普遍，信息协同已经成为智慧城市建设与发展的关键和瓶颈问题。

1.1.1.1 智慧城市建设符合我国国家发展战略的部署需求

2014 年 9 月，国家发展和改革委员会联合七部委发布的《关于促进智慧城市健康发展的指导意见》① 作为战略政策文件，为我国的智慧城市建设确立了基本原则。此后，国务院发布的《国家新型城镇化规划（2014—2020 年）》② 将智慧城市建设作为重要章节进行论述。随后，各省市也相应出台智慧城市建设的政策文件，如 2015 年 6 月吉林省发布的《关于印发吉林省促进智慧城市健康发展的实施意见的通知》③ 指出："到 2020 年，我省智慧城市建设取得显著成效，覆盖全省的智慧城市支撑体系初步形成。"2016 年 9 月上海市发布的《上海市推进智慧城市建设"十三五"规划》④ 指出：到 2020 年，上海市将初步建成以泛在化、融合化、智敏化为特征的智慧城市。2019 年 2 月，河北省发布的《河北省人民政府办公厅关于加快推进新型智慧城市建设的指导意见》⑤ 指出：到 2020 年，河北省将探索出符合河北省情的市、县级智慧城市发展路径，到 2025 年，智慧城市与数字乡村将融合发展，覆盖河北省城乡的智慧社会将初步形成。由此可见，智慧城市建设符合国家发展战略的部署需求，当前中国智慧城市建设不是局限在国家层面，而是进一步向市、县一级延伸。

1.1.1.2 信息技术成为智慧城市发展的新引擎

截至 2020 年 3 月，我国网民的规模已达到 9.04 亿，普及率达到 64.5%。其中，手机

---

① 发展改革委 工业和信息化部 科学技术部 公安部 财政部 国土资源部 住房城乡建设部 交通运输部关于印发促进智慧城市健康发展的指导意见的通知 [EB/OL]. [2020 - 06 - 22]. https://www. gov. cn/gongbao/content/2015/content_2806019. htm.

② 中共中央 国务院印发《国家新型城镇化规划（2014—2020 年）》[EB/OL]. [2020 - 06 - 22]. https://www. gov. cn/gongbao/content/2014/content_2644805. htm.

③ 关于印发吉林省促进智慧城市健康发展的实施意见的通知 [EB/OL]. [2024 - 02 - 10]. http://jldrc. jl. gov. cn/jgcs/fgc/gfxwj/gfxml/201511/t20151125_5235072. html.

④ 上海市人民政府关于印发《上海市推进智慧城市建设"十三五"规划》的通知 [EB/OL]. [2020 - 06 - 22]. https://jldrc. jl. gov. cn/jgcs/fgc/gfxwj/gfxml/201511/t20151125_5235072. html.

⑤ 河北省人民政府办公厅关于加快推进新型智慧城市建设的指导意见 [EB/OL]. [2020 - 06 - 22]. http://www. echinagov. com/policy/246692. htm.

网民的规模已达到 8.97 亿，网民通过手机接入互联网的比例高达 99.3%[①]。随着互联网覆盖范围的进一步扩大，贫困地区网络技术设施"最后一公里"被逐步打通，不同地区间的"数字鸿沟"加快弥合，移动网络流量资费大幅下降，跨省"漫游"成为历史，居民入网门槛进一步降低，信息交流、协同的效率得到了较快的提升。

当前，世界范围内的信息技术突飞猛进，在我国以 5G、量子信息、人工智能、云计算、大数据、虚拟现实、物联网标识、超级计算等为代表的新一代信息技术，催生了一批新应用、新业态、新产业与新的管理方式，促使了智慧城市建设的快速推进。信息技术已成为我国智慧城市发展的新引擎。

1.1.1.3 智慧城市信息协同助力"大城市病"的解决

人口膨胀、交通拥堵、资源紧张、空气污染等"大城市病"现象在经济社会高速发展的今天已越发突出。随着智慧城市信息协同的不断推进，城市的管理者可以利用智慧城市内部多元主体间的信息协同所产生的数据，提升自身的科学规划、综合态势感知、应急响应与处置、数字经济发展等城市管理能力，实现对城市运行状态的全面感知、态势预测、事件预警和决策支持，从而有效缓解"大城市病"。

1.1.1.4 国外智慧城市信息协同建设的优秀案例可为我国提供借鉴

国外智慧城市信息协同建设成功的案例较多，其中各国公认的成功案例是新加坡于 2006 年推出的《智慧国 2015 规划》。该计划通过公开新加坡的 50 多个政府部门的 5000 多个数据集，为新加坡建立起一个"以市民为中心"的政务体系，市民与企业通过该政府体系可以随时随地参与政府部门的各项事务[②]。我国智慧城市信息协同建设正处于初级阶段，借鉴与参考国外智慧城市信息协同建设的成功案例可使我国的智慧城市信息协同建设少走弯路。

1.1.1.5 智慧城市信息协同是实现城市可持续发展的最优选项

城市建设与发展的理想状态是实现城市的可持续发展。智慧城市的发展理念与发展方向符合可持续发展理论对未来城市发展的要求。其主要表现在以下两个方面：第一，智慧城市的建设与发展秉持"以人为本的理念"，智慧城市更多地聚焦在"人"，以为人提供便捷、优质的智慧医疗、智慧教育、智慧交通、智慧居家为目标，实现人的可持续发展，而实现人的可持续发展是实现城市可持续发展的标志之一。第二，智慧城市以信息技术与

---

① 第 45 次《中国互联网网络发展状况统计报告》［EB/OL］.［2020 – 06 – 22］. http://www.cac. gov. cn/2020-04/27/c_1589535470378587. htm.

② 李勇. 新加坡开展智慧国 2015 规划［J］. 每周电脑报，2006（16）：57.

第一、二、三产业相融合的方式实现经济的可持续发展,而实现经济的可持续发展是实现城市可持续发展的标志之一。

1.1.2 研究意义

1.1.2.1 理论意义

对信息生态视角下智慧城市信息协同结构与模式进行研究的理论意义在于:

(1)为智慧城市信息协同网络结构识别提供科学方法与理论依据

智慧城市信息协同网络结构是在组成智慧城市的不同政府部门、经济组织与市民高效完成某一关于城市发展的具体事务而触发的信息交互过程中自发生成的。对自发生成的智慧城市信息协同的网络结构现状进行识别,是获悉智慧城市目前建设与发展所处阶段、存在问题和提出优化方案的基础。

(2)为智慧城市信息协同模式的构建提供理论框架与概念模型

随着社会经济、文化的不断发展,原有的城市治理与服务模式已经很难满足人们日益增长的对城市服务的需求。同时,信息技术的不断发展,为传统城市向智慧城市的转型提供了技术保障。对智慧城市信息协同模式进行研究,促进信息协同模式向"智慧化"方向改进升级势在必行。

1.1.2.2 现实意义

对信息生态视角下智慧城市信息协同结构与模式进行研究的现实意义在于:

(1)智慧城市信息协同有助于实现城市管理的科学规划

智慧城市信息协同旨在实现城市中不同政府部门、经济组织、公民间的信息即时交互与运用,进而为实现城市管理的科学规划提供数据支撑。

(2)智慧城市信息协同有利于节约城市运行成本

对智慧城市信息协同网络结构与模式进行研究,厘清智慧城市中不同的政府部门、经济组织、公民间的信息协同需求与信息协同路径,整合信息资源、优化信息协同路径,减少各类资源的无效重复使用次数,将有效节约城市的运行成本。

(3)为相关政府部门推进智慧城市信息协同建设提供依据

对智慧城市信息协同结构与模式进行研究,有助于相关政府部门在人力、财力、物力等外部条件有限的情况下,做到精准施策,快速提升我国智慧城市的城市治理与服务能力,为民众提供更加舒适的生活环境。

(4)促进我国智慧城市向信息生态化发展

智慧城市信息协同不仅可以促进城市内部的各个组织、个人间提高信息协同效率,进而提升智慧城市运转效率，还可以通过信息的高效协同，实现资源的有效利用，最终实现城市可持续发展的目标。

1.2　核心研究问题

本书以智慧城市顶层设计中的信息协同、智慧模块间及内部的信息协同问题为研究对象，界定出七大核心研究问题。

（1）信息协同理论框架研究。信息协同在国内还处于研究初期阶段，并没有形成一个完整的理论体系，相关内涵、定义以及模型都比较缺乏，因此本书需要先从理论层面梳理出信息协同的内涵及研究框架，这样不仅可以丰富信息协同理论研究，也为本书奠定理论基础。

（2）智慧城市信息协同结构研究。信息协同结构是本书的核心研究内容，即在理论框架研究基础上，基于智慧城市中的业务流，分析城市信息协同现状，解析出信息协同的结构，实现信息协同的量化分析，为提高智慧城市信息协同程度提供基础。

（3）智慧城市信息生态链研究。在信息协同整个信息链条中，信息来源于多元主体，同时也需面向多元主体，在多对多的状态下，容易出现信息协同错漏、重复、低效等问题，需要对多元主体之间的信息流动进行分析，从而完善信息生态链设计。

（4）智慧城市信息协同度测度研究。在对信息协同结构的分析以及对信息生态链的设计完成后，需要设计具有代表性的信息协同度测度指标，检验信息协同状态，从而直观地看到信息协同状态变化情况。

（5）信息协同行为研究。从信息生态的观点看智慧城市信息协同，人的主观意识有很关键的作用，信息协同各方主体存在信息协同意愿不足、协同过程中配合度不高等问题。对信息协同行为基本理论进行研究，并以政府公务员为研究对象，分析其信息协同行为影响因素和驱动模型。

（6）智慧城市信息生态系统元数据研究。智慧城市是在原有城市信息系统结构上发展起来的，信息协同的基础是数据良好的互操作性。本书对智慧城市多源信息系统元数据规范化和映射进行研究。

（7）信息协同模式。基于对以上研究问题的梳理，本书进一步探究基于信息生态的信息协同模式。从原则、要素、作用机理以及具体包含的模块和相应的驱动路径等方面，抽象出信息生态视角下智慧城市的信息协同模式，并提出相应的实施策略和保障措施。

1.3　国内外研究现状

1.3.1　智慧城市研究现状

智慧城市的概念源于 2008 年国际商业机器公司（IBM）提出的"智慧地球"这一理念①。

（1）关于智慧城市概念研究

朱凯悦等②采用内容分析法对中国知网近 10 年内关于智慧城市研究的核心期刊文献进行梳理，利用 Nvivo 软件提炼出来关于智慧城市这一概念的 8 个核心类目，这 8 个核心类目分别为创新、管理、智能、信息技术、资源、服务、生活、持续，并据此将智慧城市定义为：将信息技术与城市发展相结合，以问题、目标与需求为导向通过创新城市发展模式、整合优化城市资源、提升城市运行效果与服务能力，以提高城市生活质量与推动城市可持续发展。Mattoni 等③认为智慧城市代表了硬件与软件之间、技术与人力资源之间的平衡，智慧城市的最终目标是保障居民的生活品质。

（2）关于智慧城市建设的作用

Kitchin④ 通过大量的案例证明了城市中的一些基础设施所产生的"大数据"可以为城市的决策者与普通市民所利用，从而使这些数据的价值实现最大化。Khansari 等⑤认为智慧城市能为市民提供各种城市服务信息，并追踪能源消耗的过程，使整个城市得到可持续发展。

（3）关于智慧城市发展水平评价

Lazaroiu 等⑥通过构建智慧城市模糊逻辑评价模型，评估了 10 座具有代表性的意大利智慧城市的智慧水平。李霞等⑦认为智慧城市是城市信息化发展的高级形态，为了解智慧

①⑥　LAZAROIU G C, ROSCIA M. Definition methodology for the smart cities model ［J］. Energy, 2012（47）: 326 – 332.

②　朱凯悦, 崔庆宏, 赵金先, 等. 基于内容分析法的国内智慧城市概念研究 ［J］. 中国管理信息化, 2019, 22 （1）: 147 – 149.

③　MATTONI B, GUGLIERMETTI F, BISEGNA F. A multilevel method to assess and design the renovation and integration of smart cities ［J］. Sustainable cities and society, 2015 （15）: 105 – 119.

④　KITCHIN R. The real-time city? Big data and smart urbanism ［J］. Geoournal, 2014, 79 （1）: 1 – 14.

⑤　KHANSARI N, MOSTASHARI A, MANSOURI M. Conceptual modeling of the impact of smart cities on household energy consumption ［J］. Procedia computer science, 2014, 28: 81 – 86.

⑦　李霞, FONG P S W. 基于小波神经网络的智慧武汉信息化发展评价及对策研究 ［J］. 情报科学, 2018, 36 （2）: 113 – 117.

城市信息化实践过程中存在的区域差异，构建了基于创新驱动、智慧产业发展水平、智能基础设施支持、智慧城市信息枢纽、智慧城市信息服务五个评价指标在内的智慧城市信息化发展评价指标体系，并以北京、上海、天津、广州、重庆、成都、武汉、郑州八个国家中心城市为例进行实证研究。张长亮等①从智慧政务、智慧交通、智慧医疗三个方面对比中国和新加坡两国的智慧城市建设情况，认为我国亟待打破各部门间的信息协同壁垒，以期加快推动我国智慧城市建设。

（4）关于智慧城市信息系统和体系研究

汪芳等②认为随着物联网、云计算等技术的快速发展，城市信息化的发展趋势是构建智慧、协同的城市信息系统。Jin 等③基于云计算技术构建了从感官层次的网络结构到核心层次的数据管理的完整城市信息系统。Mao 等④提出了"12345"模式的智慧城市发展模型，即建立 1 个智慧的城市管理系统、2 个支持保障措施、3 个信息基础设施、4 个智慧城市管理模式、5 个应用服务系统。肖应旭⑤构建了包含制度体系、组织体系、技术体系和管理体系的智慧城市信息服务运行的系统模型，并给出其驱动模式。李勇⑥提出保障智慧城市信息系统安全的策略，分别为对城市信息基础设施进行升级、以政府为主体建立信息安全保障系统、以技术创新强化信息安全技术。李纲等⑦从人员、机构、技术、资源、制度与行为六个方面对智慧城市应急决策情报体系的框架进行构建，从组织体系、保障体系与运行机制三个层面对智慧城市快速响应情报体系的协同模式进行探讨。Bakici 等⑧分析了巴塞罗那的智慧城市战略，并指出巴塞罗那智慧城市的建立得益于电子基础设施的完备与开放的数据。

---

①　张长亮，韩雪雯，李竞彤. 大数据背景下中国与新加坡智慧城市建设比较研究［J］. 现代情报，2018，38（10）：126 – 131，141.

②　汪芳，张云勇，房秉毅，等. 物联网、云计算构建智慧城市信息系统［J］. 移动通信，2011，35（1）：49 – 53.

③　JIN J, GUBBI J, MARUSIC S, et al. An information framework for creating a smart city through internet of things［J］. IEEE Internet journal, 2014, 2（1）：112 – 121.

④　MAO Y H, LI H Y, XU Q R. The mode of urban renewal base on the smart city theory under the background of new urbanization［J］. Frontiers of engineering management, 2015, 2（3）：261 – 265.

⑤　肖应旭. 面向智慧城市的信息服务体系构建与运行模式研究［D］. 长春：吉林大学，2012：45 – 69.

⑥　李勇. 智慧城市建设对城市信息安全的强化与冲击分析［J］. 图书情报工作，2012，56（6）：20 – 24.

⑦　李纲，李阳. 智慧城市应急决策情报体系构建研究［J］. 中国图书馆学报，2016，42（3）：39 – 54.

⑧　BAKICI T, ALMIRALL E, WAREHAM J. A smart city initiative：the case of Barcelona［J］. Journal of the knowledge economy. 2013, 4（3）：135 – 148.

（5）关于对智慧城市信息协同研究方面

吴志红等[①]运用矩阵理论，将组织、技术、资源、人员、服务、用户集成构建了一个智慧城市区域集群式协同体系模型，以期推动智慧城市在集群联合、协同运行、共享增长等方面的发展。关于对智慧城市信息协同结构测度与优化研究方面，陈锐等[②]为解决智慧城市系统缺少对信息协同结构的有效测度问题，基于模糊聚类算法，构建给定置信区间的多主体信息协同差异测度模型，并从差异测度与关系测度两个层面给出多主体信息协同模型的优化策略。安小米[③]对信息资源管理在智慧城市信息化项目规划、实施、运行和评估方面的作用进行分析，并提出建立我国智慧城市信息资源管理协同创新策略的构想。

综上所述，目前，对智慧城市的研究主要围绕对智慧城市的概念、智慧城市发展水平的评估进行研究，而对智慧城市信息协同进行研究的文献较少。笔者对已有的智慧城市信息协同的研究文献进行梳理可知，已有相关文献主要围绕智慧城市信息协同体系进行研究，对智慧城市信息协同网络结构与模式进行研究的文献较少。研究智慧城市信息协同，对于克服我国智慧城市信息协同中的现实困难，夯实信息协同数据基础，促进智慧城市全面实现智慧化具有重要应用价值。本书将对智慧城市信息协同结构与模式进行研究。

1.3.2 信息协同研究现状

国内外学者对于信息协同的研究主要集中于以下四个方面：

（1）关于信息协同应用实践研究方面

Jiang[④]指出供应链信息协同过程中一直存在着信息失真、信息丢失、信息延迟等问题，信息协同已经成为供应链管理中的难点，其运用物联网和大数据技术，在牛鞭效应数学模型的基础上，建立供应链牛鞭效应仿真模型，并利用仿真方法对模型中的关键因素进行仿真研究，仿真结果的图像客观地阐明了供应链中信息协同的价值。Wuthishuwong 等[⑤]

---

① 吴志红，赵元斌，韩秀珍. 区域集群式信息服务协同体系与智慧城市深度融合之探讨 [J]. 图书情报工作，2014，58（13）：11 – 16.

② 陈锐，贾晓丰，赵宇. 基于模糊聚类的智慧城市多源信息协同结构测度与优化 [J]. 计算机应用研究，2016，33（7）：1945 – 1951.

③ 安小米. 面向智慧城市发展的信息资源管理协同创新策略——以荷兰阿姆斯特丹智慧城市为例 [J]. 情报资料工作，2014（3）：49 – 53.

④ JIANG W X. An intelligent supply chain information collaboration model based on internet of things and big data [J]. IEEE access，2019，7：324 – 335.

⑤ WUTHISHUWONG C，TRAECHTLER A. Consensus-based local information coordination for the networked control of the autonomous intersection management [J]. Complex &intelligent systems，2017，3（1）：17 – 32.

指出车辆和基础设施之间的交通信息协同是宏观交通管理的重要组成部分，目标网络间的交通信息协同是提高整个网络交通流量的关键，其采用 Greenshields 交通模型根据相应的交通密度和速度来定义每个交叉口交通吞吐量的最大值，该方法可以确保在不拥挤的交通条件下交通流最大化。Vlasov 等[①]设计了一种多平面、多焦点、刺激眼球调节的三维多焦点显示器，该显示器可用于沉浸式和后反射式立体虚拟环境的光学信息协同系统中。Wang 等[②]指出关键基础设施系统由多个关键基础设施组成，这些关键基础设施通过信息平台广泛分布，被用来处理突发事件，这些关键基础设施在功能和结构上相互依赖，因此采用信息协同方式在这些关键基础设施中实现数据转移对支持关键基础设施系统的日常工作十分重要。

（2）关于信息协同服务研究方面

盖靖元[③]认为交通枢纽服务系统可以实现各种不同交通方式之间的无缝衔接，因此以北京的综合交通枢纽为例，对交通枢纽服务信息系统中的静态信息进行分析与整理，以期总结出一套符合科学依据的交通枢纽布局原则。薛佩伟[④]围绕数字图书馆信息生态结构包含的信息主体要素、信息要素和信息环境要素，从应用平台和服务载体角度论述了基于信息生态的数字图书馆信息协同服务模式。刘红光等[⑤]从图书馆、科研管理部门等专利信息协同服务主体入手，调研我国高校面向企业开展的专利信息服务的内容，在此基础上构建了以组织协同、目标协同、资源协同为主要内容的专利信息协同服务模式。甘雨等[⑥]认为在开放竞争的环境中实现信息协同服务需要讲究策略，并以湖南信息协同服务发展现状为例，结合具体实际提出了面向用户提供一站式服务、加大信息服务融合、建立多层协同主体关系、基于交互的可持续信息服务四项现实策略。

（3）关于信息协同行为研究方面

谢守美等[⑦]为揭示数据服务馆员与科研人员之间的信息协同行为，基于生命周期理

①　VLASOV E V，PATERIKIN V I. Optical information collaboration systems based on the volumetric virtual environment and the physical reality［J］. Computer optics，2016，4（6）：972 – 975.

②　WANG S Y，LI X Y，YU G. H. Information coordination mechanism of urban critical infrastructures based on multi-agent［C］//International conference on management science and engineering-annual conference proceedings，IEEE. Olten，2016：1518 – 1523.

③　盖靖元. 综合交通枢纽信息协同服务研究［J］. 北方交通，2018（8）：78 – 81，86.

④　薛佩伟. 信息生态视阈下数字图书馆信息协同服务模式研究［J］. 中国中医药图书情报杂志，2018，42（1）：35 – 38.

⑤　刘红光，杨倩，刘桂锋. 高校面向企业的专利信息协同服务模式分析［J］. 图书情报研究，2015，8（4）：70 – 73，69.

⑥　甘雨，刘昆雄. 面向创新型湖南建设的跨系统信息协同服务策略［J］. 情报杂志，2015，34（3）：176 – 180.

⑦　谢守美，李敏，黄萍莉，等. 基于科学数据服务的馆员与科研人员协同信息行为研究［J］. 情报杂志，2020，39（5）：183 – 189.

论分析不同阶段科研人员与科学馆员间的信息行为，发现数据服务馆员与科研人员在数据服务的过程中不断交互、不断协同，产生了交互式的信息协同行为。张敏等[①]为了探究差异化任务情境对用户在线旅游协同信息检索行为的影响，采用情境实验和问卷访谈的方法获取数据，并运用 SPSS 19.0 软件对数据进行方差分析，发现一般任务情境下用户的检索效果比具体任务情境下用户的检索效果要好。王俭等[②]为揭示不同科研人员间信息行为的协同效应，从知识协同、主体协同、资源协同、目标协同方面对虚拟学术社区科研人员信息行为的协同机制进行了研究。代君等[③]为丰富跨学科协同信息行为影响因素模型，通过 35 名实验者获取数据，运用隐马尔科夫模型对数据进行分析，发现在导航工具环境下，实验者的信息协同行为模式是"人—系统"式；在开放人际资源环境下，实验者的信息协同行为模式是"主—从"式。严炜炜等[④]认为规范的控制体系是实现科研协同目标和全面控制协同信息行为的基础，因此提出科研协同信息行为规范的制定标准，并进一步从沟通与交互层构建、科研协同信息行为执行度两个方面建立科研协同信息行为的控制体系。叶艳等[⑤]为揭示个人信息行为向协同信息行为转换的诱发因素，建立跨学科协同信息行为的诱发因素模型，并对获取的高校学术研究者的跨学科协同信息行为数据进行分析，发现个人信息行为向协同信息行为转换的诱发因素是信息源视域和协作时机。

（4）关于信息协同机制研究方面

于超等[⑥]探索性地运用文献归纳与逻辑推演的研究方法，对在线社群协同进化耦合的机制进行研究，发现在线社群协同进化在资源拼凑、社群新稳态、知识共享三大耦合域中具有协同进化机制。王刚等[⑦]认为移动环境下的数字图书馆信息服务存在数据传输不便、

---

① 张敏，车雨霏，张艳. 差异化任务情境下用户在线旅游协同信息检索的行为特征分析 [J]. 情报理论与实践，2019，42（10）：84 - 90.

② 王俭，修国义，过仕明. 虚拟学术社区科研人员信息行为协同机制研究——基于 ResearchGate 平台的案例研究 [J]. 情报科学，2019，37（1）：94 - 98，111.

③ 代君，廖莹驰，郭世新. 不同信息视域环境下的跨学科协同信息行为 [J]. 情报科学，2018，36（11）：132 - 137.

④ 严炜炜，赵杨. 科研合作中的协同信息行为规范与控制体系构建 [J]. 情报杂志，2018，37（1）：140 - 144，104.

⑤ 叶艳，代君. 跨学科情境下协同信息行为诱发因素分析——基于信息视域的视角 [J]. 情报科学，2017，35（5）：20 - 24.

⑥ 于超，朱瑾，张文倩，等. 信息交互视角下在线社群协同进化耦合域构建机制研究 [J]. 情报科学，2018，36（12）：111 - 117.

⑦ 王刚，张屹. 移动云计算环境下数字图书馆信息服务协同机制研究 [J]. 大学图书情报学刊，2018，36（3）：25 - 28，88.

移动设备存储不足、计算能力较低等问题，为了解决上述问题，提出数字图书馆信息服务协同机制，该机制可以通过云计算实现用户移动设备、个人云空间和数字图书馆服务器之间的无缝协同工作。宋懿等[①]构建"权利—权益—信息"三要素研究框架，对共享情境下政府信息资源跨部门信息协同机制进行研究，研究以宁波市海曙区政府信息资源中心为例，归纳出"基础设施—财政—项目审批""线上线下同时纠错""一把手主导""共享保密协议"等政务信息资源跨部门协同机制。陈婧等[②]为了丰富众包模式在应急管理中的应用，从众包模式在应急管理应用的成功案例中梳理出应急管理中的三种众包信息主体，分别为受事件影响公众、数据志愿者、社会化网络公众，并在此基础上提出各个不同信息主体在众包过程中的信息生成、信息交互、信息传播、信息再利用间的信息协同影响机制。

综上所述，国内外对信息协同的研究主要集中在对信息协同的应用实践、信息协同服务、信息协同行为、信息协同机制，少有对信息协同的结构与模式进行研究的文献。本书将对我国智慧城市信息协同结构与模式进行研究，以期促进我国智慧城市全面实现智慧化。

1.3.3 信息生态研究现状

随着对信息生态研究的深入开展，信息生态可以被进一步细分为信息生态系统、信息生态环境、信息生态位与信息生态链等[③]。

（1）关于信息生态系统研究

信息生态系统是由信息、信息人、信息环境组成的具有一定自我维持能力和自我调节能力的功能单元[④]。我国对信息生态系统测评进行系统性研究始于 21 世纪初，李玉杰等[⑤]将信息生态系统健康描述性地定义为：信息生态系统在其运作和发展过程中，对内逐渐形成了合理的构成要素、稳定的机构关系和高效的功能机制，对外能不断与外部环境实现物质流动、能量转换和信息传递，为个体、组织和社会提供全面有效的信息服务。马捷等[⑥]

① 宋懿，安小米，范灵俊，等. 大数据时代政府信息资源共享的协同机制研究——基于宁波市海曙区政府信息资源中心的案例分析［J］. 情报理论与实践，2018，41（6）：64 – 69.

② 陈婧，陈鹤阳. 基于众包的应急管理信息主体协同机制研究［J］. 情报理论与实践，2016，39（5）：69 – 73.

③ 马捷，胡漠，李丹. 我国信息生态测评研究综述［J］. 情报科学，2015，33（6）：143 – 149，161.

④ 李美娣. 信息生态系统的剖析［J］. 情报杂志，1998（4）：3 – 5.

⑤ 李玉杰，刘志峰. 信息生态系统健康的内涵、本质及评价体系研究［J］. 科技管理研究，2009（6）：263 – 266.

⑥ 马捷，魏傲希，王艳东. 网络信息生态系统生态化程度测度模型研究［J］. 图书情报工作，2014（15）：6 – 13.

从信息人、信息、信息环境、系统协同、可持续发展潜力五个方面构建网络信息生态系统生态化程度的测度指标体系，重点针对信息系统各要素之间的相互作用结果进行测度。

企业信息生态系统研究方面。关于企业信息生态系统测评的研究，国内学者赵需要等①从信息生态系统的外生态和内生态两个方面构建网络信息生态系统评价指标体系。王翠翠基于信息生态学视角从功能性、生态系统性、环境适应性三个方面入手构建企业信息化系统评价指标体系②。丁永波等③结合机制设计理论和信息生态理论，构建招聘信息生态系统模型，并从精准推送服务、建立信用体系和人才深度服务等方面提出网络招聘信息生态系统模型的应用建议。

教育类网站信息生态系统研究方面。柯健④认为网络教学信息生态系统评价可以依据系统结构优化、功能良好、演进动力、要素水平四个准则来展开，并以此设计评价指标体系。张潇⑤构建出由导航设计、检索功能、全面性、操作性、准确性、美观和效果六个一级指标组成的评价指标体系，并采用网络爬虫算法和问卷调查法得出指标评分。杜娟等⑥构建以物质流、能量流、信息流为主的三维评价模型。

高校数字图书馆档案馆信息生态系统方面。薛卫双⑦借鉴自然生态系统的评价方法，从系统结构、系统活力、系统服务力三个层面构建数字图书馆信息生态系统健康评价体系。薛鹏⑧把图书馆作为一个单独的因素来考查，构建一套由图书馆服务能力、用户、信息环境三个主要因素组成的高校图书馆信息生态系统评价体系。杜成杰⑨通过信息行为确定了信息流转过程中应包含信息收集模块、信息处理模块、信息发布模块、信息利用模块、信息反馈模块五大模块。杨梦晴⑩从信息生态系统视角入手构建了移动图书馆社群化

① 赵需要，周庆山，张文德. 网络信息生态系统评价指标体系构建方略 [J]. 情报学报，2009（2）：303 – 309.
② 王翠翠. 基于信息生态学视角的企业信息化研究 [D]. 济南：山东大学，2009：53 – 54.
③ 丁永波，刘桐，陶诗韵. 网络招聘信息生态系统模型构建及其运行机制研究——基于机制设计理论的阐释 [J]. 情报科学，2019，37（9）：85 – 89.
④ 柯健. 网络教育信息生态系统评价研究 [J]. 情报理论与实践，2011（12）：50 – 54.
⑤ 张潇. 教育类网络信息生态的指标评价体系研究 [D]. 北京：北京交通大学，2012：20 – 43.
⑥ 杜娟，王宁. 生态视野下基础教育信息化评价模型的构建研究 [J]. 中国电化教育，2014（7）：63 – 69.
⑦ 薛卫双. 高校数字图书馆信息生态系统评价 [D]. 曲阜：曲阜师范大学，2012：17 – 38.
⑧ 薛鹏. 高校图书馆信息生态系统评价研究 [D]. 济南：山东大学，2013：30 – 42.
⑨ 杜成杰. 基于信息生态理论的高校数字档案系统信息流转能力评价研究 [D]. 太原：山西财经大学，2013：24 – 31.
⑩ 杨梦晴. 基于信息生态系统视角的移动图书馆社群化服务系统动力学仿真研究 [J]. 情报科学，2020，38（1）：153 – 161.

服务系统仿真概念模型，发现移动图书馆社群化服务系统模型的敏感性参数是用户参与的积极性。

商务网站信息生态系统研究方面。张海涛等①从配置效率、配置能力及配置效益三个方面设计评价指标体系，并构建系统配置模型。张海涛等②设计出包含基础指标、应用指标、效益指标三个一级指标的商务网站信息生态系统经营效益评价指标。吴玲玲③构建出包含活力指标、组织力指标、恢复力指标三个一级指标的网络游戏生态系统评价指标体系。柯健等④基于信息生态理论构建农村电子商务信息生态系统模型，对影响农村电子商务发展的内外部环境和信息人因子进行了交叉研究，发现农村电子商务需要政府及企业共同采取有效措施，关注薄弱环节。

电子政务网信息生态系统研究方面。齐莉丽等⑤构建包含开放性、循环性、持续性、平衡性及进化性在内的五个一级指标的社保基金信息系统评价指标体系。朱衍红等⑥构建了包含开放性、循环性、持续性、平衡性四个一级指标的电子政务网信息生态评价指标体系，采取了一种定性与定量相结合的基于格栅获取的模糊 Borda 数分析法，并对格栅进行分析得到每一个指标的相对权重。

（2）关于信息生态环境研究

信息生态环境是指对信息人的生存、生活和发展有直接影响的其他信息人、信息内容、信息技术、信息时空、信息制度等⑦。徐绪堪等⑧提出企业信息生态环境成熟度分为萌芽级、基本级、渗透级、成熟级以及优化级五个级别。冷晓彦等⑨认为网络信息生态环境的评价指标体系可以从政治环境、经济环境、文化环境和技术环境四个维度进行构

①　张海涛，张丽，张连峰，等. 商务网站信息生态系统的配置与评价 ［J］. 情报理论与实践，2012（8）：12 – 16.

②　张海涛，张连峰，孙学帅，等. 商务网站信息生态系统经营效益评价 ［J］. 图书情报工作，2012（16）：20 – 24.

③　吴玲玲. 网络游戏生态系统（HI）评价指标体系及评价模型设计初探 ［J］. 长春工业大学学报（社会科学版），2013（3）：141 – 145.

④　柯健，黄文倩，彭瀚琦. 基于信息生态理论的农村电子商务发展研究 ［J］. 情报探索，2019（9）：7 – 12.

⑤　齐莉丽，廖媛红. 社保基金信息系统的生态评价模型及方法研究 ［J］. 科技管理研究，2013（9）：231 – 236.

⑥　朱衍红，齐莉丽. 我国电子政务网信息生态评价研究 ［J］. 情报理论与实践，2014（6）：12 – 17.

⑦　娄策群，周承聪. 信息生态链：概念、本质和类型 ［J］. 图书情报工作，2007（9）：29 – 32.

⑧　徐绪堪，卞艺杰. 基于信息生态视角的企业信息生态环境成熟度研究 ［J］. 情报杂志，2010（7）：58 – 60.

⑨　冷晓彦，马捷. 网络信息生态环境评价与优化研究 ［J］. 情报理论与实践，2011（5）：10 – 14.

建。马捷等[1]指出公共服务网络信息系统的生态化程度测度要素有公共服务信息丰裕度、信息更新率、信息传输速度、信息冗余度、信息真实度、信息链供需平衡度、公共服务信息网站的社会/经济效益收益率以及公共服务信息网站的可持续长远发展潜力。这八项要素的测定需要信息测度、切分词、问卷、专家咨询等多种方法组合使用，视不同要素特征而定。

（3）关于信息生态位研究

信息生态位是指信息人在信息生态环境中所占据的特定位置[2]。信息生态位是信息生态研究中的一个重要内容，相关测评研究也比较丰富。相丽玲等[3]指出信息空间图书馆的生态位幅度越宽，其竞争力就越强。信息空间图书馆的态具体表现为信息空间图书馆的构成元素、资源态与服务态。信息空间图书馆的势是指信息空间图书馆对数字信息、知识资源和环境因子的适应度。杨秀芳[4]提出维度、宽度、重叠、分离和变动是信息生态位的五个基本要素。张向先等[5]构造出以能力维度、资源维度、关系维度、时间维度和空间维度为主的商务网站信息生态位五维模型，并设计出各生态位维度的指标体系。柯健等[6]构建出由信息人、信息资源、网络教学平台、网络教学信息制度、网络教学信息文化五个一级指标组成的评价指标体系，建立了以"态"值和"势"值计算为基础的网络教学机构信息生态位评价模型。黄微等[7]构建了由信息生产功能、信息传递功能、信息消费功能、信息分解功能四个一级指标组成的网络平台构建要素信息功能生态位评价指标体系。

（4）关于信息生态链研究

信息生态链是指在信息生态系统中，不同信息人种之间信息流转的链式依存关系[8]。李北伟等[9]从网络信息生态链的基本组成要素、网络信息生态链的竞争力、网络信息生态

① 马捷，韩朝，侯昊辰．社会公共服务网络信息环境生态化程度测度初探 [J]．情报科学，2013（2）：67 – 71.

② 娄策群．信息生态位理论探讨 [J]．图书情报知识，2006（9）：23 – 27.

③ 相丽玲，史杰．信息空间图书馆生态位的测度与分析 [J]．情报理论与实践，2010（6）：11 – 14.

④ 杨秀芳．信息生态位评价体系研究 [D]．太原：山西大学，2010：11 – 26.

⑤ 张向先，霍明奎，孟楠．商务网站信息生态位测度方法研究 [J]．图书情报工作，2012（8）：6 – 9.

⑥ 柯健，李超．网络教学机构信息生态位评价研究 [J]．现代情报，2013（12）：15 – 19.

⑦ 黄微，周昕，张钊铭．网络平台构建要素的信息功能生态位测度 [J]．图书情报工作，2013（8）：62 – 69.

⑧ 娄策群，周承聪．信息生态链中的信息流转 [J]．情报理论与实践，2007（6）：725 – 727.

⑨ 李北伟，徐越，单既民，等．网络信息生态链评价研究 [J]．情报理论与实践，2013（9）：38 – 42.

链的信息流畅性、网络信息生态链的价值、网络信息生态链的稳定性五个方面对网络信息生态链进行综合评价。张向先等①从网络信息生态链的结构组成、信息流转、运行成本、功能价值和保障机制五个要素入手，构建网络信息生态链的评价指标体系，并采用层次分析法对网络信息生态链的效能进行评价。张宇光等②从信息生态链角度提出一种全新的管理评价高校图书馆的方法，对信息、信息人、信息环境三个要素进行分析，利用层次分析法对图书馆进行定量评价。程琳③指出网络信息生态链供需平衡度受信息的生产、供给和利用三个方面的影响，应从信息本身、信息传递渠道、信息价值转化、信息供需主体配置和信息外部环境五大要素入手，构建信息生态链供需平衡度的评价指标体系。王海艳等④基于大学经营理念，结合信息生态理论，构建高校信息生态链模型，并指出维持高校信息生态系统的动态平衡需协同推进信息人、信息、信息环境要素的建设。

综上所述，我国对信息生态的研究已经初具体系，本书将基于信息生态理论，对智慧城市信息协同结构与模式进行研究。

1.4　研究思路与方法

1.4.1　研究思路

本书的研究思路如图 1 - 1 所示，在项目前期研究阶段，进行文献调研和实地调研，梳理已有研究成果和实践中存在的主要问题，根据研究要解决的主要问题，梳理需要运用的理论基础，以协同论、图论、复杂网络理论、信息生态理论和群体智慧理论为指导，构建本书整体理论框架，包括概念与层次模型、三元理论框架、数据融合框架以及信息协同行为理论框架。在总体理论框架下，解析国家层面和城市层面的信息协同结构，对网络节点、影响力、关联强度等进行定量化描述，基于所构建的网络分析其结构特征。构建和设计智慧城市信息生态链，梳理多元信息主体、进行生态链识别、梳理效应作用机理、提出优化策略并完成生态链设计。在智慧城市数据协同层次，基于网络结构熵测度智慧政府信

①　张向先，史卉，江俞蓉 . 网络信息生态链效能的分析与评价［J］. 图书情报工作，2013（8）：44 - 49.

②　张宇光，黄永跃，林宏伟 . 基于信息生态链的高校图书馆定量评价研究［J］. 现代情报，2012（4）：121 - 123.

③　程琳 . 网络信息生态链供需平衡度测评及教育网站实测研究［J］. 图书情报工作，2014（15）：28 - 34.

④　王海艳，邵诗迪，邵喜武，等 . 大学经营视域下的高校信息生态链建设研究［J］. 情报科学，2018，36（1）：49 - 53.

息协同度。在数据规范方面，分析智慧城市多源信息协同的元数据标准与规范、原则与方法、映射流程以及映射方案。在信息协同行为层面，基于扎根理论，调研智慧城市信息协同主体的信息协同行为，并构建相应概念模型。在信息协同模式层面，梳理模式构建原则、明确要素及机理，解析各层模块，描述驱动路径。最后，在前期研究基础上，基于信息生态视角，提出智慧城市信息协同模式和策略措施。

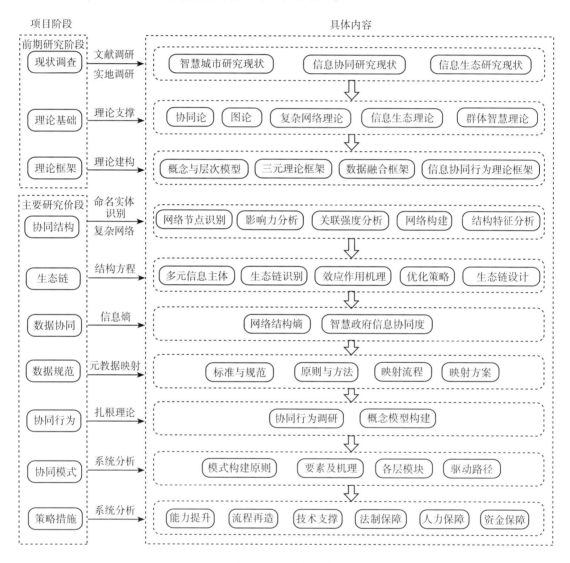

图 1-1　研究思路

1.4.2　研究方法

（1）命名实体识别

命名实体识别（named entity recognition）是一项潜在的文本挖掘技术，用于从文章中发现感兴趣的信息①，其在自然语言处理方面起着至关重要的作用②。目前，命名实体识别技术已被广泛地应用到各领域的研究中，例如：在金融领域，Wang 等③认为互联网每天推送的金融文本中含有大量有价值的信息，运用命名实体识别技术对金融领域的组织机构名称等进行自动识别，对金融数据挖掘与金融知识挖掘具有重大意义，因此，提出了一种利用内部特征和上下文特征相结合的从金融新闻文本中识别命名实体的方法；在生物医学领域，Gong 等④认为命名实体识别是生物文本挖掘的第一步，因此开发了一种名叫 AT-RMiner 的生物医学命名实体识别工具，其可基于基因本体识别出 5 类生物医学实体，即基因、疾病、细胞成分、分子功能和生物学过程；在临床医学领域，孙安等⑤基于中文语言的表达特点，提出一种含有分词标签的字粒度词语特征的中文临床病例命名实体识别方法；在反恐领域，黄炜等⑥利用 BiLSTM 网络完成语句的上下文关联语义分析并初步预测标注，后接入特征强调的 CRF 层依据语法结构添加约束，实现了对反恐怖主义信息的命名实体识别，此方法能在恐怖主义信息网中有效获取涉恐人员、恐怖主义机构及暴恐实施地点等重要信息。

就命名实体识别技术研究本身而言，刘晓娟等⑦构建了一个基于关联数据的可配置的中英文命名实体识别系统，在识别过程中该系统可对实体名称进行消歧并对识别结果进行扩展，该研究为命名实体识别技术的进一步完善提供了新的思路。从上述研究中可以发现，命名实体识别的任务是识别文档中表示名称的短语⑧，本书采用命名实体识别方法，

① NIBOONKIT S，KRATHU W，PADUNGWEANG P. Automatic discovering success factor relationship entities in articles using named entity recognition［C］//International Conference on Knowledge & Smart Technology，IEEE. Chonburi，2017：238 – 241.

② HKIRI E，MALLAT S，ZRIGUI M. Integrating bilingual named entities lexicon with conditional random fields model for arabic named entities recognition［C］//IAPR International Conference on Document Analysis & Recognition，IEEE Computer Society. Kyoto，2017：609 – 614.

③ WANG S W，XU R F，LIU B. Financial named entity recognition based on conditional random fields and information entropy［C］//2014 International Conference on Machine Learning and Cybernetics，IEEE. Lanzhou，2014：838 – 843.

④ GONG L J，SUN X. ATRMiner：a system for automatic biomedical named entities recognition［C］//International Conference on Natural Computation，IEEE. Yantai，2010：3842 – 3845.

⑤ 孙安，于英香，罗永刚，等. 序列标注模型中的字粒度特征提取方案研究——以 CCKS2017：Task2 临床病历命名实体识别任务为例［J］. 图书情报工作，2018，62（11）：103 – 111.

⑥ 黄炜，黄建桥，李岳峰. 基于 BiLSTM – CRF 的涉恐信息实体识别模型研究［J/OL］.［2019 – 11 – 20］. http://kns. cnki. net/kcms/detail/61. 1167. g3. 20190910. 1730. 010. html.

⑦ 刘晓娟，刘群，余梦霞. 基于关联数据的命名实体识别［J］. 情报学报，2019，38（2）：191 – 200.

⑧ FU G H. Chinese named entity recognition using a morpheme-based chunking tagger［C］//International Conference on Asian Language Processing，IEEE Computer Society，Singapore，2009：289 – 292.

对选定时间段内联合发布《关于促进智慧城市健康发展的指导意见》的国家发展和改革委员会等八部委的政策文件进行机构名称识别,识别出目标文本中表示中国政府部门名称的短语。

（2）社会网络分析

社会网络分析（social network analysis）是为满足研究社会结构和社会关系的需要所开发的一种分析方法[1],是具有全局性、系统性的研究方法[2]。虽然社会网络分析方法的根源来自社会学,但这种方法在其他领域也得到了广泛的应用[3]。例如:学术网络分析方面,Wang 等[4]为了帮助缺乏经验的研究者获取学术网络相关信息,把每个学术会议视为学术网络的节点,构建了我国台湾地区的学术网络。张雪等[5]为了使科研工作者在注重合作意识的基础上,更好地选择科合作伙伴,以国际医学信息学领域 200 位高产作者为例进行社会网络分析,结果表明科研工作者若想提高其科研产出,可注重在与合作伙伴建立稳定、高频的合作模式的基础上,努力与不同学科背景的研究者合作,增强合作伙伴的多样性。示威活动网络分析方面,Khonsari 等[6]利用 Twitter、Facebook 和 YouTube 等进行的新闻报道,对反抗伊朗伊斯兰共和国制度基础的示威活动（即"绿色革命"）进行社会网络分析,以了解"绿色革命"的结构与参与组织。犯罪主体社会网络研究方面,黄倩等[7]提出"情报源—主体—案件—犯罪问题"的未成年人犯罪现象的研究思路,采用社会网络分析的方法,分析未成年人犯罪的诱因、特点以及未成年人犯罪案件中的犯罪主体的影响因素,以期为未成年人犯罪战略情报分析的实施提供有效的辅助和决策支持。本书通过梳理上述文献

[1] HOFF P D, RAFTERY A E, HANDCOCK M S. Latent space approaches to social network analysis [J]. Journal of the American statistical association, 2002, 97 (460): 1090 - 1098.

[2] PENG S D. Cohesive subgroups analysis of asynchronous cognitive interactive network in collaborative learning [C] //2011 International Conference on Electrical and Control Engineering, IEEE. Yichang, 2011: 6424 - 6428.

[3] AKSENTIJEVIC S, MARKOVIC D, TIJIAN E, et al. Application of social network analysis to port community systems [C] //2018 41st International Convention on Information and Communication Technology, Electronics and Microelectronics (MIPRO), IEEE. Opatija, 2018: 1304 - 1310.

[4] WANG C S, TING I, LI Y C. Taiwan academic network discussion via social networks analysis perspective [C] //2011 International Conference on Advances in Social Networks Analysis and Mining, IEEE. Kaohsiung, 2011: 685 - 689.

[5] 张雪, 张志强, 陈秀娟. 基于期刊论文的作者合作特征及其对科研产出的影响——以国际医学信息学领域高产作者为例 [J]. 情报学报, 2019, 38 (1): 29 - 37.

[6] KHONSARI K K, NAYERI Z A, FATHALIAN A, et al. Social network analysis of Iran's green movement opposition groups using Twitter [C] //International Conference on Advances in Social Networks Analysis & Mining, IEEE Computer Society. Odense, 2010: 414 - 415.

[7] 黄倩, 黑静洁, 曹芬芳. 犯罪主体社会网络视角下的未成年人犯罪战略情报分析研究 [J]. 图书情报工作, 2019, 63 (10): 115 - 124.

发现，社会网络分析是一种具有全局性、系统性的研究方法①，因此，本书采用此方法对我国智慧政府信息协同网络结构进行分析，以期深入了解智慧政府内在的信息协同网络结构。

（3）信息熵

信息熵（information entropy）由 Shannon 于 1948 年提出，主要用来解决对信息的量化度量的问题②。早期，信息熵主要被应用于通信领域的研究，可从信息容量、传输效率、编码效率、信噪比等方面衡量通信系统的优劣③。

近年来，该方法逐渐趋近于成熟，并被应用到多个领域。例如：科技论文摘要评价方面，刘家益等④认为科技论文的摘要评价一直是一个难题，因此设计了基于信息熵的摘要质量评价方法，其将摘要作为一个文档集，认为文档集中的每一个词都可以被视为随机变量，句子是由词组成的，因此每个句子都有一个熵值，句子的熵值越高，则信息量越大。研究结果表明，摘要的信息熵越高，摘要的质量也越高。关键字提取方面，Zhang 等⑤为了尽可能准确地从跨语言文档中提取关键字，提出了一种基于信息熵和 TextRank 的文本关键字提取方法。研究结果表明，该方法可以从被翻译后得到的中文文档中提取准确的关键字。个性化推荐方面，Yi 等⑥认为个性化推荐的最终结果的准确性通常会受到用户对信息评价不活跃这一因素的影响，鉴于此提出了一种基于信息熵的二次聚类推荐算法，通过提取特征词和相应的权重，计算出用户浏览过的每一个网页文本中的信息熵，实验结果表明，与传统的个性化推荐算法相比，新算法在实际运行中更加稳定，提高了最终推荐结果的准确性。新媒体环境下网络节点影响力研究方面，邢云菲等⑦认为对新媒体环境下网络

---

① PENG S D. Cohesive subgroups analysis of asynchronous cognitive interactive network in collaborative learning ［C］//2011 International Conference on Electrical and Control Engineering, IEEE. Yichang, 2011：6424 – 6428.

② SHANNON C E. A mathematical theory of communication ［J］. Bell system technical journal, 1948, 27（4）：623 – 656.

③ IDIODI J O A, ONATE C A. Entropy, fisher information and variance with frost-musulin potenial ［J］. Communications in theoretical physics, 2016, 66（9）：269 – 274.

④ 刘家益、李鲥瑶、张智雄，等. 关键词和被引次数对科技论文自动摘要效果影响研究［J］. 情报学报, 2017, 36（11）：1165 – 1174.

⑤ ZHANG X Y, WANG Y B, WU L. Research on cross language text keyword extraction based on information entropy and textrank ［C］//2019 IEEE 3rd Information Technology, Networking, Electronic and Automation Control Conference（ITNEC）, IEEE. Chengdu, 2019：16 – 19.

⑥ YI J K, YIN M Y, ZHANG Y C, et al. A novel recommender algorithm using information entropy and secondary-clustering ［C］//2017 2nd IEEE International Conference on Computational Intelligence and Applications（ICCIA）, IEEE. Beijing, 2017：128 – 132.

⑦ 邢云菲、王晰巍、韩雪雯，等. 基于信息熵的新媒体环境下网络节点影响力研究——以微信公众号为例［J］. 图书情报工作, 2018, 62（5）：76 – 86.

节点的影响力进行研究有助于对信息传播进行合理控制，因此基于信息熵构建新媒体环境下网络节点影响力模型，并以微信公众号为例进行节点影响力计算。研究结果表明，新媒体环境下网络节点的综合影响力随着连接节点数量和节点间互动频率的增大而增大。鉴于上述研究成果，本书基于信息熵推导出动态关联子群信息熵算法，并对中国智慧政府信息协同网络中各节点间的节点信息协同关联强度进行测度与分析。

（4）扎根理论方法

扎根理论方法（grounded theory methodology）起源于社会学①，该方法克服了定量研究单一化的思维局限，目前已成为社会科学研究中最常被用到的定性研究方法之一②。扎根理论方法通常被分为经典扎根理论学派（代表学者有 Glaser 和 Strauss）、三段程序编码学派（代表学者有 Strauss 和 Corbin）、建构主义扎根理论学派（代表学者有 Charmaz）③。这些学派均将用户的具体情境纳入考虑范围，适用于被应用到前期研究相对较少，且没有相关理论支撑的研究问题④。目前，该方法已被广泛应用到信息资源管理领域，如杨峰等⑤为了给危险化学品事故的应急决策提供情景表示与情景构建的基本素材，采用扎根理论对选取的 120 个危险化学品事故案例进行情景要素提取，最终确定了 37 个范畴，包含风险状态、致灾行为、致灾过程等 13 个主范畴和致灾情景、承灾情景、救灾情景 3 个核心范畴，以期为今后发生的危险化学品事故的情景表示与情景构建提供参考依据。曾韦蜻等⑥为研究当前大学生对创客空间提供的创新创业服务的需求，运用扎根理论方法，发现当前大学生对创客服务的需求集中在对信息知识情报服务的需求和对创新创业环境服务的需求。朱明等⑦认为图书馆管理制度内化是图书馆资源配置和管理创新的基础，其采用扎根理论探究高校图书馆管理制度在高校图书馆组织内部的内化过程，发现高校图书馆管理制度内化的基础是组织内化，高校图书馆通过过程机制，最终实现组织内部规

① Glaser B G, Strauss A L. Discovery of grounded theory：strategies for qualitative research ［M］. Chicago：Aldine，1967：8 - 9.

② Glaser B G. Emergence vs. Forcing：basics of grounded theory analysis ［M］. CA：Sociology Press，1992：6 - 8.

③ 孙玉伟，成颖，张建军. 扎根理论方法论在国内图情领域的应用及其反思 ［J］. 图书馆学研究，2019（19）：2 - 11，20.

④ Glaser B G. Doing grounded theory：issues and discussions ［M］. Mill Valley，CA：Sociology Press，1998：35 - 38.

⑤ 杨峰，姚乐野. 危险化学品事故情报资源的情景要素提取研究 ［J］. 情报学报，2019，38（6）：586 - 594.

⑥ 曾韦蜻，刘敏榕，陈振标. 基于扎根理论的大学生创客服务需求模型构建及验证 ［J］. 图书情报工作，2019，63（15）：68 - 76.

⑦ 朱明，廖熙铸. 高校图书馆管理制度内化的理论构建——基于扎根理论的探索性研究 ［J］. 图书情报工作，2019，63（5）：32 - 41.

范内化。上述研究均采用扎根理论，对前期研究比较缺少具体研究理论的领域进行了深入研究，鉴于当前对智慧政府信息协同网络结构感知缺乏成型的研究理论，本书采用扎根理论方法，从访谈资料入手，对群体智慧视域下智慧政府信息协同网络结构满意度感知进行深入研究。

（5）结构方程模型

结构方程模型（structural equation model）属于多变量统计模型，具有解决不可直观观测的变量问题的能力①。其同时处理多因变量，并允许自变量与因变量均含有误差，这些优势使结构方程模型方法弥补了传统统计方法的不足，该方法在多个领域中得到广泛应用。问卷调查方法（questionnaire techniques）是以实证主义为方法论的量化研究方法，其诞生与广泛应用为社会科学领域的研究从定性走向定量，从思辨走向实证，提供了一条可行路径②。

结构方程模型通常与问卷调查方法结合应用。例如，Yan 等③认为电子商务模式还不够成熟，为解决这一问题，其运用顾客满意度理论提出团购顾客满意度模型，并运用问卷调查与结构方程模型相结合的方法验证了所提出的假设与模型。研究结果表明，顾客感知与产品价值对团购顾客满意度具有显著的正向影响。Valencia 等④提出一种基于计划行为理论的结构方程模型来探索影响学生移动学习接受意愿的因素，其选取 350 名具有代表性的学生为研究样本与数据来源。研究结果表明，易用性、感知有用性、教师准备水平、学生准备水平、移动技术主观接受性对学生的移动学习接受意愿具有显著影响。高雁等⑤为了改善公共图书馆创客空间的运营状态，采用问卷调查与结构方程模型相结合的方法，构建了公共图书馆创客空间用户使用意愿影响因素模型。研究结果表明，绩效期望、趣味感知、服务质量感知和个体创新性对使用意愿具有显著的正向影响。李超等⑥为了探析图书馆在消减民众信息搜寻焦虑过程中发挥的作用，通过对 708 位图书馆用户进行问卷调查获取数据，采用结构方程模型对被调查对象的个体特征、图书馆使用

①　辛士波，陈妍，张宸. 结构方程模型理论的应用研究成果综述［J］. 工业技术经济，2014，33（5）：61 - 71.

②　郑晶晶. 问卷调查法研究综述［J］. 理论观察，2014（10）：102 - 103.

③　YAN T S, GU Q W. Group purchase customer satisfaction research by structural equation modeling［C］//2014 International Conference on Information Science, Electronics and Electrical Engineering, IEEE. Sapporo，2014：523 - 526.

④　VALENCIA A, GONZALEZ G, CATANEDA M. Structural equation model for studying the mobile-learning acceptance［J］. IEEE Latin America transactions，2016，14（4）：1988 - 1992.

⑤　高雁，盛小平. 公共图书馆创客空间用户使用意愿影响因素实证研究［J］. 图书情报工作，2018，62（9）：89 - 96.

⑥　李超，张奇云. 图书馆消减民众信息搜寻焦虑的实证分析［J］. 图书情报工作，2019，63（15）：85 - 93.

行为、图书馆使用体验和信息搜寻焦虑之间的作用机理进行了假设检验性研究。研究结果表明，个体的教育水平差异与经济收入差异均对信息搜寻焦虑具有显著影响，而当图书馆的使用体验较好时，则有助于帮助图书馆用户消减信息搜寻焦虑。王征等[①]为了获悉高校老年教师对高校图书馆微信公众平台使用意愿的影响因素，基于四川省 6 所高校的调研数据，采用结构方程模型方法，搭建老年高校教师图书馆微信公众平台使用意愿模型。研究结果表明，实用性感知与群体影响对高校老年教师图书馆微信公众平台的使用意愿显正向影响，生理机能对高校老年教师图书馆微信公众平台的使用意愿显负向影响。马捷等[②]为探索不同年龄段人群数字阅读使用意愿的影响因素，采用问卷调查与结构方程模型相结合的方法进行研究。研究结果表明，信源特征、动机和信息内容特征等因素对人们的数字阅读意愿的影响具有年龄差异。

1.5　研究内容

（1）研究的核心概念和理论基础。对本研究所涉及的核心概念进行界定，分别界定信息生态、智慧城市、协同、信息协同、信息协同层次的概念；以协同论、图论、复杂网络理论、信息生态理论、群体智慧理论为基础展开研究。

（2）构建信息生态视角下智慧城市信息协同理论框架。析出智慧城市信息协同三元理论框架及基于多源数据的智慧城市信息协同数据融合框架；基于认知视角分析信息协同行为动机，析出社会学视角下的协同信息行为社会困境。

（3）构建信息生态视角下国家层面智慧政府信息协同结构，以及信息生态视角下智慧城市信息协同结构。智慧城市建设的核心是智慧政府，通过识别出政府部门的名称（节点）数据和不同政府部门间的信息协同（节点关系）数据，对我国现阶段的智慧政府信息协同网络结构进行可视化处理，测度智慧政府信息协同网络中不同节点间的节点信息协同关联强度。从城市治理与服务的实际流程操作层面解析信息协同结构，对比不同城市间的信息协同差异，以了解城市这一复杂巨系统中信息协同的建设状态和进展。

---

① 王征，刘帅. 高校图书馆微信公众平台老年教师使用意愿影响因素研究［J］. 图书情报工作，2019，63（6）：41-48.

② 马捷，徐晓晨，张光媛，等. 基于年龄分组的数字阅读使用意愿影响因素研究［J］. 图书情报工作，2018，62（18）：64-76.

（4）基于多元主体协同的智慧城市信息生态链分析与设计。首先，析出智慧城市的多元主体；其次，对智慧城市多元主体信息生态链进行识别与分析；再次，析出智慧城市多元主体信息生态链协同效应作用机理，并给出智慧城市多元主体信息生态链协同效应的优化策略；最后，设计出基于多元主体协同效应的智慧城市信息生态链。

（5）智慧城市信息协同度测度。通过复杂网络的方法构建深圳市智慧政府信息协同网络，同时以网络结构熵作为评估深圳市智慧政府信息协同网络的协同度，依据复杂网络相关特征对深圳市智慧政府信息协同进行分析与评价，识别出信息协同网络结构中的关键节点以及核心节点，为智慧政府信息协同建设提供理论依据。

（6）智慧城市多源信息系统元数据的规范化研究及实证。对我国智慧城市多源信息系统元数据的建设标准进行分析，规范智慧城市多源信息系统元数据内容与格式。析出智慧城市多源信息系统元数据映射的原则与方法，并给出智慧城市多源信息系统元数据映射的流程，以长春市为例提出面向智慧城市建设的多元信息系统元数据映射方案。

（7）智慧政务背景下政府公职人员信息协同行为研究。探讨政府公职人员信息协同行为的影响因素，运用扎根理论方法建立解释政府官员信息协同行为主要影响因素的理论模型。

（8）信息生态视角下智慧城市信息协同模式、协同策略及保障措施。明确信息生态视角下智慧城市信息协同模式的构建原则，分析信息生态视角下智慧城市信息协同模式构成要素及作用关系，构建信息生态视角下智慧城市信息协同模式，提出信息生态视角下智慧城市信息协同模式驱动路径，从人、业务流程、信息技术方面提出信息生态视角下智慧城市的信息协同策略，从法律制度保障、人力资源保障、技术保障、资金保障等方面提出信息生态视角下智慧城市信息协同的保障措施。

2 理论基础

2.1 协同论

协同论是由著名德国物理学家赫尔曼·哈肯于 20 世纪 70 年代创立的一种系统理论，经过多年的发展已经成为横跨自然科学与社会科学的一门交叉学科。最初的协同学理论来自哈肯对激光的相关研究。哈肯认为自然系统和社会系统的运动均存在着各组成部分相互协同，并达到从无序到有序的过程。任何复杂系统既有独立的运动，也存在着相互影响的整体的运动。当系统内各子系统的独立运动占据主导地位的时候，系统呈现为无规则的无序运动，而系统内各子系统相互协调，相互影响，整体运动占据主导地位的时候，系统呈现为有规律的有序运动状态。无论系统处于何种状态，均是多种因素共同作用的结果。哈肯将他所提出的新理论命名为"协同学"（synergetic）。

协同论的基本内涵主要包括以下几点：

（1）协同论的主要研究对象是一个能与外界有物质、能量、信息交换的开放系统，协同论揭示系统如何通过自己内部子系统之间以及与外部环境之间的协同作用，自发出现有序结构这一过程。协同论不仅研究系统从无序到有序的演化规律，同样也研究系统从有序变为无序的原因。"序"指的是系统的结构形式；"有序"则表示子系统间的协调与和谐，结构处于规则与稳定的有组织状态；"无序"则与"有序"相反，主要指子系统间相互矛盾，结构处于不规则、不稳定的状态。

（2）协同论是一种系统理论。协同论将一切对象均看为由多个子系统所组成的复杂系统，系统是复杂的、多层次的。一个对象不仅自身是一个包括不同子系统的系统，同样也是属于更大系统的子系统。

（3）协同效应是系统呈现有序的内部作用力。"系统在宏观上的性质和变化特征，是由子系统之间的不同的关联和协同方式所决定的。"[①] 系统内部的子系统通过物质、能量或信息的交换相互作用，使得整个系统产生一加一大于二的协同效应，呈现出子系统所不具备的全新特质。

---

① 郭治安．协同学入门 [M]．成都：四川人民出版社，1988：85－86.

（4）自组织是系统呈现协同效应的根本动力。所谓自组织是指系统各子系统不需要外界的全面控制与特定干预，按照某种特定规则，自发组织、创造与演化，由无序转为有序，由低序转为高序，形成有序结构的组织。自组织原理揭示了系统的自主性是一个系统的内在生命力，是系统从不平衡状态转向平衡状态的主要原因，是系统从无序到有序形成新结构和功能的转变机制和驱动力量。开放复杂系统中大量子系统集体的、自发的、自动的协同合作效应是系统自身内部矛盾运动的结果。

2.2　图论

图论起源于数学家欧拉基于图解决 "七桥问题"。当时，在哥尼斯堡的普莱格尔河上建有 7 座桥，将河中间的两座岛屿与两岸连接在一起，有人提出，是否能够走遍 7 座桥，且每座桥只经过一次而回到最初的位置？这个看似简单的问题却一直无人能够找到最优解。直到欧拉提出图解的方式，将由桥连接的岛屿和两岸看作 4 个点，将 7 座桥视为连线，抽象为一个由节点和连边构成的网状图形，将原问题走遍 7 座桥且每座桥只经过一次回到起点，转化为能否在每条线不被重复的前提下，一笔画完整个图形回到起笔点，如图 2 - 1 所示。经过分析，欧拉发现无法实现每座桥都经过且只经过一遍最终回到起点，欧拉进一步给出了类似问题实现的充要条件，从而完美解决了所有类似问题。

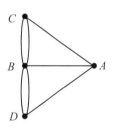

图 2 - 1　欧拉七桥问题图解

资料来源：唐瑞芬. 拓扑漫谈 [J].
数学教学，1981 (6)：33 - 36.

图定义：一个图是由点集 $V = \{v_i\}$ 以及 V 中元素无序对的一个集合 $E = \{e_k\}$ 所构成的二元组，记为 $G = (V，E)$，V 中的元素 v_i 称为节点，E 中的元素 e_i 称为边。

图论即将实际问题抽象为图中的点和边，以表达事物及事物间的关联关系，将复杂的实际问题转化为简单的抽象图形，基于对图形的数学分析，解析复杂的实际问题。目前对图形的数学分析已经逐渐成熟，图论中的主要概念有节点的度、链、路、连通图、最短路等。

节点的度定义：节点的度是以点 v 为端点的边数称为点 v 的度。

链定义：无向图 $G = (V，E)$，若图 G 中某些点与边的交替序列可以排成 $(v_{i_0}，e_{i_1}，v_{i_1}，e_{i_2}，\cdots，e_{i_k}，v_{i_k})$ 的形式，且 $e_{i_l} = (v_{i_{t-1}}，v_{i_t})$ （$t = 1，\cdots，k$），则成这个点边序列为连接 v_{i_0} 与 v_{i_k} 的一条链，链长为 k。

路定义：图 G 的一个非空点、边交替序列 $W = v_0e_1v_1e_2\cdots e_kv_k$ 称为一条从 v_0 到 v_k 的路径，其中 v_0 为路径 W 的起点，v_k 为 W 的终点，v_i 为 W 的内点，k 为 W 的路长。

连通图定义：一个图中任意两点间至少有一条道路相连，则称此图为连通图。

最短路定义：设 $G = (V, E)$ 为连通图，图中各边 (v_i, v_j) 有权 l_{ij} （$l_{ij} = \infty$ 表示 v_i, v_j 间无边），v_s、v_t 为图中任意两点。最短路即道路 μ，从 v_s 到 v_t 的所有路中总权最小，即 $L(\mu) = \sum\limits_{(v_i,v_j)\in\mu} l_{ij}$ 最小。

图论是解决实际问题的一类重要的数学工具，在解决各类实际问题中都发挥了重要作用，在物理、化学等诸多基础学科以及社会科学、生命科学、信息科学等应用型学科的学术及实践领域都有着非常广泛的应用。

2.3　复杂网络理论

复杂网络是图论中一个重要的应用性理论。自莱昂哈德·欧拉创造性地以图论解决"七桥问题"以来，网络图已经成为解决各类现实问题的重要手段[1]。图论是数学的一个分支，它利用点和边构成的图表达一些事物及事物之间的关系，从而将繁杂的实际问题抽象出来用简单的图来表示，并进而用图的理论和方法揭示出实际问题的规律和本质[2]。

复杂网络是对复杂系统的一般抽象和描述，将复杂系统的个体视为网络节点，个体间的相互作用视为网络的边，由大量这样的节点和边所构成的复杂系统，称为复杂网络[3]。简而言之即呈现高度复杂性的网络，并非如网格图或随机图一般，而是具有一定的拓扑特性[4]。

复杂网络的结构特征及其蕴含的规律为诸多实际问题的解决提供了思路，其灵活的结构和成熟的分析体系使其能够对各类复杂的实际问题进行抽象和分析，大多数复杂网络具有以下几个特征[5]：

（1）网络规模庞大。网络节点数量可以有成百上千万个，甚至更多，但大规模的网络行为具有统计特性。

①　孙玺菁，司守奎 . 复杂网络算法与应用［M］. 北京：国防工业出版社，2015：1 – 2.
②　卓新建，苏永美 . 图论及其应用［M］. 北京：北京邮电大学出版社，2018：4.
③　周涛，柏文洁，汪秉宏，等 . 复杂网络研究概述［J］. 物理，2005（1）：31 – 36.
④　Complex networks［EB/OL］.［2018 – 10 – 04］. https://en. wikipedia. org/wiki/Complex_network.
⑤　王小帆，李翔，陈关荣 . 复杂网络理论及其应用［M］. 北京：清华大学出版社，2006：13 – 14；郭世泽，陆哲明 . 复杂网络基础理论［M］. 北京：科学出版社，2012：21 – 24.

（2）连接结构的复杂性。网络连接结构既非完全规则也非完全随机，但却具有其内在的自组织规律，网络结构可呈现多种不同的特性。

（3）节点的复杂性。首先表现为节点的动力学复杂性，即各个节点本身可以是各种非线性系统（可以由离散的和连续微分方程描述），具有分岔和混沌等非线性动力学行为；其次表现为节点的多样性，复杂网络中的节点可以代表任何事物，而且一个复杂网络中可能出现各种不同类型的节点。

（4）网络时空演化过程复杂。复杂网络具有空间和时间的演化复杂性，可展示出丰富的复杂行为，特别是网络节点之间的不同类型的同步化运动（包括出现周期、非周期、混沌和阵发行为等运动）。

（5）网络连接的稀疏性。一个有 N 个节点的具有全局耦合结构的网络的连接数目为 $O(N^2)$，而实际大型网络的连接数目通常为 $O(N)$。

（6）多重复杂性融合。若以上多重复杂性相互影响，则导致更为难以预料的结果。例如，设计一个电力供应网络需要考虑此网络的进化过程，其进化过程决定网络的拓扑结构。当两个节点之间频繁地进行能量传输时，它们之间的连接权重会随之增加，通过不断地学习与记忆可逐步改善网络性能。

除了复杂性，复杂网络一般还具有以下三个特性：

（1）小世界特性。大多数网络尽管规模很大，但任意两个节点间却有一条相当短的路径。

（2）无标度特性。人们发现一些复杂网络的节点的度分布具有幂指数函数的规律。因为幂指数函数在双对数坐标中是一条直线，这个分布与系统特征长度无关，所以该特性被称为无标度性质。无标度特性反映了网络中度分布的不均匀性，只有很少数的节点与其他节点有很多的连接，成为"中心节点"，而大多数节点度很小。

（3）超家族特性。2004 年，Milo 等在《科学》上发表文章，比较了许多已有网络的局部结构和拓扑特性，观测到有一些不同类型的网络的特性在一定条件下具有相似性。尽管网络不同，只要组成网络的基本单元（最小子图）相同，它们的拓扑性质的重大轮廓外形就可能具有相似性，这种现象被他们称为超家族特性①。

基于复杂网络分析方法中的度、度分布、中心性、聚集系数、平均路径等分析指标，能够对网络结构实现精准刻画和分析。复杂网络理论体系下的分析指标与图论中的指标有

---

① MILO R，ITZKOVITZ S，KASHTAN N，et al. Superfamilies of evolved and designed networks ［J］. Science，2004，303（5663）：1538 – 1542.

相近之处，但在网络图中的应用有进一步的发展，主要包括以下几项①：

（1）度与度分布

节点 v_i 的度 k_i 定义为与该节点连接的边数。一个节点的度越大，这个节点在某种意义上就越重要。

网络中节点度的分布情况可用分布函数 P（k）来描述，P（k）表示网络中度为 k 的节点在整个网络中所占的比例。

（2）平均路径长度

网络中两个节点 v_i 和 v_j 之间的距离 d_{ij} 定义为连接这两个节点的最短路径上的边数，它的倒数 $1/d_{ij}$ 称为节点 v_i 和 v_j 之间的效率，记为 ε_{ij}。通常，效率用来度量节点间的信息传递速度。网络中任意两个节点之间的距离的最大值称为网络的直径，记为 $D = \max\limits_{1 \leqslant i < j \leqslant N} d_{ij}$。网络的平均路径长度 L 则定义为任意两个节点之间的距离的平均值，记为 $L = \dfrac{1}{C_N^2} \sum\limits_{1 \leqslant i < j \leqslant N} d_{ij}$。

（3）聚类系数

节点 v_i 的 k_i 个邻居节点之间实际存在的边数 E_i 和总的可能的边数 $C_{k_i}^2$ 之比即为节点 v_i 的聚类系数，记为 $C_i = \dfrac{E_i}{C_{k_i}^2}$。

（4）中心性

中心性反映网络的静态特征，在复杂网络分析中，对某个节点中心性的表征有多种方法，分别是度中心性、中介中心性、接近中心性和特征向量中心性。

度中心性衡量的是单个节点或者一组节点在网络中的位置及其重要程度。

节点 v_i 的度中心性 C_D（v_i）就是其度 k_i 除以最大可能的度 N − 1，即 C_D（v_i）= k_i／（N − 1）。

节点的介数衡量节点作为沟通其他节点的中介节点时的作用强度，即网络中所有最短路径中经过该节点的数量比例，中介中心性是该节点的归一化介数。节点 v_i 的中介中心性 C_B（v_i）= $\dfrac{1}{N-1} \sum\limits_{i=1}^{N} \left[C_B \left(v_{max} - C_B \left(v_i \right) \right) \right]$。

接近中心性衡量的是节点在网络中居于中心的程度。节点 v_i 的接近中心性可记为 C_C（v_i）= $\sum\limits_{\substack{j=1 \\ j \neq i}}^{N} 2^{-d_{ij}}$。

特征向量中心性衡量的是各节点与高分值节点的关联程度。特征向量中心性是通过邻

---

① 孙玺菁，司守奎. 复杂网络算法与应用［M］. 北京：国防工业出版社，2015：22 – 40.

接矩阵 A 来定义的。

对于节点 v_i，令它的中心性分值 x_i 正比于连到它的所有节点的中心性分值的总和，则

$$x_i = \frac{1}{\lambda} \sum_{j=1}^{N} a_{ij} x_j \text{（N 为节点总数，λ 为常数）}。$$

而节点 v_i 的特种向量中心度值记为 $C_E(v_i) = x_i$。

目前有关复杂网络的研究分布较广，有研究者基于复杂网络分析方法构建了诸多领域模型以厘清网络结构和特征。例如，关于在线社会网络研究主要包括在线交友网络、在线社区和在线社会媒体等三大类在线社会网络[1]；构建信用风险传染的网络模型研究，通过仿真实验，阐明信用风险传染行为的内外部性质及其演化的影响[2]；利用阈值法构建中国股市复杂网络模型，从时间和空间两个角度分析中国股市复杂网络的分形特征[3]；利用微博信息传播网络的仿真实验分析微博信息传播的影响因素并构建微博信息传播模型，从而揭示了微博信息传播的临界值和免疫机理[4]；在知识管理领域，基于主题构建学科知识网络模型，分析学科知识体系关联结构特征[5]。也有许多研究者基于复杂网络分析方法支持预测和决策。例如，交通领域，利用最大信息系数（MIA）对铁路事故进行相关性分析测度，设计构建铁路事故分析复杂网络模型[6]；医疗领域，将 BIB 流行病模型与复杂网络理论结合构成 BIB 复杂网络来拟合和预测交通流量[7]；知识管理领域，根据知识学习过程构建复杂知识的节点关系网络模型，为提高知识学习效率提供可能性[8]；文献计量研究中，对合著网络进行链路预测分析，以实现合著关系的预测和推荐，从而为研究团队人员的选

[1]　胡海波，王科，徐玲，等. 基于复杂网络理论的在线社会网络分析 [J]. 复杂系统与复杂性科学，2008（2）：5 – 18.

[2]　陈庭强，何建敏. 基于复杂网络的信用风险传染模型研究 [J]. 软科学，2014，22（2）：1 – 10.

[3]　庄新田，张鼎，苑莹，等. 中国股市复杂网络中的分形特征 [J]. 系统工程理论与实践，2015（2）：4 – 10.

[4]　田占伟，王亮，刘臣. 基于复杂网络的微博信息传播机理分析与模型构建 [J]. 情报科学，2015（9）：15 – 21.

[5]　关鹏，王曰芬，曹嘉君. 整合主题的学科知识网络构建与演化分析框架研究 [J]. 情报科学，2018，36（9）：3 – 8.

[6]　Shao，F B，Li，K P. A Complex network model for analyzing railway accidents based on the maximal information coefficient [J]. Communications in theoretical physics，2016（10）：459 – 466.

[7]　LI Y M，ZHAO L M，YU Z Y，et al. Traffic flow prediction with big data：a learning approach based on SIS-Complex Networks [C] //2017 IEEE 2nd Information Technology，Networking，Electronic and Automation Control Conference（ITNEC 2017），IEEE. Chengdu，2017：865 – 873.

[8]　HE J. Y.，YANG B. H. A study on effective study path for open education students based on complex network [C] //2018 2nd International Conference on Computer Science and Intelligent Communication（CSIC 2018），School of Economics and Management，Yunnan Open University. Xi'an，2018：38 – 42.

择和搭配提供参考①。

2.4 信息生态理论

1866 年，德国生物学家 Haecke 首次给出了生态学的定义，他指出生态学是研究有机体与其周围环境——包括非生物环境和生物环境的相互作用的科学。信息生态（information ecology）一词于二十世纪八九十年代开始被西方学者所使用。它被用来表达生态观念和日益变得重要和复杂的信息环境之间的关联②。本书认为信息生态是指由信息—人—信息环境组成的具有一定的自我调节能力的人工系统③。

2.4.1 信息生态观

信息生态观强调把人、信息及信息环境作为一个整体来看待。如同人的物质性生存所需要的自然生态环境一样，人的精神性（信息化社会）生存也需要一个相对应的信息生态环境④。信息—信息人—信息环境之间客观形成了一种相互需要、提供、更新、反馈的共生连环关系，形成了一种均衡运动状态。在一个信息生态系统中，最引人注意的是利用技术的人类行为。由此，可以得出信息生态观的五大理念，即系统观、平衡观、互动观、人本观和循环观⑤。

（1）系统观

信息生态是由人、信息资源和信息环境中各种要素和资源共同构成的整体关系。信息生态中各个不同组成部分之间存在强大的相互联系和相互依赖性，它们的变化都是系统性的，一个生态要素所发生的变化会影响到整个信息生态系统，因此，必须用系统观来衡量和审视信息生态问题。

（2）平衡观

生态平衡是生态系统在一定时间内结构和功能的相对稳定状态，其物质和能量的输入

---

① 张金柱，胡一鸣. 利用链路预测揭示合著网络演化机制 [J]. 情报科学，2017，35（7）：75 – 81.

② 肖峰. 信息生态的哲学维度 [J]. 河北学刊，2005（1）：49 – 54.

③ 马捷，靖继鹏. 论信息生态观对企业创新机理的阐释 [J]. 情报理论与实践，2009，32（8）：33 – 35，43.

④ 张新明，王振，张红岩. 以人为本的信息生态系统构建研究 [J]. 情报理论与实践，2007（4）：531 – 533.

⑤ 程鹏，徐谦. 运用信息生态观突围科技发展困境 [J]. 科技创业月刊，2008（3）：8 – 10.

输出接近相等，在外来干扰下能通过自我调节（或人为控制）恢复到原初的稳定状态。当外来干扰超越生态系统的自我控制能力而不能恢复到原初状态时称之为生态失调或生态平衡的破坏。生态平衡是动态的，维护生态平衡不只是保持其原初稳定状态，生态系统可以在人为有益的影响下建立新的平衡，达到更合理的结构、更高效的功能和更好的生态效益。

与自然生态系统一样，失衡与平衡的动态变化是信息生态系统的重要内容。信息生态系统中各种要素的数量比例、运行模式、功能结构、资源配置和能量交换等都可以处于相对稳定的状态。之所以能保持相对的平衡，是因为系统内部具有自我恢复的功能或系统外部的力量有调节作用。当然，系统内部的这种自控和自净的恢复功能是有限度的，平衡是相对的，失衡是难免的。

（3）互动观

一个系统的各个构成要素之间，必然存在积极的互动关系。信息生态系统是一种开放的生态系统，它自身的各种要素之间、与其他系统之间以及与经济社会大环境之间也存在着相互联系、相互作用、彼此磁吸、互相依存的共生共进关系。各个信息人在不同领域、不同层面，运用不同工具和载体，分工合作，各司其职，相互作用。互动观要求系统中各要素紧密结合、协调发展。

（4）人本观

信息生态是围绕着人而形成和展开的，其生成、演变的状况既是由人引起的，也反过来影响人，是一种"以人为本"的信息存在状况。信息技术是信息环境的关键，在社会科学技术和经济发展过程中，人们曾一度强调技术的作用而忽视人本身。人们通过一定的信息技术获取信息资源，同时也通过信息技术的进步提高获取、利用和管理信息资源的能力，促进信息环境的改善。信息活动的真正主体是人，人的信息素质的高低、信息意识的强弱，直接影响信息的接收率和整个生态系统的好坏。人是信息生态系统的主体，是信息生态系统最具活力的因素，是信息链所有环节的执行者。信息生态强调"以人为本"，维护信息生态平衡的最终目的是人在系统中受益最大化。

（5）循环观

信息生态系统要生存和发展，只有依赖系统中各个生态资源流动的良性循环，保持其内部以及内部与外部之间稳定而有规则的资源流动，才能维持系统的结构和功能，否则信息生态系统就会失衡、退化，甚至是瓦解。

2.4.2　信息生态系统

信息生态系统的概念最早由 Nardi 等提出，其认为信息生态系统是在特定环境中，由人、实践、价值和技术构成的一个有机系统①。此后，国内外学者均对信息生态系统的概念进行了研究，提出了信息生态系统在宏观层面和微观层面的定义。本书更倾向于认同信息生态系统从微观上是一个生命体，与生物生态系统一样，信息生态系统自身具有各种生态特征，集整体性、多样性、自组织性、层次性、开放性等于一体，能够与环境协同演化、不断发展②。

信息生态系统是一种开放的生态系统，由信息、人、信息环境组成③。人通过对信息的获取、开发与利用，能动地改变自身及周围的信息环境，根据人在信息生态系统中的不同作用，可将信息生态系统中的信息人划分为信息生产者、信息组织者、信息传播者、信息消费者和信息分解者④。信息环境指人类信息生态系统中人类及社会组织周围一切信息交流要素的总和，信息环境是社会环境的一部分，是在自然环境基础上经过人类加工而形成的一种人工环境⑤。信息的概念十分宽泛，位于信息生态环境中的信息在体现客观事物差异的同时，还兼具消除信息人主观认识不确定性的功能⑥。

2.4.3 信息生态链

信息生态链是信息通过一系列的加工、传递和利用的行为在信息生态环境中传递，在这个过程中各种信息主体按信息流转顺序排列而形成的链状顺序结构⑦。信息生态链中的信息人主体由信息生产者、信息组织者、信息传播者、信息消费者、信息分解者构成，其中，信息生产者是创造信息的组织或个人、信息组织者和传播者是组织和传输信息的组织或个人，信息消费者是具有一定的信息需求及信息能力并通过信息交流活动汲取信息的组织或个人⑧，信息分解者是对信息生态系统中的过期、冗余、虚假、违法等信息进行清除处理的组织或个人。

通常将信息生态链中的信息人主体用"节点"表示，不同信息人之间的信息流转关系用"链"表示。即可以理解为，在一条完整的信息生态链中，信息生产者是信息生态链的

① NARDI B A，O'DAY V L. Information ecologies：using technology with heart ［M］. Massachusetts：MIT Press，1999：55 - 82.

②⑤ 靖继鹏，张向先. 信息生态理论与应用 ［M］. 北京：科学出版社，2017：45.

③ 靖继鹏. 信息生态理论研究发展前瞻 ［J］. 图书情报工作，2009，53（4）：5 - 7.

④ 马捷，靖继鹏，张向先. 信息生态系统的信息组织模式研究 ［J］. 图书情报工作，2010，54（10）：15 - 19.

⑥ 陈曙. 信息生态研究 ［J］. 图书与情报，1996（2）：12 - 19.

⑦ 靖继鹏，张向先. 信息生态理论与应用 ［M］. 北京：科学出版社，2017：81.

⑧ 娄策群，周承聪. 信息生态链中的信息流转 ［J］. 情报理论与实践，2007（6）：725 - 727.

起始节点，信息传播者是信息生态链的中间节点，信息消费者是信息生态链的终止节点，起始节点、中间节点、终止节点间根据信息的流转关系用链连接。

2.5 群体智慧理论

（1）群体智慧理论的产生与发展

19世纪中叶，绝大多数学者坚称占人口比重少数的社会精英才是推动历史进步的动力，对群体的智慧持否定甚至是蔑视的态度，如 Mackay 指出群体的智慧低于单独个体的智慧[1]，Bon 指出群体的组成只会使个体丧失原有的智慧[2]。20世纪初，随着民众在社会活动和政治活动中的参与度不断提升，越来越多的学者开始以理性的态度审视群体智慧的作用，如 Galton 通过实验证明了在某些情况下，群体的智慧会超越专家的智慧[3]，这也是对群体智慧的首个正面研究结果，标志着学者们对群体智慧的反思及研究转向[4]。随着对群体智慧研究的不断深入，索罗维基在《群体的智慧：如何做出最聪明的决策》一书中将群体智慧上升到理论的高度，视其为一种新的管理理念和管理模式[5]，这掀起了在群体行为研究领域的重大变革。

（2）群体智慧的智慧效能

通过对群体智慧的形成机理进行分析可知，个体的数量与个体的质量是群体智慧产生智慧效能的内因[6]。在理想层面上，当决策需要群体智慧产生智慧效能时，个体的数量应无限多，个体的质量也应无限高。但在现实中，决策需要群体智慧产生智慧效能时往往较难具备理想层面上对个体数量与个体质量的追求。针对这一现象，研究者们纷纷围绕在现实条件下怎样规模的群体能更好地发挥智慧效能这一问题进行了研究[7]。随着研究的深入开展，研究者们发现群体的规模与群体智慧的智慧效能之间并不是简单的单调线性递增的

① MACKAY C. Extraordinary popular delusions and the madness of crowds [M]. New York：Farrar, Straus and Giroux, 1841：18 – 30.

② BON G L. The crowd：a study of the popular mind [M]. New York：Dover Publications, 2002：5 – 10.

③ GALTON F. Vox populi [J]. Nature, 1907, 75 (5)：450 – 451.

④ 戴旸，周磊. 国外"群体智慧"研究述评 [J]. 图书情报知识, 2014 (2)：120 – 127.

⑤ 索罗维基. 群体的智慧：如何做出最聪明的决策 [M]. 王宝泉，译. 北京：中信出版社, 2010：100 – 155.

⑥ 蔡萌生，陈绍军. 反思社会学视域下群体智慧影响因素研究 [J]. 学术界, 2012 (4)：23 – 30, 271 – 274.

⑦ 鲍汐汐. 估值任务场景中群体智慧的稳定性影响因素研究 [D]. 广州：华南理工大学, 2019：44 – 47.

关系，其同时还与多种因素息息相关，具体关系如图 2 – 2 所示，影响群体智慧产生智慧效能的因素主要有个体的多样性、个体的准确性、个体所处的环境和个体的聪明性。

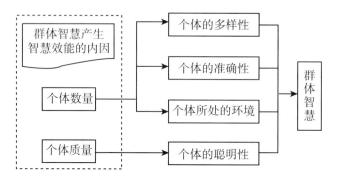

图 2 – 2　影响群体智慧产生智慧效能的因素

第一，个体的多样性。从个体数量视角来看，个体的多样性会影响群体智慧的智慧效能。Page[①] 认为个体具有不同的观点对群体智慧的智慧效能至关重要，这是因为个体的多样性会弥补个体判断的极端值，具体来说就是在个体智慧汇集成群体智慧时，少数个体的错误判断往往会被抵消，个体的多样性越多，少数个体的错误判断被抵消得越彻底，通过群体智慧得到的决策越完善。

第二，个体的准确性。从个体数量视角来看，个体的准确性影响群体智慧的智慧效能。Simons[②] 通过观察发现通常规模较小的群体会在决策中具有较高的准确性，其通过研究分析出这些规模较小的群体在决策中具有较高的准确性的原因是这些群体内部的 "不一样的观点" 较少，从而能提高决策的准确性。

第三，个体所处的环境。从个体数量视角来看，个体所处的环境影响群体智慧的智慧效能。King 等[③]通过对比研究发现在相对简单的任务环境中，被试者对简单问题进行感知的结果是简单问题会更加简单，在相对复杂的任务环境中，被试者对简单问题进行感知的结果是简单问题并不简单，并由此推论出：群体智慧的智慧效能的发挥会受到个体所处环境的影响。

第四，个体的聪明性。从个体质量视角来看，个体的聪明性影响群体智慧的智慧效能。个体的聪明性是指聪明的个体会在决策中均为群体提供正向支持的一致性[④]。

①　PAGE S E. The difference：how the power of diversity creates better groups，firms，schools，and societies［J］. Introductory chapters，2008，88（4）：270 – 278.

②　SIMONS A M. Many wrongs：the advantage of group navigation［J］. Trends in ecology & evolution，2004，19（9）：453.

③　KING A，KING A J，CHENG L，et al. Is the true "wisdom of the crowd" to copy successful individuals？［J］. Biol Lett，2012，8（2）：197 – 200.

④　鲍汐汐. 估值任务场景中群体智慧的稳定性影响因素研究［D］. 广州：华南理工大学，2019：58 – 60.

3 智慧城市信息协同理论框架

依据协同论，本章首先对信息协同概念进行辨析，并解构信息协同层次模型。智慧城市的信息协同归根结底是由人的主观协同意识驱动，由人的主动协同行为保障，因此在信息协同概念界定基础上，本章探究信息协同行为的基本概念、属性和特征，作为智慧城市信息主体的信息协同行为研究的基础。依据信息生态理论和生命周期理论，本章构建智慧城市信息协同三元理论框架，并从数据层次出发，提出智慧城市信息协同数据融合框架。

3.1 信息协同概念与层次模型

3.1.1 协同及协同过程

协同这一概念在我国古已有之，《说文解字》中，协，众之同和也；同，合会也①。《现代汉语词典》对协同这一词条的解释为："各方互相配合或甲方协助乙方做某事。"②而在英文表述中，coordination、cooperation、collaboration、synergy 等词的含义都或多或少与协同相近。coordination 更侧重于"协调"，而 cooperation 侧重于表达"合作"的含义，相比之下，collaboration 和 synergy 与协同这一概念有着更密切的联系。这两者的区别在于 collaboration 指的是为达成共同目标和任务而与他人进行合作，而 synergy 这个词则表示的是二者在共同工作时所产生的放大效应。因此，collaboration 应表述为协同，而 Synergy 则表示的是协同效应，正确区分相关概念的英文表述，有助于对协同概念进行系统梳理。

关于协同的概念，Gray③ 认为协同是人们通过合作来看到问题的不同方面，比较差异从而寻找有效的解决方案的过程。Schrage④ 则认为协同是一个分享创造的过程，两个或两

---

① 许慎. 说文解字 [M]. 上海：上海古籍出版社，1985：249，461.
② 中国社会科学院语言研究所词典室. 现代汉语词典 [M]. 6 版. 北京，商务印书馆，2012：1440.
③ GRAY B. Strong opposition：frame-based resistance to collaboration [J]. Journal of community & applied social psychology，2010，14（3）：166 – 176.
④ SCHRAGE M. No more teams！Mastering the dynamics of creative collaboration [M]. New York：Currency and Doubleday，1995：32 – 38.

个以上具有互补技能的个体相互作用，共同提出一个没有人曾经拥有或可能已经拥有的共同理解。Chrislip 等[①]认为协同的关键在于共享责任、权利和义务，从而达到双方或多方的互惠。Livonen 等[②]也指出协同是促进意义的共享并完成关于相互共享的超常目标的人类行为。

协同总会涉及多主体之间的配合，而合作（cooperation）同样有着这样的含义，有必要对二者进行意义辨析。关于二者的区别，Dillenbourg[③]指出在合作中各成员进行分工，独立解决问题，最后将各自的结果汇总成为最终结果，而协同则需要成员们共同工作。Hanson 等[④]也认为与合作相比，协同强调各组员共同工作去创造一个基于参与者知识与经验的解决方案。Shah 将与协同相关的五个小组活动进行了定义并举例（见表 3 – 1）。

表 3 – 1　各种小组活动及相应例子

小组活动	定义	例子
交流（communication）	两个主体之间交换信息	电子邮件、聊天
贡献（contribution）	某个主体对他人的提供、奉献	在线支持小组、社会问答
协调（coordination）	通过和谐的活动联系不同主体	电话会议、网络会议
合作（cooperation）	主体之间遵守一些互动的规定	维基百科
协同（collaboration）	为完成共同目标而协作	头脑风暴、合著

资料来源：SHAH C. Collaborative information seeking：the art and science of making the whole greater than the sum of all ［M］. Berlin：Springer，2012：20.

在这五种小组活动中，交流作为最基本、最简单的合作方式，也是小组活动的基础。而为了达到有效协同，小组中的成员均需要对其他成员有所贡献。协调则是将人或者系统聚集在同一时间、地点，有着共享的资源、责任以及目标，和谐地进行活动。合作则是指一群存在共同利益的人进行交流、计划、共享等活动，以完成共同目标的活动，与协调不同的是，合作主体之间需要遵循一定的互动规定。而协同则是指人们为完成共同的目标而进行协作，最终得到的结果并非仅仅是单个个体贡献的总和。交流、贡献、协调、合作是实现协同的必要途径，在协同之中，主体既有在同一时间、地点的互动（交流、协调），

① CHRISLIP D D, LARSON C E, FORUM A L. Collaborative leadership：how citizens and civic leaders can make a difference ［J］. Review of public personnel administration，1995（2）：88 – 93.

② LIVONEN M, SONNENWALD D H. The use of technology in international collaboration：two case studies ［J］. Proceedings of the ASIS annual meeting，2000，37（1）：78 – 92.

③ JONES A. Collaborative learning：cognitive and computational approaches ［J］. Computers & education，2000，35（1）：83 – 86.

④ HANSEN P, WIDEN G. The embeddedness of collaborative information seeking in information culture ［J］. Journal of information science，2017，43（4）：554 – 566.

也有在同一目标之下，一方的努力以及对另一方的帮助（贡献、合作）。Shah 认为，这五种小组活动之间是包含关系，见图 3 – 1。

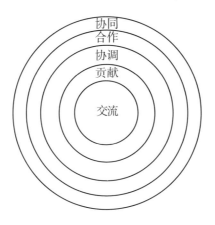

图 3 – 1　Shah 的 C5 协同模型

资料来源：SHAH C. Collaborative information seeking：the art and science of making the whole greater than the sum of all［M］．Berlin：Springer，2012：13.

综上所述，"协同"作为人类特定活动，有着区别于其他活动的特点。首先，"协同"起源于个体对自身能力的认知，当个体自身能力难以满足复杂任务的要求时，便会产生协同需求。其次，"协同"需要多个主体基于共同目标进行协作，即可获得协同效应，且最终的结果并非仅仅是单个个体贡献的总和。协同效应则是协同的核心点。协同并非都是有效的，而有效的协同则往往具有以下特点：成员观点多样且意见独立，组织内平等民主，最终各成员的意见会被有效聚合①。协同过程见图 3 – 2。

图 3 – 2　协同过程

资料来源：马捷，张云开，蒲泓宇．信息协同：内涵、概念与研究进展［J］．情报理论与实践，2018，41（11）：12 – 19.

3.1.2　信息协同概念辨析

信息协同是协同理论在信息科学中的一个典型应用。协同理论源于对协同效应的系统研究，最早由德国理论物理学家赫尔曼·哈肯提出。协同理论认为，通过协同作用，组织集成并不是组织要素的简单数量相加，而是通过人的主动集成行为，使组织系统的各要素

---

① SUROWIECKI J. The wisdom of crowds［M］．New York：Anchor Books，2005：231 – 238.

之间以及各子系统之间能够协同地工作，从而使组织要素彼此耦合，赢得全新的整体放大效应。协同学最初被用来解决自然科学的相关问题，后逐渐被社会科学、信息科学研究所借鉴。不同的研究者基于各自的研究视角对信息协同进行定义。

基于协同学视角对信息协同进行研究是信息协同的重要组成部分，在该视角下，研究者更关注系统、组织成员之间的协同行为及所产生的协同效应，与传统信息资源配置不同，信息协同强调的是主体之间通过有序的分工与协作，对各类社会信息资源进行资源的共建共享[1]。张晴等[2]认为企业信息协同不是简单的信息共享，企业信息协同不仅强调通过信息共享加强企业间的信息协作，而且强调如何实现共享信息的价值，即这些信息的运作机制以及通过信息技术和信息集成加速信息流动，实现信息的及时传递，从而推动技术进步以及物流和资金流的快速流动，最终提高整体绩效。赵杨[3]等利用协同理论的基本思想分析了信息资源协同配置的组成要素，基于此制定了信息资源协同配置实现、控制和反馈机制。刘昆雄等[4]从配置模式优化、配置流程、协同效应和配置效益四个维度建立了信息资源协同配置效率的评价体系。Huang等[5]将信息协同定义为企业成员之间传播、共享信息，并通过相互协作和协调产生协同效应，认为信息协同由三个部分构成：信息传播、信息回应和共享诠释。张向先等[6]认为信息协同是指运用协同的思想对信息进行深加工，与多种资源相结合，在信息系统中形成内驱动力，使信息流有明确的传递方向，并使信息系统内部各个环节产生协同力，促使系统在平衡临界点演化以及维持系统的动态平衡。张敏[7]认为图书馆协同信息服务，是指图书馆运用技术手段同各类信息服务系统通过合作、互动和整合等有机配合的方式，完成特定的信息服务任务的行为过程和行为方式。González-Ibáñez等[8]以实

---

① 赵杨. 国家创新系统中的信息资源协同配置研究 [D]. 武汉：武汉大学，2010：6 – 19.

② 张晴，刘志学. 供应链信息协同及 agent 在其中的应用：研究综述 [J]. 计算机应用研究，2008 (8)：2265 – 2269.

③ 赵杨，郭明晶. 分布式信息资源协同配置机制研究 [J]. 图书情报工作，2008，52 (6)：71 – 74.

④ 刘昆雄，赵杨，沈雪乐. 国家创新系统中的信息资源协同配置效率评价 [J]. 情报杂志，2012 (12)：158 – 163.

⑤ HUANG Y K, LI E Y, CHEN J S. Information synergy as the catalyst between information technology capability and innovativeness：empirical evidence from the financial service sector [J]. Information research, 2000, 14 (1)：298 – 311.

⑥ 张向先，国佳，马捷. 企业信息生态系统的信息协同模式研究 [J]. 情报理论与实践，2010，33 (4)：10 – 13.

⑦ 张敏. 图书馆协同信息服务的技术实现策略研究 [J]. 情报理论与实践，2011，34 (9)：110 – 114.

⑧ GONZÁLEZ-IBÁÑEZ R, SHAH C, HASEKI M. Time and space in collaborative information seeking：the clash of effectiveness and uniqueness [J]. Proceedings of the association for information science & technology, 2012, 49 (1)：1 – 10；SHAH C. Evaluating the synergic effect of collaboration in information seeking [C] // SIGIR'11 Proceedings of the 34th International ACM SIGIR Conference on Research and Development in Information Retrieval, Association for Computing Machinery. Beijing, 2011：913 – 922.

验的方法验证了协同信息搜寻行为中所存在的协同效应。陈锐等①研究了智慧城市管理框架下的信息协同模式，他认为信息协同的全流程分为信息启动、信息流转、信息到达三个阶段。

信息行为视角也是信息协同研究中重要的一部分，信息和协同这两个词结合起来，最初即见于信息行为研究领域——1968 年 Taylor 所开创的协同信息检索领域②，在该研究视角下关于信息协同的研究均聚焦于协同信息行为。在情报学研究中，国外学者在信息行为研究中逐渐脱离了以单用户为中心的研究思路，开始重视起信息行为研究中的协同信息行为。不同情境下的协同信息行为成了学者们的研究对象，Sonnenwald 分别与 Lievrouw③、Pierce④ 在指挥和控制的动态军事工作环境中定性地研究信息行为，他们强调了相互交织的态势感知现象，将协同定义为个体、群体内部和群体间对形势的共同理解。Talia⑤ 则调查了信息检索行为中的协同行为，以便更好地理解和支持检索工作和知识产生过程，同时认为应重点关注信息搜寻、检索、过滤以及聚合过程中的信息协同行为。Poltrock 等⑥将协同信息行为与个人信息行为进行了区分，认为群体之间的信息检索活动是协同信息行为的主要特征。在回顾了相关学者的研究成果后，Foster⑦ 表明在当前的大多数协同信息行为研究中，协同行为本身并没有成为研究的重点，协同行为常常发生在更广泛的任务情境中，因此情境方法是对实验法的良好补充，情境方法倾向于在研究领域内的重复性工作任务中对协同信息行为进行建模。Hansen 等⑧将协同信息行为定义为：为解决特定问题的信息访问相关活动，该活动显性或隐性地涉及人直接和/或通过文本与其他人进行交互。随后 Talja 等⑨

① 陈锐，贾晓丰，赵宇. 智慧城市运行管理的信息协同标准体系 [J]. 城市发展研究，2015，22 (6)：40 - 46.

② TAYLOR R S. Question-negotiation and information seeking in libraries [J]. College & research Libraries，1968，29 (3)：178 - 194.

③ SONNENWALD D H，LIEVROUW L A. Collaboration during the design process：a case study of communication，information behavior，and project performance [C] //An International Conference on Information Seeking in Context. London：Taylor Graham Publishing，1997：179 - 204.

④ SONNENWALD D H，PIERCE L G. Information behavior in dynamic group work contexts：interwoven situational awareness，dense social networks and contested collaboration in command and control [J]. Information processing & management，2000，36 (3)：461 - 479.

⑤ TALIA S. Information sharing in academic communities：types and levels of collaboration in information seeking and use [J]. New review of information behaviour research，2002，3 (1)：143 - 160.

⑥ POLTROCK S，GRUDIN J，DUMAIS S，et al. Information seeking and sharing in design teams [C] //International ACM Siggroup Conference on Supporting Group Work. ACM，New York，2003：239 - 247.

⑦ FOSTER J. Collaborative information seeking and retrieval [J]. Annual review of information science & technology，2006，40 (1)：329 - 356.

⑧ HANSEN P，JARVELIN K. Collaborative information retrieval in an information-intensive domain [J]. Information processing & management，2005，41 (5)：1101 - 1119.

⑨ TALJA S，HANSEN P. Information sharing [J]. Information science & knowledge management，2006，79 (9)：45 - 55.

细化了之前的协同信息行为的定义，将其视为两个或两个以上的参与者进行交流，以确定完成任务或解决问题的信息活动。协同信息行为包括问题识别、信息需求分析、查询公式、检索交互、评估、结果呈现和应用结果来解决信息问题。Talja 等将任务与用户的信息行为联系起来，并将与信息相关的活动描述为依赖于分配的任务及其复杂性的动态的活动。可以看到，在信息行为研究视角下，关于信息协同的研究基本指向协同信息检索行为，有关其他协同信息行为研究关注甚少。

综合以上对信息协同的相关研究，我们可以看到国外学者的研究重点在信息行为研究视角下的协同信息行为，更加侧重对协同信息行为的需求、特征、动机、影响因素和规律等的研究；而国内学者的研究重点则主要是协同学视角下的信息协同研究和信息协同技术支持下的信息协同系统研究，这两方面的研究分别侧重于不同单位、环境下所产生的信息协同效应、信息协同系统的技术支持以及结构优化研究。虽说国内外关于信息协同的相关研究并不相同，但信息协同却是这些研究的核心问题。信息协同作为人类社会生活中存在的信息活动，其表现形式便是信息协同行为，协同效应则是信息协同所产生的结果，信息协同技术以及信息协同系统则为信息协同提供了必要的技术支持。

界定一个概念，我们不但需要明确描述目标事物是什么，而且还要厘清它不是什么，为此，我们对信息协同相关概念进行辨析，解决它不是什么的问题。与信息协同相关的概念较多，如信息传递、信息共享、信息集成、信息网络等，这些概念常常在文献中混合运用。下文对相关概念进行了比较，试图找出信息协同与相关概念之间的区别及联系。

（1）信息协同与信息传递

Shannon[①] 在其信息论中将信息传递定义为从信息源（即信息传递者）发出信息，然后通过一定的信道（即信息传递机制）到达信宿（即信息接收者）的过程。信息传递是以信息接收者及时、准确接收所需信息为目的。与信息传递不同，信息协同的目的则在于信息人通过与信息、环境交互提高信息传递效率，提升信息价值，获得协同效应。由定义可知，信息传递侧重的是信息由一方传递到另一方的过程，而信息协同过程中必然存在着信息传递。作为信息协同的基础，高效的信息传递会提升信息协同的效率，而低效的信息传递则会成为信息协同的障碍。

---

① SHANNON C E. A mathematical theory of communications ［J］. Bell system technical journal, 1948, 27（4）：623 － 656.

（2）信息协同与信息共享

信息共享是指信息通过特定渠道在共享者之间进行传递、传播，以实现信息在所有者与共享者之间共知、共享的过程①。不同于信息协同，信息共享的目的在于信息的共知、共享。信息协同行为作为信息协同的表现形式，其过程一般包括协同需求产生、协同信息查询与获取、协同信息共享和协同信息利用（见图3－3），而在协同信息行为过程中，信息共享是重要的一环，协同成员不仅共享信息，同样也共享他们对于信息意义的构建。在复杂的任务环境中，成员所共享的信息是多元化的，包括对获取信息的评价、对协同需求的反馈以及对协同结果的利用等。信息共享是信息协同过程中的一环，良好的信息共享可有效促进信息协同，而有效的信息协同机制也有助于促进组织内的信息共享水平。

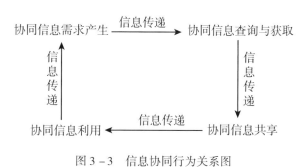

图3－3　信息协同行为关系图

（3）信息协同与信息集成

信息集成主要是指通过分类法、主题词法等信息组织体系，运用分类、标引、描述、排序、建库、关联等加工手段，将不同信息源、不同信息结构、不同信息载体的相对独立的信息进行集成，实现原有信息的优化配置和价值增值②。信息集成有广义和狭义之分。广义的信息集成是指将无序信息整合起来，变无序为有序，实现信息有序化、共享化和价值化的过程；狭义的信息集成是指将一定范围内的多源异构信息或物理或逻辑地组织起来，成为一个完整、有序的系统整体，实现信息资源的统一检索和获取。可以看出来，虽然重点都在于信息的优化配置与价值增值，但信息集成侧重于无序信息的有序化，而信息协同则侧重于信息主体之间的"协同"。良好的信息集成蕴含着信息协同，信息协同是信息集成的内在动力。

---

①　MESMER-MAGNUS J R，DECHURCH L A. Information sharing and team performance：a meta-analysis [J]. Journal of applied psychology，2009，94（2）：535.

②　毕强，史海燕. 信息集成服务模式研究 [J]. 图书情报工作，2004（9）：30－33.

（4）信息协同与信息网络

信息网络是指由多层的信息发出点、信息传递线和信息接收点组成的信息交流系统①。这个系统是由个体和群体的人所构成的无形的网。信息网络由节点以及节点之间的联系组成，这些联系可以是单向的也可以是双向的。信息网络侧重于研究网络中各节点之间的联系，而信息协同则侧重于信息主体与客体之间的协同交互过程。信息协同是一种信息活动，而信息协同的结果则可以用信息网络来表示。

3.1.3　信息协同内涵及概念模型

从逻辑学上来说，概念的逻辑结构分为内涵与外延两个方面，内涵是指概念所反映对象的特性和本质属性，外延是指概念所反映对象的具体范围。我们试图去界定"信息协同"的概念，首先要明晰其内涵，进而确定其外延，基于此，我们可以构建"信息协同"的概念模型，并根据其概念外延，探讨信息协同的研究发展趋势及实践领域拓展。

（1）信息协同内涵及发生过程

信息协同的内涵可以概括为以下几点：①"信息协同"的前提是组织的各部分或者要素之间存在着矛盾或冲突；②"协同"首先表现为一种过程，在自组织基础上以"信息"为关键要素使组织产生从无序状态到有序状态的相变过程；③"协同"根本上表现为一种结果或状态，信息的交流与共享使得各部分之间、各要素之间相互联系产生协同效应或整体效应。

本书基于现有的研究，分析信息协同发生的过程。在特定环境中的信息用户，在感受到特定的信息需求且发现自身并不能满足自己的信息需求时，便产生了协同需求。而协同需求促使了信息协同行为的发生，信息协同行为包括组织内部的协同以及组织外部的协同，信息协同的结果可以是成功获得相关信息，进而进行信息的利用发挥其相应价值，也有可能以失败而告终。信息利用的结果可能有助于信息用户需求的满足，也有可能不会对信息用户的需求有相应帮助，但不论结果如何，结果都会反馈给信息用户，进而激发新的协同需求。存在信息利用的过程必然存在着信息传递，其他用户在获得相应的信息时同样会和信息用户进行信息的交换与共享，信息的交换与共享也会促进新的协同需求的产生。上述过程即为信息协同过程，其各环节关系如图3-4所示。

---

① 吕发成，方国雄．秘书学基本原理［M］．兰州：兰州大学出版社，1992：35-43.

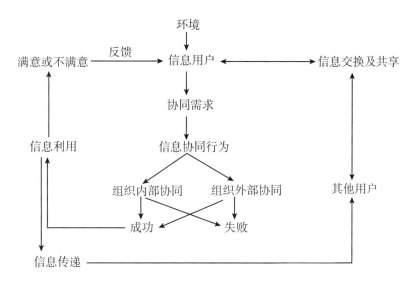

图3－4　信息协同过程模型

根据信息协同过程的分析，可以发现信息协同的整个过程涉及四个要素：信息主体（信息人）、信息客体（信息）、时间以及环境（技术环境与文化环境）。其构成如图3－5所示。用户即信息主体，信息主体通过对信息客体的需求、传递、交换、共享、利用、协同，完成信息协同过程，这个过程均在一定时间内、一定环境下发生。

（2）信息协同概念外延

图3－5　信息协同概念构成要素

概念的外延是指概念所反映对象的具体范围，信息协同主要有两大研究领域，一是信息协同行为的研究，二是系统信息协同作用、标准、技术、体系等方面的研究。它们都构成了信息协同概念的外延，是信息主体在一定时间和环境下，以信息为对象，实施的具体信息协同行为和协同产品。信息协同相关的实践研究均是其概念外延的体现。

（3）信息协同概念模型

基于对信息协同内涵以及外延的分析，对信息协同表达和反映的事物本质属性及其具体应用范围有了清晰的把握，据此，本书将信息协同定义为：信息协同是指两个及两个以上的参与者，在一定时间内通过信息交流以满足自身信息需求和达成共同目标的一种信息活动，在信息协同的过程中，信息主体通过与信息、环境、时间交互提高信息传递效率，提升信息价值，获得协同效应。信息协同概念模型如图3－6所示。

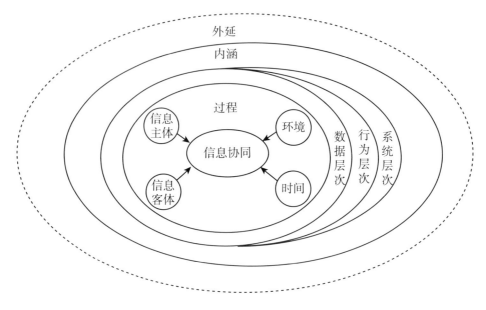

图 3 – 6　信息协同概念模型

3.1.4　信息协同层次模型

不同研究者基于不同的维度将信息协同进行分类，总结下来大致有以下几种类型：Golovchinsky[①] 根据用户共享信息需求的意向将信息协同分为显性协同与隐性协同，显性协同指的是用户在组织内共享信息需求，而隐性协同则是指系统需要推断出每个用户的信息需求、任务的共性以及联合信息需求的程度。Hansen 等[②] 按照交流媒介不同将专利审查员的协同活动分为"与人关联的协同"和"与文献关联的协同"两种，前者是传统的直接交流模式，后者则是人—文献—人的间接交流模式。而大部分研究者则根据时间将协同区分为同步协同和异步协同以及根据地点将协同区分为同地协同以及异地协同。

本书根据组织状态将信息协同分为自发性协同与非自发性协同。自发性协同指的是并未有外力对组织内进行作用，组织内各成员主动与其他成员共享协同需求，协同合作。而非自发性协同则是指组织内各成员并不主动共享协同需求，需要借助外力作用来达成信息协同。非自发性协同是低级的信息协同，而自发性协同是相对高级的信息协同，组织的信息协同水平随着二者的不断转换而螺旋上升。

根据对信息协同研究现状的梳理，本书剖析协同信息行为和系统信息协同信息研究的

① GOLOVCHINSKY G，PICKENS J，BACK M. A taxonomy of collaboration in online information seeking ［J/OL］. ［2018 – 10 – 05］. https://doi. org/10. 48550/arXiv. 0908. 0704.

② HANSEN P，JARVELIN K. Collaborative information retrieval in an information-intensive domain ［J］. Information processing & management，2005，41（5）：1101 – 1119.

内容，可将信息协同分数据层次、行为层次以及系统层次。信息协同的三个层次之间相互连接，互相渗透，且每一个层次各有其特点。数据层次的信息协同指的是利用关联数据将无序信息有序化，通过建立有效的系统来达成信息协同。行为层次的信息协同则是指信息用户通过协同信息行为来满足自身的信息需求，协同信息行为开始于协同需求的产生，终止于协同需求的消散。系统层次的信息协同则分为系统内部信息协同与系统外部信息协同（见图 3 – 7）。

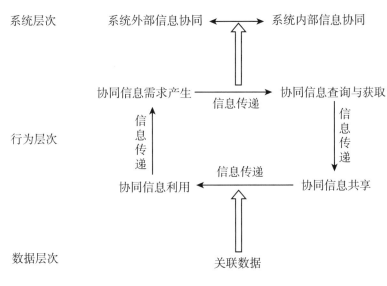

图 3 – 7　信息协同层次模型

3.2　智慧城市信息协同三元理论框架

信息协同在人与人之间、人与系统之间、系统内部子系统之间、系统与系统之间普遍存在。智慧城市是一个复杂的巨系统，存在多个子系统，子系统之间紧密联系，信息交流频繁。智慧城市子系统之间信息协同的过程不只是对信息流的研究，还涉及城市运行的方方面面。为了更好地研究信息协同，需要对智慧城市的运转模式进行一定的理论抽象，基于信息生态视角，本书将智慧城市的信息协同运转模式抽象为面向"情境"的"人—事件—信息"三元理论框架。

3.2.1　智慧城市信息协同所面向的"情境"

情境是指能够用来刻画一个实体的情形的任何信息，这些信息能够用来描述一个实体确定的一方面，所谓实体是指任何与用户和应用交互相关的人、位置或对象，包含用户和应用本身①。智慧城市中蕴含着多元情境，主要包括政务、交通、医疗、教育、金融等各个方面，并以政务为核心向各个领域延展。

政务情境是智慧城市信息协同的核心情境，亦是智慧城市运行的缩影，由政府主导对接智慧城市的其他部分，面向社会提供智能化服务，智慧城市信息协同需要在特定情境下实现。本书将面向政务情境梳理智慧城市信息协同中的要素。

3.2.2 智慧城市信息协同需"以人为本"

智慧城市面向各类不同的情境提供智慧的服务，但其服务的核心主体为"人"。结合政务情境分析，德国行政法学家厄斯特·福斯多夫于 1938 年在《作为服务主体的行政》一文中首次提出"服务行政"的概念。他认为在现代社会大规模的人口生存方式下，个人无法仅靠自身所拥有的生活之资生存下去，政府负有广泛向民众提供"生存"照顾的义务，服务关系具有双方性，民众对政府服务具有依赖性，这一说法为政府行政打开了新的通路，也成为"新行政法学"的代表观点②。新行政法学的核心内涵在于要求政府承担起公民的"生存照顾"责任，并且强调其为一种义务。政府逐步向服务者的角色偏移，对"人"这一要素有了更多的思考。从 20 世纪 90 年代中期开始，随着"服务行政"等概念在我国相继被提出，学术界开启了结合国内实践的服务型政府建设研究③。"以人为本"既是国内服务型政府建设的初衷，也是根本原则和根本方向④。服务的主体是人，服务的对象是人，服务的宗旨是为人，服务的内容由人决定。可以看出，"人"是政府完成服务过程的主体，是核心要素之一。

在服务过程中，"人"包含服务者和被服务者，服务关系具有双方性。政府作为服务者其职能结构重心在于社会服务⑤，服务被服务者，是整个服务过程中的重要组成部分。然而，虽然提供社会服务是政府的主要职能，但提供什么样的服务，怎样提供服务，却不取决于政府意志，而是取决于公民的意愿和要求⑥，因此，在服务过程中核心要素"人"的另一组成部分是被服务者，主要包括自然人和法人。

---

① BALDAUF M，DUSTDAR S，ROSENBERG F. A survey on context-aware systems [J]. International journal of Ad Hoc and ubiquitious computing，2007（4）：263 – 277.

② 刘莘，王轩. 论服务型政府中的服务行政 [J]. 宪政与行政法治评论，2009：172 – 185.

③ 姜异康，袁曙宏，韩康，等. 国外公共服务体系建设与我国建设服务型政府 [J]. 中国行政管理，2011（2）：7 – 13.

④ 张立荣，姜庆志. 国内外服务型政府和公共服务体系建设研究述评 [J]. 政治学研究，2013（1）：104 – 115.

⑤⑥ 施雪华. "服务型政府"的基本涵义、理论基础和建构条件 [J]. 社会科学，2010（2）：3 – 11.

3.2.3　以生命周期为框架的"事件"要素

"人"作为核心要素构成了智慧城市信息协同的基点，基点之间相互连接的桥梁需要通过"事件"打通。"事件"要素是城市运行的触发机制，智慧服务来源于事件的发生，服务的整个过程其实质也是事件解决的过程，"事件"也是核心要素之一。

智慧城市要求提供更为智慧的"事件"解决方案，能够预知需求主动服务，以个体为单位提供个性化服务，以及能够获取信息反馈实时调整提供跟踪服务等，实现事前、事中和事后的全方位覆盖。而政府服务主要以职能部门为中心，并未全面体现公民和企业的需求导向，行政审批流程横向联动不足，政府核心的"服务"职能没有实现最佳效果①。

政府在业务优化过程中，逐步摸索出"生命周期服务"模式，生命周期理论始于对生命过程的研究，后来生命周期的描述对象也更多样，生命周期理论被广泛应用于经济和金融领域中产品、企业等方面的研究，特别是基于生命周期理论对管理流程的梳理，世界银行基于生命周期的概念，划分出项目周期的阶段，并针对每一阶段分析具体内容、工作流程和决策程序等②。基于生命周期理论对项目管理流程的梳理对于政府业务事项的梳理也有着深远的指导意义。对政府业务事项进行梳理，按照自然人和法人的生命周期将政府服务事项整合划分为不同阶段，结合不同阶段特性梳理公众的需求，以需求为导向形成服务主题，并对主题服务场景化，方便公众轻松选择所需服务，弱化"职能部门"的效果，公众不需要清楚部门职责，也能够完成相关业务办理。

3.2.4　"互联网＋"时代的"信息"要素

"人"与"事件"两要素搭建起了智慧城市信息协同框架的基本骨架，"信息"则如同将其填充完整的血肉，人与人之间的交互、事件办理的每个环节等都需要"信息"，几乎在智慧城市运行过程中的每一个步骤都离不开"信息"。城市在基于"人"和"事件"两要素扮演服务角色的同时需要不断进行"智慧化"的探索，而海量、动态、多源的信息为智慧城市建设带来了巨大挑战，"信息"问题成为制约智慧化进程的重要一环。

"互联网＋"时代开启了智慧服务新模式，信息的互联正是其解决的关键问题。2016年的《政府工作报告》中首次提出"互联网＋政务服务"，将互联网思维融入政府政务服

---

① 郑伟. 成都市龙泉驿区"生命周期"行政审批流程再造案例研究 [D]. 成都：电子科技大学，2017：10–11.
② 辰旭. 世行的项目周期 [N]. 中华工商时报，2010–06–18（D14）.

务，它要求要实现各政府职能部门之间的数据共享①。各级政务服务实施机构运用互联网、大数据、云计算等技术手段，构建"互联网＋政务服务"平台，整合各类政务服务事项和业务办理等信息，通过网上大厅、办事窗口、移动客户端、自助终端等多种形式，结合第三方平台，为自然人和法人提供一站式办理的政务服务②。"互联网＋政务服务"平台也是政府智慧服务"信息"要素全新的表达途径。

"互联网＋政务服务"平台由互联网政务服务门户、政务服务管理平台、业务办理系统和政务服务数据共享平台组成。申请人通过互联网政务服务门户或实体大厅递交事项申请，政务服务实施机构通过政务服务管理平台统一受理，经由业务办理系统对申请事项进行审查并依法做出决定，最后将决定汇总至政务服务管理平台并统一告知申请人③。互联网政务服务门户主要处于需求侧，被服务者可以在门户网站注册用户，获取信息资讯、申办事项以及监督评价等。业务办理系统根据事件办理规则和流程设计，政府部门获取受理信息并反馈过程和结果信息。政务服务管理平台是针对服务者的管理平台，链接服务门户与业务办理系统，并且负责服务方的考核评估。政务服务数据共享平台是所有信息的集散地和信息交互枢纽，是数据关联和交互的主要场所，提供人口、法人、地理基础信息资源库的共享利用，汇集来自服务门户和管理平台、业务办理系统的信息，根据其他三部分的需求和反馈获取、存储、关联和推送信息。

3.2.5 面向情境的智慧城市"人—事件—信息"三元理论框架

智慧城市信息协同框架的核心在于紧密相关的"人—事件—信息"三要素，"人"作为服务主体与服务客体"事件"构成服务的基础，与"信息"要素形成作用与反作用的联系。"人"对"信息"的作用力在于，在城市运行过程中人能够产生和传播信息，并且会对信息进行加工和管理等操作；"事件"对"信息"的作用力在于，事件往往是信息产生的目的和内容。在城市运行过程中，"信息"会反作用于"人"与"事件"，信息是否完整、准确和及时，会影响到人的选择和决策，影响事件的进度和效率，"信息"要素是"人"与"事件"两部分正常运转的燃料和润滑剂。而服务过程中"人"与"事件"往往是既定的事实，因此"信息"是推动智慧城市建设的强有力的抓手。"人—事件—信息"三元理论框架是智慧城市运转的基本框架，蕴含于智慧城市中政务服务、交通、医

① 2016 年政府工作报告 [EB/OL]. [2018－05－16]. http://www.gov.cn/premier/2016-03/17/content_5054901.htm.
②③ 互联网＋政务服务建设指南 [EB/OL]. [2018－05－16]. http://www.gov.cn/zhengce/content/2017-01/12/content_5159174.htm.

疗、公安等各个情境。为了更好地描述面向情境的智慧城市"人—事件—信息"三元素的关系和运转模式，本书将以智慧城市建设中的核心部分——智慧政府情境为例，阐述政务服务过程中的三元理论框架。

智慧政府是政府信息化发展的高级阶段①，数据的价值随着其与其他数据之间相互关联的增多而增大②。然而，政府部门的"数据小农意识"导致其各自为政，各行其是，产生出一个个"信息孤岛"，大大制约了政府自身的社会治理水平，影响政府的协同管理和应急响应③。同传统技术相比，关联数据更容易实现多源数据的组合，而且它的自描述特性有利于实现大范围的数据共享④。基于关联数据能够整合政府数据资源，实现政府资源开放利用⑤，是实现政府信息互联互通的重要途径。

基于以上分析，构建智慧城市信息协同"人—事件—信息"三元理论框架如图 3 – 8 所示。在我国的五级政府结构体系下，智慧城市信息协同框架基础结构是"服务"部分。服务的主体为人，政府扮演服务者角色，被服务者以公民为主，服务者为被服务者提供所需的服务，并获取被服务者的效果反馈。服务的客体为事件，服务起于事件的发生，终于事件的解决，服务的过程实质就是事件的办理过程，因此服务从"事件"的角度出发。按照生命特征梳理事件的类别，被服务者分为自然人与法人两大类；服务者掌握事件发生的概率和周期，基于生命周期理论对事件进行周期性的划分，从被服务者需求角度出发，依据事件发生的周期性划分服务主体，制订服务方案。

政府智慧服务框架构建的重要意义在于完成服务的智慧化。"信息"是政府智慧化的核心要素，服务过程中政府对"信息"的控制力是推动智慧化最关键的动力。关联数据可以将 Web 中的分布式数据连接起来⑥，政府信息化的建设已推进至移动政务阶段⑦，政府信息资源已拥有一定的 Web 基础，通过关联数据能够完成多源、异构的政府信

①⑦ 张建光，朱建明，尚进. 国内外智慧政府研究现状与发展趋势综述 [J]. 电子政务，2015 (8)：72 – 79.

② 赵龙文，罗力舒. 基于关联数据的政府数据开放：模式、方法与实现——以上海市政府开放数据为例 [J]. 图书情报工作，2017，61 (19)：102 – 112.

③ 政务大数据起步，助力智慧政府转型 [EB/OL]. [2018 – 05 – 16]. http://www.gov.cn/zhengce/2015-06/19/content_2881884. htm.

④ 翟军. 关联政府数据原理与应用：大数据时代开放数据的技术与实践 [M]. 北京：电子工业出版社，2015：112.

⑤ 赵龙文，罗力舒. 基于关联数据的政府数据开放：模式、方法与实现——以上海市政府开放数据为例 [J]. 图书情报工作，2017，61 (19)：102 – 112.

⑥ 翟军. 关联政府数据原理与应用：大数据时代开放数据的技术与实践 [M]. 北京：电子工业出版社，2015：112.

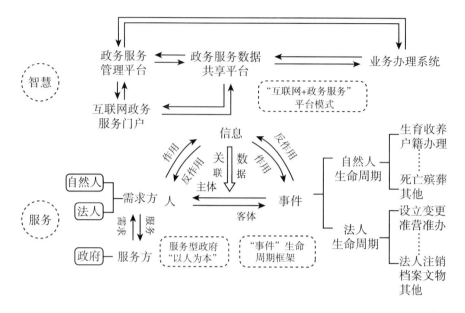

图 3 - 8　政务情境下的智慧服务"人—事件—信息"三元理论框架

息资源组合与共享，促进实现"互联网 + 政务服务"平台中互联网政务服务门户、政务服务管理平台、业务办理系统和政务数据共享平台之间数据互通。关联数据使用统一资源标识符（URI）标识各类信息资源，利用资源描述框架（RDF）构建数据模型完成数据的序列化和数据间关系描述，通过 HTTP 协议对资源进行重定向和内容协商等操作将各类信息资源完成数据传输与解引，形成政府信息资源关联数据集，释放数据关联迸发出的能量。

"人—事件—信息"三元理论框架不仅是智慧政府信息协同过程中核心要素的理论抽象，还是在智慧城市中实现各个情境模块的关联，在政务、交通、医疗、公安等各个情境下的信息协同都围绕"人""事件""信息"三个要素展开。"人"是城市的主体，城市因"人"而生，为"人"而建，为"人"服务，因此三元理论框架中"人"这一要素是智慧城市的核心要素，人在城市中生活面临不同的情境，在各类情境中处理事件，产生并利用信息。直观来看，人基于主观目的在一定环境中所产生的一定的行为体现在情境层。各情境之间具有一定的独立性。在不同情境中发生的各类事件，事件之间也存在密切的联系，例如，交通事件往往和医疗事件紧密关联，商务、物流事件之间也有着密不可分的联系。在各类事件发生时，信息的关联度更为密切，同一事件往往需要多类不同信息共同支撑，例如，一次购物事件往往需要物流信息、交通信息、商务信息以及人员基本信息等一系列信息作为支撑，才能够完成。在信息层面，各类信息之间的界限更为模糊，信息之间的交叉关联程度更强。因此，智慧城市的运行过程实质上即为人在不同情境下以信息互联互通为支撑，完成各类事件，因此可以将其抽象为面向城市运作各类情境的"人—事件—信息"三元理论框架，如图 3 - 9 所示。

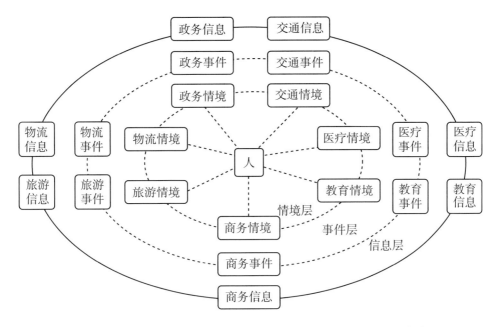

图3-9 智慧城市面向各类情境的"人—事件—信息"三元理论框架

3.3 智慧城市信息协同数据融合框架

智慧城市"人—事件—信息"三元理论框架是以人为本、以一定情境下的事件为单元、进行信息协同的理论框架,面向智慧城市这样一个复杂的巨系统,梳理出了信息协同的逻辑层次。在"人—事件—信息"三元理论框架下,数据层次的协同是框架运行的基础。在传统城市科学领域,很多学者已经使用城市运行数据,识别城市功能区域、分析城市交通网络[1]与城市居民行为建模[2]等。例如,在计算机科学领域,学者们关注数据对于智慧城市建设的重要性[3],并提出以数据挖掘、处理和分析技术为核心的智慧城市技术体系框架;在管理学领域,学者们侧重智慧城市愿景与战略目标[4]、未来城市发展的影响

① SEATON K A, HACKETT L M. Stations, trains and small-world networks [J]. Physica A-Statistical mechanics & its applications, 2003, 339 (3): 635-644.

② ZHAO Z D, XIA H, SHANG M S, et al. Empirical analysis on the human dynamics of a large-scale short message communication system [J]. Chinese physics letter, 2011, 28 (6).

③ BALAKRISHNA C. Enabling technologies for smart city services and applications [C] //Proceedings of 6th International Conference on Next Generation Mobile Applications, Services and Technologies, Paris, 2012: 223-227.

④ 许庆瑞,吴志岩,陈力田. 智慧城市的愿景与架构 [J]. 管理工程学报, 2012, 26 (4): 1-7.

分析①；在产业界，学者们重点关注智慧城市项目在公众服务、商业与能源领域的具体应用②。因此，如何进行多源异构数据融合，在智慧城市信息协同三元理论框架的基础上，设计从数据到服务的基础架构，真正实现城市"智慧化"运行是研究的重要基础内容。本章在厘清城市数据资源体系基础上，提出面向语义的元数据模型，结合用户需求，构建基于多源数据的智慧城市信息协同数据融合框架，给予用户特定的数据推荐服务，进而提升公众在城市管理中的参与度，为政府、企业等提供决策支持和个性化服务，创新智慧城市服务模式。

3.3.1 城市数据融合的相关研究梳理

在城市建设基本要素方面，学者大多围绕城市建设的基本要素进行探讨，对技术问题未展开讨论。Gaba③从整合的角度提出智慧城市的初步框架，该框架将智慧城市从政策、组织和技术3个角度将政府、居民社区、经济、基础设施、自然环境相整合。Nam等④认为智慧城市的根本要素包括人、技术与组织。

从城市数据应用角度，学者们构建以数据挖掘、处理和分析技术为核心的智慧城市技术框架，在此基础上提供多样化的应用服务。例如，潘纲团队⑤提出基于轨迹数据分析与挖掘的智慧城市技术框架，将其分为轨迹感知、知识发现和具体应用3个层次；郑宇团队⑥提出"四层反馈"结构的智慧城市技术框架，该框架包括城市感知与数据获取、城市数据管理、城市数据分析、应用与服务4个层次。

从城市数据如何融合的角度，学者从不同角度构建智慧城市信息协同数据融合框架。张义等⑦提出城市多模式数据融合的理论架构，分别是服务信息描述模型、元数据

① 巫细波，杨再高. 智慧城市理念与未来城市发展 [J]. 城市发展研究，2010，17（11）：56－60，40.

② EU-Project. Smart encity-Towards smart zero CO_2 cities across Europe [EB/OL]. [2017－12－08]. http://smartencitynetwork. eu/.

③ GABA V. Understanding smart cities: an integrative framework [C] //Hawaii International Conference on System Sciences，IEEE computer society. Hawaii，2012：2289－2297.

④ NAM T，PRADO T A. Conceptualizing smart city with dimensions of technology，people，and institutions [C] //International Digital Government Research Conference: Digital Government Innovation in Challenging Times，ACM，Hawaii，2011：282－291.

⑤ PAN G，QI G，ZHANG W，et al. Trace analysis and mining for smart cities: issues，methods，and applications [J]. IEEE communications magazine，2013，51（6）：120－126.

⑥ 郑宇. 城市计算概述 [J]. 武汉大学学报（信息科学版），2015，40（1）：1－13.

⑦ 张义，陈虞君，杜博文，等. 智慧城市多模式数据融合模型 [J]. 北京航空航天大学学报，2016，42（12）：2683－2690.

模型和数据互联模型，提出智慧城市数据共享和融合框架——智慧城市数据互联框架。在技术实现层面，有基于 Web API 信息集成的城市数据融合框架①、基于元数据的城市数据融合框架②、基于语义聚合的城市数据融合框架。基于 Web API 的城市数据融合框架应用较多，但缺点是开放接口不一致，特定 API 只允许访问特定数据或服务，不能实现数据之间的互联。开发者需针对数据进行处理，才能开发具体应用；基于元数据的城市数据融合框架采用统一的元数据标准来汇聚城市运行数据，但可能出现来自不同数据集收集的实体，它们表示城市的相同实体，忽视了实体之间的语义关系和相应匹配关系；基于语义聚合的城市数据融合框架利用特定领域本体（如 Km4City③），从城市运营商收集数据，将具有内在语义联系的数据进行聚合，使其集成在统一的、语义上互操作的基于多领域本体的模型中，从而形成新的、更能体现知识体系的资源结构体，更好地服务公众。

　　从城市数据概念模型的角度，Meegan 等④阐述智慧城市数据模型的标准格局，认为基于标准的数据模型对实现城市跨信息系统的相互操作性、数据表示和交换、数据聚合和虚拟化具有重要的作用。英国标准研究院⑤针对智慧城市建设提出 PAS180—PAS185 标准化文件，其中 PAS182 提出智慧城市概念模型（Smart City Concept Model，SCCM），进而实现城市多领域信息系统的数据语义映射及互操作⑥。

3.3.2　面向智慧城市信息协同的数据体系

　　城市数据体系是以地理空间数据为统一载体，依据城市时空范围内各领域数据的内在关系，对其进行整合形成的一套有机系统。政府、企业、公众是城市主体，基于此，从系统的角度，本书构建面向智慧城市信息协同的数据体系，如图 3 - 10 所示，包括基础地理信息要素数据、政府数据、企业数据与公众数据。①基础地理信息要素数据，是指与地理位置相关的数据，是信息标准化处理的空间数据依据⑦，包括地形图、影像图、矢量图、

① BADII C，BELLINI P，CENNI D，et al. Analysis and assessment of a knowledge based smart city architecture providing service APIs ［J］. Future generation computer systems，2017，75（10）：14 - 29.

② 赵蓉英，梁志森，段培培. 英国政府数据开放共享的元数据标准——对 Data. gov. uk 的调研与启示 ［J］. 图书情报工作，2016，60（19）：31 - 39.

③ NESI P，BADII C，BELLINI P，et al. Km4City smart city API：An Integrated Support for Mobility Services ［C］//IEEE international conference on smart computing，IEEE. Washington D. C.，2016：1 - 8.

④ MEEGAN J，WELLS K. IBM Smart City Portal ［EB/OL］. ［2017 - 12 - 08］. http://www. ibm. com/developerworks/cn/industry/ind - smartercitydatamodel1/index. html

⑤ PAS182：2014 Smart city concept model ［S］. British：The British Standards Institution，2014：14 - 24.

⑥ 邱嘉文. 智慧城市整体建模技术初探 ［J］. 中国科技资源导刊，2016，48（5）：35 - 41.

⑦ 杨丽娜. 面向智慧城市数据管理和多维决策的时空数据仓库建设 ［J］. 测绘科学，2014，39（8）：44 - 48.

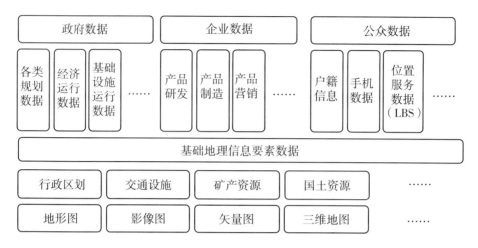

图 3 - 10　智慧城市信息协同数据体系

三维地图等，是其他数据处理、整合的基础依据。在国家标准 GB/T 13923—2006《基础地理信息要素分类与代码》①的基础上，部分城市结合本市城市规划和城市基础测绘等特点，制定具有地方特色的数据标准，丰富城市基础地理信息要素内容。②政府数据，是指产生于政府内部或外部，对政府活动、公共事务、公众生活与城市运行有影响的数据资源的总称②，包括各类规划数据、经济运行数据、基础设施运行数据等③。③企业数据，是指与企业经营相关的信息，指在产品研发、制造、营销等各个环节形成的数据。④公众数据，包括公众户籍信息，在日常生活中公众产生的手机数据、LBS（位置服务数据）等，这些社会活动数据描绘用户的活动模式④。户籍信息包括人员基本信息、家庭关系、人口变动、住址信息等。手机数据包括通话记录、GPS 定位信息、与基站间的信令记录、上网记录等。LBS（位置服务数据）能够获取移动终端用户的位置信息，是对 POI 数据的补充。

3.3.3　智慧城市信息协同的元数据模型

元数据是描述某种类型资源属性的结构化数据，标准化的智慧城市信息协同元数据模型是实现城市各应用系统之间协同互动的基础，可以解决异构数据转换，实现同一主题的

① 中国国家标准化管理委员会 . 基础地理信息要素分类与代码：GB/T 13923—2006 ［S］. 西安：国家测绘局测绘标准化研究所，2006：1 - 40.

② 杨瑞仙，毛春蕾，左泽 . 国内外政府数据开放现状比较研究 ［J］. 情报杂志，2016，35（5）：167 - 172.

③ 张涵，王忠 . 国外政府开放数据的比较研究 ［J］. 情报杂志，2015（8）：142 - 146.

④ 张良均，云伟标，王路 . R 语言数据分析与挖掘实战 ［M］. 北京：机械工业出版社，2015：275 - 287.

资源聚合，为城市决策者提供数据服务。元数据服务提供者主要为数据生产者和拥有者，将元数据服务发布到城市的 UDDI 注册中心①，如测绘局、税务局等单位。本书采用黄宏斌等元数据模型的定义元数据模型为六元组 MD = $\{S, E, A, I, R, C\}$②。

（1）S 是数据源（data source）。数据源是来自教育、交通、卫生、社保、税收、住建、民政与发展改革等部门的数据。数据源集合表示为 $S = \{S_1, S_2, \cdots, S_n\}$，其中 S_i（$1 < i < n$）表示第 i 个数据源。

（2）E 是实体类集合（entity type）。拥有相同属性的实体集的总称。实体类包括人、物体与时空实体（见图 3 - 11）。人是政府、企业和公众的统称，指能自主活动的数据持有者；物体包括路、山、建筑物等；时空实体是指具有时空多维特性的物体，空气质量监测信息和天气状况等实时信息，城市范围内的各类感知设备感知到的位置信息等。

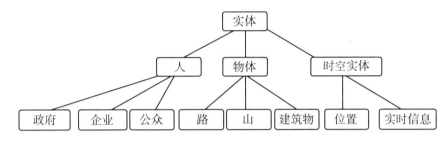

图 3 - 11　实体的分类体系示例

（3）A 是实体属性（entity attribute）。实体属性集合 $A = \{a_{11}, a_{12}, \cdots, a_{mk}\}$，其中 a_{ij}（$1 < i < m, 1 < j < k$）表示第 i 个实体的第 j 个属性。以感知设备实体属性为例，其实体属性如表 3 - 2 所示。

表 3 - 2　感知设备实体属性

类别	属性名称	备注
感知设备属性	实体名称	无
	唯一编码	无
	其他编码	在其他应用系统中存在的编码
	类别码	所属分类
	业务信息	无

---

① 王浒，李琦，董宝青，等. 构建数字城市的元数据服务体系［J］. 计算机科学，2003，30（8）：85 - 87.

② 黄宏斌，张维明，邓苏，等. 面向语义信息共享的元数据模型的研究与实现［J］. 计算机科学，2008（4）：124 - 128.

续表

类别	属性名称	备注
感知设备属性	位置信息	包括位置描述、坐标类型、坐标单位等
	责任部门	无
	管理对象编码	无
	是否固定	是否固定在某个位置
	设备用途	用来感知的内容描述
	感知频率	采集信息的最小时间间隔

资料来源：贾晓丰，梁郑丽，任锦鸾. 多源信息协同：城市和区域级大数据的应用与演进［M］. 北京：清华大学出版社，2016：125－127.

（4）I 实例集，是实体类对象集合。实体是现实世界存在的、可识别的对象，实例类集合表示为 I = ｛I_1，I_2，…，I_m｝，其中 I_i（1 < i < m）表示第 i 个实体。

（5）R 是实例之间的二元语义关系。根据 PAS182 智慧城市的概念模型，总结数据实体对象之间的语义关系如表 3 – 3 所示，包括层次相关、概念相关、物理相关、空间相关、功能相关与业务相关，实体类对象之间的关系均能通过基础数据与语义关系来描述。例如，contain 描述实体之间的包含关系，如长春市政府包括朝阳区政府、南关区政府、二道区政府、宽城区政府和绿园区政府等。

表 3 – 3 数据实体对象之间的语义关系

关系	表述	释义
层次相关	part of	部分与整体的关系
	kind of	继承关系
概念相关	subconcept of	是……的子概念
	owned by	为……所有
物理相关	contain	包含
	raised from	产生于
	influenced by	A 被……影响
	about	关于
	has role in	是……的一个角色
空间相关	at	在……位置
功能相关	has	具有
	implements	实现
	provided by	由……提供

续表

关系	表述	释义
业务相关	records	A 记录 B
	coordination	A 协调 B
	monitor	A 监控 B
	integration	A 集成 B
	procurement	A 采购 B
	configuration	A 配置 B
	operation	A 操作 B

（6）情境（context）。其主要表达实体所处的天气环境、现场情景与背景信息。上述关系能有效解决数据冲突问题[1]，从不同数据源获取的实体属性，经过情境确认能代表同一个实体，从而提高数据融合质量。图 3 – 12 所示为数据源、实体、实体属性及情境之间的关系。

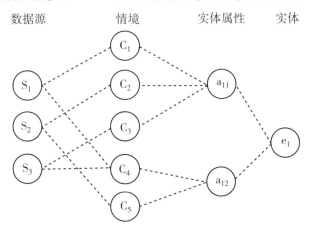

图 3 – 12　数据源、实体、实体属性及情境之间的关系

在智慧城市元数据模型框架下，智慧城市的多源信息系统元数据需要进行规范化处理。由于城市在长期运行过程中存在着普遍的多系统异构现象，智慧城市在实践当中，须做好多源系统的元数据映射。本书将在第 8 章和第 9 章将重点讨论该问题。

3.3.4　面向多源数据的智慧城市信息协同数据融合框架

3.3.4.1　智慧城市信息协同的数据融合框架构建

智慧城市的数据服务主体是政府、企业、公众。智慧城市数据融合框架的主要目标是：①采集基础地理信息要素数据、政府、企业与公众数据，实现数据管理和监控；②结

---

① 张永新，李庆忠，彭朝晖. 基于 Markov 逻辑网的两阶段数据冲突解决方法 [J]. 计算机学报，2012，35（1）：101 – 111.

合基础地理信息要素数据，实时监控城市数据，及时提供预警；③研究政府数据，进行政府数据开放与共享服务；④根据用户特征进行用户分类，精准构建用户需求画像；⑤主动推送智慧城市数据服务，实现惠民服务与精准治理。张元好等①对公众的信息资源需求进行调查，结果显示，公众均有建立城市信息资源融合平台的诉求。因此，采用基于大数据技术的分布式存储结构，本书提出构建公众信息服务平台、政务专网信息交换平台、企业信息服务平台与空间定位信息平台四位一体的数据融合框架，如图 3 – 13 所示。

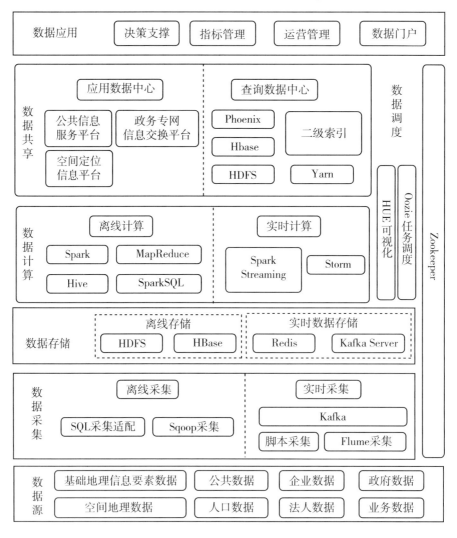

图 3 – 13　智慧城市信息协同的数据融合框架

按照企业级大数据技术框架，具体实现主要包括四个步骤：

（1）数据采集。从上述的架构图来看，主要是数据来源包括基础地理信息要素数据、

――――――――

①　张元好，侯海东．基于城市公共信息资源需求的公众信息行为研究——以河北省为例［J］．图书馆理论与实践，2017（10）：68 – 71，106.

公共数据、企业数据和政府数据等。数据采集过程分为离线采集和实时采集。离线采集包括 SQL 采集适配和 Sqoop 采集。SQL 采集适配主要是通过 SQL 命令的方式采集数据库的数据。Sqoop 可以看成数据交换器，Sqoop 可以把数据库的数据导入 HDFS 中，为大数据处理提供数据源，也可以把 HDFS 的数据导入数据库。实时采集采用的是脚本采集和 Flume 采集。脚本采集主要是通过 Linux 的脚本，通过脚本把数据流式数据采集。Flume 也是用于采集流式数据的大数据组件，通过开启 Flume 来采集数据，然后传送到 Kafka 中作为缓存。

（2）数据存储。数据存储分为离线数据存储和实时数据存储。离线数据存储使用 HDFS 存储离线采集的数据。同样 HBase 也可以存储离线数据。实时数据存储采用 Redis 或 Kafka Server 数据库，Redis 有缓存的作用，通过对流式数据采集过来的数据进行缓存和存储，Kafka Server 主要是存储 Kafka 采集过来的数据。

（3）数据调度与计算。数据调度主要是 Oozie 任务调度、HUE 可视化和 Zookeeper。Oozie 是工作流调度工具。HUE 是 Hadoop 生态圈中可视化工具，利用此工具能查看大数据中各个组件运行状态。Zookeeper 是分布式应用程序协调工具，存储各个组件的重要信息。数据计算层包括离线计算和实时计算。离线计算是对批量数据处理与展示。MapReduce 作为分布式的处理静态数据的核心框架，主要功能是将用户编写的业务逻辑代码和自带默认组件整合成一个完整的分布式运算程序，并发运行在一个 Hadoop 集群上。Hive 作为数据仓库工具，能将结构化数据文件映射为一张数据库表，适用于完成大数据集的批处理业务。Spark SQL 是 Spark 用来操作结构化数据的程序包，通过 Spark SQL，可以使用 SQL 语句操作数据。实时计算是实时处理与展示数据，包括 Spark Streaming 和 Storm 等框架。Storm 是免费开源的分布式实时计算系统，可以实时处理数据。Spark Streaming 是基于 Spark 核心 API 的拓展，是 Spark 提供的对实时数据进行流式计算的组件。

（4）数据共享。数据共享层主要分为应用数据中心和查询数据中心。应用数据中心是为公共信息服务平台和政务专网信息交换平台共享处理后的数据；查询数据中心主要是由 Phoenix、Hbase、HDFS 和 Yarn 等组成，通过这些组件合作可以提高大数据查询速度。

通过上述四个步骤，智慧城市数据融合框架可实现以下功能：①数据集群管理，负责对 Kafka Sever 存储的数据资源进行监控与管理，主要用于管理员的管理等；②为公众提供信息服务，为企业或者政府提供决策和管理支撑；③数据可视化分析。最终，该框架可实现为用户提供智慧医疗、智慧教育、智慧社区管理等相关的城市服务。

3.3.4.2 面向智慧城市的用户数据服务推荐实现路径

结合人口统计属性、使用行为偏好等需求数据，本书分析出用户的需求模式，从而多维度、全方位构建用户需求画像，进而提供特定的用户数据服务。图 3－14 阐释了 3 条用户数据服务的实现路径。路径 1 是将用户需求信息与智慧城市相关知识库进行粗粒度匹配，向用户提供智慧城市相关服务；路径 2 是将用户需求语义信息与从智慧城市相关知识库中抽取出的知识单元进行细粒度匹配，对知识单元进行多维度数据融合，向用户提供面向内容的数据推荐服务；路径 3 是研究如何向资源拥有者和服务提供者开放数据接口，根据用户需求画像，对其提供相应的数据服务。

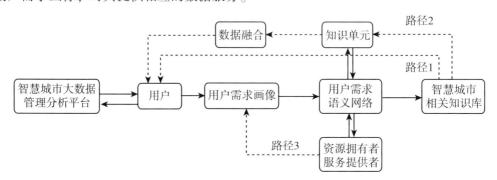

图 3 - 14　面向智慧城市的数据服务推荐实现路径

智慧城市信息协同数据融合框架设计作为技术研究工作的顶层设计，仍处于基础性、理论性探索阶段。智慧城市大数据管理分析平台构建还处于起步阶段。要真正实现智慧城市，除了技术框架的支撑以外，仍需相关部门的积极配合，更好地为公众提供服务[①]。基于上述思考，从以下四个方面进行突破和实施：

（1）制定智慧城市数据标准，加强数据汇集，开展智慧城市顶层设计。制定统一的智慧城市数据使用标准是决定数据能否顺利共享与利用的关键环节，建立一个统一的数据转换标准与存储规范，实现部门数据互通。智慧城市顶层设计应遵循以人为本，秉承数据集成融合治理的原则，从商业管理、数据服务管理和技术数据资产管理三个方面协同配合，助力传统城市向智慧城市转型。

（2）加强政府使用数据的监管。城市规划、交通、电力、水务等部门都基于地理信息系统平台开发各种应用，对于提供信息的部门，在符合规定且并不危害原系统安全的前提下，应尽量提供共享功能；对于接收信息并共享使用的部门，在合法使用的前提下负有保证涉密信息安全的责任[②]。

（3）促进个人大数据的利用和开放共享。个人数据来源多样，形式各异，这是个人生活状况的真实反映。个人大数据囊括了衣食住行等生活的各个方面，相较城市基础大数据的共享与利用，个人大数据并未能与城市治理形成良性互动。对政府而言，个人数据的采

①　吴昂，程大章. 智慧城市的信息集成 ［J］. 智能建筑，2014（2）：14 - 18.

②　张元好，侯海东. 基于城市公共信息资源需求的公众信息行为研究——以河北省为例 ［J］. 图书馆理论与实践，2017（10）：68 - 71，106.

集、管理阶段的混乱使得政府难以进行有效的数据监管，开展针对个人的个性化政务服务困难重重。政府应在保证个人隐私的前提下，改变封闭思维，促进个人大数据的利用与开放共享，实现政务服务的个性化。

（4）重视需求对接，形成覆盖全生命周期的智慧城市数据服务产业体系。城市运行过程涵盖交通、经济、物流等多层次、多方面的社会活动。公众作为智慧城市服务的主体，对不同层次的智慧服务有着不同的需求。在智慧城市的建设中，有关部门应注重对公众多样化的服务需求对接，形成覆盖全生命周期的智慧城市数据服务产业体系。

3.4　信息协同行为

智慧城市的信息协同，离不开协同各方主体的信息协同行为。信息协同行为本身在多领域存在，是信息行为中的一类，信息协同行为基本概念、信息协同行为动机、属性的研究是智慧城市信息主体信息协同行为研究的基础。

在情报学领域，信息行为研究已经成为研究热点之一，许多学者都对其进行了相关研究。而在近年国内外相关学者的研究中，研究者们逐渐摆脱了以单用户为中心的研究思路，开始重视信息行为中存在的协同信息行为，协同信息行为相关研究在情报学界引起了研究者的广泛讨论。在词汇使用上，研究者们更多地使用"协同信息行为"，这与本书的"信息协同行为"既有内涵和外延的相似，也有实际研究领域的差异。随着科学研究的不断深入，单一学科的理论基础在面对复杂的研究对象时逐渐暴露出解释力的局限性，吸收和借鉴其他学科的理论及方法有助于对研究对象有着更为全面的认识。

3.4.1　协同信息行为相关研究

信息搜寻行为研究是协同信息行为研究的开端，Taylor[①] 于 1968 年开展的协同信息检索研究被视为协同信息行为研究的起源。随后，针对信息搜寻过程中存在的协同行为，研究者们试图回答在不同情境下，人们的协同信息搜寻行为具有哪些特征、过程如何、是否存在差异等一系列问题。协同信息行为研究的重点在于群体如何进行信息活动，如实现自己的信息需求、为搜索活动做准备、收集信息、理解信息、分享由此产生的见解以及在工作和休闲活动中使用信息。

协同信息行为相关的定义，最早是由协同信息搜寻行为的研究而来，而定义也随着研

---

① 　TAYLOR R S. Question-negotiation and information seeking in libraries ［J］. College & research librar-ies，1968，29（3）：178－194.

究的深入而不断完善。Fidel 等①最早将协同信息搜寻行为定义为工作团队成员为解决任何信息问题而产生的行为。后续不同的研究者也随着研究重点的变换而对协同信息行为有着不同的理解。例如，Hansen 等②认为协同信息行为是为解决特定问题的信息访问活动，该活动显性或隐性地涉及人直接与其他人进行交互或间接通过文本（如文档、注释、数字）与其他人交互。Paul 等③在网络协同信息行为的研究中将协同检索行为定义为群体协同搜寻的相关场景。这一时期的研究与早期研究的区别在于，研究的重点主要集中于所涉及的人是否与协同信息搜寻系统或任务情境下的工作存在交互。在这一时期的研究中，研究者们仍然认为协同是信息搜寻过程中的一个环节，而协同信息搜寻行为与协同信息行为并无差别，并未认真探讨协同与信息搜寻行为之间的关系。

Foster④认为在当前的大多数协同信息行为研究中，协同行为本身并没有成为研究的重点，协同行为常常发生在更广泛的任务情境中，而不应仅仅局限于信息搜寻行为。Foster 将协同信息行为定义为使个人能够在寻找、搜索和检索信息的过程中进行协作的系统与实践。这一定义与之前其他相关定义的区别在于不再将个人信息行为与协同信息行为严格区分开来，协同信息行为发生的过程中同样存在个人信息行为。Hertzum⑤认同了这一观点，并且认为协同信息搜寻行为的特征是信息搜寻活动（可以由单个参与者或多个参与者协同完成）和协作基础活动的组合。Shah 等⑥则在其研究中正式探讨了协同与信息搜寻行为之间的关系，他将协同信息搜寻行为分为"为信息搜寻而协同"与"为信息协同而搜寻"这两个方式，前者强调参与者共同执行信息搜寻活动，后者强调参与者在信息搜寻的前后过程进行协同。叶艳等⑦通过对科研人员的跨学科合著关系网络进行分析，发现协同信息行为模式包括人—系统式跨学科协同模式、主—从式跨学科协同模式、主—主式跨学科协同模式。严炜炜⑧对科

① FIDEL R，BRUCE H，PEJTERSEN A，et al. Collaborative information retrieval（CIR）［J］. New review of information behaviour research，2000，1（1）：235 – 247.

② HANSEN P，JÄRVELIN K. Collaborative information retrieval in an information-intensive domain［J］. Information processing & management，2005，41（5）：1101 – 1119.

③ PAUL S A，MORRIS M R. CoSense：enhancing sensemaking for collaborative web search［C］// CHI'09：Proceedings of the SIGCHI conference on human factors in computing systems. New York：Association for computing maching，2009：1771 – 1780.

④ FOSTER J. Collaborative information seeking and retrieval［J］. Annual review of information science & technology，2006，40（1）：329 – 356.

⑤ HERTZUM M. Collaborative information seeking：the combined activity of information seeking and collaborative grounding［J］. Information processing and management，2008，44（2）：957 – 962.

⑥ SHAH C，MARCHIONINI G. Awareness in collaborative information seeking［J］. Journal of the American society for information science & technology，2014，61（11）：1970 – 1986.

⑦ 叶艳，代君. 跨学科协同信息行为模式及特征研究［J］. 图书馆学研究，2017（4）：68 – 73.

⑧ 严炜炜. 科研合作中的信息需求结构与协同信息行为［J］. 情报科学，2016，34（12）：11 – 16.

研人员协同信息行为模式进行了归纳，并指出科研合作中的协同信息行为包括协同信息获取、协同知识转移、协同信息加工与处理以及协同知识创造。Tao 等①在关于协同意义构建行为的研究中发现，协同意义构建过程主要包括构建任务（识别差距和构建结构）、搜索信息（探索性搜索结构和聚焦搜索数据）、共享信息和信息聚合（更新知识表示）。

上述研究表明，协同行为并不仅仅发生在信息搜寻过程中，而且广泛存在于整个信息行为过程中，Hansen 等②提出的搜索模式和认知学习之间的概念框架很好地体现了这一点（见图 3 – 15）。在这一概念模型中，Hansen 将其分为了三个层次，分别是组织层面（A）、协同层面（B）与信息使用层面（C）。左边的包含四个人的圆圈所代表的是工作情境下的组织或者团队。在组织层面中，每个人都拥有自己的信息需求与目标，而在团队层面他们也有着共同的信息需求与目标。团队中的成员不仅与组织内部的成员进行协同，同样也会与团队外部的其他人进行协同。从协同层面来说，团队中的成员拥有着共同的信息需求与目标，但是同时他们也拥有着自己的信息需求与目标。因此在信息协同过程中，既存在个人信息搜寻行为，也存在协同信息搜寻行为与信息共享行为。信息使用层面则表现了使用信息客体及创造信息客体所涉及的行为，包括对信息的不同类型的解释（如阅读或听等）以及在不同的方式和情况下使用信息。最后，还可以聚合多个信息组成新的信息，并将其提炼成为知识供团队使用。

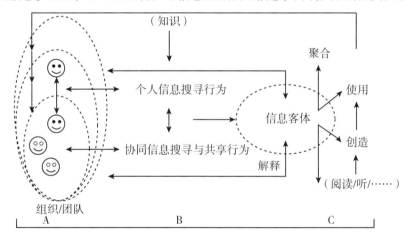

图 3 – 15　搜索模式和认知学习之间的概念框架

资料来源：HANSEN P, WIDÉN G. The embeddedness of collaborative information seeking in information culture ［J］. Journal of information science, 2017, 43 (4)：554 – 566.

注：左边的圈层从里到外分别代表团队内部的成员间协同、团队内部成员与团队外部成员协同以及组织间的协同。箭头指向的两个成员代表发生协同行为的成员，其他两个则表示没有协同行为的团队成员。

---

① TAO Y, TOMBROS A. How collaborators make sense of tasks together：a comparative analysis of collaborative sensemaking behavior in collaborative information-seeking tasks ［J］. Journal of the association for information science and technology, 2017：68 (3)：609 – 622.

② HANSEN P, WIDÉN G. The embeddedness of collaborative information seeking in information culture ［J］. Journal of information science, 2017, 43 (4)：554 – 566.

综上所述，协同信息行为拥有以下特征：①协同信息行为的主体并非传统信息行为研究中的单用户，而是多用户。②协同信息行为不仅发生在信息搜寻过程中，而且广泛存在于其他情境之中。③协同信息行为中的个体都有一个共同的信息需求与目标，同时也存在自身的信息需求与目标。

协同信息行为的相关研究仍然处于起步阶段，多围绕协同的信息检索行为展开，本书认为，无论是协同信息行为，还是信息协同行为，都强调的是对多主体信息行为之间的协同，因此本书使用"信息协同行为"这一表述。

信息协同行为是如何产生的？信息协同行为是否一定能够获得协同效应？如何看待信息协同行为中的成员关系？组织成员信息协同行为受哪些因素影响，如何驱动？面对这些问题，跨学科视角可以为信息协同行为研究提供更广阔的视野以及更全面的理解，帮助研究者全面审视信息协同行为从产生到结束的全部过程。

3.4.2 期望与取向：认知视角下的信息协同行为动机研究

信息需求是信息协同行为产生的根本原因，而合作是信息协同行为的关键，从认知角度来讲，信息协同行为从根本上说是一项合作认知行为，在协同过程中，协同成员不仅共享信息，同样也共享他们对于信息意义的理解。关于信息协同行为的研究已经比较丰富，但人们对其产生的原因仍然很少涉及。为何人们会选择合作？其中的原因有哪些？这些问题值得研究者们进一步探索。

认知心理学的相关理论也许会对回答上述问题有所助益，而理性行为理论①和计划行为理论②为构建协同信息行为因素模型提供了可能的理论基础。这些理论区分了信念（belief）、态度（attitude）和行为意图（behavioral intention），认为信念支配态度，态度支配行为意图（见图 3-16、图 3-17）。

（1）结果期望与效能期望

协同理论认为，通过协同作用，组织集成并不是组织要素的简单数量相加，而是通过人的主动集成行为，使组织系统的各要素之间以及各子系统之间能够协同地工作，从而使组织要素彼此耦合，赢得全新的整体放大效应。González-Ibáñez 等③以实验的方法验证了

---

① FISHBEIN M, AIZEN I. Belief, attitude, intention and behavior: an introduction to theory and research [J]. Philosophy & rhetoric, 1975, 41 (4): 842-844.

② AJZEN I. The theory of planned behavior [J]. Organizational behavior & human decision processes, 1991, 50 (2): 179-211.

③ GONZÁLEZ-IBÁÑEZ R, HASEKI M, SHAH C. Time and space in collaborative information seeking: the clash of effectiveness and uniqueness [J]. Proceedings of the association for information science & technology, 2012, 49 (1): 1-10; SHAH C. Evaluating the synergic effect of collaboration in information seeking [C] //SIGIR'11 Proceedings of the 34th International ACM SIGIR Conference on Research and Development in Information Retrieval, Association for Computing Machinery. Beijing, 2011: 913-922.

协同信息搜寻行为中存在的协同效应，人们协同合作以提升信息检索的效率。信息协同行为所带来的协同效应作为"结果期望"，这是人们选择合作的动机之一，同样也是信息协同行为产生的原因之一。

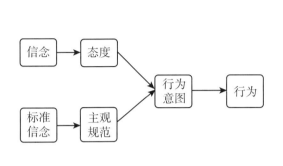

图 3 – 16 理性行为理论框架

资料来源：FISHBEIN M，AIZEN I. Belief, attitude, intention and behavior：an introduction to theory and research ［J］. Philosophy & rhetoric, 1975, 41 (4): 842 – 844.

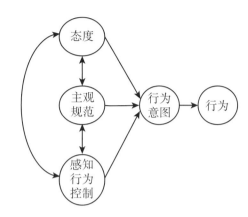

图 3 – 17 计划行为理论框架

资料来源：AJZEN I. The theory of planned behavior ［J］. Organizational behavior & human decision processes, 1991, 50 (2): 179 – 211.

美国著名心理学家 Bandura[①] 认为，行为的出现不是由于结果因素，而是由于人认识了行为与结果因素之间的依赖关系后对下一步结果的期望。除了"结果期望"，同样也存在着"效能期望"，而效能期望同样是人们选择合作的动机之一。Bandura 所提出的自我效能感则可以很好地解释"效能期望"。自我效能感指的是，个体在行动前对自身完成该活动有效性的一种主观评估，而评估的结果则会对后续行为产生影响。这一表述有着三层含义：①自我效能感是对自己能否达到某一标准的预期，发生在产生行动之前。②自我效能感是针对某一具体活动的能力直觉。③自我效能感是个体对自己的主观判断。当个体在面对新的任务时，会对自己能否完成该任务进行评估，自我效能感低的个体往往会倾向于放弃此次任务，而自我效能感高的个体，则会积极地面对挑战。当面对超出自身能力的任务，自我效能感高的个体更可能去寻求他人的帮助来共同完成目标，因此自我效能感高的个体也更容易产生信息协同行为。

（2）社会价值取向

社会价值取向则为信息协同行为中合作的产生提供了另一个角度的理论支持。社会价值取向是个体在相依情境中对自我和他人利益分配的特定偏好[②]，它所体现的是相对稳定

① BANDURA A. Self-efficacy：toward a unifying theory of behavioral change ［J］. Psychological review, 1977, 84 (2): 191 – 215.

② VAN L P A, OTTEN W, BRUIN D E M, et al. Development of prosocial, individualistic, and competitive orientations：theory and preliminary evidence ［J］. Journal of personality and social psychology, 1997, 73 (4): 733 – 746.

的人格差异，在处于相同的情境下，不同社会价值取向的个体所采取的行为并不相同且具有连续性。已有大量的研究者对社会价值取向进行分类，其中应用范围最广的是 Deutsch 在其研究中所采用的分类①。他将社会价值取向分为竞争型、合作型与自我型三种类型。竞争型的社会价值取向个体追求的是自我相对于他人的利益最大化，合作型的社会价值取向个体更关注集体利益的最大化，而自我型的社会价值取向个体则只重视自我利益的最大化。因此在后续研究中，合作型的社会价值取向被称为亲社会取向，而竞争型与自我型的社会价值取向则被称为亲自我取向。

相关研究发现，在面对多种个人利益与他人利益的矛盾局面中，亲社会取向都比亲自我取向对于合作体现出了更多的倾向性②。社会价值取向会影响个体的社会认知，亲社会取向的人往往认为人们具有不同的合作性与竞争性，而在与他人的交流过程中他们更愿意预期对方是合作的。亲自我取向的人则在与他人的交流过程中采取竞争的方式，其原因在于他们认为他人与自己是同质且倾向于竞争的。合作在信息协同行为的过程中扮演了非常重要的角色，因此合作倾向性更高的亲社会取向的个体更容易产生信息协同行为，而在整个信息协同过程中，亲社会取向的个体会更愿意和他人进行交流与合作。

认知心理学认为已有的知识和知识结构对人的行为和当前的认识活动有决定作用。理性行为理论与计划行为理论是研究人类行为最基础且最有影响的理论之一，在理性行为理论基础上，计划行为理论通过信念、态度以及行为意图等概念，解释了个人认知如何主观化为社会成员的信念和态度、信念和态度如何使个人的行为意图转化为个人行为。信息协同行为的关键是合作，结果期望、效能期望与社会价值取向均对协同信息行为人的合作倾向产生影响，促成信息协同行为动机的产生。

3.4.3　低效的平衡：社会学视角下的信息协同行为社会困境

虽然信息协同行为相比个人信息行为有着许多的优势，但选择与他人合作并非就意味着一定可以获得协同效应，达到共赢的状态。社会困境则是在协同信息行为中普遍存在的一种现象，产生于行动者寻求协同工作之时，指的是个体利益与集体利益产生相互冲突的状况。具有讽刺意味的是，社会困境中的个体所做出的个人层面最优选择却往往会使集体陷入糟糕的处境，即使每一个处于社会困境的个体都明白自己并非处于一个最理想的状

---

①　DEUTSCH M. Trust and suspicion [J]. Journal of conflict resolution, 1958, 2 (4): 179 – 265.

②　LANGE P, VUGT M, MEERTENS R M, et, al. A social dilemma analysis of commuting preferences: the roles of social value orientations and trust [J]. Journal of applied social psychology, 1998, 28 (9): 796 – 820.

态，但没有任何一个人会做出改变现有选择的行为，因为不会有任何一个个体会通过单方面改变自身行为而获取收益。

社会困境和协同行为的研究是社会学与经济理论和政治学交叉的产物。早期的研究者包括 Von Neumann、Morgenstern①、奥尔森②以及 Hardin③。这种跨学科的努力也融合了心理学、社会心理学和进化生物学的观点，促进了演化博弈论的发展。

与信息行为密切相关的社会困境有搭便车问题和公地悲剧两类。这种进退两难的局面让协同信息行为人陷入了不稳定均衡之中。在搭便车问题中，行为人被诱导着不为集体利益做出贡献，而在公地悲剧中，行为人被诱导着消费一种商品，却没有考虑到它们的使用是如何损害这种商品的。

（1）搭便车问题

搭便车问题的产生原因在于行为者希望享受集体利益却不愿意提供创造或维持集体利益所需的资源。研究者们对这个问题的分析来源于经济学的理性行为者模型，随后逐渐将视野投射至政治和社会问题中的协同问题④、群体团结原则⑤以及社会规范⑥等方向。搭便车理论首先由美国经济学家奥尔森于 1965 年发表的《集体行动的逻辑》中提出⑦，奥尔森指出在共同体或一个特定集体的行动过程中，任何个体和追求效益的组织都愿意从公共资源中获取功利性价值，但却不希望为社会和他者供给产品，也不希望担负其他组织为生产公共物品所付出的成本。搭便车问题被视为集体利益提供团体普遍面临的挑战，而当成员自发贡献且团体缺乏明确制度时，这一问题尤为严重。在网络群体中，情况往往如此，因此研究这些环境下集体物品的提供，有望为这个普遍问题带来新的见解。

信息协同行为中存在的一个普遍现象便是高校协同科研团体中的搭便车问题。高校协同科研团体是指在同一科研目标下由不同学科的专业人士所组成的创新合作组织。团队各

① VON NEUMANN J, MORGENSTERN O. The theory of games and economic behaviour ［M］. Princeton：Princeton University Press, 1944.

② 奥尔森. 集体行动的逻辑 ［M］. 陈郁，郭宇峰，李崇新，译. 上海：上海人民出版社，1995：2－4.

③ HARDIN G. The tragedy of the commons. The population problem has no technical solution：it requires a fundamental extension in morality ［J］. Science, 1968, 162（3859）：1243－1248.

④ 奥尔森. 集体行动的逻辑 ［M］. 陈郁，郭宇峰，李崇新，译. 上海：上海人民出版社，1995，8－10.

⑤ HECHTER M. Principles of group solidarity ［J］. American political science association, 1989, 83（1）：323.

⑥ COLEMAN J S. Foundations of social theory ［M］. Cambridge MA：Harvard University Press, 1990：993.

⑦ 奥尔森. 集体行动的逻辑 ［M］. 陈郁，郭宇峰，李崇新，译. 上海：上海人民出版社，1995，46－50.

成员为了共同的科研目标需要做出自己的贡献。由于难以对团队成员的科研贡献进行量化，因此在科研团队中一些成员会因为其他成员的贡献较少而做出相对更多的贡献。搭便车现象的增多导致了科研团队整体效率的下降，而那些科研贡献较多的成员也会因为提防其他成员搭便车而对交流合作持谨慎态度。因此在上述信息协同行为中，每个人都因为不想让他人搭便车而减少自己对团队的贡献，从而导致整个科研团队难以获得最理想的协同效果。随着时间的推移，整个团队都将处于这样一个低效的平衡当中：团队中的每个人都倾向于选择做出最小的贡献而期待他人做更多的贡献。

（2）公地悲剧与反公地悲剧

公地悲剧这一概念由英国学者 Hardin① 于 1968 年提出，他在其研究中假设了以下场景：在一个公共牧场中有着一定数量的牧民，如果其中的一个牧民希望增加自身的收入，那么他需要扩充自己的羊群，但更多的羊势必会消耗更多的牧草。对于每一个牧羊人来说，增加羊的数量会是一个合理的选项，因为公共牧场消耗的代价是由大家共同承担，而羊群的收益则是自己独享。当大多数牧民都做出这样的选择之时，公地悲剧便发生了，过度放牧导致公共牧场环境持续退化，最终导致无法在此放牧，牧民们相继破产。

公地悲剧指的是个人对集体利益的消费导致公共资源被过度使用这一情形②。当公共资源可以满足人们的需求时，没有任何人感受到自我行为所产生的负面影响，因而集体中的个体并不会因为对公共资源过度消耗的风险而停止自己对公共资源过度使用的行为③。公地悲剧主要强调的是不同消耗资源的方式会干扰他人使用该资源的能力。

在现在这个信息爆炸的时代，信息的数量已经远远超过人们自身的信息接收能力，因此相较体量庞大的信息资源，个体的注意力反而成了更加稀缺的资源。人们为了获取更多的关注大量发布信息，而自己同样被淹没在了浩瀚的信息海洋之中，无法有效找到自己所需要的信息。这便是信息时代的公地悲剧。人们一方面为达成自身的目标成了信息的发布者，但却因为庞杂的信息量而难以完成目标，个体有限的注意力被持续地重复浏览、相关信息筛选以及无意义信息剔除所消耗，而另一方面，各种虚假和低质量信息又不断地被发布出来，以实现个体的私人利益。传播学者施拉姆所提出的信息选择或然率公式指出，用户对于信息以及传播媒介的使用行为取决于内容的易得程度以及回报的丰厚程度。网络信

① HARDIN G. The tragedy of the commons：The population problem has no technical solution；it requires a fundamental extension in morality ［J］. Science，1968，162 （3859）：1243 – 1248.

② OSTROM E，ALEMAN E C. Governing the commons：the evolution of institutions for collective action ［J］. American political science review，1993，86 （1）：279 – 249.

③ YAMAGISHI T，COOK K S. Generalized exchange and social dilemmas ［J］. Social psychology quarterly，1993，56 （4）：235 – 248.

息检索凭借互联网技术所带来的高效率而打败了传统的信息获取行为，从而成为现代人类的第一选择，当网络信息检索需要付出的成本远远高于信息本身所拥有的价值时，网络信息检索便丧失了它的最大优势，人们重新跌入信息检索低效的泥沼之中，这便是信息爆炸时代的公地悲剧向我们描述的未来。

除了个人对集体利益的消费导致公共资源被过度使用的公地悲剧这一现象，信息协同行为中同样存在着的反公地悲剧现象值得研究者们的注意。这一概念由美国经济学家Heller① 提出，他指出尽管公地悲剧让人们开始重视公共资源被过度使用所带来的恶果，但却忽视了资源未能被充分利用的可能性。反公地悲剧是公地悲剧完美的镜像，一个集体中每个人都拥有阻止其他人使用该资源或相互设置使用障碍，每个人都没有公共资源的有效使用权，因此公共资源不能被有效使用而导致浪费。

反公地悲剧在协同信息行为中的一个典型现象便是政府部门的数据共享。2007 年 4 月 5 日，国务院发布的《中华人民共和国政府信息公开条例》，以保障公民、法人和其他组织依法获取政府信息，提高政府工作的透明度，促进依法行政，充分发挥政府信息对人民群众生产、生活和经济社会活动的服务为目标。该条例的发布标志着我国政府部门数据共享进入了一个新的阶段。然而直至今日，我国政府的数据共享仍然不能说达到了一个理想的状态。政府数据资源作为公共资源，在使用的过程中政府部门有权阻止其他政府部门或者个人使用该资源或相互设置使用障碍，因此导致政府数据难以得到有效利用，政府各部门之间存在着大量的"信息孤岛"，数据难以得到有效的共享。因为这些"信息孤岛"的存在，导致政府各部门存在许多低效率的重复性工作。而出于对政府信息资源的安全考虑，政府各部门往往在信息协同过程中选择不共享自身的信息资源，这使得整个政府难以达到理想的协同状态，无法获得有效的协同效应。因此，整个政府处于这样一个低效的平衡当中：每个部门都倾向于不共享自身的信息资源。

并非所有的信息协同行为都会产生良好的协同效应，个人目标与集体目标之间的冲突与矛盾是达成协同效应的主要阻碍。作为社会学的典型研究对象，社会困境是在信息协同行为中普遍存在的一种现象，表现出来的是个体所做出的个人层面最优选择却往往会使集体陷入糟糕的处境，在信息协同行为过程之中行为人往往会处于非帕累托最优的纳什均衡之中，即个人利益与集体利益存在冲突，无法达到二者之间的最优平衡。

---

① HELLER M A. The tragedy of the anticommons：property in the transition from marx to markets ［J］. Harvard law review, 1998, 111（3）：621－688.

3.4.4　个人与集体：运筹学视角下的信息协同行为中的博弈

如何摆脱社会困境中低效的平衡？上述两种困境都可以用战略互动博弈来模拟，其中囚徒困境是最常见的模型。囚徒困境与联盟博弈理论，将个体利益与集体利益的冲突正式化为一组取决于当事人行为收益的支付矩阵。协同行为困境的基线预测表明，在没有改变收益结构的情况下，不可靠均衡将占有主导地位。识别和解释这类机制的运作已经成为一个广泛的研究课题。相关研究表明，在面对不同的情境时，处于社会困境中的个体的博弈策略会因为机制不同而有所区别。当行为人知道他们在未来有更多互动的可能时，就更可能采取贡献、合作与信任的态度①（如重复博弈所带来的未来的阴影）。而这之所以会有效，则是因为人们为了保护自身的名誉选择去做正确的事。未来的阴影成了信息协同行为中信任产生的重要机制②。在群体成员关系中，社会关系下基于角色或群体从属关系的身份认同可以促进人们做出贡献。社会关系，即个人之间的联系，是人们为集体利益做出贡献的重要原因③。同样，为集体利益做出贡献的成员提供奖励，是维持贡献的重要基础。而如果缺乏上述机制的有效管治，集体中的合作与贡献将难以维持且更容易转为背叛，成员更容易追求自身利益最大化而忽视集体利益。

数百万人每天在网络虚拟社区中共同协作，将知识资本、社会资本与交流相互联系起来。这些社区将互动转化为集体财产的能力取决于其鼓励贡献和抑制背叛的机制。相较于传统的负面声誉系统，人们在网络上通过消耗时间和成本来获得"良好声誉"，网络身份所带来的短暂、正面的声誉系统在克服协同行动困境中要更加有效④。虚拟环境下人们对集体的贡献是由系统促进的，这些系统允许参与者在技术、体量和其他道德层面进行良好竞争。然而，由于这些系统可以围绕任何性能限制标准出现，因此它们可能就像鼓励良性贡献一样鼓励有害行为（如搭便车行为）。而对于信息管理系统的管理者而言，管理人员需要制定评价状况的标准，以便通过这些标准明确小组的贡献需求。

运筹学视角下的协同信息行为研究将个体利益与集体利益的冲突正式化为一组取决于当事人行为收益的支付矩阵。通过对个体博弈策略的分析，为摆脱协同信息困境提供了有

---

①　MURNIGHAN J K, ROTH A E. Expecting continued play in Prisoner's Dilemma games a test of several models [J]. Journal of conflict resolution, 1983, 27 (2): 279 – 300.

②　KOLLOCK P. Cooperation in an uncertain world: an experimental study [J]. Sociological theory & methods, 1993, 8 (1): 3 – 18.

③　MCADAM D, PAULSEN R. Specifying the relationship between social ties and activism [J]. American journal of sociology, 1993, 99 (3): 640 – 667.

④　FRIEDMAN E J, RESNICK P. The social cost of cheap pseudonyms [J]. Journal of economics & management strategy, 2010, 10 (2): 173 – 199.

力的支持。社会困境中的博弈研究应注重回答以下几个问题：如何有效区分出个人利益与集体利益？不同情境下的行为人是否会做出相同的选择？什么样的机制会让参与者更倾向于集体利益或个人利益？

随着研究的逐步深入，研究者们逐渐意识到协同信息行为并非仅仅发生于信息搜寻过程中，而是广泛存在于整个信息行为之中。信息协同行为研究的重点在于群体如何进行信息活动，如实现自己的信息需求、为搜索活动做准备、收集信息、理解信息、分享由此产生的见解以及在工作和休闲活动中使用信息。作为一个新兴的研究方向，信息协同行为研究仍然存在着大量的空白需要后续研究者来填补。

4 国家层面智慧政府信息协同结构

智慧城市由智慧交通、智慧医疗、智慧教育、智慧能源、智慧政府、智慧家居等多个智能模块组成。其中，智慧政府模块是智慧城市建设的核心，智慧政府信息协同是智慧城市中其他智慧模块进行信息协同的基础，智慧政府信息协同与智慧城市中的其他智慧模块信息协同的建设与完善密切相关，本书对国家层面的智慧政府信息协同结构进行研究。

21 世纪，政府信息资源被认为是全球各国重要的战略资源，是促进国民经济和社会发展的基础资源[①]。随着信息技术的飞速发展，其为政府部门内部信息资源管理的质量与效率的提升提供了多种可行方案[②]。为顺应信息技术的不断变革，人们将电子政府转变为智慧政府，即智慧政府是电子政府的升级[③]。从全球视野来看，不同国家和地区的智慧政府建设呈现差异化发展的同时，也在一些重点领域形成聚焦，如政府信息协同[④]。本书认为智慧政府的信息协同是指两个或两个以上政府部门间，为了高效完成同一政府事务而进行的政府信息交互。为解析我国智慧政府的信息协同网络，对网络结构进行识别与分析，本书根据中国政府网（www. gov. cn）发布的促进智慧城市建设方面的政策文件，采用命名实体识别方法识别出信息协同网络的节点，进一步分析得到节点关系数据，最终得到信息协同网络的网络结构，并对其进行可视化处理。对信息协同网络影响力较强的节点与节点关系进行识别与分析，按网络影响力大小对节点进行排序，可以为有关部门优化信息协同网络的结构提供参考，为优化我国智慧政府信息协同网络结构、提升我国智慧政府信息协同效率提供科学的依据。

---

① ZHANG W Y, SHAO B H. Value-added development of government information resources of a smart city: a case study [C] //2016 IEEE 20th International Conference on Computer Supported Cooperative Work in Design (CSCWD), IEEE. Nanchang, 2016: 643 – 646.

② HARSH A, ICHALKARANJE N. Transforming e-government to smart government: a south Australian perspective [M] //Intelligent computing, communication and devices, Springer, New Delhi, 2015: 9 – 16.

③ ALGEBRI H K, HUSIN Z, ABDULHUSSIN A, et al. Why move toward the smart government [C] // 2017 International Symposium on Computer Science and Intelligent Controls (ISCSIC), IEEE. Budapest, 2017: 167 – 171.

④ 陈锐，贾晓丰，赵宇. 智慧城市运行管理的信息协同标准体系 [J]. 城市发展研究，2015，22 (6): 40 – 46.

4.1　数据获取

　　数据获取是对智慧政府信息协同网络识别、对智慧政府信息协同网络中具有较强影响力的节点识别、对中国智慧政府信息协同网络中具有较强影响力的节点关系识别、对中国智慧政府信息协同网络中各个节点间节点信息协同关联强度测度的前提，为最大限度地确保所获取的数据具有真实性、标准性与代表性，笔者主要通过以下标准对数据源进行筛选：

　　（1）发布主体方面：根据中国政府网（www. gov. cn）发布，2014 年 8 月 27 日，国家发展和改革委员会等国家八部委联合印发了《关于促进智慧城市健康发展的指导意见》（以下简称《意见》），《意见》的主要目标为运用信息技术推动政府部门综合服务、推动数字平台的数据收集、分享与协同。其作为战略政策文件，为中国的智慧政府建设确立了基本原则。依据数据源筛选应具有代表性的原则，本书将数据源的发布主体限定为发布《意见》的国家八部委，分别为国家发展和改革委员会、工业和信息化部、科学技术部、公安部、财政部、原国土资源部（2018 年 3 月，原国土资源部等职责整合后组建自然资源部①）、住房和城乡建设部、交通运输部。

　　（2）时间起点方面：中国政府网发布《意见》的时间为 2014 年 8 月 27 日，依据数据源筛选应具有标准性与代表性的原则，本书的数据源筛选以《意见》的发文时间 2014 年 8 月 27 日为时间起点，截止到 2018 年 5 月 31 日，收集限定时间段内联合印发《意见》的国家八部委发布的政策文件。

　　（3）文件分类方面：依据数据源筛选应具有标准性的原则，本书以联合印发《意见》的国家八部委的部（委）令、规范性文件、公告作为数据源。依据上述标准，首先采用网络爬虫的方法从目标网站中获取数据，在此基础上经过人工筛选，最终得到 3052 份数据源。

4.2　智慧政府信息协同网络识别及可视化

4.2.1　节点识别

　　采用命名实体识别的方法，对依据上文所述的数据获取方法收集到的数据源进行政

---

　　①　王勇. 关于国务院机构改革方案的说明 ［EB/OL］. ［2019 – 03 – 06］. https：//www. gov. cn/guowuyuan/2018-03/14/content_5273856. htm.

府机构名称的文本识别。将识别到的政府机构名称所代表的政府机构作为中国智慧政府信息协同网络的节点。采用命名实体方法对目标政策文件的政府机构名称识别的具体过程如图 4-1 所示。

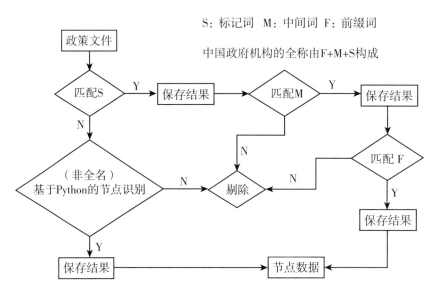

图 4-1　命名实体识别过程

本书主要运用 Yao 提出的基于统计词频、部分词性和长度的中国组织名称命名实体识别方法，对数据源中的中国政府机构名称进行命名实体识别，据检验该方法在 0.005 阈值上，其检测精度与召回度分别为 0.948、0.913，说明该方法在中国组织名称识别方面获取的结果较为精确。从构词方面看，中国政府组织机构的名称可以分为 3 个部分，分别为前缀词（F）、中间词（M）和标记词（S）[①]。以 "中华人民共和国国家卫生健康委员会" 为例，"中华人民共和国" 为前缀词（F），"国家卫生健康" 为中间词（M），"委员会" 为标记词（S），因此 "中华人民共和国国家卫生健康委员会" 这一中国政府组织机构名称就由 F + M + S 三部分构成。S 是组织名称的中心词，该方法中候选词的生成是由 S 触发的[②]。鉴于在数据源中 "中华人民共和国国家卫生健康委员会" 这一中国政府组织机构名称可以 "中华人民共和国国家卫生健康委员会" "国家卫生健康委员会" "卫生健康委" 三种形式出现，采用 Yao 提出的中国组织名称命名实体方法，仅可以识别出 "中华人民共和国国家卫生健康委员会" "国家卫生健康委员会" 这两种形式的中国政府组织机构名称。因此，本书以 Python 编程进行命名实体识别为辅助方法，对相关政府文

①②　YAO X Y. A method of Chinese organization named entities recognition based on statistical word frequency, part of speech and length ［C］//2011 4th IEEE International Conference on Broadband Network and Multimedia Technology, IEEE. Shenzhen, 2011: 637-641.

件中的"卫生健康委"这种形式的中国政府组织机构的简称进行命名实体识别。以 Python 编程进行命名实体识别的核心思想是首先建立中国政府机构名称的简称词典，在此基础上将目标文本与建立的简称词典进行逐一自动匹配，最后将匹配成功的中国政府机构简称进行输出与保存，得到中国智慧政府信息协同网络的节点（即政府机构）数据。

4.2.2 节点关系识别

本书给出的中国智慧政府信息协同网络的节点关系是指该网络中每两个不同节点间通过信息协同而触发的关系。依据我国国情，针对某一类问题发布的政府政策文件的文本中，所提及的政府机构需要通过政府信息的协同来共同执行和落实政策文件中所提及的具体内容。因此，本书通过推导认为在同一份政策文件中出现的政府机构名称所指代的政府机构具有智慧政府信息协同关系，其推导过程为：$B_A \supseteq$（B_1，B_2，B_3，…，B_n），当 $B_i \in B_A$，$B_j \in B_A$ 时，B_i 与 B_j 存在信息协同关系。其中 B_A 表示在同一篇政策文件中所包含的所有中国国家层面的政府机构名称（即节点），B_i 与 B_j 分别代表两个不同的政府机构名称，B_i 与 B_j 同属于 B_A，因此 B_i 与 B_j 具有智慧政府信息协同关系（即节点关系）。通过上述推导过程，本书得到中国智慧政府信息协同网络中各节点间的节点关系（即各个政府机构间信息协同关系）数据。

4.2.3 智慧政府信息协同网络结构可视化

中国智慧政府信息协同网络为具有节点与节点关系的呈现拓扑结构的社会网络，其中节点指政府机构，节点关系指不同政府机构之间通过信息协同而触发的信息协同关系。采用 Uncinet 6 社会网络分析软件对上述研究过程中得到的信息协同网络的节点数据与节点关系数据进行可视化处理，可视化处理后的结果如图 4 – 2 所示。其结果将有助于管理者和研究人员对中国智慧政府信息协同网络结构的现状有更加直观的了解。

图 4 – 2 中的方块表示中国智慧政府信息协同网络中的节点，方块与方块之间的连线表示中国智慧政府信息协同网络中的节点关系。该网络是由 34 个节点与 355 组节点关系构成。在图 4 – 2 中，中国智慧政府信息协同网络的节点分别用 A1 至 A34 进行标识，如 A1 为国家发展和改革委员会、A2 为国务院、A3 为工业和信息化部……A33 为中国气象局、A34 为中国工程院等。就中国智慧政府信息协同网络中的节点关系而言，本书以在中国智慧政府信息协同网络中节点关系个数相对较少的中国民用航空局节点（A32）为例对图 4 – 2 中的节点关系进行说明：在中国智慧政府信息协同网络中，中国民用航空局（A32）与除自身

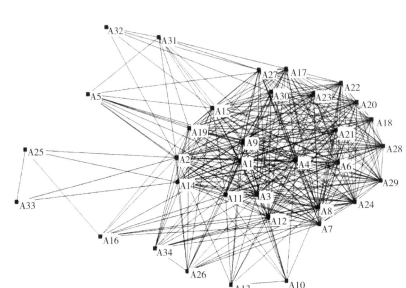

A1: 国家发展和改革委员会
A2: 国务院
A3: 工业和信息化部
A4: 财政部
A5: 住房和城乡建设部
A6: 国家统计局
A7: 科学技术部
A8: 教育部
A9: 国家卫生健康委员会
A10: 国家药品监督管理局
A11: 公安部
A12: 民政部
A13: 审计署
A14: 农业农村部
A15: 交通运输部
A16: 国务院办公厅
A17: 文化和旅游部
A18: 国家广播电视总局
A19: 商务部
A20: 海关总署
A21: 国务院国有资产监督管理委员会
A22: 国家知识产权局
A23: 外交部
A24: 水利部
A25: 新华通讯社
A26: 中国社会科学院
A27: 国家铁路局
A28: 国家能源局
A29: 司法部
A30: 国家邮政局
A31: 国家税务总局
A32: 中国民用航空局
A33: 中国气象局
A34: 中国工程院

图 4－2 中国智慧政府信息协同网络结构

外的 33 个节点中的 5 个节点具有节点关系，这 5 个节点分别为国务院（A2）、交通运输部（A15）、国家铁路局（A27）、国家邮政局（A30）、国家税务总局（A31）。

对中国智慧政府信息协同网络中的节点而言，从中国政府门户网站中可以获知，中国国家层面的政府机构共有 66 个，而本书识别出的中国智慧政府信息协同网络结构中仅包含 34 个节点，这表明中国智慧政府信息协同网络尚属发展阶段，并未涵盖中国国家层面的所有政府机构。基于不同政府机构之间的政府信息协同形成的中国智慧政府信息协同网络，中国智慧政府信息协同网络中包含的节点越多，说明该网络的结构越完善，政府信息协同的效率也越高。为了实现优化中国智慧政府信息协同网络结构、提升中国智慧政府信息协同效率的目标，应积极建立各个政府机构之间的信息协同关系，增加中国智慧政府信息协同网络中所包含的节点个数，以期实现中国智慧政府信息协同网络中的节点对中国国家层面的 66 个政府机构的全覆盖。

对中国智慧政府信息协同网络的节点关系而言，在中国智慧政府信息协同网络中共有 355 组节点关系。目前，仅国务院（A2）与中国智慧政府信息协同网络中的其余 33 个节点均具有节点关系（即信息协同关系）。着力增加中国智慧政府信息协同网络中各个节点与其他节点之间的节点关系的个数，将有助于实现优化智慧政府信息协同网络结构、提升中国智慧政府信息协同网络的信息协同效率的目标。

4.3 节点影响力分析

4.3.1 节点影响力测度算法

在社会网络中，拓扑结构的非均匀性决定了网络中不同节点之间的重要程度存在着差异①，社会网络中节点的重要程度用该节点对社会网络影响力的大小来衡量。社会网络分析方法中的度中心性分析被用于识别在社会网络的动态发展中各个节点所具有的影响力，即社会网络中各个节点的重要程度②。

根据定义，社会网络分析方法中的度中心性是一个值，其表示社会网络中的节点到该社会网络中其他节点的连接数③。其数学表达式为：

$$C_D(i) = \sum_{j=1}^{n} x_{i,j} (i \neq j) \qquad \text{公式 } 4-1$$

其中 $C_D(i)$ 表示社会网络中节点 i 的度中心性，n 表示该社会网络中共有 n 个节点，$\sum_{j=1}^{n} x_{i,j}(i \neq j)$ 用于计算社会网络中节点 i 与同一社会网络中其他节点 j 直接联系的数量④。

本书采用上述测度方法，对中国智慧政府信息协同网络中的 34 个节点的节点影响力进行测度，以期发现在中国智慧政府信息协同网络中具有较强影响力的节点，为后续中国智慧政府信息协同网络的研究提供更加直观、更加科学的参考依据。

4.3.2 节点影响力测度结果

根据上文所介绍的方法进行计算，中国智慧政府信息协同网络中的 34 个节点的度中心性如表 4-1 所示。

---

① BEI J. Mining vital nodes in complex networks [J]. Computer science, 2007, 34 (12): 1-5.

② COMIN C H, COSTA L D F. Identifying the starting point of a spreading process in complex networks [J]. Physical review E, 2011, 84 (5); KITSAK M, GALLOS L K, HAVLIN S, et al. Identification of influential spreaders in complex networks [J]. Nature physics, 2010, 6 (11): 888-893; BORGE-HOLTHOEFER J, MORRNO Y. Absence of influential spreaders in rumor dynamics [J]. Physical review E, 2012, 85 (2).

③ WASSERMAN S, FAUST K. Social network analysis: methods and applications [M]. New York: Cambridge University Press, 1994: 199.

④ FREEMAN L C. Centrality in social networks' conceptual clarification [J]. Social networks, 1979, 1 (3): 215-239.

表 4 – 1　中国智慧政府信息协同网络中 34 个节点的度中心性

排名	名称	度中心性
1	国务院（A2）	33.000
2	国家发展和改革委员会（A1）	30.000
3	工业和信息化部（A3）	29.000
4	国家卫生健康委员会（A9）	29.000
5	公安部（A11）	29.000
6	民政部（A12）	28.000
7	交通运输部（A15）	28.000
8	商务部（A19）	28.000
9	财政部（A4）	27.000
10	教育部（A8）	27.000
11	农业农村部（A14）	27.000
12	科学技术部（A7）	26.000
13	水利部（A24）	26.000
14	文化和旅游部（A17）	25.000
15	国家铁路局（A27）	25.000
16	国家邮政局（A30）	24.000
17	国家统计局（A6）	23.000
18	国家广播电视总局（A18）	23.000
19	海关总署（A20）	23.000
20	国务院国有资产监督管理委员会（A21）	23.000
21	国家知识产权局（A22）	23.000
22	外交部（A23）	23.000
23	国家能源局（A28）	23.000
24	司法部（A29）	23.000
25	中国社会科学院（A26）	13.000
26	中国工程院（A34）	13.000
27	住房和城乡建设部（A5）	10.000
28	国家税务总局（A31）	10.000
29	国家药品监督管理局（A10）	9.000

排名	名称	度中心性
30	审计署（A13）	9.000
31	国务院办公厅（A16）	9.000
32	中国民用航空局（A32）	5.000
33	新华通讯社（A25）	4.000
34	中国气象局（A33）	3.000

在中国智慧政府信息协同网络的 34 个节点中，按度中心性的大小进行排序，度中心性最大的节点是国务院节点（A2），其后依次为国家发展和改革委员会节点（A1）、工业和信息化部节点（A3）、国家卫生健康委员会节点（A9）等。这说明国务院节点（A2）对中国智慧政府信息协同网络的影响力最强，国家发展和改革委员会节点（A1）、工业和信息化部节点（A3）、国家卫生健康委员会节点（A9）等对中国智慧政府信息协同网络的影响力依次减弱，对中国智慧政府信息协同网络影响力最弱的为中国气象局节点（A33）。

本书按节点的度中心性对中国智慧政府信息协同网络中的 34 个节点进行排序，识别出各个节点对中国智慧政府信息协同网络的影响力强弱，若智慧政府建设与管理者侧重优化对中国智慧政府信息协同网络影响力较强的政府部门，将实现在短时间内快速提升中国智慧政府信息协同网络的信息协同效率的目标。

4.4 节点关系影响力分析

4.4.1 节点关系影响力测度算法

在社会网络分析方法中，k-plex 分析方法被视为识别社会网络中具有紧密联系的子群（即凝聚子群）的方法[①]。依据图论理论，社会网络分析方法中的 k-plex 分析方法的数理逻辑为在图 G 中，当 $q \in Q_i$，$\deg(q) \geqslant (|Q_i| - k)$ 时，由一组顶点 Q_i 组成的一个凝聚子群 G_i 为一个 k-plex。其中 G_i 为图 G 中的一个凝聚子群，q 是图 G 中的一组顶点 Q_i 中的一个顶点，$\deg(q)$ 则表示在 G_i 中顶点 q 出现的次数[②]。

① BALASUNDARAM B. Cohesive subgroup model for graph-based text mining［C］//2008 IEEE International Conference on Automation Science and Engineering，IEEE. Arlington，2008：989 – 994.

② WANG Z，CHEN Q，HOU B，et al. Parallelizing maximal clique and k-plex enumeration over graph data［J］. Journal of parallel and distributed computing，2017，106：79 – 91.

为了识别对中国智慧政府信息协同网络具有较强影响力的节点关系，本书采用社会网络分析方法中的 k-plex 分析方法识别出中国智慧政府信息协同网络自身所具有的不同的凝聚子群，这些不同的凝聚子群中存在着共有的节点，通过这些共有的节点，不同的凝聚子群之间可以建立起联系①。本书进一步将这些不同的凝聚子群中共同的节点之间具有的节点关系视为对中国智慧政府信息协同网络影响力较强的节点关系。

4.4.2　节点关系影响力测度结果

本书运用 k-plex 分析方法，对中国智慧政府信息协同网络中的节点关系影响力进行测度，得到的中国智慧政府信息协同网络的 k-plex 分析结果如表 4 – 2 所示。

表 4 – 2　k-plex 分析结果

k	n	k-plex 个数	k	n	k-plex 个数
2	4	45	3	5	514
	5	9		6	480
	6	17		7	280
	7	10		8	186
	8	2		9	131
	9	6		10	61
	10	65		11	328
	11	17		12	253
	14	25		16	46
	24	1		24	1

如表 4 – 2 所示，当 k 的取值大于 2 时，社会网络的规模至少为 2k – 1②。对 k 与 n 的取值采用枚举法可知：当 k = 2，n = 6 时，2-plexd 的个数是 17，即在中国智慧政府信息协同网络中每 6 个节点所组成的凝聚子群内，至少有 4 个节点具有直接联系；当 k = 2，n = 11 时，2 – plexd 的个数亦是 17，即在中国智慧政府信息协同网络中每 11 个节点所组成的凝聚子群内，至少有 9 个节点具有直接联系。中国智慧政府信息协同网络在上述两种情况下，k-plex 的数量与子群密度均比较理想，符合 k-plex 数量适度性和子群密度适度性的

---

① 李亮，朱庆华. 社会网络分析方法在合著分析中的实证研究［J］. 情报科学，2008，26（4）：549 – 555.

② WU Y，XUE Y Z，XUE Z L. The study on the core personality trait words of Chinese medical university students based on social network analysis［J］. Medicine，2017，96（37）：1 – 5.

原则①。在 k-plex 分析的输出结果中，提取当 k = 2，n = 6 时和当 k = 2，n = 11 时的凝聚子群，如图 4 - 3 所示。

<table>
<tr><td>

2-plex; k=2, n=6

109: A1 A2 A4 A9 A10 A31
111: A1 A2 A4 A9 A13 A31
130: A2 A3 A15 A27 A30 A32
139: A2 A6 A15 A27 A30 A32
142: A2 A7 A15 A27 A30 A32
145: A2 A8 A15 A27 A30 A32
154: A2 A11 A15 A27 A30 A32
157: A2 A12 A15 A27 A30 A32
162: A2 A14 A15 A27 A30 A32
194: A2 A15 A18 A27 A30 A32
196: A2 A15 A20 A27 A30 A32
197: A2 A15 A21 A27 A30 A32
198: A2 A15 A22 A27 A30 A32
199: A2 A15 A23 A27 A30 A32
200: A2 A15 A24 A27 A30 A32
202: A2 A15 A27 A28 A30 A32
203: A2 A15 A27 A29 A30 A32

2-plex; k=2, n=11

1: A1 A2 A3 A4 A5 A6 A9 A11 A15 A17 A19
2: A1 A2 A3 A4 A5 A7 A9 A11 A15 A17 A19
3: A1 A2 A3 A4 A5 A8 A9 A11 A15 A17 A19
5: A1 A2 A3 A4 A5 A9 A11 A12 A15 A17 A19
7: A1 A2 A3 A4 A5 A9 A11 A14 A15 A17 A19
8: A1 A2 A3 A4 A5 A9 A11 A15 A17 A18 A19
9: A1 A2 A3 A4 A5 A9 Al1 A15 Al7 A19 A20
10: A1 A2 A3 A4 A5 A9 A11 A15 A17 A19 A21
11: A1 A2 A3 A4 A5 A9 A11 A15 A17 A19 A22
12: A1 A2 A3 A4 A5 A9 A11 A15 A17 A19 A23
13: A1 A2 A3 A4 A5 A9 A11 A15 A17 A19 A24
14: A1 A2 A3 A4 A5 A9 A11 A15 A17 A19 A27
15: A1 A2 A3 A4 A5 A9 A11 A15 A17 A19 A28
16: A1 A2 A3 A4 A5 A9 A11 A15 A17 A19 A29
17: A1 A2 A3 A4 A5 A9 A11 A15 A17 A19 A30
18: Al A2 A3 A4 A5 A9 A15 Al7 A19 A27 A31
105: A1 A2 A4 A5 A9 A11 A15 A17 A19 A27 A31

</td><td>

A1: 国家发展和改革委员会
A2: 国务院
A3: 工业和信息化部
A4: 财政部
A5: 住房和城乡建设部
A6: 国家统计局
A7: 科学技术部
A8: 教育部
A9: 国家卫生健康委员会
A10: 国家药品监督管理局
A11: 公安部
A12: 民政部
A13: 审计署
A14: 农业农村部
A15: 交通运输部
A16: 国务院办公厅
A17: 文化和旅游部
A18: 国家广播电视总局
A19: 商务部
A20: 海关总署
A21: 国务院国有资产监督管理委员会
A22: 国家知识产权局
A23: 外交部
A24: 水利部
A25: 新华通讯社
A26: 中国社会科学院
A27: 国家铁路局
A28: 国家能源局
A29: 司法部
A30: 国家邮政局
A31: 国家税务总局
A32: 中国民用航空局
A33: 中国气象局
A34: 中国工程院

</td></tr>
</table>

图 4 - 3 当 k = 2，n = 6 时和当 k = 2，n = 11 时凝聚子群的节点构成

图 4 - 3 是从 k-plex 分析的输出结果中找到的在中国智慧政府信息协同网络中符合 k-plex 分析数量适度性和子群密度适度性要求的凝聚子群。每一行输出结果代表一个凝聚

① WANG Z, CHEN Q, HOU B, et al. Parallelizing maximal clique and k-plex enumeration over graph data [J]. Journal of parallel and distributed computing, 2017, 106 (3): 79 - 91.

子群，冒号前面的数字表示该凝聚子群在 k-plex 分析的输出结果中的排序，冒号后面由字母与数字组成的单元则表示该凝聚子群所包含的节点。以 203：A2、A15、A27、A29、A30、A32 这一行输出结果为例，冒号前面的数字 203 表示该凝聚子群在 k-plex 分析的输出结果中是第 203 个凝聚子群；冒号后面有字母与数字组成的 A2、A15、A27、A29、A30、A32 表示这个凝聚子群由国务院节点（A2）、交通运输部节点（A15）、国家铁路局节点（A27）、司法部节点（A29）、国家邮政局节点（A30）、中国民用航空局节点（A32）这 6 个节点组成。

由图 4－3 可知，当 k＝2，n＝6 时得到的所有凝聚子群均包含国务院节点（A2）；当 k＝2，n＝11 时得到的所有凝聚子群均包含国家发展和改革委员会节点（A1）、国务院节点（A2）、财政部节点（A4）、住房和城乡建设部节点（A5）、国家卫生健康委员会节点（A9）、交通运输部节点（A15）、文化和旅游部节点（A17）、商务部节点（A19），通过这些共有的节点，中国智慧政府信息协同网络中的不同凝聚子群之间建立起联系。本章经过推导认为这些凝聚子群中共有的节点间的节点关系为对中国智慧政府信息协同网络结构具有较强影响力的节点关系。其推导过程为 $Z_A \supseteq (Z_1, Z_2, Z_3, \cdots, Z_n)$，其中 n＝8，当 $Z_i \in Z_A$，$Z_j \in Z_A$ 时，节点 Z_i 与节点 Z_j 之间的节点关系为对整个中国智慧政府信息协同网络具有较强影响力的节点关系。其中 Z_A 表示连接不同凝聚子群的 8 个共同节点，即国家发展和改革委员会节点（A1）、国务院节点（A2）、财政部节点（A4）、住房和城乡建设部节点（A5）、国家卫生健康委员会节点（A9）、交通运输部节点（A15）、文化和旅游部节点（A17）、商务部节点（A19），节点 Z_i 与节点 Z_j 属于共同节点，因此，节点 Z_i 与节点 Z_j 间的节点关系对整个中国智慧政府信息协同网络具有较强的影响力。在命名实体识别方法识别出的节点与节点关系数据中，提取国家发展和改革委员会节点（A1）、国务院节点（A2）、财政部节点（A4）、住房和城乡建设部节点（A5）、国家卫生健康委员会节点（A9）、交通运输部节点（A15）、文化和旅游部节点（A17）、商务部节点（A19）的节点数据和这 8 个节点之间的节点关系数据，采用 Uncinet 6 软件对这些节点数据与节点关系数据进行可视化处理，得到包含这 8 个节点的社会网络结构。本书将该社会网络结构进行拆分，得到重要节点关系。其可视化结果如图 4－4 所示。

如图 4－4 所示，A1↔A9 表示国家发展和改革委员会节点（A1）与国家卫生健康委员会节点（A9）这两个节点之间的节点关系。在图 4－4 中共有 28 组节点关系，这 28 组节点关系均是对中国智慧政府信息协同网络具有较强影响力的节点关系。相关政府部门须侧重对图 4－4 中的这 28 组对中国智慧政府信息协同网络具有较强影响力的节点关系进行优化，可实现在短时间内提升中国智慧政府信息协同网络的信息协同效率的目标。

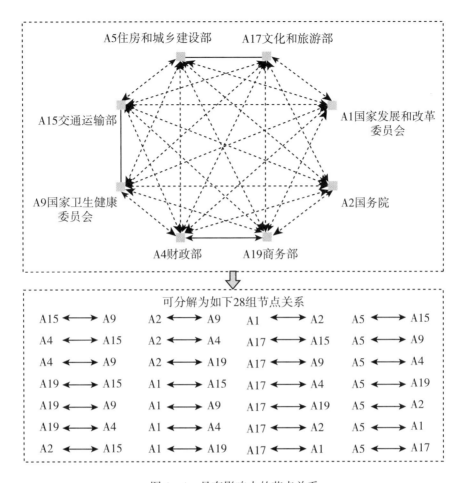

图 4 - 4 具有影响力的节点关系

4.5 节点信息协同关联强度分析

4.5.1 节点信息协同关联强度算法

4.5.1.1 信息熵公式

信息熵的概念较早是由 Shannon 为解决信息度量的问题于《通信的数学理论》 "A mathematical theory of communication" [①]一文中提出的，其理念为通过定义信息源的不确定性，针对随机变量的不同取值来描述信息量的多少。信息熵的数学表达式如公式 4 - 2

---

① SHANNON C E. A mathematical theory of communication [J]. Bell system technical journal, 1948, 27 (3)：379 - 423.

所示：

$$H = -\sum_{i=1}^{n} P_i(X_i) \log \alpha P_i(X_i) \quad 0 \leqslant P_i \leqslant 1, i = (1, 2, \cdots, n) \qquad 公式 4-2$$

其中 H 表示信息熵，P_i 表示事件出现的概率，X_i 表示随机变量。早期，信息熵理论被广泛应用于物理学、统计力学、计算机科学等领域[1]。近年来，信息熵理论逐渐被情报学领域所应用，如曾子明等[2]运用信息熵理论探究在突发事件中舆情的演化机理，以期为相关实践提供参考，邢云菲等[3]基于信息熵理论构建了新媒体环境下的网络节点影响力模型，以期深入剖析信息传播规律，从而有助于对信息传播进行合理控制，张海涛等[4]基于信息熵理论构建了微信公众号影响力评价模型，以期帮助企业客观评价微信公众号的价值。上述研究均为情报学运用信息熵理论进行深入的应用性研究奠定了基础。本书基于信息熵理论提出动态关联子群信息熵算法，对我国智慧政府信息协同网络中各节点间的信息协同关联强度进行测度。

4.5.1.2 动态关联子群信息熵算法

动态关联子群信息熵算法是基于信息熵理论的内涵提出的，是信息熵理论在解决具体社会网络中节点关联强度问题的应用。通常来说，当任意两个政府部门之间因为业务需求而产生信息协同关系时，若双方相互间传递与接收的信息量越大，则认为两者间信息协同程度越高。为测度智慧政府信息协同网络中不同政府机构之间的信息协同度，需要获取智慧政府信息协同网络的动态关联子群密度与协同结构熵。

（1）动态关联子群密度

智慧政府信息协同网络中各个政府部门之间的信息协同关系处于动态关联模式，当将每个政府机构均作为一个智慧政府信息协同局部网络的中心点时，与该中心点具有信息协同关系的节点组成一个关联子群，由于节点间的信息协同关系处于动态关联模式，基于信息协同关系构成的关联子群亦处于动态关联模式。智慧政府信息协同网络内部包含多个不同的动态关联子群。

对动态关联子群中心点的信息出入度进行测量，即可得到该动态关联子群的密度，其表达式如公式 4-3 所示：

① GUO H S, AVILA A, SHI H D. Quantum information entropies of the eigenstates for the pschl-teller-like potential [J]. Chinese physics B, 2013, 22 (5): 117-121.

② 曾子明, 方正东. 基于熵理论的突发事件舆情演化研究 [J]. 情报科学, 2019, 37 (9): 3-8.

③ 邢云菲, 王晰巍, 韩雪雯, 等. 基于信息熵的新媒体环境下网络节点影响力研究——以微信公众号为例 [J]. 图书情报工作, 2018, 62 (5): 76-86.

④ 张海涛, 张会然, 魏萍, 等. 微信公众号影响力评价模型研究 [J]. 图书情报工作, 2019, 63 (4): 23-31.

$$C_i = \frac{\sum_{i=1}^{n} d_i}{n}$$

公式 4 - 3

其中 C_i 为以该动态关联子群中的每一个节点作为中心点的动态关联子群密度，d_i 为该动态关联子群中心点与该动态关联子群中其他节点间产生信息协同关系的信息总量，n 表示在该动态关联子群中与中心点存在信息协同关系的其他节点的个数。

（2）协同结构熵

上述动态关联子群密度研究所得到的是组成智慧政府信息协同网络的多个不同的动态关联子群内部的均匀密度。然而根据政务工作具体内容的需要，各个政府部门之间基于信息协同关系传递的信息量是非恒定的，因而动态关联子群内部的密度亦应是非均匀的。对于动态关联子群内部的非均匀程度，我们可以理解为其是动态关联子群的中心点向外发散的与该动态关联子群内其他节点的信息的出入量的分布程度，即该动态关联子群中心点本身的信息协同倾向。

基于此，结合信息熵理论，智慧政府信息协同网络的协同结构熵表达式如公式 4 - 4 所示：

$$H_i = C_i \times \log C_i$$

公式 4 - 4

其中 H_i 为该动态关联子群中心点的协同结构熵，C_i 为以该动态关联子群中的每一个节点作为中心点的动态关联子群密度。

（3）动态关联子群信息熵

动态关联子群信息熵是指任意两个动态关联子群的中心点产生信息协同关系的信息协同度。每一个动态关联子群中心点都具有自身的协同结构熵，代表着该节点本身的信息协同倾向。因此，基于智慧政府信息协同网络的动态关联子群密度与协同结构熵的表达公式，可得到动态关联子群信息熵算法，其表达式如公式 4 - 5 所示：

$$H_{ij} = H_i \times H_j = C_i \times \log C_i \times C_j \times \log C_j$$
$$= \sum_{i=1}^{n} d_i / n \times \log \left(\sum_{i=1}^{n} d_i / n \right) \times \sum_{j=1}^{n} d_n / n \times \log \left(\sum_{j=1}^{n} d_j / n \right)$$

公式 4 - 5

其中，H_{ij} 表示节点 i 与节点 j 之间的动态关联子群信息熵，在本书中具体表示为智慧政府信息协同网络中政府部门 i 与政府部门 j 之间的信息协同度；H_i、H_j 分别表示以节点 i 和节点 j 为中心点的动态关联子群中心点的协同结构熵；C_i、C_j 表示以节点 i 与节点 j 为中心点的动态关联子群中的每一个节点作为中心点的动态关联子群密度；d_i、d_j 表示以节点 i 与节点 j 为中心点的动态关联子群中心点与该动态关联子群中其他节点间产生信息协同关系的信息总量，n 表示在该动态关联子群中与中心点存在信息协同关系的其他节点的个数。

4.5.2 节点信息协同关联强度测度结果

由上述研究可知，测度智慧政府信息协同网络中各节点间的信息协同关联强度的前提是获取智慧政府信息协同网络内部的动态关联子群密度与协同结构熵。

4.5.2.1 动态关联子群密度测度结果

若智慧政府信息协同网络中的某一节点与其他节点间产生信息协同关系，则可将该节点视作智慧政府信息协同网络中的一个动态关联子群的中心点。智慧政府信息协同网络中包含多个动态关联子群，同一动态关联子群的中心点与其他节点呈放射式结构，如图4-5所示。

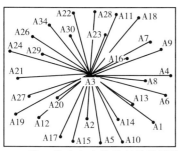 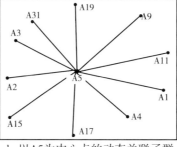 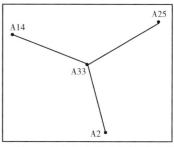

a. 以A3为中心点的动态关联子群　b. 以A5为中心点的动态关联子群　c. 以A33为中心点的动态关联子群

A1: 国家发展和改革委员会	A11: 公安部	A21: 国有资产监督管理委员会	A31: 国家税务总局
A2: 国务院	A12: 民政部	A22: 国家知识产权局	A32: 中国民用航空局
A3: 工业和信息化部	A13: 审计署	A23: 外交部	A33: 中国气象局
A4: 财政部	A14: 农业农村部	A24: 水利部	A34: 中国工程院
A5: 住房和城乡建设部	A15: 交通运输部	A25: 新华通讯社	
A6: 国家统计局	A16: 国务院办公厅	A26: 中国社会科学院	
A7: 科学技术部	A17: 文化和旅游部	A27: 国家铁路局	
A8: 教育部	A18: 广播电视总局	A28: 国家能源局	
A9: 国家卫生健康委员会	A19: 商务部	A29: 司法部	
A10: 国家药品监督管理局	A20: 海关总署	A30: 国家邮政局	

图4-5 智慧政府信息协同网络中的动态关联子群（部分）

图4-5所呈现的分别是以工业和信息化部节点（A3）、住房和城乡建设部节点（A5）、中国气象局节点（A33）为中心点的动态关联子群。其中，"•"表示节点，A1—A34表示节点所代表的政府部门的名称，"•"与"•"之间的直线表示节点与节点之间存在信息协同关系，处于放射直线中心点的节点为该动态关联子群的中心点。

运用上文所述的求取动态关联子群密度的公式，以智慧政府信息协同网络中的不同节点为中心点的动态关联子群密度，如表4-3所示。其中，以国务院为中心节点的动态关联子群的密度最大，数值为5.91，以国家药品监督管理局节点、中国社会科学院节点、司法部节点、中国民用航空局接节点、中国气象局节点、中国工程院节点为中心点的动态关联子群的密度最小，数值为1。

对智慧政府信息协同网络中各个动态关联子群密度进行求取，是测度智慧政府信息协同网络中各节点间信息协同关联强度的先驱条件之一。

表4-3　智慧政府信息协同网络中各个动态关联子群的密度

排名	名称	密度
1	国务院（C2）	5.91
2	国家发展和改革委员会（C1）	5.75
3	财政部（C4）	5.26
4	教育部（C8）	4.66
5	工业和信息化部（C3）	4.26
6	国家卫生健康委员会（C9）	4.14
7	科学技术部（C7）	3.94
8	公安部（C11）	3.86
9	民政部（C12）	3.76
10	交通运输部（C15）	3.64
11	商务部（C19）	3.59
12	农业农村部（C14）	3.22
13	国家知识产权局（C22）	2.63
14	国家统计局（C6）	2.62
15	国务院国有资产监督管理委员会（C21）	2.56
16	审计署（C13）	2.36
17	文化和旅游部（C17）	2.36
18	外交部（C23）	2.18
19	国家广播电视总局（C18）	2.15
20	海关总署（C20）	2.00
21	水利部（C24）	1.84
22	国务院办公厅（C16）	1.57
23	住房和城乡建设部（C5）	1.53
24	新华通讯社（C25）	1.25
25	国家铁路局（C27）	1.11
26	国家能源局（C28）	1.11
27	国家税务总局（C31）	1.09
28	国家邮政局（C30）	1.04

续表

排名	名称	密度
29	国家药品监督管理局（C10）	1.00
30	中国社会科学院（C26）	1.00
31	司法部（C29）	1.00
32	中国民用航空局（C32）	1.00
33	中国气象局（C33）	1.00
34	中国工程院（C34）	1.00

4.5.2.2　协同结构熵测度结果

测度智慧政府信息协同网络中各节点间信息协同度的另一个先驱条件则是求取动态关联子群中的中心点的协同结构熵。运用上文所述的求取协同结构熵的公式，本书得到各个动态关联子群中心点的协同结构熵的运算结果，如表4-4所示。其中，国务院节点的协同结构熵最大，数值为4.56，表示该节点的信息协同倾向性最大；国家药品监督管理局节点、中国社会科学院节点、司法部节点、中国民用航空局节点、中国气象局节点、中国工程院节点的协同结构熵为0，但并不是表示这些节点与其他节点之间没有信息协同关系，而表示这些节点的信息协同倾向性较低。

表4-4　各个动态关联子群中心点的协同结构熵

排名	名称	熵值
1	国务院（H2）	4.56
2	国家发展和改革委员会（H1）	4.37
3	财政部（H4）	3.80
4	工业和信息化部（H3）	3.41
5	教育部（H8）	3.11
6	国家卫生健康委员会（H9）	2.56
7	科学技术部（H7）	2.35
8	公安部（H11）	2.26
9	民政部（H12）	2.16
10	交通运输部（H15）	2.04
11	商务部（H19）	2.00
12	农业农村部（H14）	1.63
13	国家知识产权局（H22）	1.11

排名	名称	嫡值
14	国家统计局（H6）	1.10
15	国务院国有资产监督管理委员会（H21）	1.04
16	审计署（H13）	0.88
17	文化和旅游部（H17）	0.88
18	外交部（H23）	0.74
19	国家广播电视总局（H18）	0.72
20	海关总署（H20）	0.60
21	水利部（H24）	0.49
22	国务院办公厅（H16）	0.31
23	住房和城乡建设部（H5）	0.28
24	新华通讯社（H25）	0.12
25	国家铁路局（H27）	0.05
26	国家能源局（H28）	0.05
27	国家税务总局（H31）	0.04
28	国家邮政局（H30）	0.02
29	国家药品监督管理局（H10）	0.00
30	中国社会科学院（H26）	0.00
31	司法部（H29）	0.00
32	中国民用航空局（H32）	0.00
33	中国气象局（H33）	0.00
34	中国工程院（H34）	0.00

4.5.2.3 动态关联子群信息熵测度结果及可视化

依据动态关联子群信息熵的含义，本书依次运用每两个节点的信息协同数据得到动态关联子群信息熵的测度结果，这个结果即为智慧政府信息协同网络结构中这两个节点间的信息协同度。由公式 4 - 5 可知，动态关联子群信息熵的测度结果与协同结构熵的测度结果具有直接关系，根据信息协同熵的测度结果，可以得到动态关联子群信息熵的测度结果，如表 4 - 5 所示。

由表 4 - 5 可知，位列前 10 的动态关联子群信息熵的测度结果，即位列前 10 的智慧政府信息协同网络中各个节点间的信息协同关联强度测度结果。其中，H1，2 的动态关联子群信息熵最大，其值为 19.93，这表示在中国智慧政府信息协同网络中，国家发展和改革委员会节点与国务院节点之间的信息协同关联强度最大；H2，4 的动态关联子群信息熵次之，其值为 17.33，这表示在中国智慧政府信息协同网络中，国务院节点与财政部节点之间的信息协同关联强度仅次于国家发展和改革委员会节点与国务院节点间的信息协同度。

表 4 - 5 动态关联子群信息熵测度结果（前 10 名）

序号	动态关联子群信息熵测度结果	信息协同度测度结果
1	H1，2 = H1 × H2 = 19.93	表示国家发展和改革委员会节点与国务院节点间的信息协同度为 19.93
2	H2，4 = H2 × H4 = 17.33	表示国务院节点与财政部节点间的信息协同度为 17.33
3	H1，4 = H1 × H4 = 16.60	表示国家发展和改革委员会节点与财政部节点间的信息协同度为 16.60
4	H2，3 = H2 × H3 = 15.54	表示国务院节点与工业和信息化部节点间的信息协同度为 15.54
5	H1，3 = H1 × H3 = 14.90	表示国家发展和改革委员会节点与工业和信息化部节点间的信息协同度为 14.90
6	H2，8 = H2 × H8 = 14.18	表示国务院节点与教育部节点间的信息协同度为 14.18
7	H1，8 = H1 × H8 = 13.59	表示国家发展和改革委员会节点与教育部节点间的信息协同度为 13.59
8	H3，4 = H3 × H4 = 12.96	表示工业和信息化部节点与财政部节点间的信息协同度为 12.96
9	H4，8 = H4 × H8 = 11.82	表示财政部节点与教育部节点间的信息协同度为 11.82
10	H2，9 = H2 × H9 = 11.67	表示国务院节点与国家卫生健康委员会节点间的信息协同度为 11.67

5 信息生态视角下智慧城市信息协同结构

前一章基于政策文本分析，剖析了国家层面智慧政府的信息协同结构。由国家各部委到各个城市的职能部门，是纵向隶属关系，智慧城市的具体功能还是以具体城市为单位的，因此本章运用另外一种方法，即复杂网络分析法，在城市层面上，对智慧城市的信息协同结构进行分析。智慧城市的信息协同要从系统观、人本观、平衡观等信息生态基本观点出发，以"人—事件—信息"三元理论框架为分析的逻辑框架。

智慧城市是一个复杂、开放、多变的巨系统，政府作为这个巨系统运作的核心板块，维系着各个方面的运作。"构建智慧城市，智慧政府先行"①，智慧城市建设的核心是智慧政府，在我国 54 个大中型智慧城市试点中，智慧型政府的建设均为其较重视的几大板块之一②。政府部门作为城市有序化向好发展的"脉络性"联结主体，在城市整体推进发展的过程中，有着无可替代的关键性作用，政务信息协同实质上就是智慧城市信息协同的缩影。

5.1 信息生态视角下的智慧城市模块及其相互关系

智慧城市由智慧政府、智慧交通、智慧能源、智慧教育等多模块组成，各模块之间相互链接、相互作用形成一个完整的城市系统。各个模块可视为城市中的"人"所面对的不同"情境"，由面向情境的智慧城市信息协同"人—事件—信息"三元理论框架可知，智慧城市的发展程度与其信息化程度的高低密不可分，信息生态化是城市智慧化的必经之路。

本书从信息生态视角观察智慧城市，可以看出智慧政府、智慧交通等各个模块以"信息"为主线，通过各类平台串联成一个整体，因此智慧城市可划归为信息、平台、实体三个层次，如图 5 – 1 所示。"信息"是城市运行的基本要素，维系城市各模块正常运转，同时也是智慧化建设的核心要素，信息化建设是城市智慧化建设的核心工程。在信息层面

① 本刊首席时政观察员. 建智慧城市先建"智慧政府"［J］. 领导决策信息，2011（16）：8 – 9.

② 曲岩. 我国智慧城市建设水平评估体系研究［D］. 大连：大连理工大学，2017：85.

上，政府是信息的核心掌控者，政务信息占据信息总量的80%，与城市其他运行模块的信息均有交集，在城市运行的全部模块中处于核心地位。"平台"是实现信息收集、存储、利用，完成信息整个生命周期的依附，是各模块信息化工作的实际体现。在平台层面上，政府需要同各个模块实现对接，从而完成服务、监管、协调等一系列工作，处于核心地位。各模块之间也存在一定的连接，以提升信息的利用率，充分发挥信息价值。从实体层面看，政府作为城市的管理者，所具备的业务涵盖城市运行的各个方面，是城市运行的核心模块。故将政务模块视为智慧城市信息协同生态体系的核心，与智慧能源、智慧交通、智慧物流、智慧教育、智慧医疗、智慧旅游、智慧商务、智慧食品等模块共同维系城市正常运转，基于信息化促进城市智慧化建设。

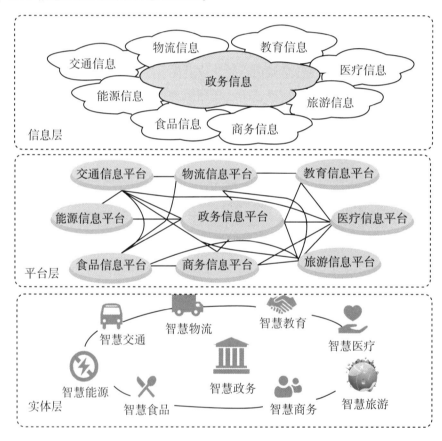

图 5 - 1　信息生态视角下的智慧城市模块关系

5.1.1　智慧政务模块

随着人口增长及物联网发展，政务信息资源急剧膨胀，政府逐渐成为信息聚集地。城市在智慧化过程中也以智慧政府建设为重心，政府是智慧城市建设的主导力量，而政府的信息优势也促使其成为智慧城市的核心模块。智慧政务是强调以人为本、智能决策和主动服务的服务型政府；智慧政务是在智慧政府架构下，基于互联网通信和云计算等信息技术，将政府各部门大量基础信息与数据高度整合后，实现数据互联、资源开放、互动透明、决策精准的政务服务。

智慧政务模块与其他模块相比，更需要面面俱到，但无须做到精深。政府需要对接城市建设、发展、维护等各个方面，从而实现协调和管理，因此智慧政府是智慧城市建设的核心工程，所涉及的数据种类繁多。但政务模块无须涉及各模块实际运营，只需重点关注城市其他模块的协同，协助打通各模块间的信息壁垒，智慧城市将呈现以政务模块为核心的网状模式。

5.1.2 智慧能源模块

智慧能源是指能源的利用更加高效、清洁以及安全，能源配置更为智能合理，能源的运营模式更加优化。该模块基于先进的能源技术，创新能源的流程架构体系，优化能源所涉及的 10 个要素，即生产、输送、分配、市场优化、运营、服务、客户、远期能源价格管理和监管、碳权利管理、不同能量网架间的优化互动，以此形成一个智能、全新的能源产业体系。

信息在实现能源智慧化配置利用的过程中发挥着重要作用。新型能源开发需要以信息技术为支撑，在新能源与传统能源的替代过程中，需要保证能源供应的及时、充分，从能源的生产、传输到最后的利用以及安全、环保等问题，整个过程都需要信息的及时获取和合理调配。政府中以国家能源局为主导的能源监管系统将建立起能源生产、管理、安全、环保等各方的信息连接。

5.1.3 智慧交通模块

智慧交通基于互联网、物联网等网络组合，是城市运营中的重要模块之一，以交通信息为主要信息交互内容，配合相关人员完成交通模块情境中的各类事件，基于交通信息的互联互通、有效共享以及合理利用，提升交通事件处理效率，完善交通设施功能及应用率，实现交通情境下的智慧化。

交通运输中产生的大量的交通数据若无法交换和共享，交通模块将难以实现智慧化。交通信息平台成为交通信息交换、共享、利用的信息枢纽。其功能定位是：从各应用系统中提取需要的共性信息，并运用统计分析、数据挖掘等技术对信息进行综合处理、存储和利用，为各应用系统提供全方位的信息交换和共享服务[①]。智慧交通模块以政府中的交通

---

① 郭源生，张建国，吕晶. 智慧城市的模块化构架与核心技术 [M]. 北京：国防工业出版社，2014：132.

部门为基地，基于交通监控、管理、服务、评价等系统建立起综合的交通信息平台，搭建起政府各部门、企业以及相关单位和个人之间交通信息交换的枢纽。

5.1.4 智慧物流模块

物流行业起步相对较晚，但其在经济发展中所处的地位已不容忽视。物流业逐渐发展为支撑经济发展的动脉和基础产业。智慧物流基于物流信息化，对物品包装、运输、签收整个过程中所产生的信息进行采集、识别、分类、汇总、传递、跟踪、查询等一系列活动，以实现货物流通精准控制。智慧物流信息系统将连接交通、工商等政府相关部门以及生产、销售、物流和及客户等物流所涉及的各信息主体，提升货品流通效率及安全保障水平。

5.1.5 智慧教育模块

智慧教育主要以云技术为支撑，以学校为主要阵营，以学生、教师、家长及其他相关人员为主要对象，创新教育方式方法，整合优质的教育资源，提升教育教学的质量和效率，促进实现教育公平，提高全体国民素质。

教育信息化是智慧化过程中的一个重要阶段，智慧教育的实现需要用信息化、数字化手段打造出新格局，从根本上改变传统的教学理念和教学模式。信息传递渠道的优化，可以大大节约信息传递成本，从而降低教育成本，扩大教育覆盖面，缓解教育的不公平现象。智慧教育模块及系统平台是由教育局、各级学校、社会教育力量等各方共同搭建的教育信息智慧传播与利用平台。

5.1.6 智慧医疗模块

智慧医疗是基于对医疗信息的有效收集、存储和利用，突破传统医学诊疗模式，促进患者与医务人员、医疗机构及医疗设备之间的高效互动，为患者提供及时、精准的医疗服务，实现保健、疾病预防、诊疗、护理等医疗情境的智能化。

信息化是智慧医疗实现的前提，智慧医疗系统是智慧医疗建设的核心工程。智慧医疗系统能够整合医疗信息，铲除信息孤岛，实现医疗情境中信息的互联互通，使各方协同配合。医疗信息系统主要应用于医院、临床研究机构等场景，但仍然需要以政务部门为核心的区域卫生信息系统为桥梁，构建统一的居民电子档案，从而实现覆盖式的健康信息收集，基于大数据精准预测，推动实现真正的智慧医疗。

5.1.7 智慧旅游模块

智慧旅游主要依赖于便捷的终端设备，基于互联网，利用云计算、物联网等先进技术，收集、共享和利用旅游信息，推动旅游资源合理调配、旅游服务质量提升，从而增强旅游业的经济效益和社会效益。

旅游业为典型的信息密集型产业，其智慧化的进程也格外依赖信息化建设。建设规模化的旅游基础信息数据库及信息交换共享平台，是促进旅游行业全面信息化的关键举措。行政管理部门是实现平台建设的核心力量，是沟通旅游相关资源、通信运营商以及交通、气象等其他相关部门的桥梁。行政管理相关部门还需负责旅游全行业的监管及应急事件的处理。

5.1.8　智慧商务模块

智慧商务是电子商务进一步的体系化建设，融合移动终端、商务信息平台以及物联网、云计算等前沿科技，基于商务信息实时收集、递送、分析及利用，提高商品设计、生产、运输及销售效率。

商务信息平台主要面向市场，以企业和消费者为核心主体，但需辅之以标准规范，安全监管。商务信息平台需配合相关企业、消费者，协调各类商务平台，并与公安、交通、质检等相关部门打通连接，实现与城市整体一级平台的对接，成为智慧城市立体体系的一部分。

5.1.9　智慧食品模块

智慧食品关注食品从生产、制作、运输到消费的全过程，跟踪食品原料商、加工商、运输商到销售商全体参与者，形成一系列信息记录，从而实现食品的全程监控，便于食品的管理和消费者的信息查询。

要想实现食品的智慧生产、运输、监管和销售，需收集食品的生产信息、物流信息、销售信息等。食品安全追溯系统是智慧食品建设的核心工程，面向企业、政府、消费者三方。该系统收集企业中食品生产、运输及销售信息，政府监察、管理信息以及消费者的反馈及投诉信息，通过接口与公安管理系统、市政监督系统、工商管理系统等其他相关系统连接，形成食品信息网，实现食品信息的全面管理。

5.2　以智慧政府为核心的智慧城市信息协同生态网络构建

政务服务智慧化建设方兴未艾，"互联网＋政务服务"作为深化"放管服"改革的关键一步，是实现"智慧城市"构想下智慧政府项目的重要一环，更是党中央以信息化推进国家治理体系和治理能力现代化的重要举措①。

"智慧政府"的体现，是让服务能够快速、精准、便捷地落实，业务流程简洁、清晰、透明，让数据"多跑腿"，让群众"少跑路"。在全国大力推进"互联网＋政务""政务云平台""智慧政府"建设，倡导"智慧政务'零跑动'"事项的背景下，人们反而越来越多地思考，无论是对智慧城市、智慧政府还是智慧政务，"智慧"的本质是什么，在智慧城市如火如荼的建设中，公众是否切实感受到了民生各项服务的智慧化。于施洋等②认为，在智慧政府建设中，"智慧"代表着对政府事务能迅速、灵活、正确地理解和处理的能力。智慧政务是智慧政府的基础，没有实现智慧政务的智慧政府只是空中楼阁。我国大力推进的智慧政务"零跑动"事项，即是实现"政府迅速、灵活、正确地理解和处理"公众相关事项办理的范例。"零跑动"或者"一次跑动"事项是指公众或者企业无须或仅需到政府部门一次，就可以办理好相关事项，其背后是政府多部门数据和信息的高效协同。

或者说，政务智慧化的过程也是政务信息生态化的过程。政府的信息资源总量约占全社会信息资源总量的80%，所有公民的身份、信用、财务、教育、医疗等信息都掌握在政府手中，从数据关联与分析的角度来说，政府是最了解公民的组织，公民到政府办理的一切业务，其支撑和证明文件都在政府数据库中，只不过是由于政府功能部门相对独立的原因，才将一些具体业务割裂开来办理。智慧政府要实现"迅速、灵活、正确"的理解公众需求，处理公众事务，就必须基于公众生命个体，针对具体事务，将割裂的公民数据重新关联起来，实现多部门协同服务。

协同，是最基本的智慧，而我国智慧政府的建设，还没有很好地实现这种最基本的基于信息协同的智慧服务。要做好信息协同，首先需要解析具体城市的信息协同结构，这样才能清晰获知哪些数据需要关联，哪些部门之间需要协作，即根据解析出来的结构进行业务和信息协同，提高政务信息协同的效率，以实现智慧化。政务信息协同由政务服务中的各主体及其之间的信息流实现，实质是以信息流连接各政府部门以及相关人员、机构的复杂的巨型网络。复杂网络分析方法可以实现对信息协同结构及其特征的解析。将信息主体抽象为节点，以信息流动情况为边，即构成静态有向信息协同网。复杂网络中的度、中心性、聚集系数等指标能反映出各信息主体在网络中的角色功能和属性类别，可用来分析信

---

① 国务院办公厅关于印发进一步深化"互联网＋政务服务"推进政务服务"一网、一门、一次"改革实施方案的通知 [EB/OL]. [2019 - 07 - 02]. http://www.gov.cn/zhengce/content/2018-06/22/content_5300516.htm.

② 于施洋，杨道玲，王璟璇，等. 基于大数据的智慧政府门户：从理念到实践 [J]. 电子政务，2013（5）：65 - 74.

息协同网中的节点结构、链结构以及网络整体静态特征。复杂网络分析方法分析出的信息协同网络结构及特征，可实现对政务信息协同状态的抽象与量化，能够发现信息协同网络中重要的信息主体及各主体间的协同倾向，有利于政务信息协同的分级分步建设，促进实现政务信息高效协同从而推动政务服务智慧化。高效的信息协同是实现政务服务智慧化的必备条件，而各政府部门之间信息壁垒高、信息共享难等问题较为突出，这是"互联网化服务型政府"建设过程中的重要阻碍①。

为清晰揭示实际信息服务过程中的信息协同结构，需选取国内智慧政府建设的代表性城市，且具有较为完备的、公开的政务信息数据作为数据源。德勤（Deloitte）发布的《超级智能城市报告：更高质量、高幸福感的社会》（*Super smart city：happier society with higher quality*）② 显示：深圳市位居中国超级智能城市第一梯队首位，是全国智慧政府建设的示范城市，而且其智慧政府的建设为"智慧深圳"建设的核心一环，政务信息协同结构比较完善和稳定；深圳市政府网站依据生命周期梳理了包括线上、线下办理的全部政府服务事项，并提供了详尽的业务流程信息，除事项名称、所需材料及受理部门外，其各项材料的来源部门也有清晰标注，有利于刻画完整政务活动信息生态链，构建信息协同复杂网络。因此，本书以深圳市为例进行研究，解析其智慧政府信息协同结构，并得出对各城市信息协同结构及特征分析的普适性方法。

5.2.1 构建思路及方法

智慧政府信息协同可视为在政务服务过程中，两个或两个以上信息主体之间在一定时间内根据政务服务流程以信息交流满足自身信息需求，灵活、高效地完成政务服务目标的信息活动。政务服务可简化为信息提供主体向信息需求主体提供信息的过程，从而抽象得到以信息主体为节点，以信息流为联接边的信息协同网络。

政务服务的三大基本要素为"人""事件""信息"③，在政务信息协同过程中，"人"作为信息主体的主要组成部分，完成信息的提供和接收。依据全生命周期框架下的"事件"要素，基于公开的服务流程，本书基本梳理出每一项具体政务服务事项中的信息提供主体、信息需求主体以及信息流向情况，完成对"信息"要素状态的表达，构建出政务服务信息协同网络，如图 5 - 2 所示。进一步基于复杂网络分析方法，通过度、度分布、中

---

① 马捷，蒲泓宇，张云开. 基于复杂网络分析的智慧政务信息协同结构及特征研究——以深圳市为例 [J]. 情报理论与实践，2020，43（1）：24 - 32.

② Deloitte. Super smart city：happier society with higher quality [R]. London：Deloitte, 2018：23 - 34.

③ 马捷，蒲泓宇，张云开，等. 基于关联数据的政府智慧服务框架与信息协同机制 [J]. 情报理论与实践，2018，41（11）：20 - 26.

心性等指标分析，以及无标度、小世界网络特征分析，结合政务服务实际情况，从而揭示信息协同网络结构及其特征。

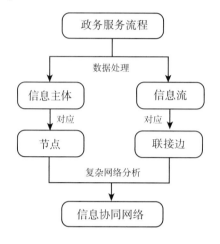

图 5 - 2　智慧政府信息协同网络构建思路

为了验证智慧政府信息协同网络构建思路，基于深圳市智慧政务建设具有代表性且政务网上大厅信息完备，本书以深圳市为案例，解析其政务信息协同结构。

5.2.2　数据采集

本书以深圳市政府网站作为数据来源。总共采集 722 项服务事项，所需材料 2917 类，实施部门及来源渠道共 632 类。深圳市政府网站已公开每一项政务服务详细的办理流程，包含办理事项的实施部门、事项名称、所需信息材料及每种信息来源渠道等，内容示例如表 5 - 1 所示。

表 5 - 1　深圳市政务服务事项数据示例

序号	事项名称	实施部门	材料名称	份数		来源渠道
				原件	复印件	
1	基金会设立登记	民政局	基金会理事会会议纪要	1	0	申请人
			基金会法人登记申请表	1	0	申请人
			基金会理事、监事登记备案表	1	0	申请人
			基金会法定代表人登记表	1	0	申请人
			基金会住所使用权证明	0	1	申请人
			基金会原始基金验资报告	1	0	企事业单位（会计师事务所）
			原始基金捐赠证明	1	0	申请人
			理事会、监事会成员身份证复印件	0	1	申请人

序号	事项名称	实施部门	材料名称	份数		来源渠道
				原件	复印件	
2	基金会名称核准	民政局	字号授权证明	1	0	申请人
			委托授权书	1	0	申请人
			基金会名称预先核准申请表	1	0	申请人
			业务主管单位同意的证明材料	1	0	行政机关（深圳市各职能相关部门）
			申请人身份证	0	1	行政机关（公安机关）

由表5-1可知，每项服务事项对应多类所需材料，即每项业务的实施需要多类信息支撑，每一类信息均有对应来源渠道，因此可将来源渠道视为信息提供主体，将实施部门视为信息需求主体，同一事项对应的信息需求主体和信息提供主体之间应存在信息流，故本书从表格中采集实施部门和来源渠道分别作为信息的需求主体和提供主体。

5.2.3 数据预处理

本书根据信息的流动情况，对多部门均可提供同一信息的情况进行拆分，完成需求主体和提供主体一一对应，以信息主体为节点，主要包括申请人、政府部门、企业等相关机构，根据政府服务事项流程中的既定规则，以各主体之间存在的信息流为联接边，通过Gephi软件实现可视化表达，采用Yifan Hu's Multilevel算法布局，结果如图5-3所示。

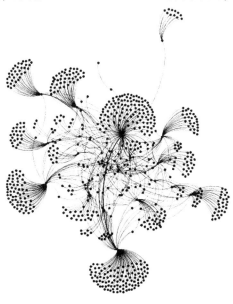

图5-3 数据预处理阶段的信息协同网络

由图 5 - 3 可知，不同节点的度大小悬殊，存在大量仅与一个节点相连的节点，即对于某一信息主体有且只有另一主体与之相连。大量利用率极低的主体存在，导致诸多孔雀尾形结构呈现，但这与现实情况显然不符，一个机构只面向一个机构提供或索取数据的现象不应大量出现。经分析发现，出现大量节点的度为 1 的原因是由于部门级别不够统一，主体名称混乱导致的，孔雀尾形结构中存在大量节点实为同一部门和机构却有不同名称。因此，本书通过政府、企业等部门的机构设置进一步调查，访谈政务相关工作人员，结合实际情况和对信息主体名称进行规范化处理，得到名称对应情况示例，如表 5 - 2 所示。最终将 637 类主体划归为 35 类，其中申请人单位、用地单位等需视情况而定的非特定主体归为 1 类，称为非特定机构，如表 5 - 3 所示。

表 5 - 2　名称规范化对应示例

序号	信息主体名称	原始数据名称
1	安全生产监督管理部门	安监部门、安全监督管理部门
2	部队	部队、申请人所在部队、人武部门、服役部门
3	财税部门	税务局、税务部门、地税部门、国家税务总局深圳市税务局、财政部门、税务机关、市相关财政部门、本市税务机关

表 5 - 3　信息主体名称示例

序号	信息主体名称	序号	信息主体名称	序号	信息主体名称
1	安全生产监督管理部门	13	海关	25	申请人
2	部队	14	交通运输部门	26	市场和质监部门
3	财税部门	15	教育部门	27	水务局
4	测绘单位	16	金融系统	28	司法
5	城市管理部门	17	经信部门	29	外事办公室
6	档案局	18	科创部门	30	卫计部门
7	党政机关	19	媒体报刊	31	文体旅游局
8	第三方机构（检测、公证等）	20	民政局	32	学校
9	发展和改革委员会	21	民族宗教事务局	33	医疗机构
10	非特定机构	22	企事业单位	34	中央机构编制委员会办公室
11	公安局	23	气象局	35	住建部门
12	规划和国土资源部门	24	人社部门		

5. 2. 4　复杂网络的构建

根据复杂网络的特点和分析思路，将上述信息主体抽象为节点，依据服务事项列表，以各主体之间存在的信息流为联接边构成深圳市政务信息协同网络。

（1）网络节点设定：根据信息流向，设定信息提供主体为 s_i，设定信息需求主体为 t_j。

（2）网络联接边设定：根据服务事项一一对应信息提供主体 s_i 和信息需求主体 t_j，将二者之间的信息流作为复杂网络的联接边 c_{ij}，方向从信息提供主体 s_i 指向信息需求主体 t_j，将两端节点完全相同的联接边出现的次数作为 c_{ij} 的值。

（3）构建信息协同矩阵：根据 s_i、t_j 及 c_{ij} 建立协同矩阵 D，并通过 Gephi 实现政务信息协同网络可视化，结果如图 5-4 所示。

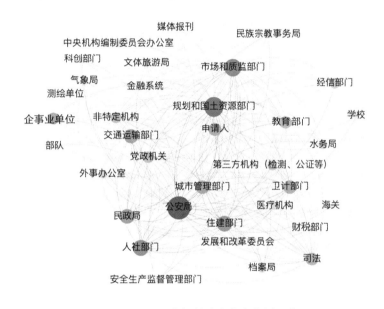

图 5-4　深圳市智慧政府信息协同网络

5.3　信息协同生态网络结构分析

5.3.1　协同生态网络节点结构分析

将信息主体抽象为节点，基于复杂网络分析中节点的度分析，发现信息主体的重要程度，反映信息协同网络的节点结构。网络中一个节点的度就是与该节点连接的边数，反映的是网络中各节点的重要性程度[1]，节点的度越大，则该节点在某种程度上越重要。本书研究的信息协同网络中的节点为信息协同主体的抽象，节点的度即反映各主体在信息协同

---

① 孙玺菁，司守奎. 复杂网络算法与应用 ［M］. 北京：国防工业出版社，2015：1-2.

过程中的重要程度。根据复杂网络分析软件 Gephi 统计，得到各节点的出度与入度，如图5－5、图5－6所示，取重要度前10位，如表5－4所示。

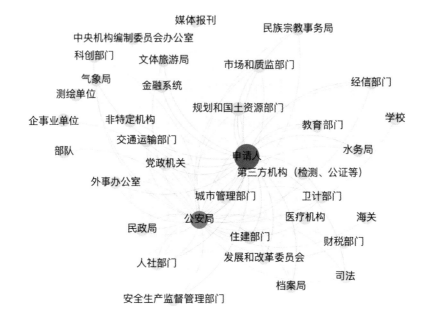

图5－5　深圳市智慧政府信息协同网络节点入度

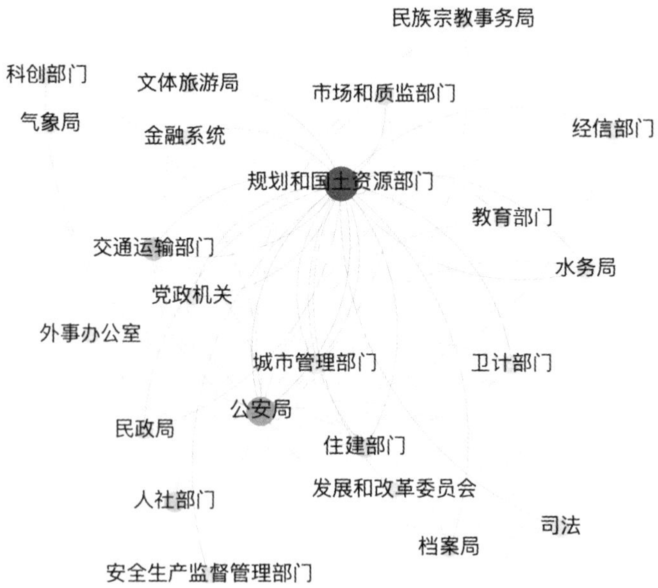

图5－6　深圳市智慧政府信息协同网络节点出度

表 5-4 出度、入度及度值排名前 10 的网络节点

排名	出度	出度值	入度	入度值	度	度值
1	申请人	2791	规划和国土资源部门	1754	申请人	2791
2	公安局	1074	公安局	1173	公安局	2247
3	规划和国土资源部门	347	交通运输部门	683	规划和国土资源部门	2101
4	市场和质监部门	320	人社部门	456	交通运输部门	762
5	非特定机构	283	住建部门	356	市场和质监部门	599
6	党政机关	180	市场和质监部门	279	人社部门	501
7	民政局	147	城市管理部门	250	住建部门	456
8	第三方机构（检测、公证等）	119	经信部门	249	民政局	310
9	医疗机构	119	卫计部门	232	城市管理部门	305
10	司法	110	司法	171	卫计部门	288

由图 5-5、图 5-6 可以看出，具有出度的节点较多，而具有入度的节点较少，即在信息协同过程中，信息提供主体类别多于信息需求主体，存在很多只作为信息提供方的主体，如申请人、学校、医疗机构、企事业单位等，结合其具体所涉事项分析发现，政府部门需要与大量非政府机构对接获取信息来办理相关事务，而此类主体在政务服务过程中通常仅作为信息提供方。值得关注的是，所有具有入度的节点均具有出度，而所有具有出度的节点并非均有入度，这表明所有信息需求主体均在一定程度上向网络中其他主体提供信息，而信息供给主体却不一定有信息需求。

另外，网络中存在大量具有较高自环的节点，即该节点在一次信息协同活动中同时作为信息的提供方和需求方，此类信息协同主要为同一主体的内部协同，存在这类现象的主体大多为政府各职能部门。

结合表 5-4 进一步分析发现，出度、入度值均较大的有公安局、规划和国土资源部门、市场和质监部门及司法，出度、入度值均位列前 10，此类主体在信息协同过程中，既是重要的信息提供方也是重要的信息需求方。出度值较大而入度值较小的有申请人、非特定机构、党政机关、第三方机构（检测、公证等）、医疗机构，此类主体在信息协同过程中，是重要的信息提供方。入度值较大而出度值较小的有交通运输部门、人社部门、住建部门、城市管理部门、经信部门、卫计部门，此类部门主要为信息需求方。结合主体自身特征分析，这些主体可以划分为两类：第一类主要包括非政府部门的信息主体以及政府部门中以管理职能为主的信息主体，此类信息主体更倾向于作为信息提供方；第二类主要为具有专项职能的政府部门，既作为信息需求方又作为信息提供方，此类节点又可细分为两

种，一种入度较大而出度较小的主体偏于信息需求，另一种出入度较为平衡为信息需求供给兼顾。

申请人只有出度没有入度，总度却排名第一，这表明申请人的出度极大。据统计，申请人的出度约占总出度的45%，这表明需要申请人提供的信息量占整体信息协同网络中信息供给总量的近一半。

5.3.2 协同生态网络链结构分析

信息协同需由多主体参与，为了更好地发现各部门之间的协同关联，以各主体之间信息流量为权重构建权重网络，权重 w_{ij} 为节点 i 到 j 的信息流量，由于信息协同网络是有向网络，因此通常情况下 $w_{ij} \neq w_{ji}$，节点大小由自身度值大小决定，边粗细及边标签颜色深度由边权重决定，建立权重网络模型如图5-7所示。

节点的度即与该节点连接的边数，因此权重网络中各节点度值大小反映与每一节点相连的主体数量，图5-7显示，权重网络中度最大的节点并非申请人，而是公安局，可见在信息协同过程中申请人需要提供大量的信息，但信息流向相对集中于某一部分主体，公安局在协同过程中与最多主体相连，信息流向相对分散。根据权重网络度值统计结果，另有规划和国土资源部门、市场和质监部门、人社部门等主体的度值较高。

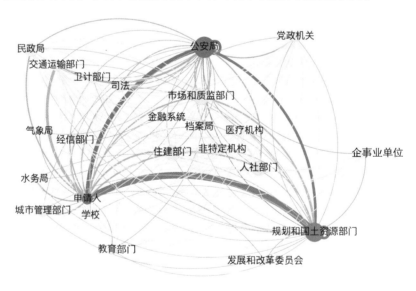

图5-7 深圳市智慧政府信息协同权重网络

经统计，权重网络中具有35个节点，共268条边，按照权重值由小到大排序后的边权重分布，如图5-8所示，可见存在大量权重较低的边，高权重边较少且分布较为离散，这说明深圳市各智慧政府信息协同网络中信息主体之间联系较为紧密，整体来看具有一定协同能力但对协同渠道的利用效率不足。

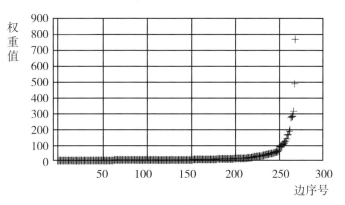

图 5 - 8　权重网络边权分布

权重网络平均边权值为 23.25，即平均每条信息链的信息承载量为 23.25，共有 46 条边的权值高于平均水平，涉及 22 个信息主体，其中最高边权值为 772，由申请人指向规划和国土资源部门。过滤掉权值较小边后，信息协同网络主干部分如图 5 - 9 所示。分析发现，网络主干部分大致以申请人、规划和国土资源部门、公安局为三大主要节点，人社部门、市场和质监部门、住建部门同时与三大节点协同密切，民政局、司法、卫计、交通部门与申请人、公安局两大节点有较高协同度，教育部门与学校二者之间协同度较高，而二者与其他主体之间协同度较低，构成一条独立的协同链。特别需要关注的是，以申请人为其中一个边节点的全部边的权值均远超平均水平，最低边权值为 91，由于申请人仅作为信息提供主体，表明申请人在与其他信息主体协同过程中均需提供大量的信息。

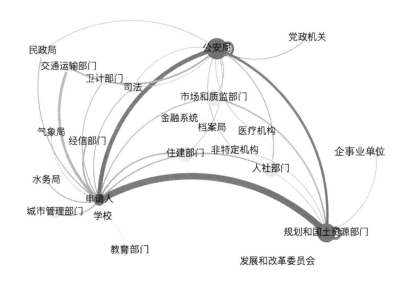

图 5 - 9　权重网络主要联接边及节点

5.4 信息协同生态网络静态特征分析

5.4.1 网络节点的中心性

复杂网络分析中节点的中心性分析一般包括对点度中心性、接近中心性、中介中心性和特征向量中心性的分析，能够反映出节点在网络中的相对重要性。其中点度中心性就是节点直接相连的其他节点的个数，点度中心性的分析与前文分析所得结果相一致，故未做探讨，以下主要探究接近中心性、中介中心性和特征向量中心性。

（1）接近中心性

接近中心性反映节点的离中趋势，以接近中心度为指标，某一节点与网络中其他节点之间的距离越短，则该节点的接近中心度越高，即该节点的离中趋势越强。对网络中各节点的接近中心度依值大小排序，结果如图 5 - 10 所示，网络中绝大多数节点的接近中心度大于 0.4，有三分之一节点的接近中心度大于 0.6，并且存在接近中心度很高的节点，网络整体紧密度较好。接近中心性最高的节点为申请人，达到 0.958，即申请人与网络中心的接近度达到 95.8%，是信息协同网络中能够以最短"距离"接触到其他各主体的节点。政府各部门中紧密度较高的有公安局、市场和质监等部门，与信息协同网络中其他主体的联系较为紧密。档案局、气象局的接近中心度较低，结合具体所涉事项分析，发现政务服务过程中这两类部门的信息提供主要指向自身，档案局所提供的信息多与查档工作有关，其接收部门也为档案部门，在政务服务活动中，气象局所提供的信息多与气象活动、气象装置设置等事项有关，因此其信息需求部门也为气象相关部门。由此可知，接近中心性可作为各部门信息协同程度的一项参照性指标。

（2）中介中心性

中介中心性反映节点在网络中所起到的"中介"作用的强度，以中介中心度为指标，中介中心度越高的节点作为其他节点"中介"的作用越强。各节点的中介中心度依值大小排序结果如图 5 - 11 所示，网络中各节点的中介中心度普遍较低，一半以上节点的中介中心度为零，平均中介中心度值为 0.014，中介中心性最高节点公安局的值为 0.236，可见公安局在信息协同网络中是连接各信息主体的核心节点，但其对整个网络的连通作用仍较为有限。除公安部门，另有规划和国土资源部门具有较高的中介作用，影响信息协同网络的连通度，但网络总体连通性不足。

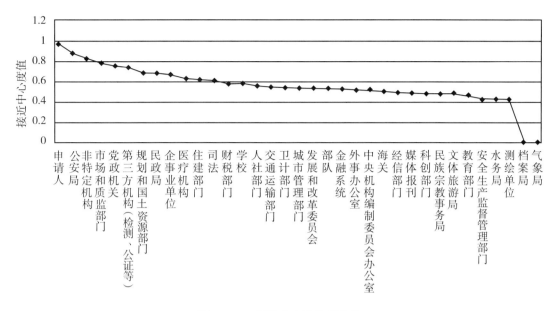

图 5 – 10　接近中心性分布曲线

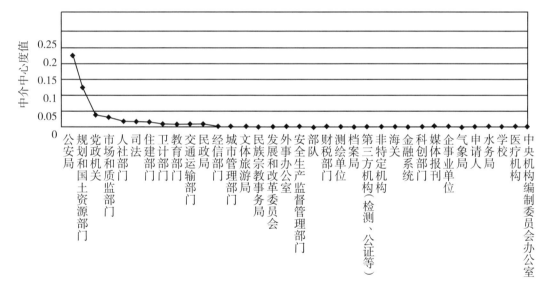

图 5 – 11　中介中心性分布曲线

（3）特征向量中心性

特征向量中心性反映节点与重要节点之间的紧密程度，它首先指派给每个节点一个相对得分，对某个节点分置的贡献中，连到高分值节点的连接比连到低分值节点的连接大[①]。在协同网络中，高分值节点往往相对低分值节点更为重要，因此与高分值节点连接更为密切的节点在协同网络中的相对重要性更强，特征向量中心性反映的是节点向重要节点的

---

① 孙玺菁，司守奎．复杂网络算法与应用 ［M］．北京：国防工业出版社，2015：1 – 2.

趋向程度。各节点的特征向量中心度依值大小排序结果如图 5 - 12 所示，网络中各节点的特征向量中心度普遍较低，约三分之二的节点特征向量中心度为 0，但特征向量中心度的分布不均衡，仍然存在中心度很高的节点。规划和国土资源部门的特征向量中心度值达到 1，与网络中各重要节点之间联系最为紧密，其次为公安局及交通运输部门。结合各节点的边的指向情况分析，特征向量中心性低的节点一般指向集中，或为出度或入度值较低的情况。

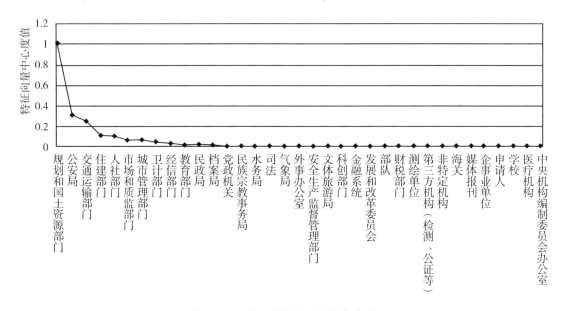

图 5 - 12　特征向量中心性分布曲线

5.4.2　网络无标度特征分析

诸多复杂网络会不同程度地存在无标度特征，无标度是指复杂网络中往往存在大部分节点只有少数链接，而某些节点却拥有与其他节点的大量链接，其节点的度分布呈现幂率分布形态。

度分布是网络无标度特征的重要考察指标，由于网络较小，故采用度的累积概率分布来描述信息协同网络的宏观统计特征。本书对 35 个节点的累积度分布进行统计发现，其大致呈幂函数形态，通过幂函数拟合得到分布函数 $P(k) = -30.27k^{-2.755}$，$R^2 = 0.8504$，如图 5 - 13，这说明网络的度累积分布概率与度数呈现一定的幂率关系，且指数 2.755 > 2，信息协同网络具有明显的无标度特征。

结合度值统计（见图 5 - 14），不同节点度的差异性非常大，只有少量节点具有极高度值，而大部分节点的度值较低，节点度分布不均衡，导致高度值节点在网络中的影响作用较强。深圳市信息协同网络呈现以申请人、公安局、规划和国土资源部门高度值主体为主导的形态，面对随机事件能够及时调整，以保证信息协同顺利完成，但由于高度值节点的协同压力过大，导致面对高度值节点遭受针对性冲击时，整体协同结构脆弱性偏高。

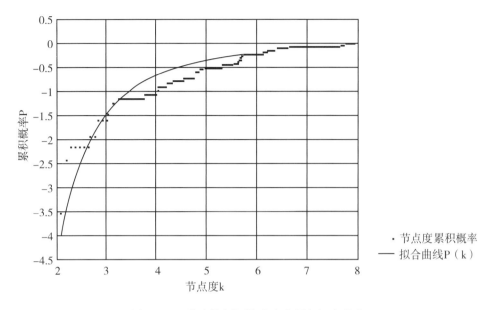

图 5 - 13 信息协同网络节点度累积概率分布

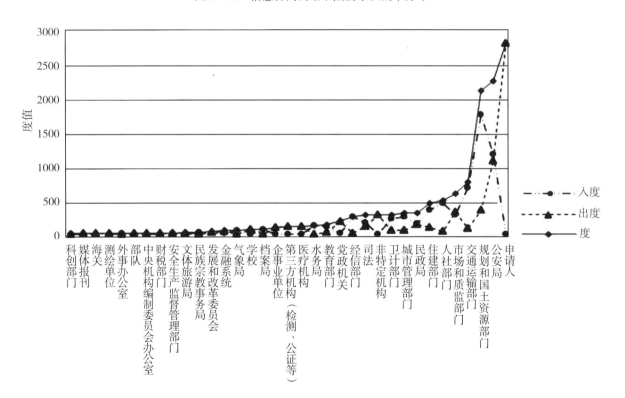

图 5 - 14 网络各节点出入度值分布

5.4.3 网络小世界特征分析

小世界网络是常见的复杂网络之一，是指复杂网络大量节点间的平均路径长度较短，并且具有较大的聚类系数的网络，在小世界网络中，平均路径较短，因此信息传递效率较高，聚类系数较高，因此局部聚集性强，少量改变几个连接就能够对网络的性能产生显著影响。因此将平均路径长度和平均聚集系数作为小世界特征对深圳市信息协同网络进行考察，能够发现深圳市信息协同网络中信息的传递效率及局部聚集性。为能够更清晰地分析深圳市信息协同网络小世界特征的显著性，本书生成了与深圳市协同网络性质相同的随机网络，其相关指标分析如表 5 – 5 所示。

表 5 – 5　信息协同网与随机网小世界属性参数比较

组别	节点	边	网络直径	图密度	平均聚集系数	平均路径长度
信息协同网	35	268	4	0.225	0.406	1.79
随机网	35	268	4	0.225	0.218	1.56

深圳市政务信息协同网平均聚集系数为 0.406，高出随机网络近一倍，网络平均距离为 1.79，即平均需要完成与 1.79 个主体的信息连接，但网络直径同样为 4 的随机网的平均路径长度仅为 1.56，低于信息协同网平均水平，因此深圳市信息协同网不具有较短平均路径，但局部聚集性较好。这表明，深圳市信息协同结构不具有显著的小世界特征，信息的传递效率较低，但能够通过信息协同结构的微小调整而实现信息协同网络整体的显著优化。

5.5　信息协同生态网络城际差异分析

"一窗受理、限时办结""最多跑一次"等政府智慧服务建设进程正加速前行，建设全国一体化在线政务服务平台①，实现一网通办、异地可办是政府智慧服务建设的推进方向。但各市政府智慧服务建设处于不平衡状态，服务内容、规模相近的城市，服务效率却相距甚远，地区间差异的存在将延缓全国政务服务一体化平台建设的进程，因此，关于政府智慧服务城际差异问题的探讨被广泛关注。

---

① 政府工作报告 ［EB/OL］. ［2019 – 08 – 22］. http://www.gov.cn/premier/2019 – 03/16/content_5374314.htm.

政务服务过程中涉及大量信息传递、交互等活动，"信息"已成为提升服务效率，推动智慧化进程的要素之一①。政府智慧服务往往需要多个部门合力解决问题，这要求各部门快速、高效地协同信息，因此，实现信息的高效协同，将直接决定服务效率及水平，信息协同建设是服务智慧化的核心环节，信息协同状态也在一定程度上反映服务智慧化水平。政务信息协同网络为非随机网络，随着智慧化水平提高，信息协同活动趋向复杂化和合理化，其信息协同结构也呈现一定规律性。信息协同结构的城际差异对比分析，可反映在国内政务服务智慧化水平的不平衡状态下信息协同结构的城际差异，进而以此探析政府智慧服务建设过程。为进一步研究智慧服务发展的制约因素，探寻信息协同结构优化路径具有参考价值。本书选取全国智慧化建设的标杆城市深圳市，以及与其城市规模相近、政务服务类型相似度较高，但政府智慧化建设水平差距较大的长春市，分别构建其信息协同网络，借助复杂网络相关指标，基于政务服务流程，深入分析信息协同结构差异。

5.5.1 信息协同生态网络结构分析框架

基于复杂网络分析指标，从政务服务流程抽象出信息主体、信息流，以构建深圳市和长春市政务服务信息协同结构对比分析框架。本书将分别从网络的节点结构、边结构以及网络静态特征三个方面对比两市政务服务信息协同结构差异，并结合现实情况探讨指标背后的实际内涵，进一步对比分析两市信息协同结构差异及其深层原因，如图 5 - 15 所示。

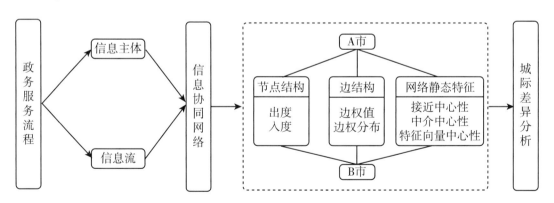

图 5 - 15　信息协同网络结构分析框架

---

① 马捷，蒲泓宇，张云开，等. 基于关联数据的政府智慧服务框架与信息协同机制 [J]. 情报理论与实践，2018 (11)：20 - 26.

根据复杂网络的分析指标的描述特性，本书将信息协同网络结构的分析内容分为三个层次：第一层次为节点结构分析，对比长春市与深圳市的中心节点类型以及节点的出、入度等指标；第二层次为边结构分析，通过分析边介数及权重等指标对比两市政府信息流转的频次及信息协同的特性；第三层次为网络静态特征分析，从接近中心性、中介中心性、特征向量中心性分析网络的信息指向特征、连通性特征及紧密度特征。运用工具对节点与边进行统计与分割，将网络进行模块划分，分析模块度指标，探究信息协同网络的社区结构强度。上述指标分析结束后，总结实证分析所得出的相应结论。

5.5.2 信息协同生态网络结构城际差异分析

（1）节点结构差异

对比网络中的核心节点协同信息量，按度值倒序排列前十位的节点情况如表 5-6 所示。由表 5-6 中数据可知，政务信息协同网络的核心节点类别具有一定相似性，申请人、公安局、规划和国土资源部门、人社部门、住建部门、卫计部门共 6 类部门排名均位于前列。依据具体政务流程数据进行初步分析，发现绝大多数事项的材料来源都有申请人参与，由申请人度值相近可推测，两市政务服务规模大致相当，但除最高值节点申请人外，其他核心节点的协同信息量存在较大差异，长春市其他信息主体的协同信息量整体低于深圳市，这表明两市政务信息协同建设现状存在差异。

表 5-6　两市核心节点度值差异

排名	长春市		深圳市	
	度	度值	度	度值
1	申请人	2021	申请人	2791
2	规划和国土资源部门	564	公安局	2247
3	公安局	475	规划和国土资源部门	2101
4	住建部门	440	交通运输部门	762
5	人社部门	304	市场和质监部门	599
6	司法	144	人社部门	501
7	企事业单位	82	住建部门	456
8	卫计部门	77	民政局	310
9	教育部门	57	城市管理部门	305
10	外事部门	16	卫计部门	288

依托信息来源数据可分析其网络中信息主体的信息输出结构差异，根据节点出度绘制两市信息输出网络如图 5 –16、图 5 –17 所示，节点大小代表出度值高低。两市的输出网络具有一定相似性，政务服务中的信息提供方分布都具有相对的核心边陲属性，体现一定的层次特征，申请人是两市信息来源的核心节点，其他部门环绕在核心节点外围，边陲节点中有少数节点的出度为 0，即不存在由该类节点指向其他节点的边，如长春市的金融系统、

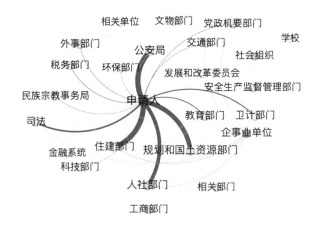

图 5 –16 长春市各节点信息输出网络

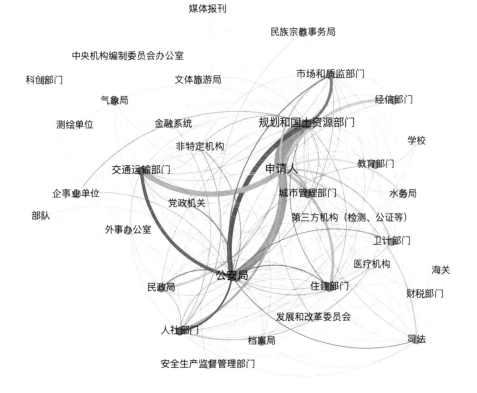

图 5 –17 深圳市各节点信息输出网络

文物部门等主体，深圳市的媒体报刊、海关等主体，分析具体政务服务事项发现，此类部门仅作为信息需求方参与信息流转。但初步分析发现两市的信息输出网络的复杂度存在明显差距，相较于深圳市交错的信息输出路径，长春市的信息主体之间信息的输出结构比较简单，信息输出方不仅数量较少且输出方向较为单一。

另外，信息输入网络在两市政务服务信息协同网络中的差异也值得关注。除去连入度为零的节点，根据节点入度绘制两市信息输入网络如图 5 – 18、图 5 – 19 所示，节点大小代表

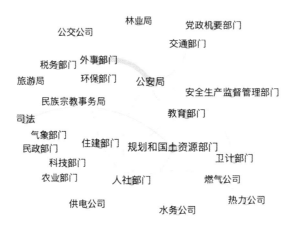

图 5 – 18　长春市各节点信息输入网络

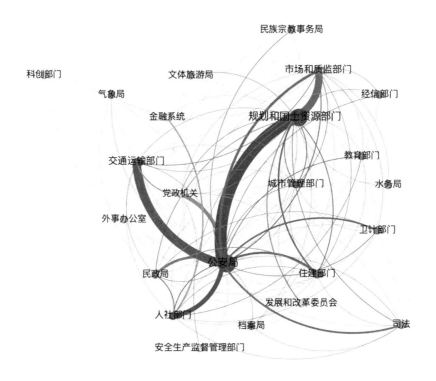

图 5 – 19　深圳市各节点信息输入网络

入度值高低。整体来看，两市政务服务中的信息需求核心节点有相仿之处：公安局、规划和国土资源部门等相关部门皆分布于网络中心区域，为信息需求的核心节点。此外不难发现的是，两市中申请人、企事业单位、学校等部门并不作为需求主体，这说明在政务服务的信息协同流程中大部分的信息协同是单向的，信息不会返回信息提供方。初步来看，类似于两市的信息输出路径差异，长春市的信息输入路径也明显少于深圳市。从整体的输入结构来看，两市之间的层次结构类似，但深圳市的信息协同节点相对紧密，长春市则相对松散。

虽然长春市及深圳市城市信息协同的核心主体相似度较高，但各主体间的信息协同量却有较大差异。深入分析政务服务信息协同网络中核心节点的协同信息量、信息输出量及信息输入量，可进一步揭示信息协同建设中各信息主体城际差异，具体来看有三点：①两市的协同信息量差距较大，长春市绝大部分信息主体的协同信息量与深圳市信息主体的协同信息量差距悬殊；②两市政务服务中的信息提供方分布都具有一定的层次结构，但长春市层次结构相对单一；③两市的信息输入结构相似，但深圳市中心区域的核心需求主体较为丰富且信息协同节点相对紧密。由此看来，两市政务服务信息协同网络虽在核心节点方面具有一定相似性，但整体来看两者却存在显著的差异，长春市相较于深圳市在政务服务信息化建设方面的优化空间更大。

（2）链结构差异

为进一步探究信息协同结构中的重要链接，依托两市边权值状态分析政务服务信息协同网络的链结构差异，根据边的权重数值降序排列取前十位，如表5-7所示。由表5-7中数据可知，申请人作为信息输出的核心主体，在两市的链结构中均占据重要的地位。但深圳市对于申请人的依赖程度低于长春市，长春市在政务服务过程中申请人与其他部门的联系更加密切，其他部门间的联系不足。同时，深圳市在政务服务过程中申请人与规划和国土资源部门之间的联系最为突出，申请人与公安局和交通运输部门之间的联系也较为紧密。长春市在政务服务过程中，申请人与规划和国土资源部门、公安局及住建部门的联系较为突出。由此可以推测，长春市的信息流转量小于深圳市，政府部门之间的信息协同量与深圳市差异较为悬殊。

表 5-7 两市边权值差异

排名	长春市			深圳市		
	信息提供方	信息需求方	权重值	信息提供方	信息需求方	权重值
1	申请人	规划和国土资源部门	444	申请人	规划和国土资源部门	772
2	申请人	公安局	390	申请人	公安局	487
3	申请人	住建部门	387	申请人	交通运输部门	312
4	申请人	人社部门	272	公安局	公安局	282

续表

排名	长春市			深圳市		
	信息提供方	信息需求方	权重值	信息提供方	信息需求方	权重值
5	申请人	司法	115	规划和国土资源部门	规划和国土资源部门	279
6	申请人	卫计部门	67	公安局	规划和国土资源部门	273
7	申请人	教育部门	51	公安局	交通运输部门	196
8	申请人	供电公司	47	申请人	经信部门	186
9	申请人	民政部门	40	市场和质监部门	规划和国土资源部门	164
10	申请人	燃气公司	29	申请人	住建部门	160

从边权分布的角度分析两市信息协同结构的链结构差异。根据两市的边权数值降序排列后，将每条加权边重新标号，以序号为横轴，以边权值为纵轴，即可在平面坐标系中对应出每条链的位置散点，如图 5 – 20、图 5 – 21 所示。整体来看，两市的边权分布更倾向幂律分布，绝大多数节点的链接量很少，少数节点的链接量极高，且具有显著的"长尾"部分，两市中大部分边权值分布在长尾部分。由此可知，信息协同网络并非一个随机网络，是具有无标度性质的复杂网络结构。长春市的边数远少于深圳市，长春市的边权分布线不足深圳市的一半，取平均水平进行分析，长春市的边权平均值为 25.99，而深圳市的边权平均值则为 23.25，从平均水平看，深圳市节点间的信息链平均承载量较低，分析发现主要原因在于深圳市的长尾部分节点大量堆积，从边权占比来看，深圳市有 223 个节点低于平均值，约占整体的 83.21%。

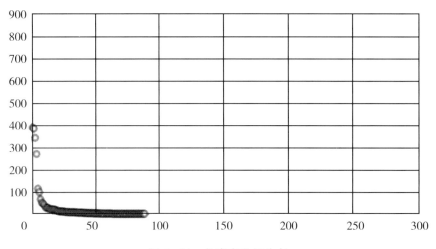

图 5 – 20　长春市边权分布

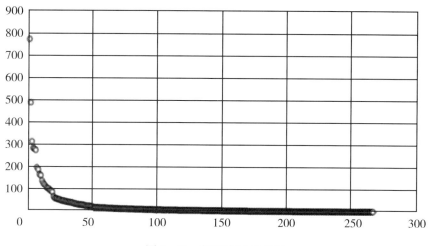

图 5 - 21　深圳市边权分布

依据政务服务信息协同网络中重要链接的边权值以及两市的边权分布特征，可探究信息协同建设中各信息主体之间信息流动状态差异。本书分析发现长春市及深圳市的信息协同链结构的整体分布具有一定相似性，且平均水平差距并不大。链结构的城际差异主要在于各信息主体之间的信息流转量，不仅是数量上的总体链接量差距悬殊，边权值分布区域中的情况也有很大差异，深圳市中重要链接之间的边权值差距较长春市的差距更大，信息协同渠道更为松散。两市的边权分布皆倾向于幂律分布，网络具有较高的不平衡性及无标度性质。由此看来，两市的政务服务信息协同网络在链结构整体分布上具有相似的特征，但两市协同渠道丰富度具有显著差异，两市相同信息协同渠道的信息流转量差距也十分突出。长春市需完善信息主体之间的链接，丰富信息流转渠道，拓宽信息渠道容量。

5.5.3　信息协同生态网络静态特征城际差异

复杂网络分析中节点中心性分析一般包括对点度中心性、接近中心性、中介中心性和特征向量中心性的分析，能够反映出节点在网络中的相对重要性以及网络的某些宏观静态特征。其中，点度中心性实质就是反应节点直接相连的其他节点数目特征，相关分析结果与前文中节点分析所得结果一致，故未深入探讨，因此，此小节主要探究接近中心性、中介中心性以及特征向量中心性。

接近中心性是指一个节点到所有其他节点的最短路径距离累加的倒数，即指在信息协同网络中一个信息主体与其他信息主体的联系紧密程度。接近中心性度值分布情况可以直观地体现网络中节点信息的输送方向特征，从而体现出信息主体的依赖性。中介中心性是指经过一个节点的最短路径数目，即反映信息主体作为信息中转中心的重要程度，基于对中介中心度值分布情况的分析，可了解网络整体的连通特征。特征向量中心性既依据节点的度又衡量邻居节点的重要性，其反映的是信息主体与核心节点的联系紧密程度。因此，基于对特征向量中心度值分布特征分析，可窥见网络整体紧密性特征。

（1）两市对核心信息主体的依赖度不同

基于接近中心性可探析网络的微观特征。如图 5 - 22 所示，对比两市的接近中心性，本书发现较长春市而言深圳市的各节点传递出去的信息更容易到达其他节点，信息协同网络集中度较好。同时，深圳市的接近中心性不存在极端值，但是长春市接近中心度值出现大量极端值，达到 0 或 1，0 代表部门的连出度为 0，即与外部的全部信息交流均表现为外部信息输入，而不存在对外信息输出，与之对应接近中心性度值达到 1 则代表与外部的全部信息交流均表现为向外输出信息而不存在信息输入，这反映出长春市信息交互的极端不平衡性。整体来看，深圳市接近中心性的数值绝大多数高于 0.5，而长春市绝大多数节点低于此值，各节点之间的信息交互通路较少且方向单一。从平均水平来看，深圳市的均值约为长春市的两倍，可见深圳市对特定信息主体的依赖程度低于长春市，长春市的部门依赖性两极分化状况更突出。

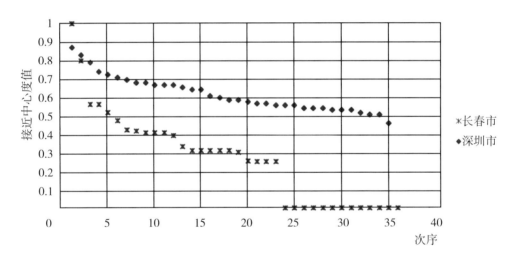

图 5 - 22 两市接近度中心度值分布差异

（2）整体网络连通性存在差异

对比中介中心性可分析两市信息协同网络整体连通性差异。如图 5 - 23 所示，从中介中心度值分布上来看，两市的均值差距不大，两市发挥中介作用节点所产生的平均连通效应相近。但从离散程度看，深圳市各节点中介中心度分布的离散程度相对集中，在深圳市中，更多的节点承担中介作用，分散了核心节点的信息协同压力，网络连通性相对更强；而长春市存在中介中心度值达到 100 左右的节点，且绝大多数节点的中介作用接近 0，长春市的不平衡性更为突出，出现较为显著的两极分化特征，核心中介节点数目少，信息流方向单一，且承担网络连通重要压力，网络脆弱度极高。为增强网络连通性，应以中介中心性较大的节点为核心，丰富其周围节点间的信息连通渠道，提升信息协同效能。

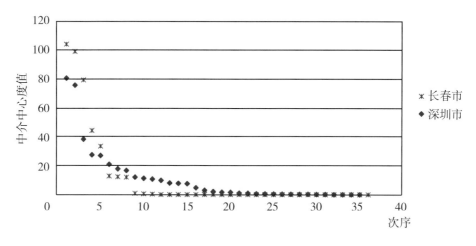

图 5 - 23　两市中介中心度值分布差异

（3）两市网络紧密度略有差异

基于特征向量中心性从宏观层次观察两市信息协同的状态差异。如图 5 - 24 所示，从整体分布来看，两市均存在一定数量的节点特征向量中心度值较低，因此两市均有部分节点游离于网络边缘，与网络核心节点的联系不够紧密。长春市各节点的特征向量中心度值的下降速度相较于深圳市更快，网络中存在的游离节点数目更多，且长春市呈现断层趋势，特征向量中心度值位于 0.4—0.8 之间的节点仅有 4 个。由上述分析可知，长春市各部门与核心部门之间的联系程度相对于深圳市更为松散，且两极分化情况更为严重，核心节点与边缘节点的信息协同状态存在较大差距。

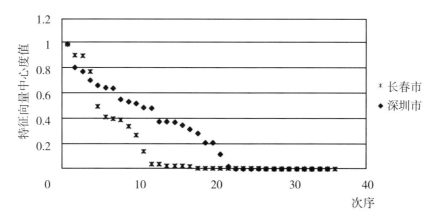

图 5 - 24　两市特征向量中心度值分布差异

　　本章梳理了智慧城市中智慧政府、智慧交通、智慧能源、智慧教育等各模块及它们之间的关联关系，确定了以智慧政府为核心的智慧城市信息协同结构，以智慧政务为解析整个网络的突破点，收集实际智慧政府服务流程数据，提取信息主体及信息链，构建信息协同网络，用复杂网络分析方法分析政务信息协同网络结构及静态特征，发现信息协同所涉及主体数量比较多，但主体类别具有一定倾向性，可划归为信息提供主体和信息需求主体，信息提供主体在信息协同过程中主要作为信息来源，信息需求主体主要作为信息接收方，对于不同类别的信息主体，需要从不同角度实现信息协同的优化。而且信息协同网络中含有特殊节点，即特殊的信息主体，与其他主体间的关联密度分布差异较大，此类信息主体数量较少但绝大多数的信息会在此处汇集，通常在信息协同网络中作为核心主体出现，而其他大部分属于中间或边陲信息主体，在信息协同网络中，呈现为节点度的幂率分布。而各部门间的信息协同程度存在较大差异，以复杂网络的无标度特征和小世界特征表现情况，能够预测信息协同网络整体连通性和稳定性，从宏观层面探知网络状态。

　　本章提出以实际工作流程数据构建并分析信息协同网络的方法体系，以政务服务网络为案例作为验证，发现基于流程数据的内在信息流和节点关系，即可构建信息协同网络，运用复杂网络中的度、度分布、中心性、聚集系数、平均路径等分析指标，具体解析网络拓扑结构及静态特征，可用于精确解析各个模块、各个城市、区域的信息协同结构及特征，从而为目标城市及各模块的数据集成、业务开发、平台开发等智慧城市建设提供依据。

6 基于多元主体协同的智慧城市信息生态链

当前，我国智慧城市建设仍存在大量的各部门、各行业间信息不能互通的"信息孤岛"现象，这成为制约我国当前智慧城市发展的一大瓶颈。究其原因，即是城市多部分之间的信息协同结构不发达、不合理。不同城市在智慧化建设过程中，将不断优化自身的信息协同结构，解决"信息孤岛"问题。信息协同结构中，隐含着丰富的信息生态链，信息生态链的设计，是对智慧城市各单元内部信息流转、各单元之间信息利用并流转的设计，是从信息流向的角度促进"信息孤岛"问题的解决，进而能够优化信息协同结构。

在"人—事件—信息"三元理论框架下，基于多元主体协同的智慧城市信息生态链设计强调智慧城市信息生态链的主体不仅包括政府，还包括非政府组织、企业、市民等，充分考虑"人"的因素，多元主体间的信息协同才可能将复杂化的、多样化的现代城市内外部的信息关系理顺。智慧城市建设的核心不是启动许多新的工程，而是打破各部门间的信息壁垒，实现信息融合与数据共享。基于多元主体协同的智慧城市信息生态链的设计目的正是打破智慧城市中各部门的信息壁垒，解析多元主体间信息价值和共享的方向，有力促进智慧城市信息协同结构优化，促进城市的"智慧化"发展。

智慧城市信息生态链是智慧城市信息生态系统中不可或缺的一部分，设计合理的智慧城市信息生态链将提高信息在智慧城市各管理部门间的流转效率，使智慧城市信息系统更加符合智慧城市管理者与市民及时、准确、全面地获取信息的需求。已有的研究成果主要是采用建模的方法对智慧城市信息系统的建设进行研究，鲜有从高效便捷、协同发展的角度对智慧城市信息系统内部的信息生态链进行设计。

6.1 智慧城市的多元主体信息协同

6.1.1 智慧城市的多元主体

智慧城市的建设是一项系统性的工程，主要包含政府管理的智能化、城市基础设施的智能化、社会服务的智能化与生产管理的智能化。其中政府管理的智能化包括政务公开、线上服务与政民互动等领域，城市基础设施的智能化现阶段主要体现在智能交通领域，社会服务的智能化包含智慧医疗、智慧家居、智慧教育等领域，生产管理的智能化包含智慧企业、智慧商店、智慧银行等领域。

（1）政府管理智能化信息主体——政府部门、各类接收政务服务的用户

建立跨部门综合电子服务平台提供公共服务与商业服务，缩短办事流程，提高办事效率，减少相关费用，这是政府管理智能化的目标，实现这一目标的方式为有效地整合与利用各类政务信息资源。整合跨部门信息资源的过程中，相关政务信息在政府各部门间流转；政府通过电子政务平台为个人用户提供公共服务的过程中，相关的政务信息在政府与个人间流转；政府为商业用户提供商业服务时，相关政务信息在政府与商业用户间流转。因此，在智慧政府管理信息生态链中，信息的主体不仅仅是政府，还包含各类政务服务的用户。

（2）城市基础设施智能化信息主体——车辆使用者、车辆信息服务终端与道路信息数据终端

道路基础设施的智能化不仅可以为智慧城市的居民提供便利的生活，更能实现对资源的有效利用。智慧交通旨在加强车辆、道路与使用者之间的联系，车辆信息服务终端将车辆运行的信息回馈给使用者，使用者通过对车辆信息的判断决定接下来如何对其进行操作；道路信息的数据终端将其获取的道路、天气等信息发布给在不同路段的车辆使用者与行人并为其规划更加便捷的路线。其信息主体分别是车辆使用者、车辆信息服务终端与道路信息数据终端。

（3）社会服务智能化信息主体——教育部门、教师及市民，患者、医疗人员与医疗机构，居住者、智能家电与智能安防系统等

社会服务智能化包含智慧教育、智慧医疗、智慧家居等领域。其中智慧教育是教育信息化的高端形态，"是一种由学校、区域或国家提供的高学习体验、高内容适配性和高教学效率的教育系统"[①]，发展智慧教育旨在通过高效的信息手段促进优质教育资源的覆盖与共享。教师可以通过教育机构提供的网络平台进行备课，亦可以将课程的视频、所需资料上传至网络平台供学生使用，学生可以不受地域、时间等限制，随时随地到网络平台上进行学习，智慧教育的信息主体为发布各类教育信息的教育部门、教师及接收这些信息的市民。智慧医疗是指利用先进的信息技术，实现患者与医务人员、医疗机构、医疗设备之间的互动，最终达到方便患者的目的，其信息主体包括患者、医疗人员与医疗机构等。智

---

① 黄荣怀. 智慧教育的三重境界：从环境、模式到体制［J］. 现代远程教育研究，2014（6）：3－11.

慧家居中的居住者可以随时通过智慧家居信息平台使用手机、PC 等信息终端对自家的温度、湿度、照明亮度等进行调节，使居住者拥有更加安全、便利、舒适与环保的居住空间，其信息主体为居住者、智慧家电与智慧安防等。

（4）生产管理智能化信息主体——市民、银行与商业机构等

生产管理智能化程度是衡量智慧城市发展程度的一项重要指标。智慧城市的生产管理智能化包含智慧企业、智慧商店、智慧银行等领域。这些领域中与普通市民息息相关的是智慧支付。通过城市一卡通、手机快捷支付等方式，市民可以直接与企业的官方平台进行 O2O 的采购，可以直接对所购买的商品与服务进行线上支付，亦可以通过智慧银行对个人的资金进行管理。智慧支付的信息主体为公共服务设施管理部门、商业机构、银行、市民等。

6.1.2　智慧城市多元主体信息协同

多元主体间信息流转是围绕着中介客体信息传递的过程，其表现形式为"主体—中介客体—主体"，其中主体表示各类信息的发出者与接收者，中介客体即信息平台。智慧城市中的多元主体协同即智慧政府、智慧交通、智慧教育、智慧医疗、智慧家居、智慧支付等。各个智慧城市的具体领域中的信息不仅仅在其领域的系统内部进行流转，亦可以在各系统间进行流转，为政府部门的相关决策提供有力的信息支持，为市民提供更加便捷的信息服务。在智慧城市中各信息主体应共同建立开放、复杂的智慧城市信息生态链，以合作、协同为出发点建立智慧城市信息生态链的运行机制，以为政府各部门的决策与便利市民日常生活提供信息支持为智慧城市信息生态链的最终产出。

6.2　智慧城市多元主体信息生态链的识别与分析

信息生态链是由信息主体、信息、信息环境构成的信息流转的链式依存关系①。智慧城市信息生态链的信息主体是参与智慧城市建设与发展的各个政府职能部门及智慧城市所服务的对象——民众，信息是指在智慧城市多元主体间流转的信息，信息环境即保障智慧城市信息生态链得以良好运转的各种环境的保障机制，如经济环境、政策环境等。

2014 年 8 月，《关于促进智慧城市健康发展的指导意见》由国家发展和改革委员会等

---

①　娄策群，周承聪. 信息生态链：概念、本质和类型［J］. 图书情报工作，2007（9）：29－32.

八部委联合印发，该指导意见为我国的智慧城市建设确立了基本原则。本书以《关于促进智慧城市健康发展的指导意见》发布的时间为起点，收集了近 5 年间共 3052 份关于智慧政府建设的相关文件作为目标文本。采用 Python 编程的方法对目标文本进行命名实体识别，从而获取智慧城市多元主体信息生态链的各个政府职能部门部分的信息主体（详见第四章）。结合各主体间信息流转的情况及保障智慧城市多元主体信息生态链流畅运转的各种信息环境①，本书得到我国智慧城市多元主体信息生态链，如图 6 – 1 所示。

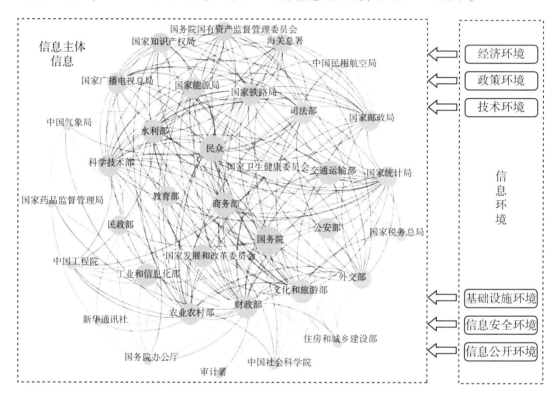

图 6 – 1　我国智慧城市多元主体信息生态链

由图 6 – 1 可知，经济环境、政策环境、技术环境、基础设施环境、信息安全环境、信息公开环境组成了我国智慧城市多元主体信息生态链的信息环境。在此信息环境中，我国智慧城市多元主体信息生态链包含 35 个信息主体（图 6 – 1 中圆圈表示），圆圈越大，表示该节点发送与接收的信息量越多，各个信息主体间的信息流转产生了 400 条子信息链。信息主体、信息、信息环境间的相互作用保障了我国智慧城市多元主体信息生态链的协同效应产生。

---

①　向尚，邹凯，张中青扬，等. 智慧城市信息生态链的系统动力学仿真分析 [J]. 情报杂志，2017，36（3）：155 – 160，154.

6.3 我国智慧城市多元主体信息生态链协同效应作用机理

20 世纪 70 年代初，原联邦德国物理学家赫尔曼·哈肯创立了协同理论，协同理论源于对协同效应的系统研究①。智慧城市多元主体信息生态链的协同效应是一个复杂的、动态的信息主体、信息、信息环境协同交互的过程所产生的效应。智慧城市多元主体信息生态链的各个信息主体、信息、信息环境分别通过主体协同、信息协同、机制协同实现智慧城市多元主体信息生态链运转的安全、高效与智能，从而提升智慧城市多元主体信息生态链的协同效应。智慧城市多元主体信息生态链的协同效应作用机理与跨组织联合体协同效应作用机理②有诸多相似之处，但是由于信息生态链自身所具有的特殊性，其协同效应作用机理亦具有特殊性。因此，本书以跨组织联合体协同效应作用机理模型为基础，结合智慧城市多元主体信息生态链的自身特点，构建智慧城市多元主体信息生态链协同效应作用机理模型。

如图 6 - 2 所示，智慧城市多元主体信息生态链由信息主体、信息环境、信息 3 个要

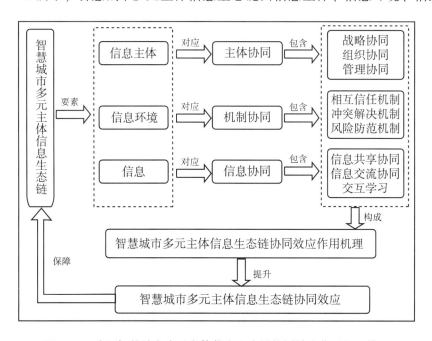

图 6 - 2 我国智慧城市多元主体信息生态链协同效应作用机理模型

① 马捷，张云开，蒲泓宇. 信息协同：内涵、概念与研究进展 [J]. 情报理论与实践，2018，41 (11)：12 - 19.

② 李力. 新兴产业技术标准联盟协同创新机制研究 [D]. 哈尔滨：哈尔滨理工大学，2014：24 - 28.

素组成。其中，智慧城市多元主体信息生态链的信息主体要素对应主体协同，主体协同包含战略协同、组织协同、管理协同 3 个维度；信息环境要素对应机制协同，机制协同包含相互信任机制、冲突解决机制、风险防范机制 3 个维度；信息要素对应信息协同，信息协同包含信息共享协同、信息交流协同、交互学习 3 个维度。上述内容构成了智慧城市多元主体信息生态链协同效应作用机理。厘清智慧城市多元主体信息生态链协同效应作用机理，有助于提升智慧城市多元主体信息生态链的协同效应，从而保障我国智慧城市多元主体信息生态链的安全、高效、智能的运转。

6.3.1 研究假设

智慧城市多元主体信息生态链中各个信息主体间的信息协同是保障智慧城市高效运行的关键环节。我国智慧城市建设处于快速发展阶段，现阶段我国智慧城市多元主体信息生态链包含 35 个信息主体，随着我国智慧城市建设的不断发展，信息主体的数量亦会不断增加。我们必须面对与解决信息主体数量不断增加而带来的诸多问题，如随着信息主体的不断增加，不同信息主体间的战略目标出现不一致的情况；不同信息主体在合作过程中遇到战略目标的转换，出现战略目标的转换缺乏整体性的情况等。为了厘清上述问题是否对智慧城市多元主体信息生态链的协同效应具有影响及如何影响，笔者提出假设 1。

假设 1：智慧城市多元主体信息生态链的主体协同与智慧城市多元主体信息生态链的协同效应显正相关关系。

智慧城市多元主体信息生态链的协同机制是指足以保障智慧城市多元主体信息生态链协同效应实现的机制。其是智慧城市多元主体信息生态链协同效应实现的不可或缺的要素，是实现智慧城市多元主体信息生态链协同效应形成制度化的方法与手段，智慧城市多元主体信息生态链的机制协同为智慧城市多元主体信息生态链的主体协同提供了动力与保障。基于以上分析，笔者提出假设 2。

假设 2：智慧城市多元主体信息生态链的机制协同与智慧城市多元主体信息生态链的协同效应显正相关关系。

在智慧城市多元主体信息生态链中，信息是智慧城市多元主体信息生态链协同过程中的关键资源，智慧城市多元主体信息生态链的协同就是将信息在智慧城市多元主体信息生态链协同过程中的最大效应发挥出来。因此，智慧城市多元主体信息生态链的信息协同是智慧城市多元主体协同效应实现的关键要素之一。基于以上分析，笔者提出假设 3。

假设 3：智慧城市多元主体信息生态链的信息协同与智慧城市多元主体信息生态链的协同效应显正相关关系。

根据协同理论，智慧城市多元主体信息生态链协同效应并不是智慧城市多元主体信息生态链中的某一部分或环节单独作用而产生的效应，而是智慧城市多元主体信息生态链的主体协同、信息协同与机制协同三者通过智慧城市多元主体信息生态链中的信息主体、信息、信息环境的交叉作用所产生的结果。智慧城市多元主体信息生态链的机制协同与信息协同的支持与保障，可促进智慧城市多元主体信息生态链的主体协同，从而实现智慧城市多元主体信息生态链的协同效应。基于以上分析，笔者提出假设4、假设5及假设6。

假设4：智慧城市多元主体信息生态链的机制协同与智慧城市多元主体信息生态链的主体协同显正相关关系。

假设5：智慧城市多元主体信息生态链的机制协同与智慧城市多元主体信息生态链的信息协同显正相关关系。

假设6：智慧城市多元主体信息生态链的主体协同与智慧城市多元主体信息生态链的信息协同显正相关关系。

6.3.2 研究方法与研究变量

本书通过问卷调查的方法获取数据，从而探索性地对所提出的假设进行验证及分析。调查问卷中所涉及的问题均在指标变量的基础上提出，如表6-1所示。所涉及的问题，均采用李克特七级量表来反映，评价等级中的数字1="完全不符合"、2="比较不符合"、3="稍微不符合"、4="一般"、5="稍微符合"、6="比较符合"、7="完全符合"。

如表6-1所示，对智慧城市多元主体信息生态链的主体协同的衡量，现有研究并没有相关的成熟量表，本书主要根据现有的对供应链①、产业群②等不同形式的跨组织合作中主体协同的表现形式及作用方式，结合构成智慧城市多元主体信息生态链的各主体之间具有行政、经济利益等关系的特点，提出从战略协同、组织协同、管理协同3个二级指标来衡量智慧城市多元主体信息生态链的主体协同，并在这3个二级指标下构建了5个观测性指标进行阐述。

表6-1　指标变量与指标描述

研究变量	测量指标	指标描述
主体协同 A	战略协同 A1 组织协同 A2 管理协同 A3	不同智慧城市政府部门间合作时战略目标一致 a1 合作过程中战略目标的转换具有整体性 a2 不同智慧城市政府部门间合作时各部门间衔接紧密 a3 通过协作，智慧城市政府部门间资源得到优化配置 a4 不同政府部门合作中实现人员分工协作 a5

---

① 王鹏. 基于演化博弈的食品供应链各主体协同机制研究 [D]. 天津：天津科技大学，2016：15-18.
② 张福平，王欣，王博，等. 我国都市现代农业中利益主体协同机制研究 [J]. 2014 (4)：1-5.

续表

研究变量	测量指标	指标描述
机制协同 B	相互信任机制 B1 冲突解决机制 B2 风险防范机制 B3	智慧城市各合作政府部门间基于信任关系，沟通效率提高 b1 冲突解决机制促进智慧城市各政府部门能协商，解决所面对的困难 b2 风险防范机制有助于减少风险发生的概率 b3 风险防范机制有助于提高智慧城市各政府部门间合作的稳定性 b4
信息协同 C	信息共享协同 C1 信息交流协同 C2 交互学习 C3	智慧城市各政府部门间信息共享效率提高 c1 智慧城市各政府部门间信息流动频率增加 c2 智慧城市各政府部门间信息技术得到交流 c3
智慧城市多元主体信息生态链协同效应 D	安全 D1 高效 D2 智能 D3	协作使智慧城市信息链更加安全 d1 协作使智慧城市信息链更加高效 d2 协作使智慧城市信息链更加智能 d3

尽管现阶段没有对智慧城市多元主体信息生态链机制协同的直接测度量表，但对跨组织间的联合体的机制协同研究的文献较为丰富。本书主要借鉴了司林波[①]、解学梅[②]等学者的研究，提出从相互信任机制、冲突解决机制、风险防范机制 3 个二级指标来衡量智慧城市多元主体信息生态链的机制协同，在这 3 个二级指标下构建 4 个观测性指标并进行阐述。

对智慧城市多元主体信息生态链的信息协同的衡量，本书主要从智慧城市多元主体信息生态链的信息协同过程角度出发，根据不同信息主体的信息需求及优势，通过信息在智慧城市多元主体信息生态链中的流转与共享，实现智慧城市多元主体信息生态链的整体运行效益优于各部分运行效益相加。综合借鉴李徽[③]、刘星[④]等学者的研究成果，本书提出从信息共享协同、信息交流协同、交互学习 3 个二级指标来衡量智慧城市多元主体信息生态链的信息协同，在这 3 个二级指标下构建了 3 个观测性指标并进行阐述。

关于智慧城市多元主体信息生态链协同效应，本书主要从智慧城市多元主体信息生态链协同效应实现所产生的结果方面考虑，提升智慧城市多元主体信息生态链的协同效应，

---

① 司林波，孟卫东．装备制造业技术协同创新机制协同度评价——基于 SIM 模型的实证分析 [J]．2017（2）：104 – 109．

② 解学梅，徐茂元．协同创新机制、协同创新氛围与创新绩效——以协同网络为中介变量 [J]．科研管理，2014，35（12）：9 – 16．

③ 李徽．供应链信息协同绩效评价研究 [D]．大连：大连理工大学，2013．

④ 刘星．基于 BIM 的工程项目信息协同管理研究 [D]．重庆：重庆大学，2016．

促进智慧城市多元主体信息生态链更加安全、高效与智能地运转。

6.3.3　样本选择与数据来源

（1）样本选择

为验证所提出的智慧城市多元主体信息生态链协同效应作用机理模型及相关假设的准确性，本书设计了调查问卷。针对我国目前的智慧城市建设现状而言，智慧城市多元主体信息生态链的协同主体主要由相关政府部门组成，因此，本书设计对政府公务员的问卷发放比例占总问卷数量的50%。各大专院校的毕业生是未来政府公务员群体的重要组成部分，本书对在校本科生、硕士生、博士生对智慧城市多元主体信息生态链协同效应所持有的观点进行调查，亦具有十分重要的现实意义，因此，本书设计对在校学生的问卷发放比例占总问卷数量的30%。智慧城市建设坚持以人为本的理念，对民众所持有的智慧城市多元主体信息生态链协同效应观点进行了解，亦是本问卷调查不可或缺的一部分，因此，本书设计对民众的问卷发放比例占总问卷数量比例的20%，如表6-2所示。

（2）数据来源

调查问卷的发放采用纸质问卷与网络问卷两种形式，共发放问卷600份。对公务员群体发放问卷300份，占总问卷数量的50%；对在校本、硕、博学生群体共发放问卷180份，占总问卷数量的30%；对市民群体共发放问卷120份，占总问卷数量的20%。从问卷的回收情况看，共回收问卷523份，人工剔除无效问卷后，共回收有效问卷456份。其中公务员群体的有效问卷回收量为242份，占总有效问卷的53.07%；在校生群体的有效问卷回收量为138份，占总有效问卷的30.26%；市民群体的有效问卷回收量为76份，占总有效问卷的16.67%。基本达到预期的发放比例，本次调查问卷的发放、回收有效，如表6-2所示。

表 6-2　问卷发放与回收数量统计

样本选择	细分	发放量/份	回收量/份	有效量/份	有效回收量占比/%
公务员	科级	200	176	242	53.07
	处级	80	67		
	厅级与其他	20	16		
在校生	本科生	60	53	138	30.26
	硕士生	60	51		
	博士生	60	53		

续表

样本选择	细分	发放量/份	回收量/份	有效量/份	有效回收量占比/%
民众	华北地区	20	19	76	16.67
	东北地区	20	20		
	西北地区	20	19		
	华东地区	20	13		
	中南地区	20	18		
	西南地区	20	18		
合计		600	523	456	100

6.3.4 智慧城市多元主体信息生态链协同效应作用机理实证研究

（1）信度与效度分析

信度分析是一种测度综合评价体系是否具有一定稳定性和可靠性的有效分析方法。Cronbach's Alpha 的取值区间为 [0，1]，且 Cronbach's Alpha 的值越大，样本数据的可信度越高。本书样本中，15 项变量的 Cronbach's Alpha 值为 0.946。说明本样本数据内部具有较高的一致性，样本数据信度较高，其所反映的测量结果稳定可靠，如表 6-3 所示。

表 6-3　样本数据信度检验结果

Cronbach's Alpha	基于标准化项的 Cronbach's Alpha	项数
0.946	0.947	15

本书通过探索性因子分析对智慧城市多元主体信息生态链协同效应作用机理的指标进行信度检验。在进行因子分析前先进行 KMO 和 Bartlett 的检测，KMO 为 0.949，Bartlett 的球形检验值为 4502.892，相应的概率 Sig. 为 0.000，如表 6-4 所示。这表明本书所涉及的观测变量比较适合做分析，调查问卷所得的数据可以进行因子分析。

表 6-4　KMO 和 Bartlett 的检测

KMO	0.949
Bartlett 球形检验值	4502.892
df	105
Sig.	0.000

运用主成分分析法进行探索性因素分析，如表 6-5 所示，基于特征值大于 1 的原值与最大方差法的正交旋转进行探索性因素提取，只有前两个因子特征值大于 1，且累积百分比 64.731%。因此提取前两个因子作为主成分因子，这两个主成分因子共同解释了总体

方差的 64.731%，这说明本书所设置的各项指标具有构建效度。

表 6-5　解释的总方差

成分	初始特征值			提取平方和载入		
	合计	方差的百分比/%	累积百分比/%	合计	方差的百分比/%	累积百分比/%
1	8.656	57.705	57.705	8.656	57.705	57.705
2	1.054	7.027	64.731	1.054	7.027	64.731
3	0.772	5.149	69.881			
4	0.615	4.099	73.980			
5	0.544	3.629	77.609			
6	0.526	3.505	81.114			
7	0.471	3.140	84.255			
8	0.397	2.647	86.902			
9	0.382	2.546	89.448			
10	0.329	2.191	91.640			
11	0.297	1.979	93.618			
12	0.279	1.862	95.480			
13	0.236	1.575	97.055			
14	0.232	1.545	98.600			
15	0.210	1.400	100.000			

（2）结构方程模型与假设检验

笔者运用 AMOS 统计软件，对回收的有效问卷进行分析，检验所提出的智慧城市多元主体信息生态链协同效应作用机理模型，并对相关假设进行验证，以确定本书所提出的各种假设关系的最终结构方程模型，如图 6-3 所示。

表 6-6 中，GFI 是指智慧城市多元主体信息生态链协同效应作用机理模型的拟合优度指数，按照惯例，要接受模型，其 GFI 指标值应等于或大于 0.900，本模型的 GFI 指标值为 0.911，这说明本书所构建的智慧城市多元主体信息生态链协同效应作用机理模型可以被接受。PGFI 是指智慧城市多元主体信息生态链协同效应作用机理的简效拟合优度指数，它是独立模式的自由度与内定模式的自由度的比率乘以 GFI 所得的指标值，智慧城市多元主体信息生态链协同效应作用机理模型的简效拟合优度指数为 0.638。RMSEA 是指智慧城市多元主体信息生态链协同效应作用机理模型近似误差均方根的值，按照惯例，如果 RMSEA 小于或等于 0.080，说明模型具有适当的拟合性，智慧城市多元主体信息生态链协

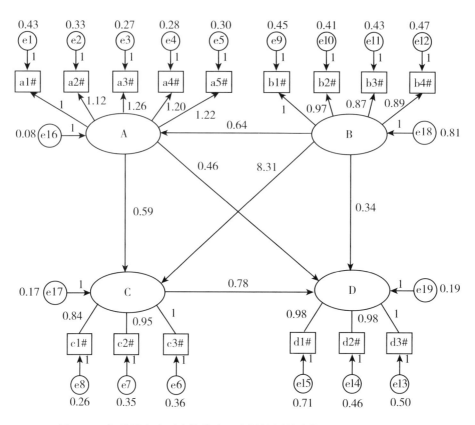

图6-3 智慧城市多元主体信息生态链协同效应作用机理模型路径图

同效应作用机理模型近似误差均方根的值为0.080，这说明本模型具有适当的拟合性。NFI表示智慧城市多元主体信息生态链协同效应作用机理模型的规范拟合指数，按照惯例，NFI小于0.900意味着需要重新设置模型，本模型的NFI取值为0.931，因此本模型无须重新设置。IFI是指智慧城市多元主体信息生态链协同效应作用模型的增值拟合指数，按照惯例，其值大于0.900为可接受拟合，本模型的IFI指标值为0.948，这说明本模型的增值拟合优度可以被接受。TLI是指智慧城市多元主体信息生态链协同效应作用机理模型的非规范拟合指数，按照惯例，其值大于0.900为可接受拟合，本模型的TLI指标值为0.935，这说明本模型的非规范拟合优度可以被接受。CFI是指智慧城市多元主体信息生态链协同效应作用机理模型的比较拟合指数，其值大于0.900表示模型可接受，本模型的CFI值为0.948，这说明本模型的比较拟合优度可以被接受。综上所述，本书所构建的智慧城市多元主体信息生态链协同效应作用机理模型的拟合度可以被接受，无须重新构建模型。

表6-6 智慧城市多元主体信息生态链协同效应作用机理模型拟合度检验

拟合指标	GFI	PGFI	RMSEA	NFI	IFI	TLI	CFI
指标值	0.911	0.638	0.080	0.931	0.948	0.935	0.948

表 6-7 智慧城市多元主体信息生态链协同效应作用机理模型参数估计结果

	非标准化路径系数估计	S. E.	C. R.	P	标准化路径系数估计
主体协同 < - - - 机制协同	0.640	0.045	14.268	* * *	0.893
信息协同 < - - - 协同效应	0.585	0.145	4.041	* * *	0.434
信息协同 < - - - 机制协同	0.455	0.104	4.363	* * *	0.472
协同效应 < - - - 主体协同	0.309	0.180	-1.714	0.086	-0.225
协同效应 < - - - 信息协同	0.776	0.123	6.321	* * *	0.761
协同效应 < - - - 机制协同	0.336	0.135	2.493	0.013	0.342
al# < - - - 主体协同	1				0.702
a2# < - - - 主体协同	1.118	0.072	15.434	* * *	0.783
a3# < - - - 主体协同	1.257	0.076	16.558	* * *	0.843
a4# < - - - 主体协同	1.200	0.074	16.233	* * *	0.825
a5# < - - - 主体协同	1.22	0.076	16.151	* * *	0.821
c3# < - - - 信息协同	1				0.825
c2# < - - - 信息协同	0.951	0.049	19.533	* * *	0.814
c1# < - - - 信息协同	0.835	0.042	19.667	* * *	0.818
b1# < - - - 机制协同	1				0.802
b2# < - - - 机制协同	0.973	0.052	18.657	* * *	0.808
b3# < - - - 机制协同	0.873	0.05	17.522	* * *	0.769
b4# < - - - 机制协同	0.893	0.052	17.307	* * *	0.762
d3# < - - - 协同效应	1				0.783
d2# < - - - 协同效应	0.978	0.060	16.379	* * *	0.780
d1# < - - - 协同效应	0.981	0.066	14.838	* * *	0.718

注:"＊＊＊"p值为0。C. R. >1.96 时,P<0.05;C. R. >2.58 时,P<0.01;C. R. >3.29 时,P<0.001。

表 6-7 中,"S. E."为路径系数的标准误;"C. R."为临界比,临界比与原假设有关,为回归系数的估计值除以它的标准误的值;P 为检验原假设总体参数是 0 的近似双尾概值。从智慧城市多元主体信息生态链协同效应作用机理的结构方程模型的实证检验结果中可以看出,信息协同与智慧城市多元主体信息生态链协同效应具有正相关关系。如表 6-7 所示,其标准化路径系数 = 0.761,C. R. = 6.321,P < 0.001,临界比估值的绝对值大于 3.290 称之为显著,亦可以解释为这个回归系数在 0.001 显著水平上显著地不等于 0。因此,假设 3:智慧城市多元主体信息生态链的信息协同与智慧城市多元主体信息生态链的协同效应呈正相关关系成立。假设 2:智慧城市多元主体信息生态链的机制协同与智慧城市多元主体信息生态链的协同效应呈正相关关系,其标准化路径系数 = 0.342,C. R. =

2.493，P<0.05，这个回归系数在 0.05 显著水平上显著地不等于 0，因此假设 2 成立。同理可知，假设 4：智慧城市多元主体信息生态链的机制协同与智慧城市多元主体信息生态链的主体协同显正相关关系，假设 5：智慧城市多元主体信息生态链的机制协同与智慧城市多元主体信息生态链的信息协同显正相关关系，假设 6：智慧城市多元主体信息生态链的主体协同与智慧城市多元主体信息生态链的信息协同显正相关关系均成立。假设 1：智慧城市多元主体信息生态链的主体协同与智慧城市多元主体信息生态链的协同效应显正相关关系不成立，因其 P 值为 0.086，这说明智慧城市多元主体信息生态链的主体协同并不能显著地影响智慧城市多元主体信息生态链协同效应的实现。结构方程模型假设检验结果如图 6 - 4 所示。

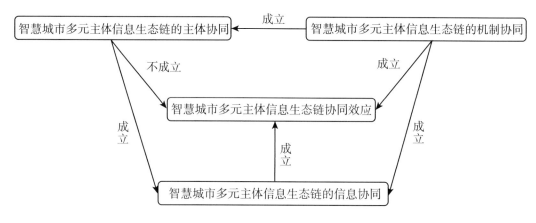

图 6 - 4　结构方程模型假设检验结果

如图 6 - 4 所示，根据假设分析结果可知，智慧城市多元主体信息生态链的机制协同直接作用于智慧城市多元主体信息生态链协同效应，智慧城市多元主体信息生态链的机制协同越完善，智慧城市多元主体信息生态链的协同效应越显著；智慧城市多元主体信息生态链的信息协同亦直接作用于智慧城市多元主体信息生态链协同效应，智慧城市多元主体信息生态链的信息协同程度越高，智慧城市多元主体信息生态链的协同效应越显著；智慧城市多元主体信息生态链的主体协同并不直接作用于智慧城市多元主体信息生态链协同效应。

6.4　我国智慧城市多元主体信息生态链协同效应优化策略

本书根据智慧城市多元主体信息生态链协同效应作用机理的结构方程模型检验的结果，有针对性地基于组成智慧城市多元主体信息生态链的信息主体、信息、信息环境 3 个要素，提出本书对智慧城市多元主体信息生态链协同效应的优化策略。

（1）理性看待加强智慧城市多元主体信息生态链中信息主体要素的协同对提升智慧城市多元主体信息生态链协同效应的重要性

由假设检验结果可知，假设 1：智慧城市多元主体信息生态链的主体协同与智慧城市多元主体信息生态链的协同效应显正相关关系这一假设不成立，这说明智慧城市多元主体信息生态链的主体协同并不直接作用于智慧城市多元主体信息生态链的协同效应。因此，摒弃思维惯性，理性看待智慧城市多元主体信息生态链中信息主体协同的重要性，在人力、财力等资源有限的情况下，不将过多的资源投入加强信息主体的协同方面，将有利于提升智慧城市多元主体信息生态链的协同效应。

（2）从有利于增强智慧城市多元主体信息生态链的信息要素协同与信息环境要素协同的视角出发，加强对智慧城市多元主体信息生态链中信息主体的协同

由假设检验结果可知，假设 1：智慧城市多元主体信息生态链的主体协同与智慧城市多元主体信息生态链的协同效应显正相关关系这一假设不成立，但假设 4：智慧城市多元主体信息生态链的机制协同与智慧城市多元主体信息生态链的主体协同显正相关关系，假设 2：智慧城市多元主体信息生态链的机制协同与智慧城市多元主体信息生态链的协同效应显正相关关系，假设 6：智慧城市多元主体信息生态链的主体协同与智慧城市多元主体信息生态链的信息协同显正相关关系，假设 3：智慧城市多元主体信息生态链的信息协同与智慧城市多元主体信息生态链的协同效应显正相关关系均成立。这说明智慧城市多元主体信息生态链的主体协同并不直接作用于智慧城市多元主体信息生态链的协同效应，而是通过智慧城市多元主体信息生态链的信息协同与机制协同间接地作用于智慧城市多元主体信息生态链的信息协同效应。因此，从有利于增强信息要素协同与信息环境要素协同的视角出发，加强对智慧城市多元主体信息生态链中信息主体的协同，将有利于提升智慧城市多元主体信息生态链的协同效应。

（3）加速完善智慧城市多元主体信息生态链的信息环境要素的协同体系

智慧城市多元主体信息生态链的信息环境由经济环境、政策环境、技术环境、基础设施环境、信息安全环境、信息公开环境 6 个方面组成。由假设检验结果可知，假设 2：智慧城市多元主体信息生态链的机制协同与智慧城市多元主体信息生态链的协同效应显正相关关系这一假设成立。因此，着力完善这 6 种信息环境的协同机制，形成协同体系，将有利于智慧城市多元主体信息生态链协同效应的提升。

（4）着力加强智慧城市多元主体信息生态链的信息要素的协同

由假设检验结果可知，假设 3：智慧城市多元主体信息生态链的信息协同与智慧城市

多元主体信息生态链的协同效应显正相关关系这一假设成立，这说明智慧城市多元主体信息生态链的信息协同直接作用于智慧城市多元主体信息生态链的协同效应。因此，着力加强智慧城市多元主体信息生态链的信息要素的协同，将有利于提升智慧城市多元主体信息生态链的协同效应。

（5）灵活运用智慧政府多元主体信息生态链的信息环境要素协同与信息要素协同相互促进的关系

由假设检验结果可知，假设5：智慧城市多元主体信息生态链的机制协同与智慧城市多元主体信息生态链的信息协同显正相关关系这一假设成立，这说明智慧城市多元主体信息生态链的机制协同与信息协同相互促进，提升一方的同时将给另一方也带来提升。因此，灵活运用智慧政府多元主体信息生态链的信息环境要素协同与信息要素协同相互促进的关系，将有利于智慧城市多元主体信息生态链协同效应的提升。

6.5 基于多元主体协同效应的智慧城市信息生态链设计

6.5.1 基于多元主体协同效应的智慧城市信息生态链层次模型

随着信息时代的到来，各行各业均逐步实现信息化、智能化的生产与管理，随之而来的大量的数字资源是一把无形的"双刃剑"，智慧城市中所产生的信息亦是如此。善于对这些信息进行整合与利用，将使智慧城市的发展更加迅速，市民生活更加便利，更加贴近其建设"以人为本"的居住环境的目标。若对其放任自流，不但会造成极大的信息资源浪费，亦会使各城市管理部门间缺乏必要的信息沟通，造成自然资源、人力资源等多种资源的浪费。如何对智慧城市中各个具体领域中的信息进行整合，使其协同地为智慧城市的发展提供决策帮助与使市民的生活更加便利，是政府部门及智慧城市研究者们急需解决的问题之一。

在对基于多元主体协同的智慧城市信息生态链进行设计之前，应先明确智慧城市信息生态链的层次关系，使其更好地达到智慧城市中多元主体信息协同的目的。

本书将多元主体协同的智慧城市信息生态链的信息协同层次分为四个层级（见图6-5），分别为应用层、网络平台层、技术层及用户层，确保智慧城市中多元主体间的信息可以通过智慧城市信息生态链进行有效、快速的信息共享及利用。应用层包含与智慧城市运行息息相关的智慧政府、智慧教育、智慧医疗、智慧交通、智慧支付、智慧家居等模块。这些应用模块使智慧城市能够根据市民的需求，在各个与市民生活息息相关的细微

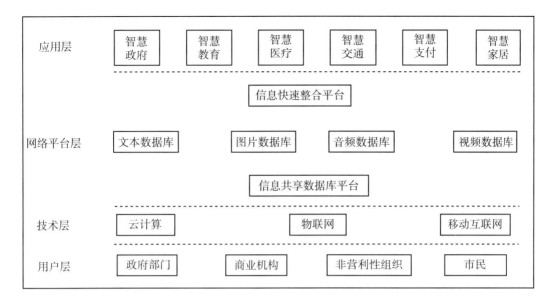

图6-5 基于多元主体协同的智慧城市信息生态链层次模型

领域中为市民提供更加便捷的服务。网络平台层则是将应用层中产生的信息迅速整合、分类并保存在相应数据库内，方便智慧城市中各类信息资源的共享。技术层是通过云计算、物联网、移动互联网技术等新型现代化技术对多元主体协同的智慧城市信息生态链的应用层与网络平台层提供技术支持。用户层既是基于多元主体协同的智慧城市信息生态链的信息共享主体，又是基于多元主体协同的智慧城市信息生态链建设的受益群体。用户层包含政府部门、商业机构、非营利性组织与市民等单元。在基于多元主体协同的智慧城市信息生态链中，各主体产生的信息将被迅速上传至信息快速整合平台，进行必要的加工与处理后传递到信息共享数据库平台，信息在基于多元主体协同的智慧城市信息生态链内的不停流转与整合，方便智慧城市中的各主体对信息更加充分地利用，实现信息协同，避免"信息孤岛"效应的产生。

6.5.2 基于多元主体协同效应的智慧城市信息生态链设计

智慧城市中的信息流转形成智慧城市信息生态链，其构成要素包含信息、节点与路径，节点即信息的发出者与接收者，路径指信息流转过程中所经过的"道路"。虽然智慧城市中的不同节点每时每刻都在产生着信息，节点数量亦十分庞大，但其节点个数相对固定，从而使各节点间的路径亦相对固定。因此，对路径的设计是对智慧城市信息生态链设计的关键，本书对智慧城市信息生态链的设计重点亦放在对智慧城市顶层信息流转路径的设计上。

　　信息在信息生态链中的传递路径形式有一对一流转形式、一对多流转形式及复合型①。智慧城市中的信息流转包含政府部门面向政府部门的信息传递，政府部门面向广大市民的信息传递，教育机构、医疗机构、金融机构等面向政府部门与广大市民的信息传递等多种形式，这些传递均包含在一对一、一对多、复合型的信息流转路径形式中（见图6-6）。

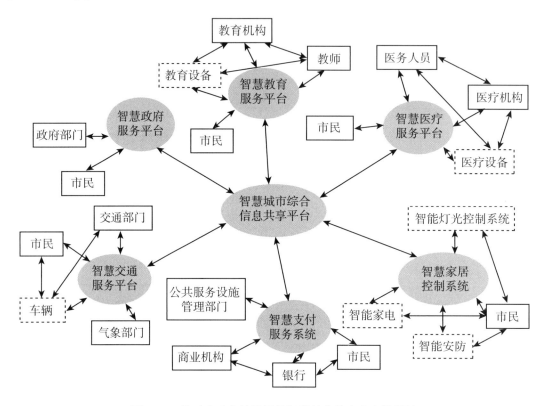

图6-6　基于多元主体协同的智慧城市信息生态链设计

　　智慧城市作为一种新型城市形态，必须坚持以人为中心，强调尊重人、依靠人和为了人的价值取向，智慧城市信息生态链的设计亦是如此。图6-6中"▢"表示智慧城市信息生态链的节点，"↔"表示智慧城市信息生态链中信息的流转路径。"▢"表示需要人去操作和使用的设备。该多元主体协同的智慧城市信息生态链的设计包含与市民日常生活息息相关的、会产生大量信息数据的智慧政府、智慧教育、智慧医疗、智慧交通、智慧支付、智慧家居模块。图6-6中，智慧城市综合信息共享平台、智慧政府服务平台、智慧教育服务平台、智慧医疗服务平台、智慧交通服务平台、智慧支付服务系统、智慧家居控

　　① 马捷，胡漠，魏傲希. 基于系统动力学的社会网络信息生态链运行机制与优化策略研究 [J].图书情报工作，2016，60（4）：12-20.

制系统均为多元主体协同的智慧城市信息生态链的中介客体，其不会自主生成原始信息，仅是对原始信息进行整合加工，使其生产出的新信息能涵盖多个模块的原始信息，方便政府部门、社会机构、市民对智慧城市中的信息进行综合利用。

6.5.3 基于多元主体协同的智慧城市信息生态链设计案例分析

（1）选择案例研究方法的理由及案例的选择

案例研究是通过对相关案例的观察、整理、分析，找出一些未被发现的新的因素或关系，属于实证研究中定性研究的一种形式。Eisenhardt 等人认为案例实证研究在发现信息理论、丰富现有理论等方面具有重要意义[1]。更有学者认为案例分析研究能够考察掌握案例对象的复杂性，对研究对象进行全面的分析描述[2]。因此，根据本书主题内容复杂性的特点，本书将采用单案例纵向研究的方法，希望能够较好地了解案例的背景，并在一定程度上保证案例研究的深度。

本书选取的研究案例为巴西曾经的首都里约热内卢的新型智慧城市系统。Eisenhardt 指出，对于案例研究方法来说，随机样本不仅是不必要的，一般情况下亦是不可取得的，基于案例研究方法的常见做法是选取典型案例[3]。此外，本书的研究问题亦决定了案例的选择标准：①智慧城市的建设进展随着信息技术及通信技术的发展日新月异，因此需选择近些年开始着手建立智慧城市信息生态链的城市。②选取的城市在智慧城市信息生态链建设方面应该具有代表性。因此，本书选取里约热内卢的新型智慧城市系统中的信息生态链为研究案例。

（2）案例简介

里约热内卢是巴西乃至南美洲的重要门户，同时也是巴西及南美经济最发达的地区之一，巴西素以重要交通枢纽和信息通信、旅游、文化、金融与保险中心而闻名[4]。里约热内卢以其丰富的文化、蓬勃的生活气息与迷人的自然风光举世闻名，但与此同时也面临着犯罪率较高、基础设施老化及自然灾害频发的威胁。人口增长迅速并拥有 6000 万人口的里约热内卢作为 2014 年世界杯与 2016 年奥运会的东道主，数以百万计的人口在短时间内

---

① EISENHARDT K M，GRAEBNER M E. Theory building from cases：opportunities and challenges［J］. Academy of management journal，2007，50（1）：25-32.

② YIN R K. Case study research：design and methods［M］. California：SAGE publications，2009：1-5.

③ EISENHARDT K M. Building theories from case study research［J］. Academy of management review，1989，14（4）：532-550.

④ 里约热内卢［EB/OL］.［2016-10-15］. https://baike.baidu.com/item/%E9%87%8C%E7%BA%A6%E7%83%AD%E5%86%85%E5%8D%A2/813366?fr=aladdin.

涌向该城市。里约热内卢需要新的城市管理计划来加强危机中的应变与协调能力，管理更加繁忙的交通以及提升市民服务。因此，在 2010 年，里约热内卢与 IBM 宣布携手打造智慧城市，将 30 多个城市管理部门整合成单一的指挥中心①，从而避免政府各部门形成"信息孤岛"。

在该城市与 IBM 的共同努力下，建立了里约热内卢新型智慧城市系统。该系统的核心是将城市内多个城市管理部门的信息进行整合，建立能使信息高效运转的信息流转链式结构，方便政府部门对城市的有效管理与便捷市民的生活。

（3）具体建设过程及分析

第一，从"信息孤岛"危机中认识到"信息协同"的必要性。里约热内卢做出这个决定的契机是在 2008 年的夏天，那年夏天，里约热内卢遭受特大暴雨的袭击，一些贫民区房屋倒塌，时任里约热内卢市长的 Eduardo Paes 虽然接到许多人面临危险的告警报告，但在当时却无法让市长实时监视灾难状况，指挥落实应急措施。Paes 市长在随后的电话采访中说道："我当时认识到，我们太被动了。"② 一个月后，他会见了 Banavar 及其领导的 IBM 智慧城市团队，Paes 市长希望 IBM 智慧城市团队能帮助该城市消除城市各部门间的"信息孤岛"，整合每个部门的数据，为整个城市运营管理提供支持。

第二，基于多元主体协同的里约热内卢新型智慧城市信息生态链初步建成。通过 IBM 公司提供的现代化的信息技术，市政机构管理人员通过控制室的屏幕对里约热内卢进行动态监控并实时传递信息（包括各个地铁站、主要路口的交通状况，通过复杂天气预测系统预报出来的城市未来几天的降雨情况，交通事故处理情况等其他城市问题处理与进展情况），并将信息实时通过网络传递给各相关政府部门与市民。相关政府部门可根据接收到的信息完善对城市的管理，市民可根据接收到的信息完善出行等各种计划。由此，里约热内卢的智慧城市信息生态链的链式运转结构初步形成，打破了以往各城市管理部门间的信息壁垒。

第三，基于多元主体协同的里约热内卢新型智慧城市信息生态链确保 2014 年世界杯及 2016 年奥运会的顺利举行。为确保世界杯与奥运会的顺利进行，该城市几年间对新型智慧城市信息生态链的节点与路径进行不断扩充，包括交通、天气、能源、突发状况应对等，从而不断丰富里约热内卢新型智慧城市信息生态链的信息主体，使信息传递的链式结

① City 2 IBM help Rio become a smarter city ［EB/OL］．［2016 – 10 – 03］．http：//www – 07. ibm. com/tw/dp – cs/smartercity/success. html.

② 详解里约热内卢智慧城市 ［EB/OL］．［2016 – 11 – 09］．http：//www. 5lian. cn/html/2012/guoji_0503/32429. html.

构包含更多的节点与路径，为信息的快速流转与不同信息主体间的信息共享提供方便，使城市管理部门不仅可以预测灾难与突发事件的发生，更能与有关市政机构与市民迅速分享信息，相互协同应对突发事件，使其对危机的应对时间减少 30%，成功保障了 2014 年世界杯与 2016 年奥运会的顺利举办。

Paes 市长表示："在里约，我们运用科技打造了一座智慧城市，为市民提供了更多福利。里约热内卢智慧城市系统除了可以对市政资源进行更有效的管理，我们也通过其内部的智慧城市信息生态链与市民分享更多的资料，加速城市的管理及运作。"① 由此可见，里约热内卢的新型智慧城市信息生态链的建设在开始阶段就对该城市的管理起到了极大的促进作用，对新型智慧城市系统中的网络信息生态链进行进一步的设计，可有效提升智慧城市中各部门信息流转的速率，使新型智慧城市系统的功能得到更大发挥。

总体而言，我国智慧城市的发展处于初级阶段，对智慧城市顶层设计与统筹布局的能力是决定智慧城市建设成败的关键。本书从信息生态角度出发，对拥有多元主体的智慧城市信息生态链进行设计，旨在使智慧城市中各主体间的信息流转更加流畅，方便政府的决策与民众的生活。本书对巴西里约热内卢的新型智慧城市系统中信息生态链的建设方案进行了分析，该方案有效地整合了该城市的监控、电力、水利及天气、交通等信息，使城市管理者做到了对城市突发情况的实时监管，并方便了市民的日常生活，使 2014 年世界杯与 2016 年奥运会得以顺利举行。由此可见，智慧城市中多元主体间信息的快速流转与整合对智慧城市的发展与管理是有诸多益处的，对多元主体协同的智慧城市信息生态链进行设计将使各主体间的信息实现快速、有效的流转，因此对多元主体协同的智慧城市信息生态链进行设计是十分必要且迫切的。

---

① 智慧城市——巴西里约热内卢市［EB/OL］.［2016 - 10 - 03］. http://asmarterplanet. com/tw/blog/2012/03/82. html.

7 智慧政府信息协同度测度

7.1 系统协同度相关研究

智慧政府作为一个复杂巨型信息系统，单纯对其进行定性研究并不能发现系统内部是否会发生冲突及内耗，也不能及时发现影响系统运行效率的原因。要实现以人为本的智慧服务，对智慧政府的信息协同程度进行定量研究具有其必要性。所谓协同度，指的是协同过程中系统各组成要素在演化发展的进程中保持协调一致的程度。它反映的是系统从无序转为有序的趋势，也反映了系统各要素之间的合作程度。智慧政府的信息协同结构是一个典型的复杂网络结构，各政府部门之间的协同程度决定了智慧政府总体的工作效率和影响力。

"协同"是一个内涵明确但外延相对模糊的概念，智慧政府的信息协同程度不能以简单的"协同"或者"不协同"来对其进行评价。作为热力学的经典概念，熵用于度量一个孤立系统的混乱程度，之后被其他学科所借鉴。从系统论的角度来看，熵是度量系统无序程度的指标，熵值越高，组织内的无序性越强。系统的有序性与复杂性测度一直是熵理论的应用热点，早在1988年，Wiley等将有序度作为测度系统组织化程度的指标，开创了学界利用熵理论对生物系统的结构进行描述的先河①。在随后的系统状态评价的相关研究中，熵作为描述系统的重要概念不断被相关学者提及②。阎植林等人通过对系统内信息流与系统结构关系的分析，建立了结构熵模型，该模型可以定量评价系统结构有序性，从而为系统结构的优化提供依据③。熵则解决了系统复杂性的定量描述问题，在社交网络舆情演化④、交通流演化⑤等复杂性研究中均已得到广泛的应用。综合前人相关研究可以发现，熵理论

① WILEY E O, LAYZER D. Information in cosmologyphysics and biology [J]. Quantum chem, 1988, 12 (1): 185 – 195.

② 李习彬. 熵—信息理论与系统工程方法论的有效性分析 [J]. 系统工程理论与实践, 1994, 3 (2): 37 – 42.

③ 阎植林, 邱菀华, 陈志强. 管理系统有序度评价的熵模型 [J]. 系统工程理论与实践, 1997 (6): 46 – 49.

④ 黄飞虎, 彭舰, 宁黎苗. 基于信息熵的社交网络观点演化模型 [J]. 物理学报, 2014, 63 (16); 李根强, 刘莎, 张亚楠, 等. 信息熵理论视角下网络集群行为主体的观点演化研究 [J]. 情报科学, 2020, 38 (1): 42 – 47, 86.

⑤ 向郑涛, 陈宇峰, 李昱瑾, 等. 基于多尺度熵的交通流复杂性分析 [J]. 物理学报, 2014, 63 (3).

可以有效度量系统复杂性相关的多个特征属性，从而避免属性权重分配和复杂性指数的可比性问题，对于系统的有序性与复杂性测度研究具有合理性与适用性。而从系统整体角度来考虑，结构熵则是评价系统协同度的合适指标①。智慧城市是一个复杂的巨型信息系统，从理论上来说，结构熵可以作为智慧城市信息协同度测度的指标。

7.2　网络结构熵的表征与测度

谭跃进和吴俊②在 2004 年提出网络结构熵的概念并对其进行详细阐述：

节点的连接度从某种意义上决定了节点在网络中的重要程度，因此在一个复杂网络中，我们将 I_i 称为第 i 个节点的重要度。

$$I_i = k_i \Big/ \sum\nolimits_{i=1}^{N} k_i \qquad\qquad 公式 7-1$$

其中，N 为网络中节点数目，k_i 为第 i 个节点的连接度。当 $k_i = 0$ 时，该节点对我们的讨论没有意义，故假设 $k_i > 0$，从而 $I_i > 0$。

熵是"无序"的度量。如果网络是随机连接的，各个节点的重要度大致相当，网络则表现出来的是"无序"。反之，如果网络是非标度的，网络中有少量核心节点和大量末梢节点，节点的重要度存在差异，我们认为这种网络是"有序的"。网络结构熵（E）可以定量地度量这种"序"。

$$E = - \sum\nolimits_{i=1}^{N} I_i \ln I_i \qquad\qquad 公式 7-2$$

其中，N 为网络中节点数目，I_i 为第 i 个节点的连接度。

在复杂网络的研究方法中，网络结构熵是非常重要的评价指标。网络结构熵表示的是复杂网络中节点之间的异质性，网络结构熵的大小则表示了该结构的协同度。均匀的复杂网络的结构熵的值是最大的，因为均匀代表着等可能，也代表着高度的不确定性。在智慧政府信息协同结构中，网络结构熵代表着信息协同度，熵值越大则协同程度越低，熵值越小则协同程度越高。

---

① 李电生，夏国建. 基于结构熵理论的供应链系统有序度评价研究 [J]. 北京交通大学学报（社会科学版），2008，7（4）：40-43；盖奇文. 基于结构熵权法的公共图书馆展览绩效评价指标体系构建 [J]. 图书馆工作与研究，2017（5）：96-100；黄佳. 自组织理论框架下的 Web2.0 信息有序化研究 [J]. 图书情报知识，2008（3）：13-18.

② 谭跃进，吴俊. 网络结构熵及其在非标度网络中的应用 [J]. 系统工程理论与实践，2004（6）：1-3.

7.3 智慧政府信息协同度测度研究——以深圳市为例

7.3.1 智慧政府信息协同网络结构

城市大数据作为智慧城市建设的重要支撑环境，需要整合全部政务信息资源，以及智慧城市管理中需要的社会资源（包括社会公开资源及政府有权限提取的非公开资源），形成一个逻辑集中、物理分散的数据库集群式的大数据管理中心，以实现跨领域、跨部门、跨层级、跨主体的信息共享和业务协同[1]，并借助数据挖掘、系统仿真、智能检索等技术手段，为城市运行管理和决策提供有效支撑。

为公众提供更人性化、更智慧化的服务是智慧政府的最终目标，要实现这一目标则要求政府各部门之间打破之前存在的信息孤岛，共享信息，提升效率，为民众提供更便捷、更智慧的政府服务[2]，而信息协同则是政府服务智慧化的必由之路。智慧城市建设的基础在于将实体状态进行恰当的数字化表达[3]。智慧政府信息协同结构，指的就是智慧政府协同状态的数字化表达。信息协同结构反映了政府各部门之间的信息交流、共享、利用的情况，厘清智慧政府信息协同结构，有助于了解政府各部门之间的协同结构是否合理，从而为以后的服务改善提供相应的参考。

及时的信息交流是智慧政府实现其基本功能的必要前提，若将信息的接收者与发送者都视为节点，信息作为节点之间相连的边的话，智慧城市信息协同结构就是一个典型的复杂网络结构，信息在各个节点之间不断产生、传递、消亡。根据复杂网络的特点和分析思路，将智慧政府信息协同过程中的信息主体（即信息的发送者与接收者）抽象为网络节点 v_i，以信息主体之间的信息流动强度为连接边 e_{ij} 构建智慧政府信息协同网络。具体的步骤如下：

（1）网络节点 v_i 的设定：以信息主体为基本单元，设置智慧政府信息协同网络节点 v_i。

（2）网络连接边 e_{ij} 的设定：根据信息主体之间的信息流动频次，计算各节点间的信息流权重，以此作为复杂网络的边 e_{ij} 的值。

---

① 陈锐，贾晓丰，赵宇. 基于模糊聚类的智慧城市多源信息协同结构测度与优化 [J]. 计算机应用研究，2016，33 (7)：1945 – 1951.

② 胡漠，马捷. 信息协同视角下无边界化智慧政务推进机制研究 [J]. 情报资料工作，2019，40 (1)：44 – 51.

③ 李纲，李阳. 智慧城市应急决策情报体系构建研究 [J]. 中国图书馆学报，2016，42 (3)：39 – 54.

智慧政府信息协同网络所具有的特点如下：

（1）信息节点众多。庞大的智慧政府信息协同网络之中分布着众多节点，信息在节点之间不断产生、传递、消亡，联通着智慧政府中的万事万物。随着新技术的发展，智慧城市中信息传递过程中的节点已经不仅仅是被动的信息接收者与传递的通道，它们同样也在主动地收集、分析、使用和创造信息，各节点既接收信息，同样也传递信息。

（2）连接多样性。节点之间的连接代表着两个节点之间存在着信息往来，信息协同网络之中的节点既可以做信息的传递方，也可以做信息的接收方，因此节点之间的连接权重存在差异，且连接存在方向性。

（3）无标度特性。作为一个典型的复杂网络结构，智慧政府协同网络结构中存在着无标度特性，即各节点之间的连接状况存在着非均匀分布，少量节点存在大量的连接，而大量节点则只有着少量的连接。

7.3.2 实证对象选择

近年来，深圳市先后被评为全国唯一的国家政务信息共享示范市和国家首批信息惠民试点城市，被称为"最互联网城市"。在国家信息中心于 2017 年 12 月 26 日发布的《2017全球、中国信息社会发展报告》中的《中国信息社会发展报告》中，深圳以 0.88 的信息社会指数继续在全国领先，进入信息社会中级发展阶段。在智慧城市的建设上，深圳市建立了市、区、街道和社区四级通用的市公共服务综合信息系统，实现政务服务统一申请、统一受理、集中办理、统一反馈和全流程监督等功能，力争做到统一身份认证，实现数据互联互通，线下业务线上办，群众办事登录网上办事大厅即可全流程办理。

为解决"奇葩证明""办事跑断腿"等问题，国务院办公厅于 2015 年 11 月印发《国务院办公厅关于简化优化公共服务流程方便基层群众办事创业的通知》（以下简称《通知》），部署简化优化公共服务流程相关工作，要求切实解决"办证多、办事难"等问题。《通知》提出"坚决砍掉各类无谓的证明和烦琐的手续""大力推进办事流程简化优化和服务方式创新""加快推进部门间信息共享和业务协同""扎实推进网上办理和网上咨询"等要求[①]。随后，国务院办公厅于 2018 年 6 月发布《进一步深化"互联网＋政务服务"推进政务服务"一网、一门、一次"改革实施方案》（以下简称《方案》）。《方案》指出"进一步深化'互联网＋政务服务'，充分运用信息化手段解决企业和群众反映强烈的办事难、办事慢、办事繁的问题，是党中央、国务院作出的重大决策部署"，《方案》要求各地政府"深入推进'互联网＋政务服务'，加强信息共享，优化政务流程"，"推进跨层

---

① 国务院办公厅关于简化优化公共服务流程方便基层群众办事创业的通知［EB/OL］.［2024 – 01 – 25］. https：//www. gov. cn/zhengce/content/2015-11/30/content_10362. htm.

级、跨地域、跨系统、跨部门、跨业务的协同管理和服务"①。政务服务"零跑动"是政府信息高效协同的结果，也是智慧政府需要达到的重要目标。

2018年6月29日，深圳市政府发布第一批"不见面审批"服务事项清单，实现"审批不见面，办事零跑路"。遵从"便利、规范、高效、共享"的理念，通过业务流程优化，进一步减材料、减环节、减时间，实现审批事项全流程网上申办、网上受理、网上审批、网上签发电子证照、线下快递送达纸质证照等审批结果，推动行政审批服务事项"100%网上申报、100%网上审批"，让数据多跑腿、让群众少跑路，降低市民和企业办事成本，努力实现审批不见面、办事零跑腿。"零跑动次数"是智慧政府信息协同所要实现的重要目标，因此深圳市政府的"零跑动"事项是构建智慧政府信息协同网络的良好对象。"零跑动"事项政府信息协同网络和原有的政府信息协同网络的对比分析，可以反映各信息主体在信息协同网络中的信息共享机制，有助于描绘政府在实行政务服务中的信息协同网络结构，同时对信息协同网络结构进行定量评价。

7.3.3 数据获取及处理

在数据获取阶段，本书通过网络爬虫技术，于2019年1月13日收集广东政务服务网深圳市政府个人业务以及法人业务事项共15344项，收集各个事项中相关实施部门以及材料来源方的相关字段，作为下文构建深圳市政府信息协同网络结构的依据。

经统计，本书共收集相关数据19066条，其中个人业务全部事项相关数据6233条、个人业务"零跑动次数"事项相关数据2440条、法人业务全部事项相关数据6042条、法人业务"零跑动次数"事项相关数据4351条。在收集到原始数据后，本书对原始字段进行规范化处理：首先，将内容中含有超文本字符等无效字段进行数据清洗；其次，将所得的原始数据进行人工处理筛选，根据深圳市政府部门组织结构对相关字段进行合并整理（具体示例如表7-1、表7-2所示），随后使用Gephi软件对规范化后的数据进行统计分析以及可视化分析。

表7-1 规范化字段示例

序号	信息主体名称	原始数据字段
1	市场和质监部门	工商部门、工商局、市场监管部门、知识产权局等
2	公安局	公安部门、派出所、公安局、公安机关等
3	人社部门	社保部门、社保局等

---

① 国务院办公厅关于印发进一步深化"互联网＋政务服务"推进政务服务"一网、一门、一次"改革实施方案的通知 [EB/OL]. [2024-01-25]. https://www.gov.cn/gongbao/content/2018/content_5303434.html.

表7-2　信息主体名称示例

序号	信息主体名称	序号	信息主体名称	序号	信息主体名称
1	申请人	6	司法	11	交通运输部门
2	企事业单位	7	安全生产监督管理部门	12	金融系统
3	社会组织	8	卫计部门	13	气象局
4	公安局	9	财税部门	14	住建部门
5	人社部门	10	规划和国土资源部门	15	市场和质监部门

7.3.4　数据分析与讨论

7.3.4.1　网络统计特征分析

本书分别以深圳市政府个人业务服务事项、法人业务服务事项、个人业务"零跑动"服务事项以及法人业务"零跑动"服务事项为信息源（以下分别简称"个人全部事项""法人全部事项""个人'零跑动'事项""法人'零跑动'事项"）。以信息协同过程中的信息主体为节点，以信息流向为边，利用 Gephi 软件绘制深圳市智慧政府信息协同网络结构图，如图7-1至图7-4所示。

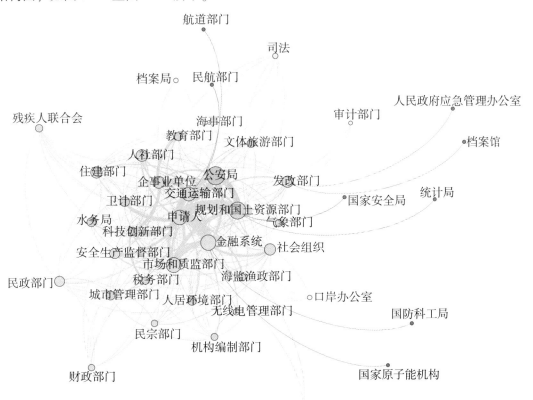

图7-1　政府信息协同网络结构图（个人全部事项）

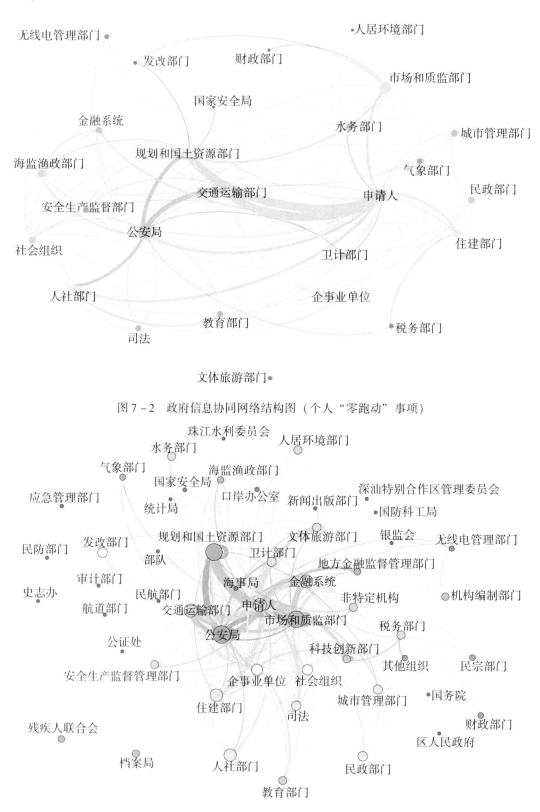

图 7-2 政府信息协同网络结构图（个人"零跑动"事项）

图 7-3 政府信息协同网络结构图（法人全部事项）

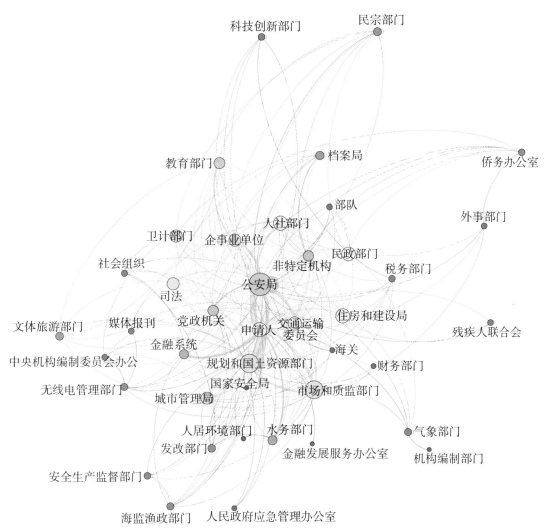

图 7-4 政府信息协同网络结构图（法人"零跑动"事项）

网络结构的整体特征通常由给定的网络微观量的统计分布或统计平均值来刻画，其主要特征量为节点数、平均度、聚类系数、平均路径长度和网络密度等。通过 Gephi 的统计功能，本书计算出图 7-1 至图 7-4 四个网络结构的相应特征指标，如表 7-3 所示。

表 7-3 网络结构相应特征指标

名称	节点数	平均度	平均加权度	网络密度
个人全部事项	41	6.439	151.878	0.161
个人"零跑动"事项	26	4.885	93.808	0.195
法人全部事项	53	6.865	116.730	0.135
法人"零跑动"事项	35	4.600	124.286	0.135

网络的节点数量表示在该信息协同网络中信息主体的数量，节点的度则表示有多少个信息主体与其存在信息交流，节点的度数越大，表示该节点在信息协同网络中越重要。由于各信息协同网络的节点数量不同，无法利用度来对各个网络进行比较分析，因此网络中所有节点 i 的度 k_i 的平均值即网络平均度是比较各区域网络特性的合适指标。法人全部事项信息协同网络的平均度为 6.865，这表示在该网络结构中的每个信息主体平均与其他 6.865 个信息主体存在信息交流，其次为个人全部事项的 6.439。可以看出，个人全部事项与法人全部事项的信息协同网络中节点间的联系较多，而个人"零跑动"事项与法人"零跑动"事项节点间的联系较少。

在信息协同网络结构中，权重为节点之间的连接次数，各信息协同网络结构中节点的度表示的是与该节点相连接的信息主体的数量。从信息主体的角度来看，节点的度只能反映该信息协同网络结构中信息主体与其他信息主体的连接情况，加权度却能客观反映政府在政务服务之中各信息主体之间的信息协同现状。在信息协同网络结构中，节点的平均加权度越大，说明节点与其他节点的信息交流活动越频繁。由表 7 - 3 得出，个人全部事项的信息协同网络节点间的信息交流最频繁，而个人"零跑动"事项节点间的信息交流则是四个信息协同网络中最少的。

在信息协同网络结构中，网络密度值既体现了整体网络对所处网络中个体的影响，也体现了网络中个体之间的相互影响。网络密度值越大，表明网络对成员的影响越大，网络成员之间的关系越密切。由表 7 - 3 可以看出，上述信息协同网络的网络密度值相差不大，个人事项信息协同网络中的节点要比法人事项信息协同网络中的节点联系更加紧密。

7.3.4.2　网络节点属性分析

复杂网络中，节点的度指与该节点相邻的节点的数目，即连接该节点的边的数目。在有向网络中，节点的加权出度指的是以该节点为有向边的尾所连接的节点的数目，加权入度指的是与该节点为有向边的头所连接的节点的数目。因此在本书所构建的智慧政府信息协同网络结构中，权重指的是两个节点之间信息沟通的次数，因此加权度网络与度网络结构之间的差异体现的是政府服务之间的理想结构与现实状况的差异。

从节点的加权出度及相关节点重要度来看，申请人、公安局、企事业单位及市场和质监部门均位于各信息协同网络节点的加权出度前五位，可以看出除去申请人、企事业单位这两个传统意义上的信息提供方，公安局与市场和质监部门也承担了信息协同网络中大量的信息传递任务，成了政府信息协同网络中信息提供的核心节点。

而从节点的加权入度及相关节点重要度来看，在各信息协同网络节点的入度前五名的排序中，规划和国土资源部门、交通运输部门这两个节点均在列，这说明，在深圳市政府信息协同过程中，这两个部门更多地承担了实施工作，是政府信息协同过程的主要实施者，也是政府信息协同网络的关键节点，详见表7-4至表7-11。

表7-4 个人"零跑动"事项加权出度及加权入度

序号	节点	加权出度	节点重要度	节点	加权入度	节点重要度
1	申请人	1132	46.4%	交通运输部门	586	24%
2	公安局	538	22.1%	规划和国土资源部门	574	23.5%
3	企事业单位	179	7.3%	人社部门	285	11.7%
4	市场和质监部门	137	5.6%	公安局	197	8.1%
5	交通运输部门	100	4.1%	卫计部门	122	5%

表7-5 个人"零跑动"事项出度及入度

序号	节点	出度	节点重要度	节点	入度	节点重要度
1	申请人	21	16.5%	规划和国土资源部门	13	10.2%
2	公安局	16	12.6%	交通运输部门	10	7.9%
3	企事业单位	15	11.8%	人社部门	10	7.9%
4	市场和质监部门	14	11%	公安局	9	7.1%
5	社会组织	10	7.9%	水务局	9	7.1%

表7-6 个人全部事项加权出度及加权入度

序号	节点	加权出度	节点重要度	节点	加权入度	节点重要度
1	申请人	2793	44.9%	规划和国土资源部门	1721	27.6%
2	公安局	1062	17.1%	公安局	1173	18.8%
3	企事业单位	473	7.6%	交通运输部门	683	11%
4	规划和国土资源部门	352	5.7%	人社部门	456	7.3%
5	市场和质监部门	320	5.1%	住建部门	356	5.7%

表7-7 个人全部事项出度及入度

序号	节点	出度	节点重要度	节点	入度	节点重要度
1	申请人	26	9.8%	公安局	23	27.6%
2	公安局	22	8.3%	规划和国土资源部门	22	18.8%
3	企事业单位	20	7.6%	交通运输部门	18	11%
4	市场和质监部门	19	5.7%	人社部门	17	7.3%
5	党政机关	16	5.1%	城市管理部门	17	5.7%

表7-8 法人"零跑动"事项加权出度及加权入度

序号	节点	加权出度	节点重要度	节点	加权入度	节点重要度
1	申请人	2330	53.6%	规划和国土资源部门	1304	30%
2	公安局	461	10.6%	金融系统	957	22%
3	市场和质监部门	339	7.8%	交通运输部门	680	15.6%
4	企事业单位	319	7.3%	人社部门	305	7.3%
5	规划和国土资源部门	195	4.5%	住建部门	148	3.4%

表7-9 法人"零跑动"事项出度及入度

序号	节点	出度	节点重要度	节点	入度	节点重要度
1	申请人	27	16.8%	规划和国土资源部门	20	12.4%
2	市场和质监部门	17	10.6%	金融系统	16	10%
3	社会组织	13	8.1%	交通运输部门	16	10%
4	公安局	13	8.1%	人社部门	12	7.5%
5	企事业单位	12	7.5%	安全生产监督管理部门	10	6.2%

表7-10 法人全部事项加权出度及加权入度

序号	节点	加权出度	节点重要度	节点	加权入度	节点重要度
1	申请人	2942	48.7%	规划和国土资源部门	840	13.9%
2	公安局	774	12.8%	交通运输部门	759	12.6%
3	市场和质监部门	759	12.6%	金融系统	685	11.3%
4	企事业单位	651	10.8%	市场和质监部门	614	10.2%
5	社会组织	285	4.7%	公安局	394	6.5%

表7-11 法人全部事项出度及入度

序号	节点	出度	节点重要度	节点	入度	节点重要度
1	申请人	32	16.8%	规划和国土资源部门	27	8.7%
2	市场和质监部门	26	10.6%	交通运输部门	25	8.1%
3	公安局	25	8.1%	金融系统	24	7.8%
4	企事业单位	25	8.1%	公安局	21	6.8%
5	社会组织	23	7.5%	市场和质监部门	17	5.5%

7.3.4.3 网络结构熵

网络结构熵表示的是复杂网络之中节点之间的异质性，信息协同网络结构熵值越低则表示该信息协同网络的协同率越高。本书利用 MATLAB 的计算功能对信息协同网络结构相关数据进行计算，将公式 7 - 2 导入 MATLAB 中，随后导入相关数据，得到四个信息协同网络的网络结构熵，具体结果如表 7 - 12 所示。可以看到，不管是个人事项还是法人事项，两个"零跑动"事项的信息协同网络结构熵都要小于其对应的全部事项的信息协同网络。

表 7 - 12　网络结构熵

名称	网络结构熵
个人全部事项	3.4111
个人"零跑动"事项	3.0621
法人全部事项	3.5471
法人"零跑动"事项	3.2029

7.3.4.4 特征向量中心度

一个节点的重要性既取决于其相邻的节点数量（即该节点的度），也取决于相邻节点的重要性，特征向量中心度则是衡量节点及其相邻节点重要性的一个关键指标。上述四个信息协同网络中节点的特征向量中心度前五名的节点如表 7 - 13 所示。

表 7 - 13　各网络结构特征向量中心度

序号	个人全部事项	中心度	法人全部事项	中心度	个人"零跑动"事项	中心度	法人"零跑动"事项	中心度
1	公安局	1	交通运输部门	1	水务局	1	交通运输部门	1
2	规划和国土资源部门	0.83	规划和国土资源部门	0.97	交通运输部门	0.92	规划和国土资源部门	0.96
3	城市管理部门	0.79	公安局	0.84	规划和国土资源部门	0.72	金融系统	0.87
4	交通运输部门	0.68	城市管理部门	0.81	人社部门	0.58	公安局	0.82
5	卫计部门	0.67	金融系统	0.80	金融系统	0.48	水务局	0.69

7.4 讨论

根据节点间的信息传递方向，本书发现信息协同网络之中存在着两种信息传递模式（见图7-5），第一种为信息从节点A传递到节点A，第二种为信息从节点A传递到节点B。在第一种模式中，节点A既充当了信息的需求方也充当了信息的提供方，这种现象可称为自环现象；而在第二种模式中，节点A为信息提供方，节点B为信息需求方。

根据节点本身的出度及入度，可以将节点分为出度明显大于入度，入度明显大于出度以及出度、入度大致平衡三种类型（详见表7-14）。而这三种类型的节点在政府信息协同网络结构之中则分别充当着信息提供方、信息需求方以及两者兼具的角色。

图7-5 节点间的信息传递模式

表7-14 节点类型

节点特征	示例
出度明显大于入度	申请人、企事业单位、社会组织
入度明显大于出度	规划和国土资源部门、交通运输部门
出度、入度大致平衡	公安局

基于节点出入度的深圳市智慧政府信息协同网络的信息协同层次可以分为以下三个层次：部门内部信息协同、部门间信息协同以及组织间信息协同。部门内部信息协同以公安局、市场和质监部门等存在较高自环现象的节点为代表，这些部门在同一事项的信息协同过程中既充当信息的提供方，也充当信息的需求方，是同一主体的内部信息协同。部门间信息协同则以政府各部门节点间的信息协同为代表，在信息协同过程中一些部门作为信息提供方而另一些部门作为信息需求方，多部门之间协同合作，共同实现智慧政府服务。组织间信息协同则指的是申请人、企事业单位、社会组织与政府各部门之间的信息协同，在此类信息协同中，申请人、企事业单位以及社会组织这些政府部门之外的组织充当信息提供方，而政府各部门则充当信息需求方。政府信息协同的三种层次各有其特点，相互补充，共同组成了智慧政府的信息协同网络结构。

高效的信息协同网络节点之间必然存在着异质性，少量的节点与多数的节点相连，而大量的节点仅仅与少量的节点存在关联，只有这样才能够提升信息在网络结构之间的传递效率。网络结构熵可以有效表示信息协同网络结构的协同性，在上述所构建的四种信息协同网络结构中，可以看到在同类项的信息协同网络结构熵的对比中，"零跑动"事项信息协同网络的网络结构熵均低于该类型的全部事项信息协同网络，因此"零跑动"事项的信息协同网络的协同度要高于全部事项的信息协同网络。这也反映出深圳市开展的"零跑动"事项改革取得了一定的成功。

信息协同网络的关键节点，指的是携带大量信息且能有效连接其他各点的节点。信息协同网络中的关键节点，可以根据节点的特征向量中心度以及度与加权度的差异来进行识别。节点的特征向量中心度越高，表明与其相邻的重要节点越多。而节点的度数与加权度数之间是否存在差异则表示了节点的理论信息携带量与实际信息携带量之间的差异，如果一个节点在信息协同网络中拥有较高的度数排名而在加权度数排名较低，该节点并不能够被确定为信息协同网络的关键节点，虽然节点本身拥有较高的连接数量，但其携带的信息量较少，对周围的节点具有较低的影响力，影响周围其他节点的数量有限。在深圳市政府信息协同网络中，公安局、规划和国土资源部门、交通运输部门、城市管理部门、卫计部门、经济贸易和信息化委员会以及水务局均拥有较高的特征向量中心度，但水务局的加权度排名却远远低于其度排名，因此并不能够算作是核心节点，因此深圳市政府信息协同网络结构中的关键节点为公安局、规划和国土资源部门、交通运输部门、城市管理局、卫计部门、经济贸易和信息化委员会。若后续需要对深圳市政府信息协同网络结构进行优化与安全评估，以上六个节点应成为优化及评估的重点。

8　智慧城市多源信息系统元数据的规范化

智慧城市多元主体信息协同的基础是底层数据具有良好的互操作性。在城市建设过程中，各部门和机构形成了专属的信息系统，数据格式各不相同。在"人—事件—信息"三元理论框架下，信息协同应以人为本，围绕事件规范信息，智慧城市多源系统涉及人的基础信息，常见事件的基础信息，这些信息具有共通性，应在元数据层次进行规范化和映射研究。第8章和第9章围绕这一主题展开。

制定智慧城市多源信息系统元数据标准的目的是用统一的标准描述智慧城市建设发展过程中的信息，并准确、完备地说明智慧城市信息的特征，为不同信息系统层面信息的发现、管理、获取、利用、共享、交换、整合提供依据，为元数据注册系统的开发、多源信息系统中信息的全面共享、智慧城市信息协同奠定基础。利用统一的元数据描述规范对政府数据进行科学描述，将政府数据内部关联，实现公共数据发现、挖掘和重用，可开发数据资源所蕴藏的巨大经济和社会价值。

要想建设政府多源信息系统并实现元数据的互联互通，规范的元数据标准和内容丰富的元素集是必不可少的基础条件。地方标准是由省、自治区、直辖市标准化主管机构或专业主管部门批准、发布，在某一地区范围内统一的标准。我国地域辽阔，各省、自治区、直辖市的自然条件、技术水平和经济发展程度差别很大，对某些具有地方特色的农产品、土特产品和建筑材料，或只在本地区使用的产品，或只在本地区具有的环境要素等，有必要制定地方性的标准。制定地方标准有利于发挥地区优势，有利于提高地方产品的质量和竞争能力，同时也使标准更符合地方实际，有利于标准的贯彻执行。

目前，我国的标准化工作日益完善，取得了令人瞩目的成绩。为进一步加快推进国家标准公开工作，满足社会各界便捷地查阅国家标准文本的迫切需求，国家标准全文公开系统（http://openstd. samr. gov. cn/bzgk/gb/index）于2017年3月16日正式上线运行，凡是国家市场监督管理总局、国家标准化管理委员会自2017年1月1日后新发布的国家标准，将在《国家标准批准发布公告》发布后20个工作日内公开标准文本。除国家标准之外，地方标准也实现了可查询化，部分省份提供了标准的全文公开服务，通过全国标准信息公共服务平台（http://std. samr. gov. cn/）可以查询，如图8-1所示，共有北京、天津、河北等31个省、自治区、直辖市出台了地方标准。

图 8-1　我国地方标准数量统计

注：检索时间为 2019 年 2 月 20 日。

本书对国家标准、行业标准和地方标准中的元数据标准进行调查，同时统计目前关于智慧城市建设的元数据内容及架构，借鉴内容包括多源信息系统的划分以及元数据内容及格式，为尚处于起步阶段的智慧城市元数据标准规范建立提供借鉴。

8.1　我国智慧城市多源信息系统元数据建设标准

多源信息系统主要是指在综合管理政府日常运作与管理中产生多来源、海量的科学数据的信息系统。本书检索国家及行业与地方标准中有关智慧城市元数据建设的内容，并对其涉及的信息系统进行统计与分析，得到智慧城市多源信息系统元数据的构建标准。

8.1.1　国家及行业标准

国家及行业标准含有强制性标准及推荐性标准。强制性标准是保障人体健康、人身、财产安全的标准和法律及行政法规规定强制执行的国家及行业标准；推荐性标准是指在生产、检验、使用等方面，通过经济手段或市场调节而自愿采用的国家及行业标准。但推荐性国家及行业标准一经接受并采用，或各方商定同意纳入经济合同中，就成为各方必须共同遵守的技术依据，具有法律上的约束性。为进一步加快推进国家及行业标准公开工作，满足社会各界便捷地查阅国家及行业标准文本的迫切需求，国家标准全文公开系统于 2017

年 3 月 16 日正式上线运行，其提供了国家标准的题录信息和全文在线阅读。截至 2019 年 2 月，所有强制性国家标准文本 3470 项和第一批推荐性国家标准文本 3037 项已经在该系统实现了公开（https://std.samr.gov.cn）。行业标准方面，行业标准信息平台（http://hbba.sacinfo.org.cn/）提供了各行业领域最新发布的标准号、标准名称、备案日期和 DA/T 等信息。由于系统均具有分类检索功能，因此笔者以"元数据"为关键词进行了标准检索，筛选出有关智慧城市建设的国家及行业元数据标准 3 个，如表 8 - 1 所示。

表 8 - 1　国家及行业标准全文公开系统元数据标准

标准来源	标准编号	标准名称	涉及的信息系统
国家及行业标准	GA 214.1—2004	常住人口管理信息规范　第 1 部分：基本数据项	人口基础
	GA/T 543—2005	公安业务基础数据元素集	公安
	GB/T 19710—2005	地理信息　元数据	地理

在国家及行业标准中，涉及智慧城市建设的元数据有 GA 214.1—2004《常住人口管理信息规范　第 1 部分：基本数据项》、GA/T 543—2005《公安业务基础数据元素集》与 GB/T 19710—2005《地理信息　元数据》。其中 GA 214.1—2004《常住人口管理信息规范　第 1 部分：基本数据项》用于户籍等公民信息管理，属于基本数据；GA/T 543—2005《公安业务基础数据元素集》主要适用于公安信息化工程建设、应用和管理，因此归为公安信息系统；GB/T 19710—2005《地理信息　元数据》是关于地理数据的描述性数据信息，因此可归为地理信息系统。

8.1.2　地方标准

我国制定了比较完善的城市多源系统元数据标准的省份主要有贵州省、山东省和北京市。

截至 2019 年 5 月 12 日，贵州省全省累计发布地方标准数量 1490 个，其中现行有效标准 1030 个、废止 460 个。在贵州省标准化公共服务平台（http://db52.amr.guizhou.gov.cn/pcindex）中以"元数据"为关键词进行查询，本书得到与智慧城市建设有关元数据标准共 2 个，如表 8 - 2 所示。

表 8 - 2　贵州省智慧城市相关元数据标准

标准来源	标准编号	标准名称	涉及的信息系统
贵州省	DB 52/T 1239.1—2017	政府数据　核心元数据　第 1 部分：人口基础数据	人口基础
	DB 52/T 1239.2—2017	政府数据　核心元数据　第 2 部分：法人单位基础数据	法人单位基础

贵州省政府数据元数据主要包括人口基础数据与法人单位基础数据，前者适用于贵州省人口基础数据的采集、共享交换及开放，后者适用于贵州省法人单位基础数据的采集、共享交换及开放。人口基础数据分为基本信息和扩展信息两大类，扩展信息包括公安、民政、人社、卫生和计划生育、税务；法人单位基础数据分为基本信息和扩展信息两大类，扩展信息包括工商、税务和质监。因此可将贵州省多源信息系统概括为公安、民政、人社、卫生、计生、工商、税务（非法人）、税务（法人）、质监9类。

截至2019年，山东省全省累计发布地方标准3391条，这些标准于山东省地方标准公开网站（https://www.bz100.cn/member/standard/standard!getfreedb.action）公开，其中与智慧城市建设相关的空间地理元数据按照"测绘管理"与"矿政管理"划分及命名，法人元数据标准按照"工商行政""质量技术监督""国家税务""地方税务"划分及命名，人口元数据则按照"公安""民政""计生""社保"划分及命名。

截至2024年，山东省与智慧城市相关的元数据发生了较大调整，首先，将元数据标准划分为"数据元标准"与"数据集标准"，数据元主要强调通用元数据的内容与格式，数据集包括的是在数据元基础上划分成不同政务分类的元数据内容。例如：数据元标准上，DB37/T 4223.2—2020《政务信息资源 数据元 第2部分：法人单位》规定了统一社会信用代码等33个通用数据元；数据集标准上，DB37/T 4222.1—2020《政务信息资源 数据集 法人单位》按照社会团体（企业、社会组织和机关事业单位）划分为3部分，数据集标准内容需规范性引用数据元标准。人口元数据也是如此，数据元标准对通用元数据进行了设计，数据集标准则划分更为细致，由原来的4类变为10类，在内容上进行了更为细致的调整，细分成多个领域，例如社保细分为了养老保险、医保等。

整体来看，由于通用元数据的设定，山东省的智慧城市元数据进行了大幅简化。为了使多源信息系统能够明确指向政务相关部门，因此本书在人口元数据涉及的信息系统划分上，仍然使用于2009年发布、2010年实施的旧标准的命名方式，即公安、民政、计生、社保，并对细粒度的新元数据进行了归类，山东省智慧城市相关现行标准名称与涉及的信息系统如表8-3所示。法人元数据由于经历了较大幅度的删改，较难划分到原分类方式上，故统一命名为"法人"信息系统。

表8-3 山东省智慧城市有关元数据标准

标准编号	标准名称	发布日期	实施日期	是否现行	涉及的信息系统
DB37/T 4223.2—2020	政务信息资源 数据元 第2部分：法人单位	2020-11-26	2020-12-26	现行	法人

续表

标准编号	标准名称	发布日期	实施日期	是否现行	涉及的信息系统
DB37/T 4222.1—2020	政务信息资源　数据集　法人单位　第1部分：企业登记信息	2020－11－26	2020－12－26	现行	法人
DB37/T 4222.2—2020	政务信息资源　数据集　法人单位　第2部分：社会组织登记信息	2020－11－26	2020－12－26	现行	法人
DB37/T 4222.3—2020	政务信息资源　数据集　法人单位　第3部分：机关事业单位登记信息	2020－11－26	2020－12－26	现行	法人
DB37/T 4223.1—2020	政务信息资源　数据元　第1部分：人口	2020－11－26	2020－12－26	现行	人口
DB37/T 4221.1—2020	政务信息资源　数据集　人口　第1部分：出生登记信息	2020－11－26	2020－12－26	现行	计生
DB37/T 4221.2—2020	政务信息资源　数据集　人口　第2部分：户籍人口信息	2020－11－26	2020－12－26	现行	公安
DB37/T 4221.3—2020	政务信息资源　数据集　人口　第3部分：流动人口信息	2020－11－26	2020－12－26	现行	公安
DB37/T 4221.4—2020	政务信息资源　数据集　人口　第4部分：婚姻登记信息	2020－11－26	2020－12－26	现行	民政
DB37/T 4221.5—2020	政务信息资源　数据集　人口　第5部分：养老保险信息	2020－11－26	2020－12－26	现行	社保
DB37/T 4221.6—2020	政务信息资源　数据集　人口　第6部分：医疗保险信息	2020－11－26	2020－12－26	现行	社保
DB37/T 4221.7—2020	政务信息资源　数据集　人口　第7部分：失业保险信息	2020－11－26	2020－12－26	现行	社保
DB37/T 4221.8—2020	政务信息资源　数据集　人口　第8部分：工伤保险信息	2020－11－26	2020－12－26	现行	社保
DB37/T 4221.9—2020	政务信息资源　数据集　人口　第9部分：生育保险信息	2020－11－26	2020－12－26	现行	社保
DB37/T 4221.10—2020	政务信息资源　数据集　人口　第10部分：死亡信息	2020－11－26	2020－12－26	现行	公安

北京市质量技术监督局网站（https://scjgj.beijing.gov.cn/cxfw/）公开了北京市地方标准。经查询北京市地方标准目录，得到与智慧城市建设有关元数据标准共3个，如表8－4所示。

表 8 - 4　北京市智慧城市相关元数据标准

标准编号	标准名称	涉及的信息系统
DB11/T 3040—2024	法人和其他组织统一社会信用代码数据元交换规范	法人
DB11/T 448—2021	法人基础数据元规范	法人
DB11/T 1441—2017	地理国情信息内容与指标	地理

北京市涉及元数据的标准包括 3 个，为法人基础信息与城市基础地理信息，因此归纳为法人信息系统与地理信息系统。

根据国家及行业标准，贵州省、山东省和北京市地方标准，山东省及贵州省地方标准中对政府元数据的划分较为详细，国家及行业标准与北京市标准较为笼统，各个地方标准由于地方自然条件、技术水平和经济发展程度有差别，因此在标准的设计上也存在不同之处。通过归纳分类，本书将以上国家及行业标准和地方标准中涉及的信息系统进行归纳，如表 8 - 5 所示。

表 8 - 5　国家及行业标准和地方元数据标准中涉及的信息系统

标准	信息系统													
	人口信息系统	人口基本信息系统	公安	民政	社保（人社）	卫生与计生（计生）	个税	法人信息系统	工商	国税	质监	地税	法人税务	地理信息系统
国家及行业标准	√	√	√											√
北京市地方标准								√						√
山东省地方标准			√	√	√	√		√						
贵州省地方标准	√	√	√			√	√	√		√			√	

根据表 8 - 5，国家及行业标准、山东及贵州地方标准（3 种）涉及人口相关的元数据项，北京、山东和贵州 3 种地方标准都对法人相关的数据进行了元数据设计，国家及行业标准和两种地方标准对地理进行了元数据设计。笔者查阅各省市人民政府办事大厅，办事类别一般也分为"个人办事"与"法人办事"两大类。可见"人口"与"法人"两大类可以基本将政府部门产生的元数据概括起来，因此本书将一级信息系统设为人口信息系统、法人信息系统和地理信息系统，其中人口信息系统和法人信息系统可以进一步展开，包含的内容也可以进一步细分、明确。对于不同标准中对同一类事物的不同表达，如"社保"与"人社"，在表 8 - 5 中，统一使用"社保"这一表达方式，"卫生与计生"和"计生"为同类，统一采用"卫生与计生"来表达。

人口基本数据方面，国家出台的 GA 214.1—2004《常住人口管理信息规范　第 1 部分：基本数据项》与 GA/T 543—2005《公安业务基础数据元素集》对应的信息系统为公安系统，山东省于 2009 年发布 4 种与人口基本数据相关的标准：DB37/T 1444—2009《人口基础信息数据元目录　第 1 部分：公安数据元》、DB37/T 1445—2009《人口基础信息数据元目录　第 2 部分：民政数据元》、DB37/T 1446—2009《人口基础信息数据元目录　第 3 部分：计生数据元》及 DB37/T 1447—2009《人口基础信息数据元目录　第 4 部分：社保数据元》。这 4 种标准将人口基本数据分为 4 部分：公安、民政、计生、社保。贵州省人口基础数据与山东省有所重合，但在命名方式上有所区别，贵州省分为基本信息和扩展信息，扩展信息包括公安、民政、人社、卫生和计划生育、税务 5 个元数据模块，其中，贵州省的税务元数据指的是个人所得税的基本信息及缴纳情况，因此税务元数据被纳入了人口元数据中。结合国家和地方标准划分模式和命名思路，借鉴贵州省将元数据划分为"基本"及"扩展"的架构，本书将人口信息系统划分为人口基本信息系统和人口扩展信息系统，后者包括公安信息系统、民政信息系统、卫生与计生信息系统、社保信息系统、个税信息系统，如图 8 - 2 所示。

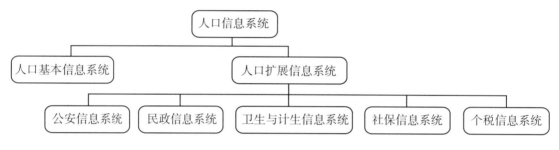

图 8 - 2　人口信息系统架构

法人方面，各地方标准都对法人相关元数据进行了设计，且都包括了法人的基本信息元数据。但各地区的标准也存在着差异，主要体现在设计内容和划分方法上：北京市主要针对法人的基本信息进行元数据设计，并未进一步细分；贵州省设计的法人相关元数据内容则较为丰富。划分方法上，贵州省将法人单位基础数据分为基本信息和扩展信息两大类，其中扩展信息包括工商、税务、质监。本书将法人信息系统按照贵州省的大类划分架构，分为工商行政信息系统及法人扩展信息系统，补齐各地区的元数据所包含的所有内容，将扩展信息系统下设质监信息系统、国税信息系统、地税信息系统三个部分，如图8 - 3所示。

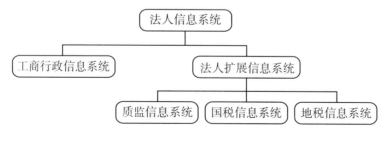

图 8 - 3　法人信息系统架构

8.2　智慧城市多源信息系统元数据内容规范化

根据上一节中对于多源信息系统的确定，可将智慧城市多源信息系统定义为人口、法人两大部分，人口与法人信息又可划分为基本信息系统与扩展信息系统，在本节内容中，本书将继续结合国家与地方标准，对智慧城市元数据的内容进行分析及初步构建。

8.2.1　人口信息系统元数据内容规范化

GA 214.1—2004《常住人口管理信息规范　第 1 部分：基本数据项》规定了，公安机关在管理常住人口信息时所使用的基本数据项，适用于常住人口信息数据的处理、交换和共享。这部分内容分为两个部分，人口基本信息与门（楼）牌信息，如图 8 - 4 所示。

GA 214.1—2004《常住人口管理信息规范　第 1 部分：基本数据项》主要显示了公民的基本信息并证明公民身份，同时起到识别公民特征的作用，分为两大部分，第一部分为"人口基本信息"，第二部分为"门（楼）牌信息"。"人口基本信息"大致可分为 4 个部分：①个体特征，包括身份证号码、姓名、曾用名、性别、民族、出生日期、出生时间；②关系特征，包括监护人、父母、配偶等信息；③社会信息，包括籍贯、宗教信仰、文化程度、婚姻状况、兵役状况、身高、血型、职业等；④户口信息，如迁来、迁出情况等。"门（楼）牌信息"则是对地址信息的详细展开，从省、市、县（区）到社区（村）都有详细的描述。

GA/T 543—2005《公安业务基础数据元素集》主要规定了公安业务基础数据元素的内部标识符分组和注册管理办法，以及数据元素属性的格式描述。通过对内容的总结与归纳，本书将该标准的主要内容归为两大类：第一类与 GA 214.1—2004《常住人口管理信息规范　第 1 部分：基本数据项》内容大致相同，即与个人信息有关的数据元素，包括个人信息如身份证号码、姓名、性别等，但在命名上也确有不同，如 GA 214.1—2004《常住人口管理信息规范　第 1 部分：基本数据项》中使用了"性别"这一名称指代公民的性别，而 GA/T 543—2005《公安业务基础数据元素集》则使用的是"性别代码"指代，可见目前各标准之间尚未形成统一的命名规定，需要提出一套统一的示范性标准；第二类则与公安刑侦业务联系更为紧密，主要内容为犯罪刑侦等专业数据集，如与违法犯罪案件有关的"涉案物品类型"、与禁毒治安有关的"毒品种类代码"等，其描述对象为嫌疑人，主要内容与公安机关展开调查的案件相关；第三类则是与公安机关的日常业务有关，如车牌号、营业执照号等，与公安机关的日常便民业务相关。

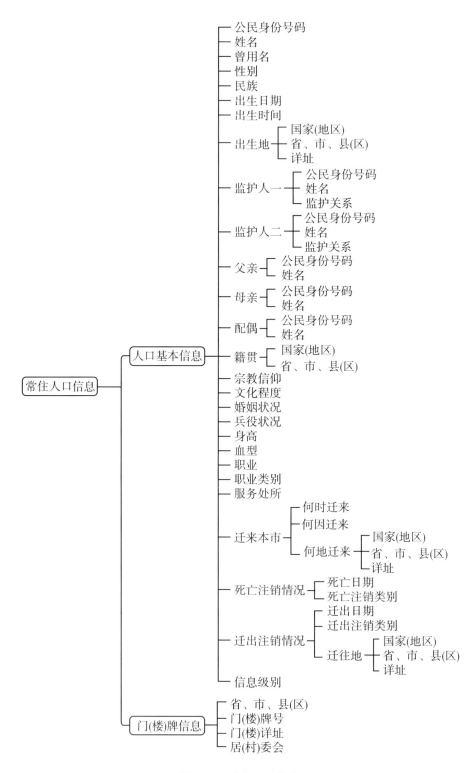

图 8 – 4　常住人口信息

贵州省地方标准 DB52/T 1239.1—2017《政府数据　核心元数据　第 1 部分：人口基础数据》规定了政府数据核心元数据的人口基础数据的元数据、人口基础数据框架、基本信息、扩展信息，扩展信息包括公安、民政、人社、卫生和计划生育、税务，基础数据包括姓名、公民身份号码、性别代码、民族代码、出生日期、住址等。该标准与行业标准 GA 214.1—2004《常住人口管理信息规范　第 1 部分：基本数据项》大致相同，但更加细化，增加了联系电话、通讯地址等信息；扩展信息中的公安拓展信息与 GA/T 543—2005《公安业务基础数据元素集》有所不同，贵州省政府数据中的公安扩展信息主要内容为身份证件签发、户籍、死亡信息，并未涉及刑侦治安等职责功能；扩展信息中的民政信息主要内容包括婚姻登记信息和低保救助信息；人社信息主要为公共信息、养老保险信息、医疗保险信息、工伤保险信息；卫生和计划生育部分主要由人口学特征卫生信息（如出生地类别代码、分娩日期）、生育服务证信息、出生医学证明信息、发证单位组成；税务部分包括个人所得税自行纳税基本信息、个人所得税基础信息，如图 8 - 5 所示。

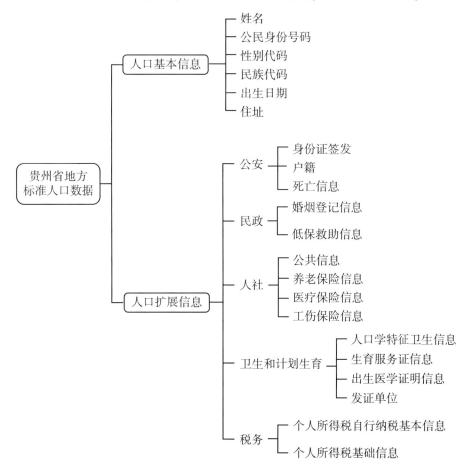

图 8 - 5　贵州省地方标准人口数据项

贵州省政府信息核心元数据中，人口基础数据与上文的行业标准有些许不同，行业标准更注重将所有与人口有关的数据进行完善的展示与说明，而地方标准则更侧重与政府部门的配合。例如，贵州省人口扩展数据中的公安、民政、人社信息，对应的政府部门分别为贵州省公安厅、贵州省民政厅、贵州省人力资源和社会保障厅。同时元数据内容更为详细，如"通讯地址"（即家庭住址）、"联系电话"等，更加突出地方标准的切合实际的特征。

山东省将人口基础信息元数据分为 10 个部分：出生登记、户籍人口、流动人口、婚姻登记、养老保险、医疗保险、失业保险、工伤保险、生育保险、死亡信息。现行标准在元数据内容上注重类别的细化，其中 10 个部分中有 5 个部分都属于保险类的细化，对比来看，现标准的实际内容不如原标准内容翔实丰富，因此选取可借鉴程度较高的原标准内容。山东省将人口基础信息元数据划分为 4 个部分：公安元数据、民政元数据、计生元数据以及社保元数据。第一部分公安元数据规定公安人口管理中的元数据，适用于人口基础信息库中公安部门与各参建单位及应用部门之间的信息共享和交换，也适用于其他政务部门依据目录来开展信息共享与交换工作。其主要内容与 GA 214—2004《常住人口管理信息规范》基本一致，但该标准中的公安元数据内容并不契合本书中的公安元数据，反而内容上更加贴合人口基本信息元数据，如表 8-6 所示。

表 8-6　山东省公安元数据

内部标识符	中文名称
01001	公民身份号码
01002	姓名
01003	性别代码
01004	出生日期
01005	出生地国家和地区代码
01006	出生地省、市、县代码
01007	民族代码
01008	身高
01009	血型代码
01010	文化程度代码
01011	婚姻状况代码
01012	籍贯省市县代码
01013	职业

内部标识符	中文名称
01014	职业类别代码
01015	服务处所
01016	兵役状况代码
01017	宗教信仰代码
01018	相片

第二部分为民政数据元，内容仅限于结婚申请人在户籍管理部分的注册与登记，主要内容如表 8－7 所示。

表 8－7　山东省民政元数据

内部标识符	中文名称
02001	结婚申请人男方姓名
02002	结婚申请人女方姓名
02003	男方申请人证件类型
02004	男方身份证件号码
02005	女方申请人证件类型
02006	女方身份证件号码
02007	男方公民身份号码
02008	女方公民身份号码
02009	男方出生日期
02010	女方出生日期
02011	男方婚姻状况
02012	女方婚姻状况
02013	男方户籍地行政区划代码
02014	女方户籍地行政区划代码
02015	结婚登记日期
02016	结婚登记承办机关
02017	结婚证字号

第三部分为计生数据元，主要内容为子女出生健康状况、子女出生日期等，与贵州省卫生计生元数据不同，山东省元数据只规定人口计划生育管理中的数据元，即从妊娠到出生、避孕整个计划生育过程的数据元。

第四部分为社保数据元，内容包括参保人的各项基本信息，如身份号码、民族、工作单位等，但社会保险类型较多，山东省并未加以区分，这点与贵州省差异较大。

根据国家及行业标准与地方标准中关于人口信息的数据元内容描述，本书将各标准的特征进行整理，如表8-8所示。

表8-8　国家及行业标准与地方标准特征

标准名称	简介	内容概括	特点优点
GA 214.1—2004《常住人口管理信息规范 第1部分：基本数据项》	该标准规定了在管理常住人口信息时所使用的基本数据项，适用于常住人口信息数据的处理交换和共享	能够包含大部分人口基本数据，但由于标准的适用范围为全国，因此对不便于大范围管理的数据项进行了缺省处理，如联系电话等	权威、全面地概括了人口基本信息，为构建地方标准中的人口基本数据提供了有意义的参考，但与地方标准相比，缺少结合实际情况的元数据，且包含部分户籍元数据，在本节中属于公安信息系统范畴
GA/T 543—2005《公安业务基础数据元素集》	规定了公安业务基础数据元素的内部标识符分组和注册管理办法，以及数据元素属性的格式描述。该标准适用于公安信息化工程建设、应用和管理	对公安业务中产生的数据元进行了极为细致的概括，治安、刑侦、经侦等领域都有所涉及	全面概括了公安业务基础数据元素，为构建地方标准中的公安基本元数据提供了参考，但部分元数据太过于专业且具有保密性，在智慧城市的构建中发挥的价值较低
贵州省 DB52/T 1239.1—2017《政府数据 核心元数据 第1部分：人口基础数据》	人口基础数据分为基本信息和扩展信息两大类。人口基础数据为人口基本信息，扩展信息包括公安、民政、人社、卫生和计划生育、税务	将政府建设中的元数据进行了分类，且对应不同数据源部门	分类较详尽、内容充实，十分具有借鉴意义
山东省 DB37/T 4223.1—2020	适用于人口基础信息库中公安、民政、计生、社保部门与各参建单位及应用部门之间的信息共享和交换，也适用于其他政务部门依据目录来开展信息共享与交换工作	规定了公安、民政、计生、社保等用到的人口基本信息	内容翔实，分类清晰

综上所述，各标准都在一定程度上为普适性的智慧城市元数据内容建设提供借鉴意义。本书结合各标准的特点，将智慧城市元数据内容大致建设思路确定为：以较成熟地方

标准的框架为结构，以较为翔实的国家及行业标准为内容，剔除对智慧城市建设中不必要的过于专业的元数据，保留与市民相关的数据项，作为智慧城市元数据内容；在人口基本数据方面，以 GA 214.1《常住人口管理信息规范　第 1 部分：基本数据项》为轮廓，同时将地方标准中涉及但国家及行业标准未纳入的元数据进行添加，公安信息则以国家 GA/T 543—2005《公安业务基础数据元素集》为标准，保留与智慧城市建设相关的元数据；民政部分结合贵州省与山东省的信息，山东省民政元数据在婚姻登记方面较为详细，贵州省内容相对简略但除结婚登记方面还加入了低保救助信息，因此本书结合了山东省与贵州省的民政元数据内容，产生了智慧城市多源信息系统中民政系统的元数据；社保的内容上，山东省较为笼统，因此以贵州省为标准；卫生与计生同样也是结合了山东省与贵州省的元数据标准进行拟定；个税部分由于只有贵州省提出了相应元数据，因此本书以贵州省个税标准进行了个税信息系统元数据内容的拟定。初拟方案如表 8 – 9 至表 8 – 14 所示。

表 8 – 9　人口基本信息系统元数据方案

序号	元数据名称	定义
1	姓名	在户籍管理部门正式登记注册、人事档案中正式记载的姓氏名称
2	公民身份号码	赋码机关为每个公民给出的唯一的、终身不变的法定标识号码
3	性别	人的性别
4	民族	人的民族
5	出生日期	人的出生年月日
6	住址	证件视读和机读项目记载的常住户口所在地住址
6.1	乡镇（街道）名称	我国区、县以下行政区划乡、镇、街道办事处等的名称
6.2	街路巷名称	城市或乡镇街、路、胡同的名称
6.3	门（楼）牌号	门（楼）牌号的描述
6.4	门（楼）详细地址	门（楼）牌号以下的地址描述
7	相片	能够反映人员正面整体脸部特征的照片
8	籍贯	人的出生国家和地点
8.1	籍贯国家（地区）	祖居地或原籍地国家或地区
8.2	籍贯省市县	祖居地或原籍地县级及县级以上名称
9	职业	从事的社会性工作的名称
10	宗教信仰	宗教信仰
11	婚姻状况	当前的婚姻状况
12	兵役状况	公民服兵役状况

续表

序号	元数据名称	定义
13	身高	人的身高
14	血型	人的血型
15	文化程度	在教育机构接受科学、文化知识训练并获得国家教育行政部门认可的最高学历的名称

注：参照贵州 DB52/T 1239.1—2017《政府数据　核心元数据　第1部分：人口基础数据》进行定义。

表 8－10　公安信息系统元数据方案

序号	元数据名称	定义
1	指纹指位代码	指纹所处手指位置的代码
2	指纹纹型代码	指纹的中心花纹基本形态代码
3	指纹图形	人的指纹的图形
4	有效期起始日期	居民身份证的有效期起始日期
5	有效期截止日期	居民身份证的有效期截止日期
6	签发机关	居民身份证的签发机关
7	与户主关系代码	户成员与户主的关系代码
8	户号	户口簿的编号
9	迁来本市情况/何时迁来	对由本市（县）以外地区迁入的公民，填写其迁入落户的时间
10	迁来本市情况/何因迁来	户籍迁来本市（县）的原因
11	迁来本市情况/何地迁来	户籍从何地迁来本市（县）
12	迁出注销情况/迁出日期	户籍迁出本市（县）的日期
13	迁出注销情况/迁出注销类别	户籍迁出本市（县）或注销的类别
14	迁出注销情况/迁往地	迁出本市情况/迁往地
15	死亡日期	人的死亡日期
16	死亡注销类别	死亡注销的类别
17	死亡证明编号	死亡证明的编号

表 8－11　民政信息系统元数据方案

序号	元数据名称	定义
1	婚姻登记证类别代码	当前婚姻登记证类别代码
2	办理机关编号	办理婚姻登记证的机关的编号
3	办理机关名称	办理婚姻登记证的机关名称
4	婚姻登记时间	最近一次结婚或离婚的登记时间
5	结婚登记字号	结婚申请人结婚的证件号码

续表

序号	元数据名称	定义
6	结婚申请人男方姓名	结婚申请人男方在户籍管理部门正式登记注册、人事档案中正式记载的姓氏名称
7	结婚申请人女方姓名	结婚申请人女方在户籍管理部门正式登记注册、人事档案中正式记载的姓氏名称
8	男方身份证类型	由特定机构颁发的可以证明结婚申请人男方个人身份的证件的名称
9	男方身份证号码	结婚申请人男方身份证件上记载的、可唯一标识个人身份的号码
10	女方身份证类型	由特定机构颁发的可以证明结婚申请人女方个人身份的证件的名称
11	女方身份证号码	结婚申请人女方身份证件上记载的、可唯一标识个人身份的号码
12	男方出生日期	结婚申请人男方出生证签署的，并在户籍部门正式登记注册、人事档案中记载的日期
13	女方出生日期	结婚申请人女方出生证签署的，并在户籍部门正式登记注册、人事档案中记载的日期
14	低保人员劳动能力代码	申请低保的人员所具有的劳动能力的代码
15	低保人员类别代码	申请低保的人员所属类别代码
16	低保人员工作性质代码	申请低保的人员所从事的工作性质代码
17	低保家庭领取证号	申请低保的家庭获取到的证件编号

表 8 – 12　社保信息系统元数据方案

序号	元数据名称	定义
1	扣款银行	采用银行缴费方式缴纳社会保险费用时，个人自行选择的代收社会保险费用的银行
2	扣款银行卡号或存折号	用于缴纳社会保险费用的银行卡号或存折号
3	离退休时间	由组织、人事部门批准的离退休日期
4	离退休人员类别	离退休人员的类别
5	领取养老金标识	是否领取养老金的状态标识
6	养老保险参保时间	参加养老保险的起始时间
7	养老保险参保状态	参加养老保险的状态
8	参加医疗保险类别	个人所参加的医疗保险的类别
9	医疗保险参保时间	参加医疗保险的起始时间
10	医疗保险参保状态	参加医疗保险的当前状态

续表

序号	元数据名称	定义
11	工伤事故时间	申请工伤的职工发生工伤事故的时间
12	工伤诊断时间	申请工伤的职工的受伤诊断时间
13	受伤害部位	工伤造成身体伤害的部位
14	职业病名称	申请工伤的职工的职业病名称
15	接触职业病危害岗位	申请工伤的职工接触的职业病危害岗位
16	接触职业病开始时间	申请工伤的职工接触的职业病的开始日期
17	伤残等级	专业机构认定的伤残等级
18	工伤保险参保时间	参加工伤保险的起始日期
19	工伤保险参保状态	参加工伤保险的状态

表 8－13　卫生与计生信息系统元数据方案

序号	元数据名称	定义
1	出生地类别代码	个体出生地点的类别在特定编码体系中的代码
2	孕产妇分娩地点类别代码	孕产妇分娩地点类别在特定编码体系中的代码
3	分娩日期	产妇分娩胎儿娩出当日的公元纪年日期
4	死亡地点类别代码	个体死亡时所在地点类别在特定编码体系中的代码
5	传染病患者归属代码	传染病患者现住地址与就诊医院所在地区关系在特定编码体系中的代码
6	电子生育服务证号	电子生育服务证号
7	普通生育服务证号	普通生育服务证号
8	生育登记孩次	生育登记孩次
9	生育服务证状态	生育服务证状态
10	女方姓名	已进行生育登记的夫妇女方姓名
11	男方姓名	已进行生育登记的夫妇男方姓名
12	登记单位	进行生育登记的计生部门名称
13	登记单位电话	进行生育登记的计生部门联系电话
14	登记日期	生育登记成功日期
15	备注	记录有关生育登记的说明
16	出生医学证明编号	婴儿出生时医学证明上的编号
17	新生儿姓名	新生儿的中文姓名全称
18	出生时间	婴儿出生的具体时间

序号	元数据名称	定义
19	出生地点	婴儿出生的具体地点
20	接生机构名称	负责接生的机构的名称
21	父亲姓名	父亲姓名
22	父亲身份证号码	父亲身份证号码
23	母亲姓名	母亲姓名
24	母亲身份证号码	母亲身份证号码
25	发证日期	证件颁发的日期
26	发证单位	证件颁发机关的名称

表 8-14　个税信息系统元数据方案

序号	元数据名称	定义
1	个人所得税自行申报情形	个人所得税自行申报情形
2	所得时间	纳税人取得所得的起止时间
3	所得项目	纳税人的所得项目
4	收入额	纳税人实际取得的全部收入额
5	免税所得	可以免税的所得
6	税前扣除项目	可以在税前扣除的项目
7	减除费用	可以在税前减除的费用
8	准予扣除的捐赠额	可以在税前扣除的捐赠额
9	应纳税所得额	应纳税的所得金额
10	应纳税额	纳税人依照税法规定的费用减除标准和适用税率计算的应纳税额
11	减免税额	符合税法规定可以减免的税款
12	已缴税额	纳税人当期已实际被扣缴或缴纳的个人所得税税款
13	应补（退）税额	应补（退）税的金额
14	个人所得税纳税人类型	缴纳个人所得税的自然人的类型
15	纳税人识别号	自然人在税务机关登记的纳税人识别号
16	"三险一金"缴纳情况	纳税人缴纳社会保险费的实际情况
17	是否残疾、烈属、孤老	纳税人是否是残疾人、烈属或孤寡老人

8.2.2　法人信息系统元数据内容规范化

在与法人相关的标准中，主要有北京市 DB11/T 448—2007《法人基础信息数据元目录规范》、山东省 DB37/T 4222—2020《政务信息资源　数据集　法人单位》、贵州省

DB52/T 1239.2—2017《政府数据 核心元数据 第2部分：法人单位基础数据》。

DB11/T 448—2007《法人基础信息数据元目录规范》由北京市信息化工作办公室提出和归口，充分考虑北京市各政府职能部门现有业务管理信息系统特点、业务需要以及信息化发展趋势，规定法人基础信息数据元内容。该标准将法人信息划分为法人、组织机构代码证、组织机构代码证变更、年检、法定代表人、注册或开办资金、分支机构、法人证书变更、营业执照吊销、税务登记10个对象类，如图8-6所示。

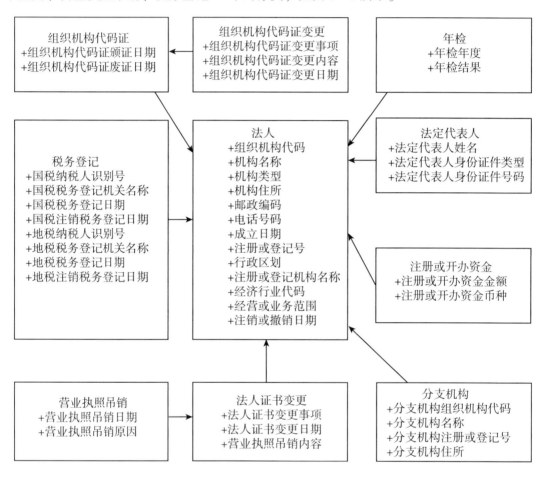

图8-6 北京市法人信息划分方法

山东省法人元数据与人口元数据一样，新旧标准间旧标准划分更为明确，因此内容上更具有指导性。旧标准分为4大模块，即工商行政、质量技术监督、国家税务和地方税务，其中工商行政管理元数据的内容为法人的基本信息，如企业注册号、机构名称等，如图8-7所示。

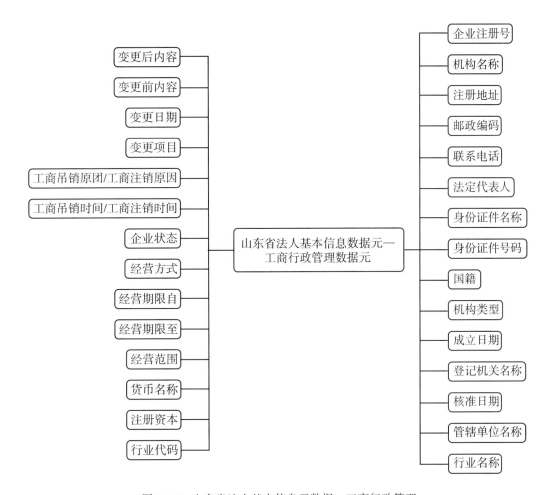

图 8 - 7 山东省法人基本信息元数据—工商行政管理

注：山东省文件中名为"数据元"直接引用文件原名时用"数据元"，正文阐述时，用"元数据"。

贵州省 DB52/T 1239.2—2017《政府数据 核心元数据 第 2 部分：法人单位基础数据》将法人单位基础数据分为两大部分：基本信息和扩展信息，其中扩展信息包括工商、税务和质监三部分，如图 8 - 8 所示。

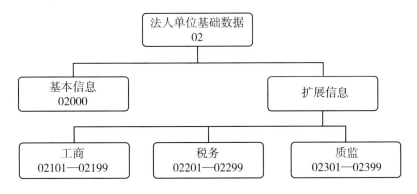

图 8 - 8 贵州省法人单位基础数据模块

在法人元数据方面，北京市与贵州省的元数据有许多相似之处，如在工商管理的基础元数据方面，都提出了大致相同的数据项，但详略有所不同，如北京市的法人基础数据相较于其他两省更加完善、详尽。因此，在拟定智慧城市工商行政管理基础元数据时，本书主要以北京市法人基础元数据为主要内容，以山东省、贵州省的法人基本元数据为补充。在质监方面，贵州省表述得极为简略，因此以山东省 2009 年标准 DB37/T 1437—2009《法人单位基础信息数据元目录　第 2 部分：质量技术监督数据元》为标准，进行了质监元数据的拟定。国税与地税综合了山东省与贵州省的相关元数据加以总结归纳，最终法人信息系统元数据内容如表 8 – 15 至表 8 – 18 所示。

表 8 – 15　工商行政系统元数据方案

序号	元数据名称	定义
1	组织机构代码	由组织机构代码管理部门，根据全国组织机构代码编制规则，赋予法人的组织机构代码号
2	机构名称	由企业登记管理机关、机构编制管理机关、社会团体登记管理机关以及其他法律、法规规定的组织机构登记管理机关或批准机关核准注册或登记的组织机构名称
3	机构类型	由企业登记管理机关、机构编制管理机关和社会团体登记管理机关核定或确定的类型为准，参照其他法律、法规规定的组织机构登记或批准机关核定或确定的类型
4	机构住所	法人登记机构注册、备案或批准机关批准的法人主要办事机构所在地地址，包括所属行政区划名称，乡（镇）、村、街名称和门牌号
5	邮政编码	组织机构注册或登记管理部门核发的有效证照或批文上的机构所在地址的邮政编码
6	电话号码	机构或人员的联系电话号码
7	法定代表人姓名	组织机构法定代表人（或负责人）的姓名
8	成立日期	组织机构注册或登记管理部门核发的有效证照或批文上的成立日期或批准成立日期
9	注册或登记号	企业（包括个体工商户）在工商登记机关注册的营业执照上的唯一注册号、事业单位证书号、社会团体登记证号等由法人登记机构或批准机关核发的法人证书或批文上的注册号、登记号、文号
10	行政区划	法人住所所在地的行政区划代码
11	组织机构代码证颁证日期	向法人颁发组织机构代码证的日期

续表

序号	元数据名称	定义
12	组织机构代码证废置日期	组织机构代码证被废置的日期
13	组织机构代码证变更事项	变更的组织机构代码证登记事项名称
14	组织机构代码证变更内容	变更后的组织机构代码证登记事项内容
15	组织机构代码证变更日期	变更后的组织机构代码证登记事项的日期
16	经济行业代码	组织机构所属行业类型的代码
17	职工人数	法人单位/机构下属职工人数
18	经营或业务范围	机构登记机关或批准机关核发的有效证照或批文上登记的宗旨和业务范围、生产和经营商品的类别、品种及服务项目等
19	经济类型	机构经济类型分类，按不同资本（资金来源和资本组合方式）划分的经济组织和其他组织机构的类别
20	注销或撤销日期	机构登记机关或批准机关核准法人注销或批准法人撤销的日期或执法机关吊销法人的日期
21	法定代表人身份证件类型	机构登记机关或批准机关核发的有效证照或批文上的法定代表人的身份证件类型
22	法定代表人身份证件号码	机构登记机关或批准机关核发的有效证照或批文上的法定代表人的身份证件号码
23	注册或开办资金金额	机构在登记管理机关依法登记的资本总额
24	注册或开办资金币种	机构在登记管理机关依法登记的资本比重，价值交换的中介的名称
25	实收资本	指企业实际收到的投资人投入的资本
26	分支机构组织机构代码	由组织机构代码管理部门，根据全国组织机构代码编制规则，赋予法人所属分支机构的组织机构代码号
27	分支机构名称	由法人登记机构核准注册、备案或由批准机关批准的法人所属分支机构名称
28	分支机构注册或登记号	营业执照注册号、社会团体登记证号等由法人登记机构或批准机关核发的法人分支机构证书或批文上的注册号、登记号、文号
29	分支机构住所	法人登记机构核准注册、备案或由批准机关批准的法人所属分支机构主要办事机构所在地地址，包括所属行政区划名称、乡（镇）、村、街名称和门牌号
30	法人证书变更事项	工商行政管理部门办理变更登记的项目名称

续表

序号	元数据名称	定义
31	法人证书变更内容	企业变更事项的变更后内容
32	法人证书变更日期	企业变更事项的日期
33	办理变更机关	企业办理变更事项的机关
34	营业执照吊销日期	企业营业执照被吊销或注销的日期
35	营业执照吊销原因	企业营业执照被吊销或注销的原因

表 8－16　质监信息系统元数据方案

序号	元数据名称	定义
1	主管部门	上级行政主管部门的名称
2	主要产品	机构生产、销售的主要产品
3	主要股东	主要股东名称
4	办证日期	办理组织机构代码证的日期
5	定期检验日期	组织机构代码定期检验的日期
6	登记批准机构	办理登记、审批的机构代码
7	年检年度	法人在工商行政管理部门、机构编制部门、民政部门等法人登记机构进行年检的年度
8	年检结果	法人在工商行政管理部门、机构编制部门、民政部门等法人登记机构进行年检的情况
9	批准文号	机构登记机关或批准机关核发的批文上登记的号码
10	注册号	机构登记机关或批准机关核发的有效证照上的登记号码
11	办证机构	组织机构代码的办理机构
12	职工人数	法人单位的职工人数
13	经办人	办理组织机构代码的人的姓名
14	内设机构组织机构代码	内设机构组织机构代码
15	内设机构名称	内设机构的中文名称
16	内设机构联系电话	内设机构的联系电话
17	录入日期	内设机构的录入日期

表 8 – 17   国税信息系统元数据方案

序号	元数据名称	定义
1	国税纳税人识别号	国税税务登记证上的纳税人识别号
2	国税税务登记机关名称	国税税务登记证上的登记机关全称
3	国税税务登记日期	法人办理国税税务（设立）登记的日期
4	国税注销税务登记日期	法人注销国税税务登记的日期
5	纳税人名称	国税纳税人名称
6	办理税务登记机关	机构办理税务登记的机关名称
7	税务登记注销机关	办理税务登记注销的机关名称
8	非正常户认定日期	国税部门认定为非正常户的日期

表 8 – 18   地税信息系统元数据方案

序号	元数据名称	定义
1	地税纳税人识别号	税务部门为纳税人分配的唯一税务登记编号
2	地税税务登记机关名称	地税税务登记证上的登记机关全称
3	地税税务登记日期	法人办理地税税务（设立）登记的日期
4	地税注销税务登记日期	法人注销地税税务登记的日期
5	地税纳税人名称	地税纳税人的名称
6	非正常户认定日期	地税部门认定纳税人为非正常户的日期

8.3   智慧城市多源信息系统元数据格式规范化

在国外，主流的两大政府信息元数据标准主要是 GLIS 和 DC-government，其他各国的相关标准规范都或多或少借鉴了这两大标准，其中具有代表性的有英国的 e-Government Metadata Standard 和澳大利亚的 Australian Government Legal Service。我国第一个正式的政府信息管理元数据标准是 2007 年出台的 GB/T 2106.3—2007《政务信息资源目录体系第 3 部分：核心元数据》，该标准作为政府信息资源目录体系的一部分，主要用于信息资源目录的描述、编目、建库、发布和查询。2009 年和 2017 年我国分别出台的《政府信息公开目录系统实施指引》（以下简称《指引》）和《政务信息资源目录编制指南》（以下简称《指南》）对政府信息资源元数据做了规范说明。在地方层面上，主要有山东省2016 年发布的 DB37/T 2285—2016《政务信息资源核心元数据》、贵州省 2016 年发布的DB53/T 1124—2016《政府数据资源目录　第 1 部分：元数据描述规范》。

我国的标准规范各有特点，特别是在资源利用上，GB/T 2106.3—2007《政务信息资源目录体系 第 3 部分：核心元数据》侧重公共信息资源描述和以交换服务为基础的资源共享，《指引》侧重信息公开但不够详细，《指南》侧重共享和开放。两个地方标准在利用上也各有不同的侧重点，山东省的 DB37/T 2285—2016《政务信息资源核心元数据》侧重共享，贵州省 DB52/T 1124—2016《政府数据资源目录 第 1 部分：元数据描述规范》主要描述政府的数据资源，并且在利用上涉及数据的开放。贵州省与山东省的元数据标准是建立在自身城市建设上开发设计的元数据标准，因此更具借鉴意义。

政府数据资源元数据是对数据资源的描述。贵州省政府数据资源元数据格式包括：标识符、中文名称、字段名称、定义、数据类编号、数据类名称、数据类型、表示格式、值域、提供部门编码、提供部门名称、提供部门简称、共享类型、开放类型以及提供方式。实例如图 8-9 所示。

公民身份号码

标识符：01000002

中文名称：公民身份号码

字段名称：GMSFHM

定义：赋码机关为每个公民给出的唯一的、终身不变的法定标识号码

数据类编号：01000

数据类名称：基本信息

数据类型：公文类

表示格式：c18

值域：采用 GB 11643 的规定

提供部门编码：02019

提供部门名称：贵州省公安厅

提供部门简称：省公安厅

共享类型：无条件共享

开放类型：依申请有条件开放

提供方式：包括但不限于"API 获取"、"数据库封装"、"文件"、"网页链接"、"推送"或"交换库"

注：同义名称有"身份证号码""身份证件号码""身份证件号"等。

图 8-9 贵州省元数据格式实例

贵州省政府数据资源元数据描述如下：

"标识符"是由注册机构分配的、与语言无关的元数据的唯一标识符，是唯一且不可为空的。

"中文名称"指元数据的中文名称，是赋予元数据的单个或多个中文字词的指称，类型为字符串，为必填项。

"字段名称"是在提供的共享数据中对应的字段名称，非必填项，默认为中文名称的大写首字母。

"定义"表达一个元数据的本质特性并使其区别于所有其他元数据的陈述，为必填项，对应政府数据资源目录的名词解释。

"数据类编号"是政府数据资源目录提供部门给出的数据类编号；必选，编号由贵州省统一制定。

"数据类名称"是指政府数据资源目录提供部门根据业务情况给出的数据类名称，可能的实例包括"人员类""机构类""位置类""时间类""公文类""其他类"。

"数据类型"表示元数据值的不同值的集合，非必填项，可能的实例包括"字符""数值""日期""时间""日期时间""二进制"。

"表示格式"是从应用的角度规定的元数据值的格式需求，包括所允许的最大或最小字符长度，元数据值的类型和表示格式等，数据格式的表示已进行特别编码。

"值域"的定义为根据相应属性中所规定的表示形式、格式、数据类型和最大与最小长度而决定的元数据的允许实例表示的集合。该集合可以根据名称、引用来源、实例表达的枚举，或者根据实例生成规则来规定。当值域是编码表示的枚举形式时，每一个元数据值及其实例都应当成对表示。

"提供部门编码"即政府数据资源目录提供部门对应的编码。

"提供部门名称"为政府数据资源目录提供部门中文名称的全称。

"提供部门简称"为政府数据资源目录提供部门中文名称的简称。

"共享类型"为数据共享交换的类型，实例为"政府部门无条件共享""政府部门有条件共享""不予共享"。

"开放类型"为数据开放的类型，实例为"完全开放""依申请有条件开放""不予开放"。

"提供方式"是数据提供的方式，实例为"API获取""数据库封装""文件""网页链接""API推送""共享资源库""其他"。

附加类属性——备注则是政府数据资源元数据的附加注释，即在上述属性未能描述的其他注释。

山东省的地方标准中，元数据的格式随着时间进行了更新，2009年的地方标准中共含有15个属性，分别为中文名称、内部标识符、英文名称、中文全拼、定义、语境、对象类词、特性词、表示词、数据类型、数据格式、值域、同义名称、关系和备注。实例如图 8 - 10 所示。

中文名称：公民身份号码
内部标识符：01001
英文名称：number of citizen identification
中文全拼：gong-min-shen-fen-hao-ma
定义：赋码机关为每个公民给出的唯一的，终身不变的法定标识号码
语境：
对象类词：公民
特性词：身份
表示词：号码
数据类型：字符型
数据格式：an.18
值域：符合 GB 11643《公民身份号码》
同义名称：社会保障号码、身份证号、居民身份证号
关系：
备注：等同 GB/T 19488.2 数据元 01005 "公民身份号码"

图 8 - 10　山东省元数据格式实例（2009 年）

而 2015 年的标准，将 15 个属性的格式改为 13 个，删除"语境"及"关系"属性，实例如图 8 - 11 所示。

中文名称：住址
内部标识符：00002
英文名称：address
中文全拼：zhu-zhi
定义：除县以上行政区划外的地址内容，如乡、镇、村、街道巷、楼号等
对象类词：地区
特性词：详细地址
表示词：名称
数据类型：字符型
数据格式：an..400
值域：
同义名称：
备注：

图 8 - 11　山东省元数据格式实例（2015 年）

2020 年，山东省有关通用元数据的标准将属性格式删减至 7 个，仅保留了"中文名称""数据元标识符""定义""数据类型""数据格式""值域""备注"。实例如图 8 - 12 所示。

　　中文名称：统一社会信用代码
　　数据元标识符：DE00201001
　　　　定义：机构在全国范围内唯一的、终身不变的法定身份识别码。
　　数据类型：字符型
　　数据格式：an18
　　　　值域：应满足 GB 32100 中的编码要求。
　　备注：

图 8 - 12　山东省元数据格式示例（2020 年）

　　北京市的元数据标准格式属性最为全面，共有 21 个属性值，包括中文名称、英文名称、中文全拼、内部标识符、版本、同义名称、语境、定义、对象类词、特性词、应用约束、分类方案、分类方案值、关系、表示词、数据类型、数据格式、值域、计量单位、提交机构、备注。实例如图 8 - 13 所示。

组织机构代码
中文名称：组织机构代码
英文名称：National organization code
中文全拼：zu-zhi-ji-gou-dai-ma
内部标识符：0001
版本：1.0
同义名称：
语境：法人基础信息共享交换领域的相关业务及信息系统
定义：由组织机构代码管理部门，根据全国组织机构代码编制规则，赋予法人的组织机构代码号
对象类词：法人
特性词：组织机构代码
应用约束：
分类方案：csBeijingit2006
分类方案值：0001
关系：
表示词：号码
数据类型：字符型
数据格式：an9
值域：其表示方法应符合 GB 11714—1997 的规定
计量单位：
提交机构：质量技术监督部门
备注：

图 8 - 13　北京市元数据格式实例

　　本书将贵州省、山东省、北京市元数据标准的格式进行对比，如表 8 - 19 所示，将重合率较高的属性作为智慧城市元数据建设中的格式标准。

表 8 – 19　贵州省、山东省、北京市元数据标准格式对比

地区	元数据标准格式														
	标识符	中文名称	英文名称	中文全拼	版本	字段名称	定义	语境	分类方案	分类方案值	数据类编号	数据类名称	对象类词	特性词	表示词
贵州省	√	√				√	√				√	√			
山东省	√	√					√								√
北京市	√	√	√	√	√		√	√	√	√		√	√	√	√

地区	数据类型	表示格式	值域	同义名称	计量单位	提供部门编码	提供部门名称	提供部门简称	共享类型	开放类型	提供方式	关系	应用约束	备注
贵州省	√	√	√			√	√		√	√	√			
山东省	√		√											√
北京市	√	√	√	√	√		√					√	√	√

　　其中，三个省市的共同具备的元数据属性为标识符、中文名称、定义、数据类型、表示格式、值域 6 个部分，为了体现多源信息系统的特性，增加了数据类名称——元数据所属多源信息系统名称，共 7 个部分作为智慧城市元数据的格式必选项，其定义及表示形式如表 8 – 20 所示：

表 8 – 20　贵州省、山东省、北京市元数据标准格式共同具备的属性

属性解释及规范	属性名称						
	标识符	中文名称	定义	数据类名称	数据类型	表示格式	值域
属性解释	是由注册机构分配的、与语言无关的元数据的唯一标识符	元数据的中文名称，是赋予元数据的单个或多个中文字词的指称	表达一个元数据的本质特性并使其区别于所有其他元数据的陈述	元数据所属多源信息系统名称	表示元数据值的不同值的集合	是从应用的角度规定的元数据值的格式需求，包括所允许的最大或最小字符长度，元数据值的类型和表示格式等	定义为根据相应属性中所规定的表示形式、格式、数据类型和最大与最小长度而决定的元数据的允许实例表示的集合
数据类型	字符串	字符串	字符串	字符串	包括"字符""数值""日期""时间""日期时间""二进制"	特别编码	枚举或规则

续表

属性	属性名称						
解释及规范	标识符	中文名称	定义	数据类名称	数据类型	表示格式	值域
是否可以缺省	否	否	否	否	是	否	是

其中，标识符可以根据实际情况进行设计。在本书中，标识符的命名规则如下，可在应用时根据实际情况修改。

8.3.1 人口元数据标识符命名规则

标识符由数据类型编号和顺序码共 8 位数字组成，数据类型编号由一级代码、二级代码和三级代码共 5 位数字组成，顺序码由 3 位数字组成，标识符命名规则见图 8－14，编码规则如下：

一级代码，由 2 位数字组成，01 代表人口类元数据；

二级代码，由 1 位数字组成，0 代表人口基本信息系统元数据，1 代表公安信息系统元数据，2 代表民政元数据，3 代表社保元数据，4 代表卫生与计生信息系统元数据，5 代表个税信息系统元数据；

三级代码，由 2 位数字组成，01—99 代表人口基本、公安、民政、社保、卫生与计生、个税的下一级类别信息；

顺序码，由 3 位数字组成，范围 001—999，代表元数据序号。

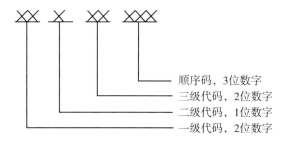

图 8－14　人口元数据标识符命名规则

8.3.2 法人元数据标识符命名规则

标识符由数据类型编号和顺序码共 8 位数字组成，数据类型编号由一级代码、二级代码和三级代码共 5 位数字组成，顺序码由 3 位数字组成，标识符命名规则见图 8－15，编码规则如下：

一级代码，由 2 位数字组成，02 代表法人类；

二级代码，由 1 位数字组成，1 代表工商行政信息系统元数据，2 代表质监信息系统元数据，3 代表国税信息系统元数据，4 代表地税信息系统元数据；

三级代码，由 2 位数字组成，01—99 代表工商行政、质监、国税、地税的下一级类别信息；

顺序码，由 3 位数字组成，范围 001—999，代表元数据序号。

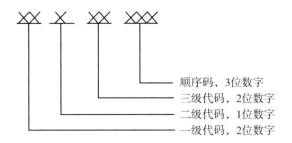

图 8 – 15　法人元数据标识符命名规则

在确定智慧城市多源信息系统元数据内容与格式后，本书对各个元数据进行描述设计，示例如下，详情见附录一。

（1）人口基本信息系统元数据示例

元数据名称：　姓名

　　标识符：　01001001

　　　定义：　在户籍管理部门正式登记注册、人事档案中正式记载的姓氏名称

数据类名称：　人口基本信息系统元数据

　数据类型：　字符型

　表示格式：　不超过 30 位字符

　　　值域：　无

　　　备注：　汉字表示的姓名中间不应存在空格

　中文名称：　公民身份号码

　　标识符：　01002002

　　　定义：　赋码机关为每个公民给出的唯一的、终身不变的法定标识号码

数据类名称：　人口基本信息系统元数据

　数据类型：　字符型

　表示格式：　18 位数字

　　　值域：　符合 GB/T 11643—1999《公民身份号码》的规定

　　　备注：　无

（2）公安信息系统元数据示例

元数据名称：指纹指位代码

　　　标识符：01101022

　　　　定义：指纹所处手指位置的代码

数据类名称：公安信息系统元数据

　数据类型：字符型

　表示格式：2 位字符

　　　值域：符合 GA 777.1—2010《指纹数据代码　第 1 部分：指纹指位代码》的规定

　　　备注：无

元数据名称：指纹纹型代码

　　　标识符：01102023

　　　　定义：指纹的中心花纹基本形态代码

数据类名称：公安信息系统元数据

　数据类型：字符型

　表示格式：1 位字符

　　　值域：符合 GA 777.2—2008《指纹数据代码　第 2 部分：指纹纹型代码》的规定

　　　备注：无

（3）民政信息系统元数据示例

元数据名称：婚姻登记证类别代码

　　　标识符：01201039

　　　　定义：当前婚姻登记证类别代码

数据类名称：民政信息系统元数据

　数据类型：数字型

　表示格式：1 位数字

　　　值域：符合 MZ/T 012—2014《民政业务数据共享与交换编码》的规定

　　　备注：无

元数据名称：办理机关编号

　　　标识符：01202040

　　　　定义：办理婚姻登记证的机关的编号

数据类名称：民政信息系统元数据

　数据类型：字符型

　表示格式：不超过 20 位字符

　　　值域：无

　　　　备注：无

（4）社保信息系统元数据示例

元数据名称：扣款银行

　　标识符：01301056

　　　　定义：采用银行缴费方式缴纳社会保险费用时，个人自行选择的代收社会保险费用的银行

数据类名称：社保信息系统元数据

　　数据类型：字符型

　　表示格式：不超过20位字符

　　　　值域：无

　　　　备注：无

元数据名称：离退休时间

　　标识符：01303058

　　　　定义：由组织、人事部门批准的离退休日期

数据类名称：社保信息系统元数据

　　数据类型：时间型

　　表示格式：YYYYMMDD 或 YYYY－MM－DD

　　　　值域：无

　　　　备注：无

（5）卫生与计生信息系统元数据示例

元数据名称：出生地类别代码

　　标识符：01401075

　　　　定义：个体出生地点的类别在特定编码体系中的代码

数据类名称：卫生与计生信息系统元数据

　　数据类型：字符型

　　表示格式：1位字符

　　　　值域：采用 WS 364.3—2011《卫生信息数据元值域代码　第3部分：人口学及社会经济学特征》中的出生（分娩）地点类别代码

　　　　备注：无

元数据名称：分娩日期

　　标识符：01403077

　　　　定义：产妇分娩胎儿娩出当日的公元纪年日期

数据类名称：卫生与计生信息系统元数据

　　数据类型：时间型

　　表示格式：YYYYMMDD 或 YYYY－MM－DD

值域：　无

备注：　无

（6）个税信息系统元数据示例

元数据名称：个人所得税自行申报情形

　　标识符：01501101

　　　　定义：个人所得税自行申报情形

数据类名称：个税信息系统元数据

　　数据类型：字符型

　　表示格式：不超过 50 位字符

　　　　值域：从中国境内两处或两处以上取得工资，薪金所得；没有扣缴义务人；其他情形

　　　　备注：无

元数据名称：收入额

　　标识符：01504104

　　　　定义：纳税人实际取得的全部收入额

数据类名称：个税信息系统元数据

　　数据类型：数字型

　　表示格式：无限制

　　　　值域：无

　　　　备注：无

（7）工商行政信息系统元数据示例

元数据名称：组织机构代码

　　标识符：02102001

　　　　定义：由组织机构代码管理部门，根据全国组织机构代码编制规则，赋予法人的组织机构代码号

数据类名称：工商行政信息系统元数据

　　数据类型：字符型

　　表示格式：9 位字符

　　　　值域：无

　　　　备注：无

元数据名称：机构名称

　　标识符：02102002

定义： 由企业登记管理机关、机构编制管理机关、社会团体登记管理机关
以及其他法律、法规规定的组织机构登记管理机关或批准机关核准
注册或登记的组织机构名称

数据类名称： 工商行政信息系统元数据

数据类型： 字符型

表示格式： 不超过 100 位字符

值域： 无

备注： 无

（8）质监信息系统元数据示例

元数据名称： 主管部门

标识符： 02201036

定义 上级行政主管部门的名称

数据类名称： 质监信息系统元数据

数据类型： 字符型

表示格式： 不超过 100 位字符

值域： 无

备注： 无

元数据名称： 主要产品

标识符： 02202037

定义 机构生产、销售的主要产品

数据类名称： 质监信息系统元数据

数据类型： 字符型

表示格式： 不超过 50 位字符

值域： 符合 GB/T 7635.1—2002《全国主要产品分类与代码　第 1 部分：可
运输产品》、GB/T 7635.2—2002《全国主要产品分类与代码　第 2
部分：不可运输产品》的规定

备注： 无

（9）国税信息系统元数据示例

元数据名称： 国税纳税人识别号

标识符： 02301053

定义 国税税务登记证上的纳税人识别号

数据类名称： 国税信息系统元数据

数据类型： 字符型

表示格式： 18 位字符或 15 位字符

　　　　　值域：无

　　　　　备注：无

元数据名称：国税税务登记机关名称
　　标识符：02302054
　　　定义：国税税务登记证上的登记机关全称
数据类名称：国税信息系统元数据
数据类型：字符型
表示格式：不超过 100 位字符
　　　值域：无
　　　备注：无

9 智慧城市多源信息系统元数据映射——以长春市为例

9.1 智慧城市多源信息系统元数据映射原则与方法

在智慧城市多源信息系统元数据规范化研究基础上，本书探讨元数据映射问题。智慧城市多源信息系统的元数据体量大、格式复杂，系统之间要进行信息协同，需要将现存元数据向规范化的元数据集进行映射，以提升元数据之间的互操作性和使用便利性。

对智慧城市的元数据进行互操作的目标是，在由不同的组织制定与管理且技术规范不尽相同的元数据环境下，通过映射后的元数据能够做到对用户保持一致性的服务，也就是说对一个应用或用户来说，能保证一个统一的数据界面，保证一致性与对用户的透明性。元数据之间的互操作对于智慧城市建设而言具有重要意义，元数据由于其可操作性的特点，可以为资源集成与服务集成提供有力的支持，是实现数据整合与协同的有效工具。

元数据互操作的主要实现方法包括元数据映射、建立资源描述框架、元数据交换协议等。其中，元数据映射方法（metadata mapping/metadata crosswalks），又称元数据转换，是从一种元数据格式的元素、语义和语法到另一种元数据格式元素、语义和语法的映射，是实现元数据互操作较为常用的一种方法，元数据映射可以实现各个信息系统之间数据的共享与交换，实现语义互操作。

9.1.1 智慧城市多源信息系统元数据映射原则

智慧城市多源信息系统元数据作为描述型元数据可以帮助工作人员快速精确地检索所需要的资源，有利于政务信息的管理和维护。智慧城市多源信息系统元数据是政务服务于管理的底层数据基础，其类型、形式、来源渠道多样，具有数量大、生命周期长、网络存储分散、类型格式复杂、资源组织异构、粒度层级复杂等特点，因此对智慧城市多源信息系统元数据进行映射是非常必要的。在映射过程中，应坚持用户便利性、实践性、规范性、损失最小化和人工干预原则，保证映射的正常进行，具体如下：

（1）用户便利性。对元数据进行互操作的目的是让用户可以在异构资源中更加准确、便利地发现所需的信息资源，因此，元数据互操作的首要原则应是用户便利性原则，即信息功能的首要原则。

（2）实践性。研究元数据互操作问题，应结合国外先进经验、中国文化特点及业界多年来的编目实践。映射方法的设计要与真实的政务活动密切联系，使元数据的呈现可以被用户掌握且与实际的要求相吻合。

（3）规范性。元数据互操作应遵循规范性的原则，避免主观随意性。其责任者、制定依据等要符合法规的要求，且能够依据法规要求，在元数据形成或处理完毕后，将元数据纳入多源信息系统之中，其目的在于规范记录文件处置各个环节，形成可用于证明事务处理过程的可靠记录，表现为可靠性。同时，应依据相关法规和标准进行定义、整理、使用和保存，从而确保元数据自身和相互映射的完整及长久可用，主要表现为完整性和可用性。

（4）损失最小化。元数据互操作的目的是通过元数据的汇集、交换等实现元数据的功能强化，因此，在对元数据进行映射时应求同存异，不应为了实现映射而牺牲元数据格式的固有特点。以保留元数据的原貌为原则，尽量保持元数据的信息的完整性，关注其语义的真正内涵，避免出现信息的丢失与错误。

（5）人工干预。即使设定了通用的映射表、映射规则，元数据的映射也不可能完全由软件完成，工作人员应在元数据转换过程中对映射规则的具体应用进行调整。

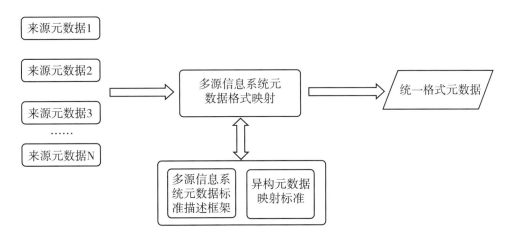

图 9 – 1　多源信息系统元数据格式映射

元数据映射是指对异构元数据格式的转换，以目标元数据为基础，对来源元数据进行映射，从而实现元数据语义、语法和格式的相同功能和含义，以解决互操作和统一检索的问题。在第 8 章中，本书已经初拟了智慧城市多源信息系统的元数据格式，但仍存在格式差异的问题，即扩展元数据的结构不匹配问题。随着智慧城市元数据的日益增加，元数据内容会向多样化发展，在不断补充的过程中会产生对原数据的扩展。在新增元数据纳入原元数据的过程中，就会产生格式上的映射，如图 9 – 1 所示。

9.1.2 "智慧长春"多源信息系统元数据映射方法

在"智慧长春"元数据建设过程中，新增元数据项应当采用本书提出的智慧城市元数据标准进行开发。"标准"作为一个通用型架构，在新增元数据时，需要按照标准产出物的类型和特点，对新元数据的内涵进行适当裁剪，以符合特定标准的开发要求。

图 9 – 2 给出了常见的元数据映射流程：系统对多来源数据进行数据解析，抽取来源元数据特征，提取有效规则建立规范元数据，通过不断验证以期建立一种能兼容各种智慧城市元数据的格式标准，即一种多对一的元数据方案；对多来源异构数据构建元数据统一描述框架，形成统一元数据格式。

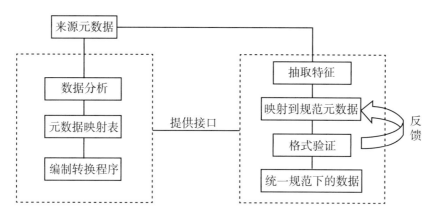

图 9 – 2　元数据映射流程

由于待识别的元数据来源广泛，所采用元数据标准、编写习惯等不同，其元素和属性的名称不统一。因此，十分需要映射操作对元数据进行统一，元数据映射大多通过人工完成，同时，也有利用各种机器学习方法实现系统自动语义映射的研究。

人工元数据映射的具体方法如下：

首先对待映射元数据进行识别。识别元数据集的首要任务是将不同数据库中表示同一信息对象的所有有效元数据元素进行采集，从中识别将被映射的候选元数据元素，目的是识别可被映射的元数据元素，剔除不适合被映射的元数据元素。在进行元数据集识别时，必须调查某一特定领域中需要实现互操作的数据库或系统以及元数据集的情况，主要包括四个方面：①调查数据库或系统中采用的元数据标准。简单的元素定义和设置是标准得以获得广泛应用的重要原因。②抽取待映射元数据的语义。语义可以显示为实体、事实、属性、概念和事件，而语义映射，就是为源文本中抽取的术语和本体或知识库中的概念建立连接，给每个术语一个正确的概念，是异构数据集成、共享和互操作的重要步骤。目的是比较不同数据库的元数据完整性和全面性，是确定原始元数据集合的重要依据。③检查数据库或系统中是否存在样本数据。若数据库或系统中存在样本数据，则可以进行映射，若不存在，则可进一步研究标准是否需要进行补充。④调查每个元数据集的授权机构，查看元数据应用的场合、范围，进一步判断是否可以映射。

其次对元数据进行映射。由于映射的目的在于不同数据之间可以进行操作，因此默认映射的基本结果就是实现结构的映射。在此基础上，映射的结果有两种，结构内容完全映射与只进行结构映射的不完全映射。

大多数研究采用的映射方法是人工映射，由人工识别后，对不同元数据标准进行映射。同时也有部分研究提出可以采用计算机系统自动映射的若干方法，但系统映射也存在着诸多缺点，如语义分析不透彻导致映射错误、开发成本较高等。因此，本书主要采用人工映射的方法，对长春市可获取到的数据项，与第 8 章提出的多源信息系统元数据项进行映射，得到根据元数据标准映射完成后的数据项。

9.2　智慧城市多源信息系统元数据映射流程

"智慧长春"多源信息系统的元数据映射机制宗旨是，将目标元数据和来源元数据的复杂结构转换成简单的平面结构，通过人工读取平面结构标准，将标准中的字段赋予 ID 号（ID 号为来源名称加顺序号组合），以 ID 之间的对应关系实现目标元数据与来源元数据的映射。提取映射元数据与映射转换是其中主要的两个步骤。

9.2.1　映射元数据的提取

随着现代信息技术、网络技术以及办公自动化技术的发展，各国家机关在政务活动中都实现了电子政务的管理模式，增强了政府的透明度，建立了良好的政府与公民之间的关系，同时提高了公共服务的质量。全国一体化在线政务服务平台吉林政务服务网就提供了政府使用到的，可以公开的各类数据，因此本书利用该政务平台对长春地区的相关数据进行采集。在吉林政务服务网中，办事模块提供了办理各类事项需要的材料及模板，同时提供了各类材料的范本，这些办事材料中有很大一部分数据是政府需要使用和正在使用的，提供的范本也为材料数据项的挖掘提供了方便。由于这些数据具有代表性和易获得等优点，因此本书将长春市办事服务中各类办事材料按部门进行了筛选和采集。采集内容包括：①标明"由政府开具或政府使用的"办事材料。由政府提供的办事材料基本来自行政机关的内部数据库，是本书映射的重点内容，因此十分具有映射的必要性。②提取出需要提供电子版的办事材料。需要提供电子版的办事材料很有可能需要进行数据的录入，存入系统留存，进而成为长春市多源信息系统元数据的内容，是本书映射的目标内容，也具有映射的必要性。暂时不进行采集映射的内容有：①证明信、申请信等仅用来证明查验的纸质证明。此类纸质证明仅用来查验，与业务录用无关，因此不必进行映射。②非中国范围内的各类证照及证明材料，如日文、英文等非我国使用的各类材料。③问询笔录、投资意向书、决议书等段落式材料，此类材料仅用作证明材料辅助办理流程，仅需留存以便查验，基本不需要实现数据的映射与协同。

9.2.2 待映射数据的整理

本书对提取出的数据项内容、所属材料名称与办事部门进行整理，形成来源元数据的平面结构表。该表由所属部门、办理事项、材料名称、材料数据项 4 列组成。在这里以"出生婚生婴儿落户"这一目标事项为例，对所需"出生医学证明"这一材料进行数据项的提取以此完成了对待映射数据的提取（见表 9 - 1）。

表 9 - 1　映射关系提取举例

所属部门	办理事项	材料名称	材料数据项
市公安局	出生婚生婴儿落户	出生医学证明	新生儿姓名
			性别
			出生日期
			出生地
			健康状况
			母亲姓名
			母亲身份证号
			母亲国籍
			母亲民族
			父亲姓名
			父亲身份证号
			父亲国籍
			父亲民族
			身份证号
			出生地点

续表

所属部门	办理事项	材料名称	材料数据项
市公安局	出生婚生婴儿落户	出生医学证明	接生机构名称
			出生证编号
			签发日期
			签证机构

9.2.3 映射转换

通过上一步的待映射数据的整理，本书将不在标准元数据范围内的数据暂时剔除，提取出标准中涵盖的目标数据。在进行映射时，目标数据与标准元数据进行——对应来实现映射，以标准中的元数据内容为基准，人工分别读取目标数据和标准元数据，根据二者的名称和内涵建立各元素的对应关系，按照标准中元数据的所属多源信息系统依次归类，实现来源元数据向目标元数据的映射转换。

9.2.4 判断映射类型

在映射过程中，最基本的要求是达到结构层面的映射，即各个元数据在格式上达到统一。只有在格式上达到统一，元数据才能被应用在未来多源信息系统的协同工作中。本书将多元信息系统的元数据映射分为两种类型，内容结构双映射与结构单映射。内容结构双映射的要求是，待映射元数据不仅在结构上需要与标准中的元数据统一，同时在内容上可以将标准中的元数据名称应用在元数据本身，如"身份证编号""身份证号"等信息项可以使用人口基本元数据中的"公民身份号码"进行替代，从而使得数据在内容、形式上更加统一。结构单映射则在内容上适当放宽了要求，如"申请单位"的意思为"申请单位的名称"，可与工商行政系统元数据中的"机构名称"进行结构映射，但如果直接把"申请单位"改为"机构名称"，则扩大了该数据项的含义，可能导致指代不明等错误出现，因此对这类待映射数据，本书仅进行格式映射，保留原数据项的名称。

9.3 面向智慧城市建设的长春多源信息系统元数据映射方案

本书对吉林政务服务网中，长春市"个人办事"与"法人办事"办事材料与内容进行了汇总，收集到包括长春市不动产登记中心、长春市公安局等部门的办事材料共 101

份，根据以上步骤映射后的元数据详见附录二，表 9 - 2 为元数据映射结果示例。

表 9 - 2 元数据映射结果

所属部门	办理事项	材料名称	材料数据项	标准元数据项名称	对应多源信息系统	映射类型
长春市公安局	出生婚生婴儿落户	出生医学证明	新生儿姓名	新生儿姓名	卫生与计生	内容结构双映射
			性别	性别	人口基本	内容结构双映射
			出生日期	分娩日期	卫生与计生	内容结构双映射
			出生地	出生地点	卫生与计生	内容结构双映射
			母亲姓名	母亲姓名	卫生与计生	内容结构双映射
			母亲身份证号	母亲身份号码	卫生与计生	内容结构双映射
			母亲国籍	国家（地区）	人口基本	结构单映射
			母亲民族	民族	人口基本	结构单映射
			父亲姓名	父亲姓名	卫生与计生	内容结构双映射
			父亲身份证号	父亲身份号码	卫生与计生	内容结构双映射
			父亲国籍	国家（地区）	人口基本	结构单映射
			父亲民族	民族	人口基本	结构单映射
			身份证号	公民身份号码	人口基本	内容结构双映射
			出生地点	出生地点	卫生与计生	内容结构双映射
			接生机构名称	接生机构名称	卫生与计生	内容结构双映射
			出生证编号	出生医学证明编号	卫生与计生	内容结构双映射
			签发日期	发证日期	卫生与计生	内容结构双映射
			签证机构	发证单位	卫生与计生	内容结构双映射
	死亡注销户口登记	火化证	姓名	姓名	人口基本	内容结构双映射
			性别	性别	人口基本	内容结构双映射
			生前户口所在地	住址	人口基本	结构单映射
		公安机关出具的死亡证明	证明编号	死亡证明编号	公安	内容结构双映射
			死者姓名	姓名	人口基本	结构单映射
			性别	性别	人口基本	内容结构双映射
			身份证号	公民身份号码	人口基本	内容结构双映射
			户口所在地	住址	人口基本	内容结构双映射

以上的映射结果是从材料数据项出发进行的元数据映射。为更加全面、直观地呈现长春多源信息系统元数据映射结果，本书从元数据标准的各个元数据本身出发，制作了各元数据与办事材料数据项的星状图，从标准与元数据的视角出发，呈现长春多源信息系统元数据的映射结果，如图 9 - 3 至图 9 - 49 所示。

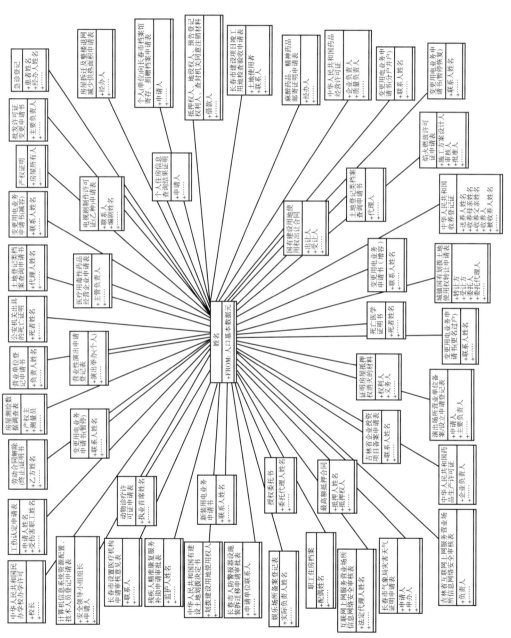

图9-3 "姓名"元数据结构单映射

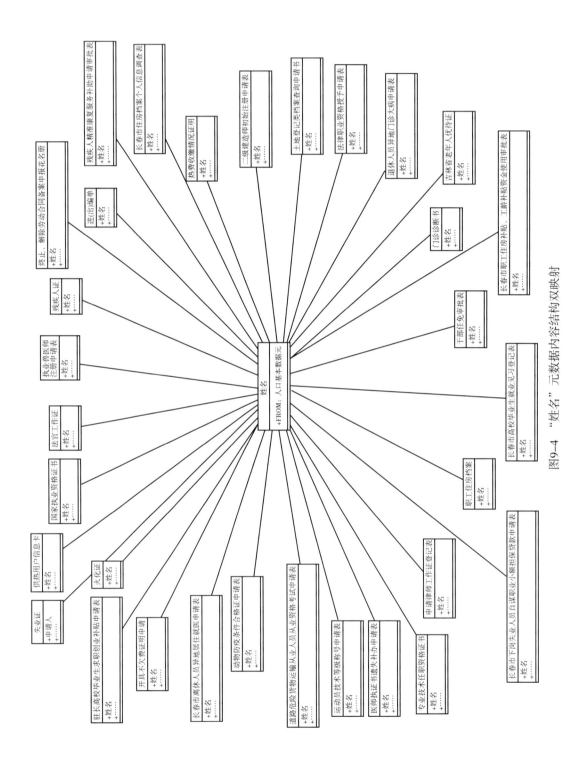

图9-4 "姓名"元数据内容结构双映射

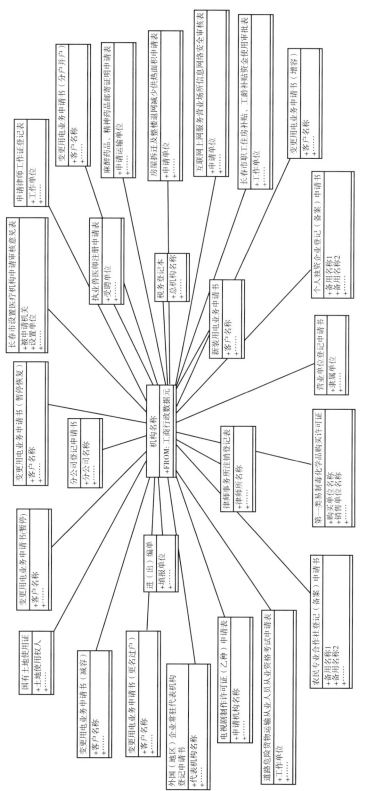

图9-5 "机构名称"元数据结构单一映射

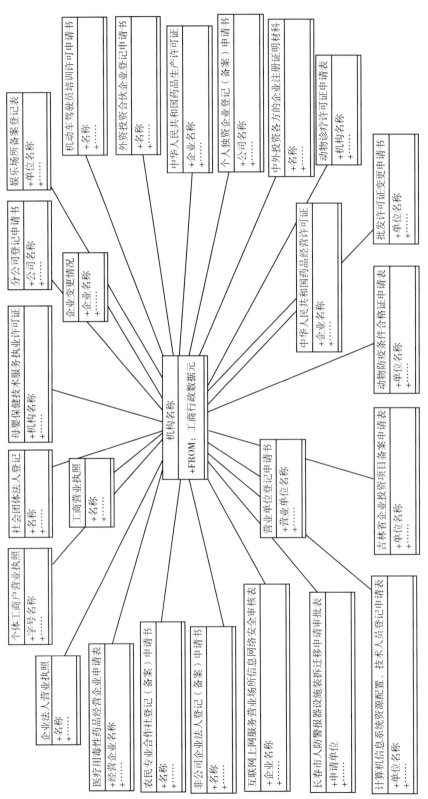

图9-6 "机构名称"元数据内容结构双映射

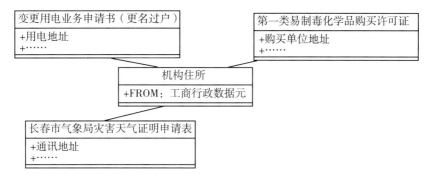

图 9 – 7 "机构住所"元数据结构单映射

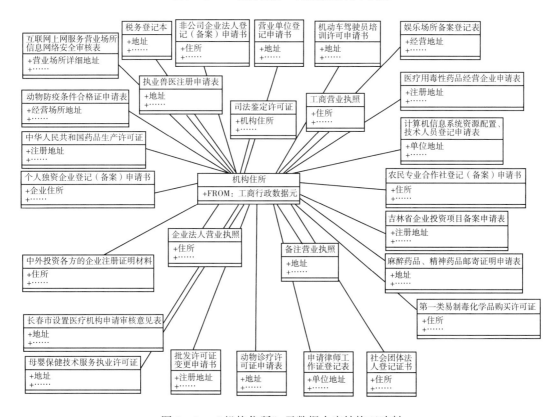

图 9 – 8 "机构住所"元数据内容结构双映射

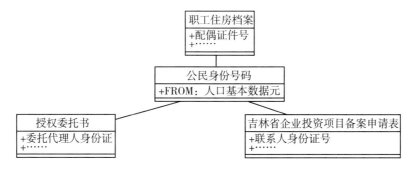

图 9 – 9 "公民身份号码"元数据结构单映射

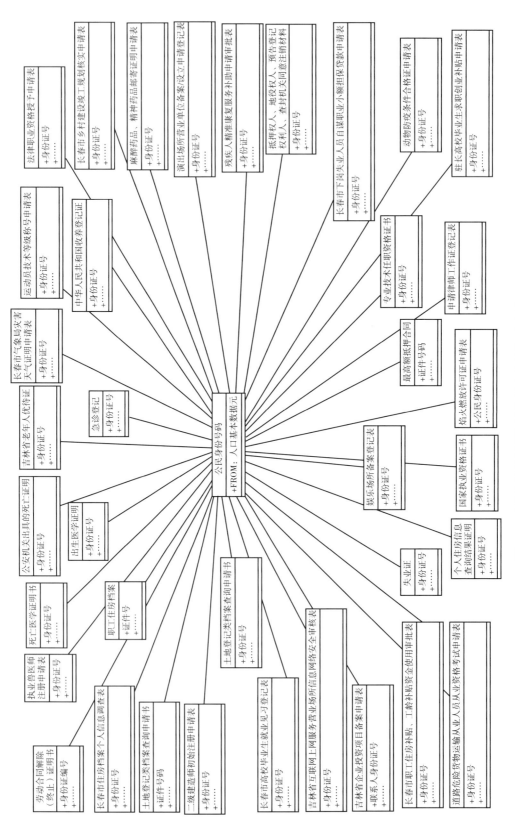

图9-10 "公民身份号码"元数据内容结构双映射

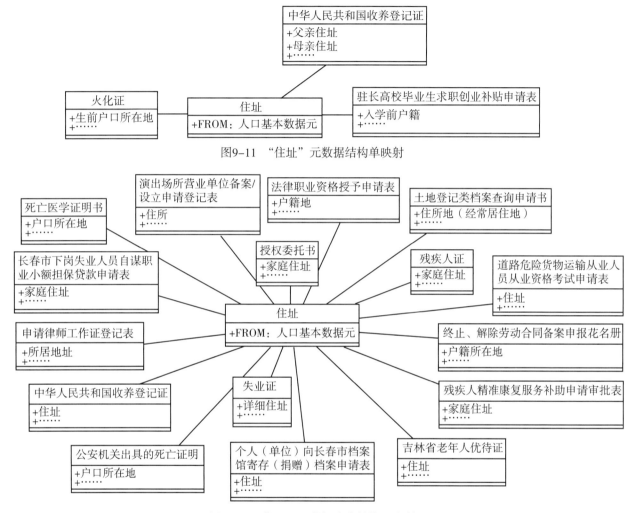

图9-11 "住址"元数据结构单映射

图9-12 "住址"元数据内容结构双映射

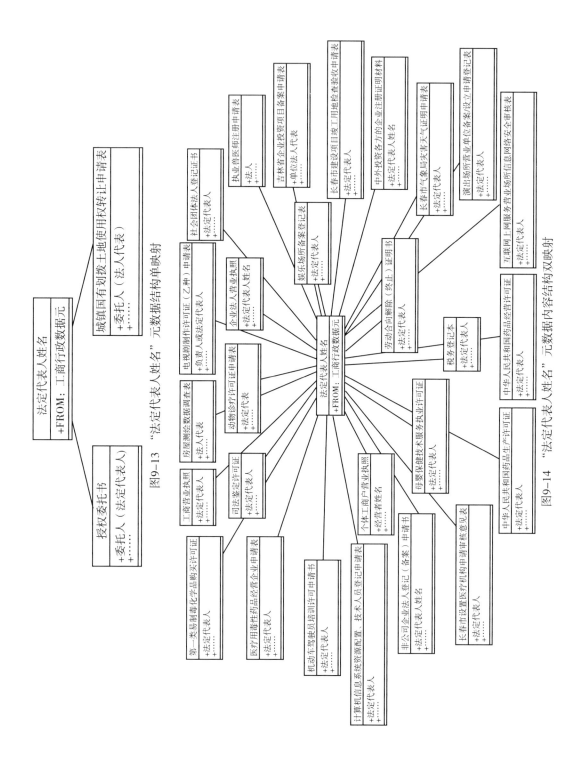

图9-13 "法定代表人姓名"元数据结构单映射

图9-14 "法定代表人姓名"元数据内容结构间双映射

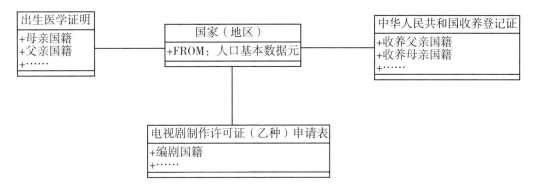

图 9 – 15　"国家（地区）"元数据结构单映射

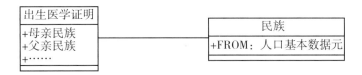

图 9 – 16　"民族"元数据结构单映射

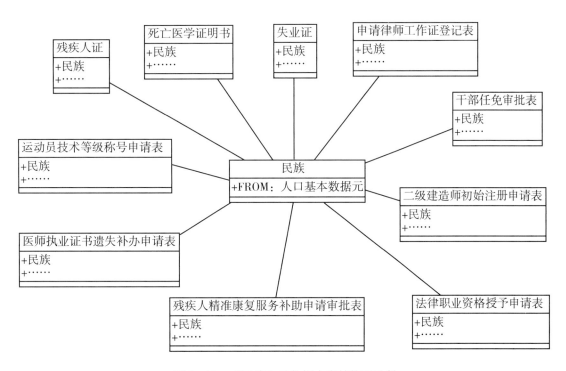

图 9 – 17　"民族"元数据内容结构双映射

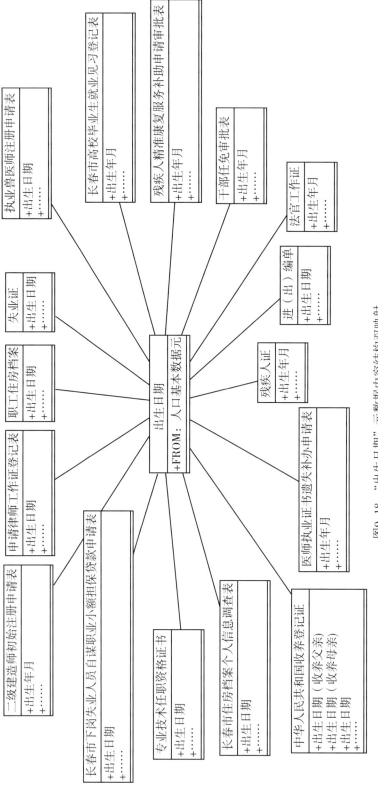

图9-18 "出生日期"元数据内容结构双映射

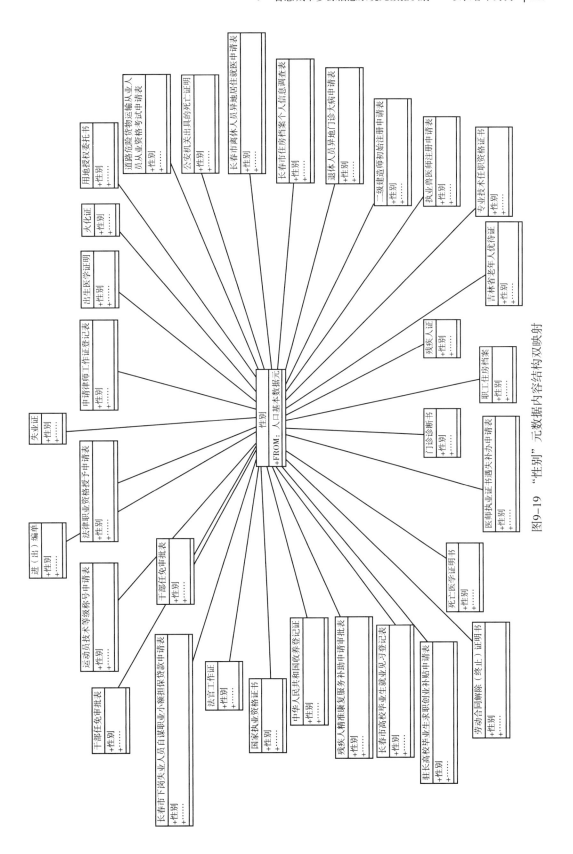

图9-19 "性别"元数据内各结构双映射

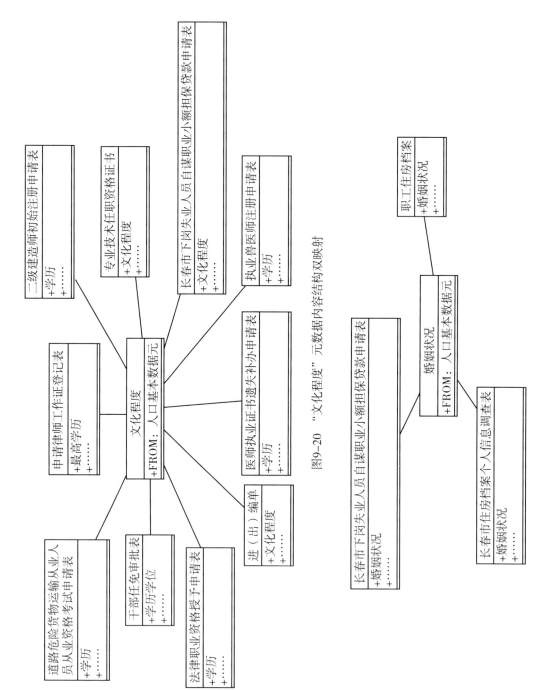

图9-20 "文化程度"元数据内容结构双映射

图9-21 "婚姻状况"元数据内容结构双映射

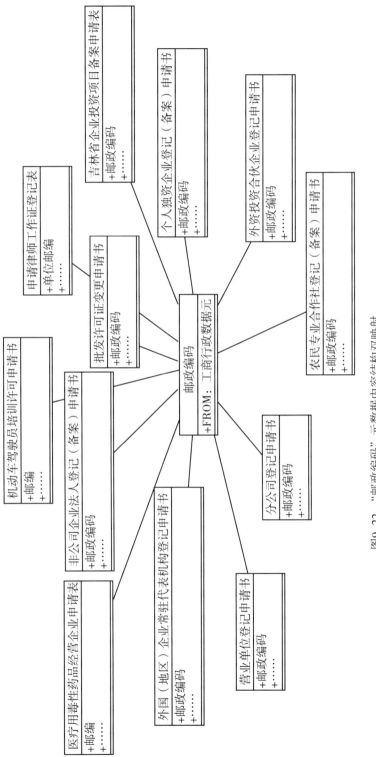

图9-22 "邮政编码"元数据内容结构双映射

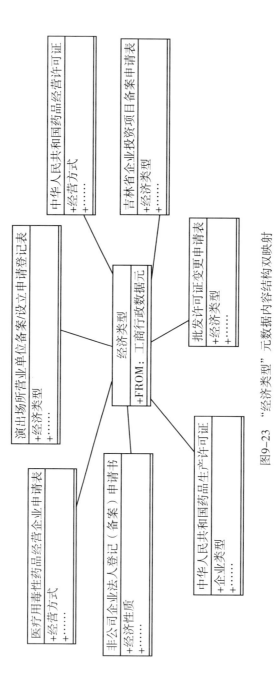

图9-23 "经济类型"元数据内容结构双映射

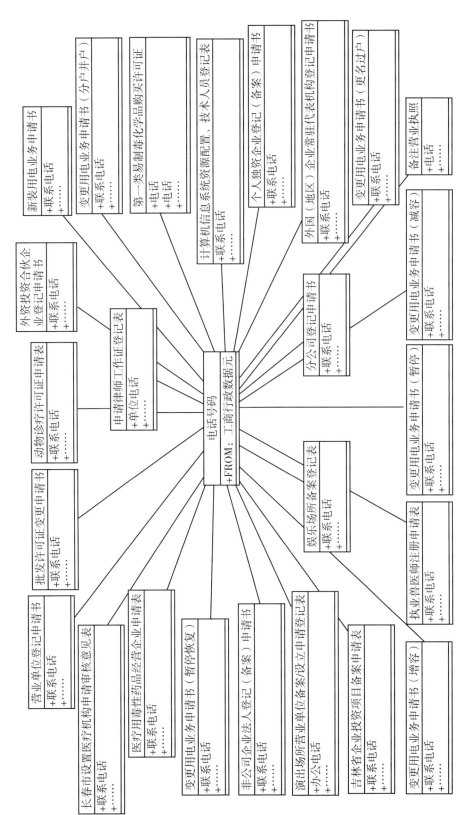

图9-24　"电话号码"元数据内容结构双映射

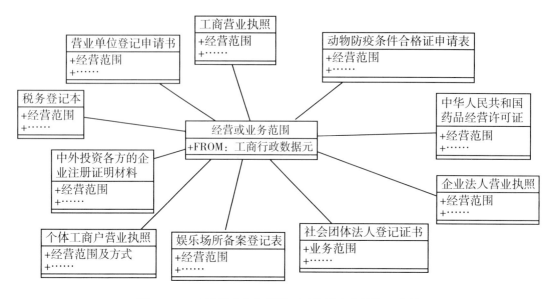

图9-25 "经营或业务范围"元数据内容结构双映射

图9-26 "籍贯"元数据内容结构双映射

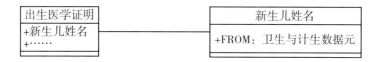

图9-27 "新生儿姓名"元数据内容结构双映射

图9-28 "分娩日期"元数据内容结构双映射

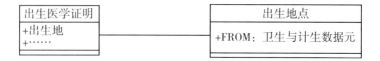

图9-29 "出生地点"元数据内容结构双映射

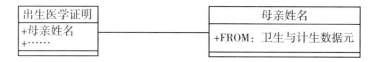

图9-30 "母亲姓名"元数据内容结构双映射

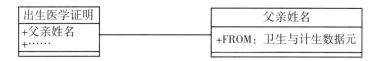

图9－31　"父亲姓名"元数据内容结构双映射

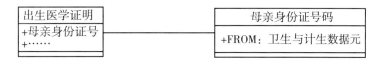

图9－32　"母亲身份证号码"元数据内容结构双映射

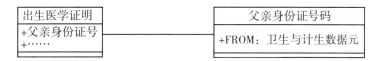

图9－33　"父亲身份证号码"元数据内容结构双映射

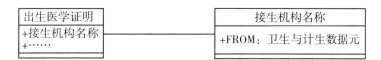

图9－34　"接生机构名称"元数据内容结构双映射

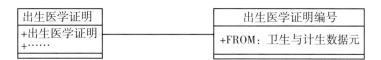

图9－35　"出生医学证明编号"元数据内容结构双映射

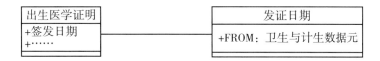

图9－36　"发证日期"元数据内容结构双映射

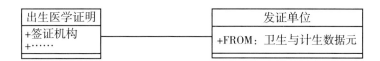

图9－37　"发证单位"元数据内容结构双映射

图9－38　"死亡证明编号"元数据内容结构双映射

图 9 – 39   "死亡日期"元数据内容结构双映射

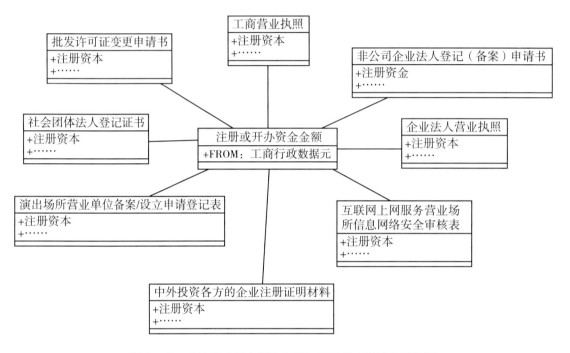

图 9 – 40   "注册或开办资金金额"元数据内容结构双映射

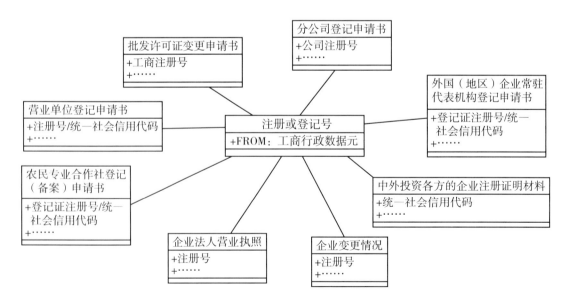

图 9 – 41   "注册或登记号"元数据内容结构双映射

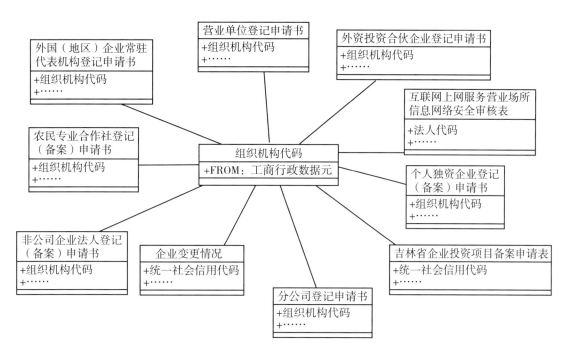

图 9 – 42　"组织机构代码"元数据内容结构双映射

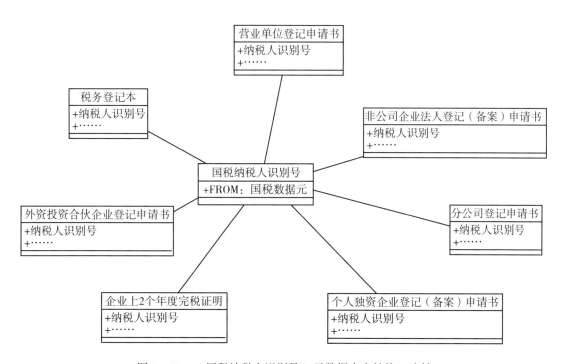

图 9 – 43　"国税纳税人识别号"元数据内容结构双映射

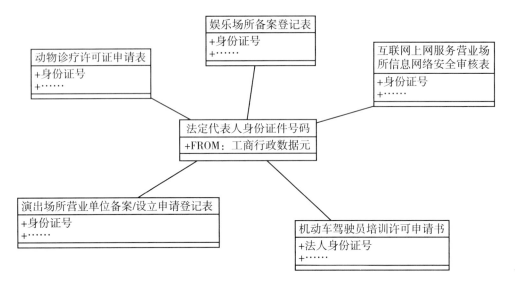

图 9 - 44   "法定代表人身份证件号码"元数据内容结构双映射

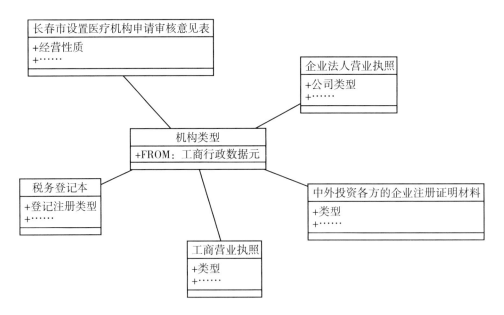

图 9 - 45   "机构类型"元数据内容结构双映射

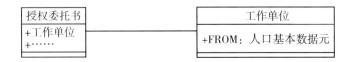

图 9 - 46   "工作单位"元数据内容结构双映射

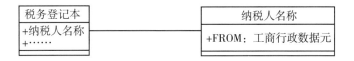

图9-47 "纳税人名称"元数据内容结构双映射

图9-48 "实收资本"元数据内容结构双映射

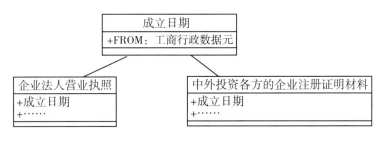

图9-49 "成立日期"元数据内容结构双映射

接下来，本书将对元数据自动化映射进行介绍。为了实现元数据语义化映射的自动化过程，通常的方法是通过构建元数据树匹配模型识别出符合标准的元数据，从而实现元数据的提取、分类、存储或检索。主要可以分为基于结构的方法（structural-based）和基于本体的方法（ontology-based）。基于结构的方法重点从数据源的结构信息寻找映射关系，解决语法和结构异构对映射的影响；基于本体的方法则力图从数据源的内在语义来寻找语义映射关系。基于结构的映射方法，首先对 XML 元素的名称进行分解、扩展等操作，然后对经过分解、扩展处理后的元素名称采用"名称匹配"的方法进行映射，但是由于其缺乏对语义的识别与判断，容易忽略对语义信息的利用从而产生错误。

而基于本体的映射方法，首先在应用需求的基础上建立基于专业领域的共享本体（share ontology），此外还要对需要进行映射的 XML 数据源分别建立局部本体（local ontology），然后根据本体所提供的对象间的关系解决 XML 文档之间的语义映射问题。同时，本体与数据分别存储在不同的数据源中，在不复制用户数据的情况下访问其数据，可以充分保证数据的安全性和时效性。因此，该方法适用于处理数据体量大、更新频繁、数据密集度高的信息源。本体作为参考语义规范，可以与多个不同的数据集合建立语义映射，在不改变数据源内容、语义、模式的情况下，实现了任意两个数据集的互操作。本体通过语义映射，对数据库概念模型进行形式化规范说明，为数据库中的数据提供语义，从而实现了多个数据库之间概念模型的映射，做到了跨系统的基于语义的数据检索。因此，本书从本体论出发，对本体论元数据映射方案进行介绍。

本章提出的基于领域本体的智慧城市多源信息系统元数据互操作系统的框架（见表9－3），由数据层、语义层、应用层三部分组成：

表 9－3　基于领域本体的元数据互操作系统的框架

层级	功能
应用层	数据集成 数据检索
语义层	构建本体 构建元数据标准 建立叙词表
	为用户和智慧城市本体建立语义映射
	抽取用户数据模型
数据层	数据清洗 数据提交

（1）数据层

数据层主要完成元数据标准构建、数据汇交模板定制等功能，为多源异构的"智慧长春"数据集提供元数据标准和语义规范。系统可直接采用本书第8章的智慧长春元数据标准。

（2）语义层

本体作为一种规范化的概念模型，为多数据源提供了一致的语义描述和类层次结构。语义层的功能则是以智慧城市多源信息系统本体模型为基础，完成了语义抽取和语义映射。

首先，在"智慧长春"元数据标准的基础上，用 Protégé 建模工具构建"智慧长春"多源信息系统数据本体。其次，开发元数据抽取工具和元数据映射工具，在本体的配合下，完成系统中存在的元数据与元数据标准之间的语义映射。再次，进行语义抽取和语义映射。语义抽取是异构数据集成、共享和互操作的第一步。语义抽取，指用不同技术去识别和抽取实体、事实、属性、概念和事件，用它们来填充元数据字段，本书已在第8章中对元数据的格式，即语义进行了定义，可供系统参考。语义映射，就是为源文本中抽取的术语和本体或知识库中的概念建立连接，给每个术语一个正确的概念。

在语义映射上，为了自动建立语义映射，本书采取基于本体的自动匹配机制。成功匹配的结果有两种类型，一对一匹配和一对多匹配。一对一匹配由本体模型中的等同关系产生。一对多匹配通常由本体模型中的等级关系产生。例如："识别号"能够自动与它的3个子类"纳税人识别号""地税纳税人识别号""国税纳税人识别号"匹配，当用户数据中出现"识别号"时，其子类将以红色字体显示，以表示此匹配为一对多的情况，提示用户选择其中之一与之对应。由于智慧城市本体模型更新总是滞后于便民业务等实践的发展，有一些新兴术语无法与数据汇交模板中的元数据自动匹配。此时，就需要人工干预，为新术语与模板的元数据建立语义关系，或者将无法匹配的新术语额外保存起来，以供后期的模板更新。

元数据映射工具，能够完成信息源和智慧城市本体之间的语义映射，根据元数据映射关系，将数据导入汇交模板。最后按照各信息系统的数据模式构建关系型数据库，将分散异构的智慧城市数据集，存储到统一模型的数据库中。

（3）应用层

应用层通过数据查询网站和基于语义的联合查询方法，完成了数据的一站式查询。该层通过语义层提供的功能，各异构元数据可以彼此交换共享，从而实现跨系统的查询服务、统计分析、数据挖掘以及决策支持，用户通过简单友好的查询界面，即可选择查询关键字，选择后的字段将会显示在列表框中。

同时，可增设元数据发现系统，自动识别新增元数据。配合元数据发现系统，对新增元数据进行识别，发现系统通常按照元数据标准中的结构，如中文名称、字段名称、定义、值域等元数据项提供分面导航功能，逐层深入并缩小检索范围，直到发现符合需求的检索结果。该功能实现的效果与元数据的薄厚及可获得性呈正相关。将发现系统元数据作为目标元数据，根据系统预设的映射机制实现多来源元数据向目标元数据的转换，以形成智慧城市元数据发现系统的统一元数据格式。

发现功能整合多源异构元数据，形成一条附带多个来源指引的元数据记录。映射完成后，需要根据不同元数据类型制定查重匹配算法，分别从定义、表示格式、数据类型、值域等多个层次对新元数据实施查重与归一；需要制定规则，确定所选元数据如仓储的优先级顺序，保证优势类型元数据进入仓储，且要确定作为补充元素的元数据类型。系统在元数据进入仓储的同时要对其进行查重归并，并标记相应的来源标签，使元数据字段由"薄"变"厚"。元数据查重主要包括来源元数据查重（即同一数据来源由于进入仓储的批次不同导致的重复）和系统内部的查重机制（同一元数据有不同来源且进入仓储的时间不同，需要对其查重合并），图9-50为智慧城市元数据查重合并流程图。发现系统的元数据框架是一项复杂工作，其制定和完善需要一个过程，笔者相信随着系统的不断发展及来源数据的持续增加，映射机制也会更加健全，在元数据框架的保障下形成对多来源元数据的映射、转换与利用，以此推动智慧城市元数据映射发现系统的发展。

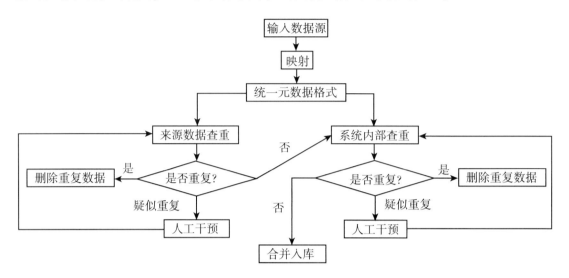

图 9 – 50　智慧城市元数据查重合并流程图

10 智慧政务背景下政府公职人员信息协同行为

智慧城市信息协同问题不仅仅是一个技术问题，更是一个管理问题。作为智慧城市建设的核心，政府起到关键作用，政府多部门信息协同水平是政府智慧政务服务水平的基础，决定了智慧政府建设的水平，进而也决定了一个城市智慧化的程度。

在追求智慧政务服务的背景下，政府公职人员信息协同研究就成为不可或缺的一部分。信息协同行为属于信息行为研究范畴，运用信息行为研究领域中有效的研究方法——扎根理论方法，本书深入探讨和剖析政府公职人员信息协同行为的影响因素和因素之间的相互作用关系，为信息协同管理提供依据。

信息行为是信息科学的主要分支，随着研究的不断积累，信息行为研究的协同趋势逐渐明显。过去，研究人员常常从个体用户的角度来看待信息行为，将其视为一种内部的个体活动[1]，并将组织中的协作行为视为一系列个体行为[2]。

然而，后来的研究逐渐推翻了这一观点，信息协同行为不再是简单的个体行为的总和，而是具有更复杂的特征[3]。现代组织把信息、参与者和工作紧密地联系在一起，形成了一个复杂的信息密集的环境，在这个环境中，信息集中于组织的同时也分散在组织成员之中。由于工作任务的复杂性，组织成员的个人信息活动越来越少，工作变得协同化。人

---

[1] WILSON T D. Models in information behavior research [J]. Journal of documentation, 1999, 5 (3): 249 – 270; ELLIS D. A behavioral approach to information retrieval system design [J]. Journal of documentation, 1989, 45 (3): 171 – 212; ELLIS D. Modeling the information-seeking patterns of academic researchers: a grounded theory approach [J]. The library quarterly, 1993, 63 (4): 469 – 486; KUHLTHAU C C. Inside the search process: information seeking from the user's perspective [J]. 1991, 42 (5): 361 – 371; BRENDA D. Sense-making theory and practice: an overview of user interests in knowledge seeking and use [J]. Journal of knowledge management, 1998, 2 (2): 36 – 46.

[2] REDDY M C, JANSEN B J. A model for understanding collaborative information behavior in context: a study of two healthcare teams [J]. Information processing & management, 2008, 44 (1): 256 – 273.

[3] HANSEN P, JÄRVELIN K. Collaborative information retrieval in an information-intensive domain [J]. Information processing & management, 2005, 41 (5): 1101 – 1119; FOSTER J. Collaborative information seeking and retrieval [J]. Annual review of information science & technology, 2010, 40 (1): 329 – 356; SHAH C, MARCHIONINI G. Awareness in collaborative information seeking [J]. Journal of the American society for information science & technology, 2014, 61 (10): 1970 – 1986; KARUNAKARAN A, REDDY M C, SPENCE P R. Toward a model of collaborative information behavior in organizations [J]. Journal of the American society for information science & technology, 2013, 64 (12): 2437 – 2451.

们在组织中协作地搜索、共享和使用信息①。信息协同行为已经成为现代组织的规范。

虽然已经有了很多研究，但是组织中协作信息行为的研究仍然是一个新的领域。文献综述表明，小组成员的活动与认知和情感体验之间的相互作用，以及他们如何受到工作任务和小组过程的影响，还没有得到充分的研究。

本章的主要研究问题是：①影响政府公职人员协作信息行为的关键因素是什么？②影响协作信息行为的因素之间的内部逻辑是什么？本书进行"一对一"的半结构化深度访谈，并获得了具有相关经验的政府公职人员的第一手信息。采用扎根理论的三级编码过程（开放编码、轴向编码和选择性编码）来分析访谈数据，并总结影响政府官员信息协同行为的主要因素。结合主要类别之间的典型关系，形成影响政府公职人员信息协同行为影响因素的理论框架。这项研究将为在信息密集型组织中的信息协同行为提供新的理解。

10.1 基于扎根理论的政府公职人员信息协同行为影响因素模型

10.1.1 研究方法

扎根理论作为一种规范的定性研究方法，包含一系列系统而又灵活的准则、规范的方法以及严谨而科学的分析程序，其基本逻辑是从经验数据中构建理论，而且其研究能够被追溯检查，甚至在相当程度上可实现重复检验，使理论构建成为一个科学的过程。扎根理论主要应用于管理学领域，适用场景分为纵向和横向两种，所涉及的研究范围包括对研究主题的影响因素分析、能力评价模型构建等，为实证分析研究与理论分析框架提供纽带衔接。目前，Glaser 和 Strauss 的经典扎根理论、Strauss 和 Corbin 的程序化扎根理论以及 Charmaz 的建构主义扎根理论已成为扎根理论发展中三个最为主要的学派，三种学派的共性之处在于强调研究结果具有可追溯性、研究程序可重复性、数据搜集和数据分析间的交互性，而差异性则体现在数据编码处理的思想和理论解释的视角。在三种主流的扎根理论中，经典扎根理论更接近实证主义，且不断强调研究问题的提出及理论形成都是一个自然涌现的过程，而非过度程序化，最终所建构理论的信度和解释力更能让人信服，其科学性也更高。

---

① GONZALEZ-IBANEZ R，HASEKI M，SHAH C. Let's search together，but not too close! An analysis of communication and performance in collaborative information seeking［J］. Information processing & management，2013，49（5）：1165－1179；KARUNAKARAN A，REDDY M C，SPENCE P R. Toward a model of collaborative information behavior in organizations［J］. Journal of the American society for information science & technology，2013，64（12）：2437－2451.

10.1.2　数据收集

扎根理论认为，数据收集和数据分析是相互关联、协同推进的过程，即任一阶段的原始资料获取工作开展的同时，都将进行相应的数据分析，并为下一次原始资料收集提供可行性指导。

原始资料的收集工作自 2019 年 10 月开始，2020 年 3 月结束，历时近 6 个月，访谈对象主要是政府公职人员。原始数据资料的获取采用阶段性收集方式，所涉及的数据收集方法主要是个人访谈和焦点会议。个人访谈可以给予受访者相对充分的思考和表达余地，有助于深入理解受访者对信息协同行为的态度、情感及其潜在动因；焦点会议则通过主持人的引导实现各受访者之间充分讨论、相互启发和互动刺激，在发散状态的思维模式下更全面地揭示信息协同行为影响因素的内在作用机制。因此，结合个人访谈和焦点会议两种方式能够有效达到访谈目的。其中个人访谈中每个样本对象的访谈时间为 30—60 分钟，焦点会议的访谈时间为 50—90 分钟。在正式访谈前，基于对相关文献的调研和整理，首先初步拟好第一份访谈提纲，并在后续的访谈中，根据实际访谈资料的分析结果对访谈提纲及时微调。最后通过录音和转读，并对关键词进行记录，采用质性分析软件 NVivo 12.0 进行规范化整理，完成原始资料的编码工作，挖掘相关的范畴，并在范畴性质识别的基础上，深入分析范畴之间的关联。

数据收集与分析主要分为以下 5 个阶段，具体内容见表 10－1：

表 10－1　数据收集与分析说明

数据收集与 分析的不同阶段	说明
第一阶段 （2019 年 10 月）	这一阶段的目标是笼统地界定信息协同过程中如何确定信息使用的有关因素。该阶段数据分析的目的是拟订适当的标签来描述信息协同过程中处理信息的政府公职人员的责任。数据分析以开放式编码为主，通过开放式编码确定需要进一步探讨的主题与维度，从而对政府公职人员如何在信息协同过程中获取信息、理解信息以及使用信息有初步的了解。 该阶段对 3 名政府公职人员进行了访谈。这一阶段的访谈是为了对政府公职人员的信息协同行为有一个广泛而普遍的了解。访谈的问题以一般性问题为主。在对访谈资料的分析中发现了 70 个数据标签（概念和类属），形成了数据收集过程第二阶段访谈计划的基础
第二阶段 （2019 年 10 月— 2019 年 11 月）	这一阶段的主要目标是更详细地探索第一阶段发现的主题。通过对访谈数据的收集与分析，加深对主题的理解，并发现新的概念与类属。数据分析以开放式编码和轴心编码为主，一些类别之间的关系逐渐变得清晰。 该阶段对 5 名政府公职人员进行了访谈。当需要更多时间对数据进行详细分析时该阶段结束。Charmaz 认为适时地停止访谈进行反思十分重要，因为在两次访谈之间进行的分析并不全面，而且在下一次访谈之前没有足够的时间进行反思。在这个阶段，发现了 40 个概念和范畴，还发现了这些概念和类属之间的一些重要关系

续表

数据收集与 分析的不同阶段	说明
第三阶段 （2019 年 12 月— 2020 年 1 月）	这一阶段的主要目标是进一步发展类属之间的关系，并找到更多的例子来说明类属和关系。另一个重点是细化类属和确定核心类属。该阶段所采用的数据分析方法以主轴心编码和选择性编码为主。 该阶段对 7 名政府公职人员进行访谈。当需要更多时间对数据进行全面分析与深入了解时该阶段结束。概念和范畴被减少到 8 个，变得更加抽象
第四阶段 （2020 年 2 月）	这一阶段的主要目标是对已得到的类属提出进一步的问题，以寻找可以反驳已得到类属的任何证据（否定的情况）。主要活动之一是与政府公职人员分享调查结果，征求他们的意见，以便他们能够提出意见，并确认是否描述了他们的工作。 该阶段对 6 名政府公职人员进行访谈。在这个阶段，理论框架的相关性逐渐清晰，并确认能够正确描述政府公职人员在协同工作中使用信息方面所产生的行为。核心范畴发现于此阶段
第五阶段 （2020 年 3 月）	这是最后一个阶段，重点是进一步验证所得到的理论框架。在这一阶段，研究人员与政府公职人员进行更开放的讨论，分享所得到的理论框架，而不是要求他们提供更多的信息。 该阶段对 4 名政府公职人员进行访谈。当情况越来越清楚，发现新东西的可能性越来越小的时候，该阶段结束

10.1.3 数据分析与模型构建

编码（coding）是扎根理论重要的数据分析方式，Charmaz 认为编码能够让研究者在研究的途中适时地停下来，对所收集的数据进行思考并提出分析性的问题，这些问题不仅推动研究者对所研究的对象进行深入的理解，而且也有助于根据所定义的分析性问题指引接下来的数据搜集。编码的原则在于对资料进行持续性的比较，从而使资料从主题中抽离，建立范畴，帮助研究者"接近真实世界、内容丰富、统合完整、具有解释力的理论"[①]。

不同学派的扎根理论拥有各自的编码体系，3 种学派的编码都开始于开放编码（初始编码），而后续的编码过程则各有不同。

Glaser 主张在开放编码后，用选择性编码识别与核心类属相关的分类，最后用理论编码识别与核心类属相关的类属之间的关系；Strauss 认为在开放编码后，用主轴编码开发类属知识，作为选择性编码之前的一个附加步骤，在主轴编码中需要报道类属的属性以及主轴编码的含义，并将选择性编码用于主轴编码形成的主范畴之间关系的提取和核心范畴的提炼；Charmaz

---

① 卡麦兹. 建构扎根理论：质性研究实践指南 [M]. 边国英，译. 重庆：重庆大学出版社，2009：132.

则强调在初始编码过程中撰写初级备忘录把代码提升为初级类属，在聚焦编码阶段撰写高级备忘录完善概念类属，并撰写理论性备忘录进一步完善概念，最后对备忘录进行分类整合画概念图。三种编码方式各有优劣，其中 Strauss 程序化扎根理论学派的三级编码的应用范围最为广泛，因此本书采用 Strauss 的开放编码、主轴编码和选择性编码来对访谈数据进行分析。

（1）开放编码

开放编码（opening coding），也称初始编码（initial coding），指的是对原始资料进行标签化、概念化和范畴化，编码的初始步骤会进一步引导研究者对于核心概念类属的定义。不同扎根理论学家在开放式编码的过程中会采用不同的编码方式，依据数据单位的大小可以分为逐词编码、逐行编码以及逐个事件编码三个类型。相较其他两个类型，逐行编码兼具灵活性与概括性，因此本书采用逐行编码的方式对初始资料进行分析。此外，由于并非每一行都是一个完整句子或每一句都非常重要，在进行逐行编码后，对所获得的初始概念进行筛选，剔除不相干的初始概念，最终形成了 38 个初始概念并归纳为 13 个范畴，如表 10 - 2 所示。

表 10 - 2　开放编码结果

范畴	初始概念
A1 感知有用性	a1 利益相关、a2 期待回报、a3 提高效率、a4 获得协同支持
A2 感知风险性	a5 对协同者不信任、a6 交流成本过高、a7 担心承担太多工作、a8 费力不讨好
A3 信息素养	a9 信息获取意识、a10 信息甄别能力、a11 信息理解能力
A4 自我效能感	a12 自我期望、a13 主观认知
A5 组织结构因素	a14 期限压力、a15 上级压力、a16 薪酬待遇、a17 工作氛围、a18 组织规模
A6 技术因素	a19 设备可用性、a20 系统适应性
A7 政策法规	a21 国家政策、a22 部门规章
A8 协同关系质量	a23 信任程度、a24 业务往来频繁、a25 等级差异、a26 部门影响力
A9 协同角色情境	a27 协调者、a28 执行者、a29 领导者
A10 职责分配	a30 超出工作范畴、a31 职责分配不清晰
A11 意义构建	a32 理解偏差、a33 思维差异、a34 共同目标
A12 信息沟通效率	a35 信息的即时传递、a36 信息的延时传递
A13 信息传递方式	a37 正式传递、a38 非正式传递

（2）主轴编码

主轴编码（axial coding），也称轴心编码，指的是在开放式编码的基础上，建立"围绕类属之关系的轴心网络"①，轴心编码的目的是分类、综合和组织大量的数据，在开放式编码之后以新的方式重新排列它们。因此，本书在开放式编码所获得范畴的基础上进行

---

① STRAUSS A L. Qualitative analysis for social scientists [M]. Cambridge：Cambridge University Press，1987：14 - 15.

筛选处理，最终得到 14 个范畴。通过分析范畴间的联系，对 14 个范畴进行归纳、聚类和组合，形成 6 个主范畴，分别是个人感知、感知控制、外部环境、协同关系、协同情景及信息交流，并将其归纳为个人、环境和信息协同网络三个维度，如表 10 - 3 所示。

表 10 - 3　主轴编码形成的主范畴

维度	主范畴	范畴	范畴内涵
个人	个人感知	感知有用性	政府公职人员感知信息协同工作对自己有帮助的程度
		感知风险性	政府公职人员对信息协同工作潜在风险的感知
	感知控制	信息素养	政府公职人员能够正确理解信息、获取信息、使用信息的意识与能力
		自我效能感	政府公职人员对自身是否胜任信息协同工作的自信程度
环境	外部环境	组织结构	组织结构对于政府公职人员信息协同工作的影响
		技术支持	技术因素对于政府公职人员信息协同工作的影响
		政策法规	政策法规对于政府公职人员信息协同工作的影响
信息协同网络	协同关系	协同关系质量	政府公职人员在信息协同工作与协同方的协同关系的质量
		共同认知	政府公职人员在信息协同工作中是否能够达成共同认知
	协同情境	职责分配	政府公职人员的信息协同工作是否存在明确的职责分配
		协同角色情境	政府公职人员在不同情境下会处于不同的协同角色，对信息的理解以及处理方式也会产生差别
		意义构建	在信息协同工作中，协同双方不仅共享信息，同样也共享他们关于信息的意义构建
	信息交流	信息沟通效率	协同过程中的信息沟通效率高低的情况
		信息传递方式	信息的传递方式分为正式渠道的公文传递以及非正式的传递

（3）选择性编码

选择性编码（selective coding）指的是在主轴编码的基础上，通过系统分析与比较，揭示各主要范畴之间的关系，同时确定在概念系统中的核心范畴，并对其中具有代表性的关系结构进行说明。

核心范畴作为选择性编码的关键步骤，承担着将其他范畴串联在一起，同时形成一条完整的"故事线"的作用。核心范畴在所有范畴之中必须处于中心位置并且覆盖大量范畴，主范畴的典型关系结构不仅包含范畴之间的关系，也包含各种脉络关系。在所建立的关系结构基础上，研究者可以逐步发展出一个实质理论框架（substantive theory framework），而这则体现了从范畴到理论的完整研究过程。

在本书的主轴编码阶段，依照访谈资料共提取出来 6 个主范畴，分别为个人感知、感知控制、外部环境、协同关系、协同情景和信息交流。本书通过对各主范畴的不断比较，发现各主范畴均围绕信息协同行为这一概念展开，因此本书将"信息协同行为"确定为核心范畴，而各主范畴与核心范畴的关系如表 10 - 4 所示。基于主范畴与核心范畴的关系，本书构建了政府公职人员信息协同行为影响因素理论框架，如图 10 - 1 所示。

表 10 - 4　主范畴与核心范畴关系

典型关系	关系类型	关系内涵
个人感知→信息协同行为	因果关系	感知有用性和感知风险性是政府公职人员信息协同行为的个体驱动因素之一
感知控制→信息协同行为	因果关系	信息素养和自我效能感是政府公职人员信息协同行为的个体驱动因素之二
外部环境→信息协同行为	因果关系	组织结构、技术支持和政策法规是政府公职人员信息协同行为的外部驱动因素
协同关系→信息协同行为	因果关系	协同关系质量和共同认知是政府公职人员信息协同行为内部驱动因素之一
协同情境→信息协同行为	因果关系	职责分配、协同角色情景和意义构建是政府公职人员信息协同行为内部驱动因素之二
信息交流→信息协同行为	因果关系	良好的信息沟通效率和信息传递方式是政府公职人员信息协同行为内部驱动因素之三

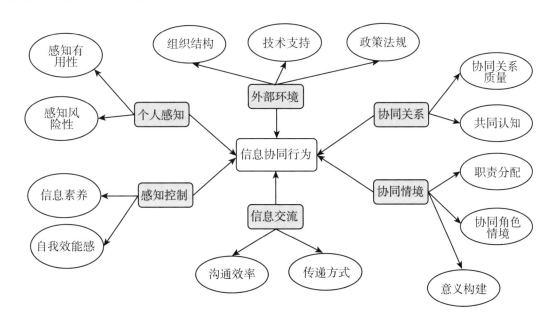

图 10 - 1　政府公职人员信息协同行为影响因素模型

10.2 政府公职人员信息协同行为驱动模型

由图 10-1 可知，政府公职人员信息协同行为受到个人、环境以及信息协同网络三个维度的影响，而这些维度下的主范畴则是驱动政府公职人员信息协同行为的因素。通过对下述范畴的分析与阐释，本书构建了政府公职人员信息协同行为驱动模型，为政府公职人员信息协同行为研究提供新的参考。

10.2.1 个人感知

个人感知指的是个体在信息协同行为产生之前，对信息协同行为所能给自己带来的优势及风险进行评估，从而产生的对信息协同行为的主观感知。个人感知是政府公职人员信息协同行为的个体驱动因素之一，根据访谈结果，政府公职人员信息协同行为个人感知范畴主要包括感知有用性和感知风险性。

感知有用性是信息人在信息协同前对协同进行的评估，对协同优势进行评估从而影响其协同意愿。而对于政府公职人员来说，触发其进行信息协同行为的情况主要有以下几点：

（1）任务的复杂程度。复杂的任务往往需要更多的人来帮助共同完成。

（2）缺乏领域知识。每个人都有着自己的领域知识，在日常工作中涉及其他专业知识的时候，寻求专业人士的帮助也往往是信息协同行为发生的一个主要原因，获取到的专业知识可以帮助自己更好地决策。

（3）信息分散。现如今政府部门的信息资源并没有存在于一个统一的信息库之中，而是分散在各部门之中，因此当需要获得其他部门的信息资源时，则会发生信息协同行为的需求。

（4）寻求高等级的协调。在政府部门中，等级是一个很重要的概念，更高等级部门发出的请求往往会被更加重视，因此当信息协同工作中其他部门配合度不高、工作进展不顺利的时候，寻求更高等级部门对任务进行协调是一个十分有效的策略。

感知风险性指的是政府公职人员对信息协同工作潜在风险的感知。感知风险主要存在于以下几个方面：在信息协同工作过程中，政府公职人员往往会担心对方存在"搭便车"等机会主义行为，从而增加自身负担，同时也会担心在信息协同工作中职责分配不明确而导致的缺乏回报。

10.2.2　感知控制

感知控制表示政府公职人员对于其开展跨信息协同工作所能控制的个人能力的评价。感知控制是政府公职人员信息协同行为的个体驱动因素之二，根据访谈结果，政府公职人员信息协同行为感知控制包括信息素养和自我效能感两个要素。

信息素养表示政府公职人员能够正确理解信息、获取信息、使用信息的意识与能力，信息素养对于促进信息协同过程至关重要。信息素养水平更高的政府公职人员在整个任务中表现得更熟练，并利用自身的经验来完成工作。此外，除去专业背景等因素，政府公职人员的信息素养也会随着经验的积累而不断提高，丰富的经验增强了其处理信息协同过程的信心。

自我效能感指的是个体在行动前对自身完成该活动有效性的一种主观评估，而评估的结果则会对后续行为产生影响。政府公职人员的自我效能感有三层含义：①自我效能感是对自己能否达到某一标准的预期，发生在产生信息协同行为之前；②自我效能感是针对某一具体活动的能力直觉；③自我效能感是个体对于自己的主观判断。当个体在面对新的任务时，会对自己能否完成该任务进行评估，自我效能感低的个体往往会倾向放弃此次任务，而自我效能感高的个体，则会积极地面对挑战。当面对超出自身能力的任务，高自我效能感的个体更可能去寻求他人的帮助来共同完成目标，因此自我效能感高的个体也更容易产生信息协同行为。

10.2.3　外部环境

外部环境指的是政府公职人员信息协同行为所处环境，是政府公职人员信息协同行为的外部驱动因素。访谈资料显示，外部环境范畴主要涉及组织结构、技术支持还有政策法规三个方面。

组织结构是政府公职人员信息协同行为的外部驱动因素之一，组织结构对政府公职人员信息协同行为的影响主要体现在协同者的组织影响力中，当政府公职人员需要与其他人员进行信息协同时，影响力大的政府公职人员的协同请求往往会被更加重视。对于政府公职人员来说，来自上级的信息协同需求更容易被视为是一项"布置下来的任务"，而来自同级或者下级的信息协同需求则更容易被看作是一项"额外的工作"。

技术支持是信息协同行为的外部驱动因素之二，技术支持对政府公职人员信息协同行为的影响主要体现在政府办公系统的沟通效率与使用体验，随着计算机支持协同工作技术的不断发展，各类工具、方法、技术在多方面为信息协同行为提供支持，政府公职人员可以明确自身的信息协同需求，并且能够对后续各阶段的任务进行相应部署。

政策是信息协同行为的外部驱动因素之三。2016年，我国国务院印发的《政务信息资源共享管理暂行办法》包括总则、政务信息资源目录、政务信息资源分类与共享要求、共享信息的提供与使用、信息共享工作的监督和保障五个部分，对政府部门之间的信息共享提出了要求。随着后续相关文件的颁布，国家和政府机构的政策与战略支持对政府信息协同工作的开展起到良好推动作用。

10.2.4 协同关系

协同关系指的是政府公职人员在信息协同行为中与协同者形成的相互联系以及亲密性、融洽性和协调性的程度。协同关系是政府公职人员信息协同行为内部驱动因素之一，与协同情境共同构成信息协同行为中的意义协商过程。访谈资料显示，协同关系范畴包括协同关系质量和共同认知两个部分。

协同关系质量主要指的是政府公职人员与协同者联系的紧密程度，在信息协同行为中协同关系质量的好坏往往表现为对协同者是否信任。在开始信息协同行为之前，政府公职人员往往会评估自己与协同者的协同关系质量，而对协同关系质量的评估则会对信息协同行为产生影响。协同关系质量包括协同合作的频繁程度、协同者的专业能力、个人素质、组织影响力等。

共同认知指的是在信息协同行为中，协同双方是否能够达成目标、任务、观点、领域知识的一致性。在信息协同行为中，除去共同的信息需求与目标，每一个信息人都有着自己的信息需求与目标，个人信息需求与团队的信息需求之间会存在重叠的区域，当重叠区域足够大时，会成为团队的良性激励，而重叠区域比较小则会成为个人与团队之间的阻碍。在同一政府组织中，信息协同参与者的知识背景与工作范围往往并不相同，因此建立起共同的认知非常重要。访谈资料显示，政府公职人员对协同者所表达的观点与所在的学科领域的不熟悉而造成的误解是影响信息协同行为的主要因素之一。例如，一名受访者就在访谈中表示：

> 从协同方面来看的话，由于每个人不同的出身、背景、偏好、文化水平，导致每个人对信息的理解都是不一样的，可能也会因为分歧而产生矛盾，知识背景和对问题的理解都会影响是否能够共同去办好这个事情。我们部门是负责文化建设相关方面的，而文化建设没有一个方便的指标去量化。之前的领导是城建转来的，因为工作思路的不同导致他注重硬件设施但忽视了相应人员的培训以及上升

渠道的重要性。他在的时候就是修图书馆、盖剧院，剧院盖完了但如何培训演员，他并没有重视起来。

10.2.5　协同情境

协同情境指的是在信息协同时政府公职人员对特定情境的认知以及对自身的感知，每一个信息协同行为都有着特定的情境，政府公职人员的信息协同行为会因对特定情境的认知以及自身感知不同而产生差异，协同情景是政府公职人员信息协同行为内部驱动因素之二，与协同关系共同构成信息协同行为中的意义协商过程。访谈资料显示，协同情境范畴主要涉及职责分配、协同角色情境及意义构建三个方面：

（1）职责分配指的是政府公职人员在信息协同行为过程中基于任务的复杂性、协同对象的特点、组织结构的设置和内部控制的要求等，在任务分析的基础上，明确自身的工作内容、工作职责和工作权限的过程。在进行信息协同时，政府公职人员一般会识别任务特征，将信息资源和任务进行适度匹配和关联。明确的职责分配是信息协同行为的积极影响因素。

（2）协同角色情境产生于特定的任务情境之中。对于政府公职人员来说，不同的任务情境下他们的角色也并不相同。而不同的角色也决定了政府公职人员对待信息会采取不同策略，而在政府的信息协同过程中，至少存在三种类型的角色：信息提供者、信息传递者及信息接收者。信息提供者作为信息协同网络的起始点向协同方提供信息；而信息传递者则汇集了从不同信息源传递过来的信息，并对其进行整理与筛选，将组织过的信息传递给其他协同方；信息接收者往往作为信息协同工作的前端，从其他协同方接收信息并使用信息，发挥自身职能。此外，信息的价值是每个角色在自身的情境中所确定的，而对信息采取何种策略，是选择接收、筛选还是忽略则是由这些角色情境所影响的。例如，一名受访者就指出：

> 我在这个任务中所承担的角色就是有效传递信息，当领导需要相关信息的时候就会给我下达相应的任务，我便会去寻找相关信息，在这个过程中有许多的困难，比如说不同部门提供的信息质量参差不齐，有些很有帮助，有些质量不高。这样一来我就得二次征求意见，要求他们再补充哪一方面的材料。在对信息进行整理后我会征求提供信息的各部门意见，因为涉及专业领域，可能有的地方我表达得不清晰或者不恰当，他们就会及时更正，保证材料的严谨性和真实性。

上述材料的受访者认为在此次协同工作中，他的角色就是信息的传递者，而他在信息协同工作中负责信息的收集、筛选并将组织过的信息传递给其他协同者。在其他的访谈资料中可以看到，在同一信息协同工作中，因为在不同情境中的角色不同，政府公职人员会因为某些信息对他们来说具有更多价值而对信息协同工作提出更多要求，如果政府公职人员认为他的角色是向其他人传递信息，那么他对信息的需求可能就会与作为信息提供者或信息接收者时不同。这些角色对于政府公职人员来说并非一成不变，在信息协同行为中，这些角色也会相互重叠影响着政府公职人员对信息的需求与行为。

（3）意义构建。政府公职人员信息协同行为是一连串互动、解决问题的过程，而在整个信息协同行为中，政府公职人员不仅与协同者共同搜寻、传递和使用信息，同样也在分享他们针对信息意义的构建。在特定的协同情景中，政府公职人员的信息协同行为会因对特定情境的认知以及自身感知不同而产生差异，通过共同意义构建这一过程，政府公职人员信息协同行为与任务情境不断适配，协同团队整体信息需求会逐渐协同化。

10.2.6　信息交流

信息交流是政府公职人员信息协同行为内部驱动因素之三，访谈资料显示，信息交流范畴主要涉及信息沟通效率还有信息传递方式两个方面。在政府公职人员的信息协同行为中，信息交流可以是在面对面的共同环境中展开，也可以发生在由信息系统和技术介导的分布式环境中。信息交流的方式非常丰富，既有正式的文书交流，也存在非正式的口头交流，传递效率也有即时传递与延时传递的区别。在政府组织中的个人信息行为中，信息交流主要聚焦于提出问题和获得答案，作用有限；而在政府组织的信息协同行为中，信息交流的作用不仅仅是提出问题与获得答案，组织中的个体同样通过信息交流将信息组织到一起去寻找答案，在整个协同过程当中，信息人为达成共同目标而不断地进行着信息的共享与交换。

信息交流是信息协同行为成功的关键，在整个政府公职人员信息协同过程中，"有答必有回"是一个被要求必须遵从的规范，即使上级的指令并没有被顺利执行也需要得到及时的信息反馈。团队的成员们不断交换关于协同工作的信息，以确保协同成员始终保持正确的方向，并在其他成员可能选择错误的方式时及时发出提醒。

10.2.7　驱动模型构建

依照核心范畴的串联作用，本书的"故事线"可以表述为：

个人感知与感知控制是政府公职人员信息协同行为形成与发展的个体驱动因素。信息协同行为建立在个体主观意愿上，个体的感知有用性和感知风险性影响下的个人感知越积极，个体发生信息协同行为的可能性越高；信息素养和自我效能感下的感知控制越强，个体信息协同行为的积极性越高。

协同关系、协同情景与信息交流共同形成信息协同行为的内部驱动因素。信息协同行为同样涉及其他个体的信息活动，信息人与协同者基于共同任务对信息进行搜寻、共享与利用，而在协同过程中，协同双方通过意义协商（meaning of negotiation）过程完成对此次协同过程中对任务的认知，协同关系与协同情景构成了意义协商的主要过程，个体在意义协商过程中明确自身职责与协同角色，评估协同关系质量，分享意义构建并形成共同认知，信息交流则保证协同成员始终保持正确的方向，并在其他成员可能选择错误的方式时及时发出提醒。

外部环境是政府公职人员信息协同行为形成与发展的外部驱动因素。组织结构、技术与政策法规为政府公职人员信息协同行为提供了良好的外部保障。

基于"故事线"，本书构建了政府公职人员信息协同行为驱动模型，如图 10 - 2 所示。本书发现，政府公职人员对信息的协同使用与他们的认知有关，个人感知和感知控制都会影响政府公职人员的信息协同行为。外部环境是政府公职人员信息协同行为形成和发展的外部驱动因素。组织结构、技术支持和政策法规为政府公职人员信息协同行为提供了良好的外部保障。本书研究表明，意义协商是政府公职人员信息协同行为的核心决定因素。协同关系和协同情境构成了意义协商的主要过程，在协同的过程中每个人均有不同的角色，而每个人所扮演的角色都会对信息协同行为及结果产生不同的影响。个体在意义协商过程中明确自身的职责与角色，评估协同质量关系以及共享意义的构建，从而形成一个共同的认知。信息的频繁交流则保证了协同成员总是处于正确的方向上。

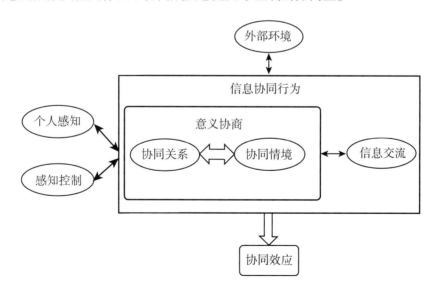

图 10 - 2　政府公职人员信息协同行为驱动模型

11 信息生态视角下智慧城市信息协同模式

智慧城市信息协同网络是一个复杂的巨型社会网络，其包含若干政府部门、企业、非营利性组织等多元主体。为了避免各个多元主体间信息的重复无序录入，管理的交叉混乱，耗费大量人力、物力和财力现象的发生，规范及完善智慧城市信息协同模式势在必行。为有效解决上述问题，本书将基于信息生态理论，探讨智慧城市信息协同模式的构建原则、要素、构成模块与驱动路径，以期构建一种具有普适性的、和谐与高效的智慧城市信息协同模式，进而丰富与完善智慧城市信息协同的理论及应用研究。

11.1 信息生态视角下智慧城市信息协同模式构建原则

1978 年，Horton 提出信息生态理论，指出信息生态是从生态学视角研究信息在组织内部的流动①。Davenport 指出信息生态理论是一种以人为核心的信息管理范式②。智慧城市信息协同模式是智慧城市建设与发展中所涉及的方方面面的信息及不同政府、经济部门间信息流转与交互的信息管理模式。依据信息生态理论的信息管理范式与智慧城市信息协同的信息管理模式，基于信息生态理论构建的智慧城市信息协同模式需秉持如下原则：

11.1.1 系统观原则

秉承系统观原则构建信息生态视角下智慧城市信息协同模式就是要坚持系统具有的整体性、关联性和动态开放性的观点③，促进信息生态视角下智慧城市信息协同模式各要素之间的高效协同，从而不断增强信息生态视角下智慧城市信息协同模式内在的生机与活力。

信息生态视角下智慧城市信息协同模式构建秉承系统观原则具体体现在构建信息生态视角下智慧城市信息协同模式所基于的协同理论中。协同理论起源于对协同效应的系

---

① HORTON F W. Information ecology [J]. Journal of systems management, 1978 (9): 32 – 36.
② DAVENPORT T, PRUSAK L. Information ecology: mastering the information and knowledge environment [M]. New York: Oxford University Press, 1997: 26.
③ 于欣. 系统观视野下的生态文明建设 [D]. 沈阳：东北大学，2011：15.

统研究，由赫尔曼·哈肯于20世纪70年代初提出①。随后，哈肯在《协同学导论》中对协同理论进行了系统的阐释②，他认为协同理论是处理复杂系统的一种策略。从宏观视角着眼，信息生态视角下的智慧城市信息协同是一个复杂的巨型信息系统，协同理论为信息生态视角下智慧城市信息协同模式提供了解决不同政府部门、群众、企业间信息流转与信息交互的策略。信息生态视角下智慧城市信息协同模式的构建基于协同理论，协同理论体现了系统观原则，基于此，构建信息生态视角下智慧城市信息协同模式需秉承系统观原则。

11.1.2 人本观原则

人具有创造性，人的这一特殊本质决定了人对信息生态视角下智慧城市信息协同模式的高效运转至关重要。人本观在管理领域诠释了以人为本的管理思想，尊重人、依靠人、发展人、为了人是人本观的思想核心③。

参与信息生态视角下的智慧城市信息协同模式中的人主要由政府公务员、群众和企业管理者构成。对政府公务员而言，信息生态视角下智慧城市信息协同模式的人本观主要体现在尊重政府公务员的个性化需求，具体表现为在岗位安排、教育培训、资源配置等过程中充分尊重不同政府公务员个体的个人意愿与职业规划。对群众和企业管理者而言，信息生态视角下的智慧城市信息协同模式的人本观主要体现在政府公务员本着尊重与平等的理念，为不同的群众与企业提供可以被信赖的、有助于群众和企业自身发展的优质的政务信息服务。

此外，就信息生态视角下的智慧城市信息协同模式自身而言，其秉承的人本观体现在信息生态视角下智慧城市信息协同模式中结合生命周期理论而制定的协同业务流程标准和协同数据标准中。生命周期理论是指将生命看作一种伴随组织或个体的发展而不断变换角色与社会关系的不断循环的过程④。在构建信息生态视角下智慧城市信息协同模式的过程中坚持"以人为本"的理念，按照人或企业在生命周期中的不同阶段所涉及的情境，设定信息生态视角下的智慧城市信息协同模式中的协同业务流程标准和协同数据标准。将"以人为本"的政务服务理念贯穿于信息生态视角下智慧城市信息协同模式构建的始终，按照

---

① 胡漠，马捷，李璐．智慧城市多元主体信息链协同效应作用机理之实证研究［J］．图书情报工作，2019，63（15）：23-32.
② 张纪岳，郭治安，胡传机．评《协同学导论》［J］．系统工程理论与实践，1982（3）：63-64.
③ 陈剑平．浅论人本管理思想在企业管理中应用［J］．商讯，2019（10）：34-35.
④ 李嘉兴．生命周期视角下移动社交网络老年用户使用行为过程研究［D］．长春：吉林大学，2019：27.

人或企业的生命周期来对信息生态视角下的智慧城市信息协同模式所提供的政务信息服务进行分类与管理。综上所述，基于生命周期理论构建的信息生态视角下的智慧城市信息协同模式体现了"以人为本"的政务服务理念，人与企业作为信息生态视角下智慧城市信息协同模式服务的对象，对人与企业提供完整的生命周期服务是信息生态视角下智慧城市信息协同模式秉承人本观的典型体现。

11.1.3　互动观原则

互动观认为人或事物的发展是自身的内在因素与外在因素相互作用的结果①。构建信息生态视角下的智慧城市信息协同模式旨在通过提升智慧城市信息协同的效率，从而为民众与企业提供更加优质的智慧城市政务信息服务。在此过程中，政府公务员为智慧城市政务信息服务的主体，即信息生态视角下智慧政府信息协同模式的内在主要影响因素；群众与企业为智慧城市政务信息服务的客体，即信息生态视角下智慧政府信息协同模式的外在主要影响因素。主体与客体相互作用，共同促进信息生态视角下智慧城市信息协同模式的发展与协同效率的优化。

构建信息生态视角下的智慧城市信息协同模式需秉承互动观的原则体现在信息生态视角下的智慧城市信息协同过程不仅需要政府公务员提供优质的信息协同服务，同时也需要群众与企业在接收到政府公务员提供的信息协同服务后进行有效反馈，从而进一步促进信息生态视角下智慧城市信息协同过程中政府公务员提供的政务信息协同服务的优化。由此可见，在信息生态视角下智慧城市信息协同过程中，政府公务员、群众和企业存在着多边互动的关系。为了顺应信息生态视角下智慧城市信息协同过程中政府公务员、群众和企业之间存在的这种多边互动的关系，在信息生态视角下智慧城市信息协同模式构建中需秉承互动观原则。

此外，构建信息生态视角下的智慧城市信息协同模式需秉承互动观的原则还体现在群众与企业对政府公务员开展智慧城市政务信息服务中的督促作用，这一督促过程符合压力与应对交互理论的观点。压力与应对交互理论旨在揭示刺激条件与个体对刺激条件所做出的反应的交互过程②。在信息生态视角下智慧城市信息协同模式中，群众与企业的智慧城市政务信息需求及对政务信息服务的获得感是智慧城市信息协同模式内的政府公务员提供更加优质的政务信息服务的刺激条件。一般而言，在无刺激条件（即无压力）的作用下，

---

① 王知津，江力波．论情报学的互动观［J］．图书与情报，2008（1）：23–28.

② RAGU-NATHAN T S，TARAFDAR M，RAGU-NATHAN B S，et al. The consequences of technostress for end users in organizations：conceptual development and empirical validation［J］．Information systems research，2008，19（4）：417–433.

政府公务员提升智慧城市信息协同模式的政务服务效率的意愿不受压力源的影响；在受到适度的刺激条件作用下，政府公务员提升智慧城市信息协同模式的政务服务效率的意愿受压力源的积极影响；在受到个体承受能力之外的刺激条件的作用下，政府公务员提升智慧城市信息协同模式的政务服务效率的意愿受压力源的消极影响。因此，秉承互动观的原则，群众与企业给予政府公务员适度的刺激条件，将对信息生态视角下智慧城市信息协同模式的构建起到积极的促进作用。

11.1.4 发展观原则

现实社会中存在的事物均是不断运动和向前发展的。在构建信息生态视角下智慧城市信息协同模式的过程中，需秉承发展观原则，制定出具有前瞻性的信息生态视角下智慧城市信息协同模式构建目标、构建方法与构建路径，使构建出的信息生态视角下智慧城市信息协同模式不仅适应当前社会的现实情况，还将适应未来社会的不断变革。同时，秉承发展观的原则构建信息生态视角下智慧城市信息协同模式还体现在智慧城市信息协同内部所采用的数据标准、业务流程、运行机制、技术保障等均需与时俱进。发展观的原则指出要抓住事物发展的主要矛盾，秉承发展观的原则构建信息生态视角下智慧城市信息协同模式还体现于在时间、人力、物力、财力等条件有限的情况下，结合信息生态理论，通过优化智慧城市信息协同模式的信息人要素、信息要素、信息环境要素来不断发展与完善信息生态视角下智慧城市信息协同模式。

此外，发展观的原则指出事物发展的方向是向前的，而道路却是曲折的。秉承发展观的原则要求构建信息生态视角下智慧城市信息协同模式的主体，即政府公务员以正确的观点和积极的心态应对信息生态视角下智慧城市信息协同构建过程中可能遭遇的困难与挫折，也要求构建信息生态视角下智慧城市信息协同模式的客体，即群众与企业管理者以包容的心态应对构建过程中存在的短板。

11.1.5 循环观原则

循环是事物运动的基本状态之一，事物始终处于循环往复的过程之中。

信息生态视角下智慧城市信息协同模式的构建需要基于信息的生命周期理论。信息的生命周期理论则暗含了古人循环观的淳朴思想，信息的生命周期理论是指信息的价值随着时间的流逝而不断降低[①]。信息的生命周期由信息的生产阶段、信息的采集阶段、信息

---

① 尹文武.信息生命周期理论下的移动图书馆信息服务质量控制［J］.图书馆理论与实践，2017（4）：91－93.

的组织阶段、信息的存储阶段、信息的利用阶段与信息的清理阶段 6 个阶段组成。在信息生态视角下的智慧城市信息协同模式构建过程中，结合信息生态理论，降低信息生态视角下智慧城市信息协同模式中信息生产阶段、信息采集阶段、信息组织阶段、信息存储阶段无用信息与信息量较低的信息的占比率，提升信息生态视角下智慧城市信息协同模式的信息清理阶段的效率，从而减轻信息生态视角下智慧城市信息协同模式这一复杂的、巨型的信息系统的运行负担，提升信息生态视角下智慧城市信息协同模式的信息协同效率。

11.2　信息生态视角下智慧城市信息协同模式构成要素及作用关系

11.2.1　构成要素

马捷等人认为智慧政府信息协同网络由人、事件、信息构成①，本书结合信息生态理论，进一步深化其研究，认为信息生态视角下的智慧城市信息协同模式主要由信息人、信息环境、信息三要素构成。

（1）信息人要素

信息生态视角下智慧城市信息协同模式的构成要素之一是信息人。信息生态视角下智慧城市信息协同模式中的信息人包含政府公务员、群众与企业管理者。信息生态视角下智慧城市信息协同模式的信息协同服务提供者由不同的信息人组成，信息生态视角下智慧城市信息协同模式的信息协同服务的接收者也由不同的信息人组成。构建信息生态视角下智慧城市信息协同模式的落脚点是通过明确智慧城市信息协同模式，打破智慧城市信息协同的阻塞点，实现由智慧城市信息协同服务提供者——政府公务员向智慧城市信息协同服务的接收者——群众和企业管理者提供优质的信息协同服务。其核心是通过实现智慧城市信息协同运转模式的信息生态化，达到让智慧城市信息协同模式中的信息协同服务提供者与信息协同服务接收者都满意的效果，即让不同的信息人均满意。由此可知，信息人是信息生态视角下智慧城市信息协同模式的构成要素之一。

（2）信息环境要素

信息生态视角下智慧城市信息协同模式的构成要素之一是信息环境要素。信息生态视角下智慧城市信息协同模式的信息环境要素既包含产生智慧城市信息协同的不同现实情

---

① 马捷，蒲泓宇，张云开，等. 基于关联数据的政府智慧服务框架与信息协同机制 ［J］. 情报理论与实践，2018，41（11）：20－26.

境，又包含能够确保智慧城市信息协同模式高效运转的硬件环境和软件环境。

智慧城市信息协同模式为信息人提供信息协同服务是发生在一定的现实情境之中的，比较常见的智慧城市信息协同情境为城市生命线管理情境、流动人口管理情境、城管执法情境、安防救急情境、危险化学品管理情境、应急防灾情境和市政管理情境等①。不同的智慧城市信息协同情境囊括了不同类型的信息人在生产、生活中对智慧城市信息协同的不同需求。

硬件环境与软件环境在确保信息生态视角下智慧城市信息协同模式的高效运转中亦不可或缺。信息生态视角下的智慧城市信息协同模式的硬件环境既包含能够实现智慧城市信息协同模式的技术，如5G网络技术、云计算、物联网、区块链等新一代的信息技术，还包含能够确保信息生态视角下智慧城市信息协同模式高效运转的平台。信息生态视角下智慧城市信息协同模式的软件环境主要是指能够确保智慧城市信息协同模式高效运转的管理方针、政策、法规、标准等。

综上所述，信息环境要素是构建信息生态视角下智慧城市信息协同模式的要素之一。

（3）信息要素

信息生态视角下智慧城市信息协同模式的构成要素之一是信息，信息由数据标准与业务数据构成。信息生态视角下的智慧城市信息协同模式为城市中包含的方方面面的信息在政府部门、民众、企业间的流转、协同提供了路径。信息生态视角下的智慧城市信息协同模式通过信息将智慧城市信息协同模式的信息人构成要素和信息环境构成要素有机融合。因此，信息亦是信息生态视角下智慧城市信息协同模式的构成要素之一。

11.2.2　构成要素间作用关系

信息生态视角下智慧城市信息协同模式所包含的信息人要素、信息环境要素、信息要素之间存在的相互作用关系如图11－1所示。

如图11－1所示，信息生态视角下的智慧城市信息协同模式是由信息人、信息、信息环境三要素构成的整体，信息人要素主要由政府公务员、群众、企业管理者和员工构成，信息环境要素主要由情境、硬件环境与软件环境构成，信息要素主要由数据标准与业务数据构成。各个要素间在相互作用的同时，又保存了自身的独特性，每个要素均不可或缺。信息生态视角下智慧城市信息协同模式中的各个要素形成的合力共同推动信息生态视角下智慧城市信息协同模式的高效运转。

---

① 贾晓丰，梁郑丽，任锦鸾. 多源信息协同——城市和区域级大数据的应用与演进 [M]. 北京：清华大学出版社，2016：227－228.

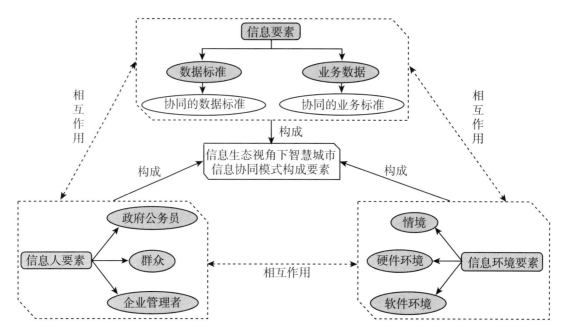

图 11 - 1　信息生态视角下智慧城市信息协同模式构成要素作用关系

11.3　信息生态视角下智慧城市信息协同模式构建

11.3.1　应用情境模块

　　信息生态视角下智慧城市信息协同模式的应用情境模块是由"事件"与"情境"两个部分组成的。"事件"与"情境"相互融合，共同构成信息生态视角下智慧城市信息协同模式的应用情境模块。

　　信息生态视角下智慧城市信息协同模式中的信息人要素是智慧城市信息协同模式运行的基点，基点之间相互连接的桥梁即信息，需要由"事件"贯通。"事件"是信息生态视角下智慧城市信息协同模式中不同信息人之间产生信息协同需求的触发因素，不同信息人的信息需求源于"事件"的发生，信息生态视角下智慧城市信息协同模式的信息服务主体（政府公务员）与信息服务的客体（群众和企业管理人员）之间进行信息协同的过程就是解决"事件"的过程。"事件"是信息生态视角下智慧城市信息协同模式中应用情境模块的重要组成部分。

　　"情境"同样是信息生态视角下智慧城市信息协同模式的应用情境模块的重要组成部分，"情境"是不同信息人在智慧城市生活与生产中所遇到的"事件"的片段化。在不同的"情境"中，不同信息人面对不同的信息环境，不同的信息环境则可导致不同的信息人对智慧城市信息协同模式需求的变化。为使不同的信息人在信息生态视角下智慧城市信息协同模式中均处于有利于信息协同的环境，需加强对信息生态视角下智慧城市信息协同模式自身与外部的智慧城市信息协同环境建设，如完善智慧城市信息协同模式所处的经济环境、智慧城市信息协同模式所处于的政策环境、智慧城市信息协同模式所处的技术环境、智慧城市信息协同模式所处于基础设施环境、智慧城市信息协同模式所处的信息安全环境、智慧城市信息协同模式所处的信息公开环境等。

11.3.2　服务对象模块

信息人是信息生态视角下智慧城市信息协同模式的核心要素，无论是信息生态视角下智慧城市信息协同模式的主体——政府公务员，还是信息生态视角下智慧城市信息协同模式的客体——群众与企业管理者，均是信息生态视角下智慧城市信息协同模式的服务对象。

信息生态视角下智慧城市信息协同模式的主体与客体之间的信息协同服务的服务关系是双向性的。信息生态视角下智慧城市信息协同模式的信息协同服务重心是服务社会，政府公务员对需要智慧城市信息协同服务的群众与企业管理者进行政务信息协同服务，虽然为有需要的群众与企业提供政务信息服务是信息生态视角下智慧城市信息协同模式的主要职能，但提供何种类型的服务、以何种方式提供政务信息服务却不是由政府公务员所决定的，而是由信息生态视角下智慧城市信息协同模式的客体——群众与企业管理者对智慧城市信息协同服务的意愿与需求决定的。

综上所述，信息生态视角下的智慧城市信息协同模式的服务主体是人——政府公务员，服务客体是人——群众与企业管理者，服务的宗旨是为了人，服务的类型与形式是由人所决定的。信息生态视角下智慧城市信息协同模式的服务主体与服务客体通过提供服务与服务需求相互作用、相互反馈，这使信息生态视角下的智慧城市信息协同模式的协同业务划分、协同的业务信息流处于相对合理与平衡的状态，保障了信息生态视角下的智慧政府信息协同模式中的政府公务员为群众与企业管理者提供高效、优质的政务服务。

11.3.3　协同数据模块

协同数据模块的组成核心是信息。信息是信息生态视角下智慧城市信息协同模式的构成要素之一。信息连通信息生态视角下智慧城市信息协同模式的应用情境模块与服务对象模块。如果说应用情境模块与服务对象模块组成了信息生态视角下智慧城市信息协同模式的"骨架"，协同数据模块便是信息生态视角下智慧城市信息协同模式的"血肉"。信息人与信息人之间的交互、"事件"中所存在的不同"情境"的串联，使信息生态视角下智慧城市信息协同模式提供服务的每一过程均离不开信息。

协同数据模块的信息来源主要是智慧政府、智慧交通、智慧教育、智慧医疗、智慧家居等具体的应用情境，各情境中产生的信息存储于协同模式中的不同的数据池内，为信息生态视角下的智慧城市信息协同模式提供信息支撑。基于不同情境所存储在对映数据池内的信息通过关联数据的方法形成数据关联，便于信息生态视角下智慧城市信息协同模式的信息协同。协同数据模块中的信息根据信息生态视角下智慧城市信息协同模式的客体——群众与企业的不同生命周期历程为群众与企业管理者提供相关的智慧城市信息协同服务。

综上所述，信息生态视角下智慧城市信息协同模式如图 11 - 2 所示。

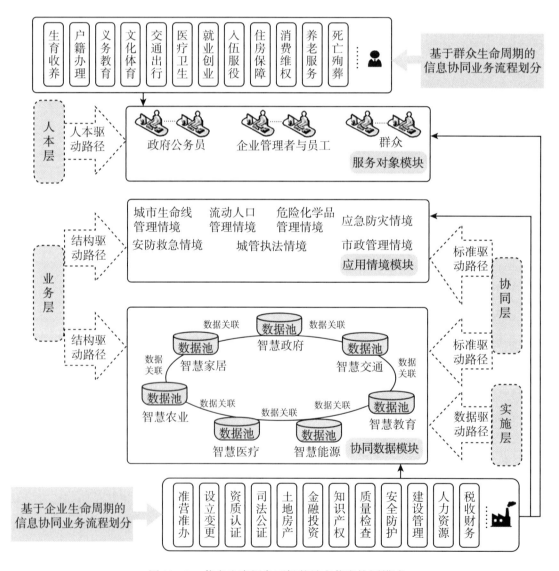

图 11 - 2　信息生态视角下智慧城市信息协同模式

11.4　信息生态视角下智慧城市信息协同模式驱动路径

11.4.1　人本层——人本驱动路径

信息生态视角下的智慧城市信息协同模式中的人本层为服务对象模块，采用人本驱动的路径对其进行驱动，如图 11 - 2 所示。具体表现为对信息生态视角下的智慧城市信息协同模式的主体，即政府公务员的不同层次需求的尊重与满足。

政府公务员由不同个体组成，因此适用于采用比较成熟的马斯洛需求层次理论（Maslow's hierarchy of needs）来探讨政府公务员的需求。马斯洛需求层次理论最早出现在美国心理学家马斯洛所著的《人类动机理论》中，该理论将人类的需求划分为 5 个层次，需求层次由低到高依次为：生理需求（physiological needs）、安全需求（safety needs）、情感和归属需求（love and belonging needs）、尊重需求（esteem needs）、自我实现需求（self-actualization needs）①。对政府公务员的生理需求给予尊重与满足主要表现为：生理需求是人类最本能也是最强烈的需求，包含对空气、水、食物、住所等用来维持生存的需求。对政府公务员发放适当金额的工资与补贴，使其能够购买相关物品，用来满足自身的生理需求，从而调动政府公务员参与智慧城市信息协同模式构建的积极性和激发政府公务员提供让群众满意的政府服务的使命感。对政府公务员的安全需求给予尊重与满足主要表现为：安全需求是人期望自己的生活有所保障的基本需求，包含人身安全需求、财产安全需求、职业安全需求、健康保障需求等。为政府公务员提供相应的健康保险、失业保险等，将有助于满足政府公务员的安全需求，从而调动政府公务员参与智慧城市信息协同模式构建的积极性和激发政府公务员提供让群众满意的政府服务的使命感。对政府公务员的情感和归属需求给予尊重与满足主要表现为：人人都渴望得到关怀与照顾，建立健全的团队文化，使团队中的每一个人都能感受到相互之间的关怀与照顾，将有助于满足政府公务人员的情感和归属需求，从而调动政府公务员参与智慧城市信息协同模式构建的积极性和激发政府公务员提供让群众满意的政府服务的使命感。对政府公务员的尊重需求给予尊重与满足主要表现为：尊重需求包含自我尊重、被他人尊重和尊重他人。加强对政府公务员思想工作的引导，使其自我尊重的同时也能尊重他人。在全社会范围内，找到政府公务员的定位，使其获得他人的尊重，从而调动政府公务员参与智慧城市信息协同模式构建的积极性和激发政府公务员提供让群众满意的政府服务的使命感。对政府公务员的自我实现需

---

①　MASLOW A H. A theory of human motivation［J］. Psychological review, 1943, 50（4）：370 - 396.

求给予尊重与满足主要表现为：自我实现需求是马斯洛需求层次理论的最高需求。政府部门应提供公平、开放、包容的环境，使政府公务员拥有实现个人理想、满足自我需要、将个人潜能充分发挥出来的空间，这样有助于满足政府公务员的自我实现需求，从而调动政府公务员参与智慧城市信息协同模式构建的积极性和激发政府公务员提供让群众满意的政府服务的使命感。

11.4.2　业务层——结构驱动路径

信息生态视角下的智慧城市信息协同模式中的业务层包含应用情境模块与协同数据模块，采用结构驱动的路径对其进行驱动，如图 11 – 2 所示。具体表现为采用适当的信息技术方法，优化信息生态视角下智慧政府信息协同模式的结构，如采用区块链技术对信息生态视角下的智慧城市信息协同模式中的业务层进行管理驱动。

区块链技术具有去中心化的特点，依据不同的去中心化的程度，又可以将区块链划分为公有链、联盟链和私有链①。其中联盟链的标志为多中心化，即联盟内的所有成员均需要通过注册并获得许可后才能进行访问②。根据去中心化的程度，信息生态视角下智慧城市信息协同模式符合区块链技术中联盟链的特点。按治理和监管方式划分，区块链又可分为主权链和其他区块链，其中主权链是指尊重国家主权，处于国家可监管状态下的区块链③。根据治理和监管方式的不同，智慧政府信息协同网络模式属于主权链。综上所述，智慧城市信息协同模式既符合联盟链的特性，又符合主权链的特性。面向区块链技术的智慧城市信息协同模式由里及表分别由数据层、网络层、共识层、合约层、应用层组成。其中数据层包含数据区块、时间戳、链网结构、哈希函数、Merkle 树、ECC（椭圆曲线非对称）加密 6 个模块，用来确保信息生态视角下智慧城市信息协同模式中数据存储的安全性、可追溯性及完整性，从而通过结构驱动的路径驱动信息生态视角下智慧政府信息协同的应用情境模块与协同数据模块。

11.4.3　协同层——标准驱动路径

信息生态视角下智慧城市信息协同模式中的协同层主要包括应用情境模块与协同数据模块，采用标准驱动的路径对其进行驱动，如图 11 – 2 所示。具体表现为对信息生态视角下智慧城市信息协同模式的协同数据标准与协同业务流程标准给出统一的范式。

---

①　ALEXANDER S. Copyright in the blockchain era：promises and challenges ［J］．Computer law & security review，2018，66（2）：59 – 82.

②　邹均，张海宁，唐屹，等. 区块链技术指南 ［M］．北京：机械工业出版社，2018：2 – 6.

③　曾子明，万品玉. 基于主权区块链网络的公共安全大数据资源管理体系研究 ［J］．情报理论与实践，2019，42（8）：110 – 115，77.

在协同的数据标准中，首先协同主体通过信息生态视角下智慧城市信息协同模式的元数据标准的统一，对不同的智慧城市信息协同模式的具体应用模块（如智慧政府、智慧交通、智慧教育、智慧医疗、智慧家居等）中的数据进行元数据共认。在不同智慧城市信息协同模式的应用模块数据源相互共认的基础上，通过关联数据的方法，将各个应用模块中的数据进行关联。由上述分析可知，元数据是实现信息生态视角下智慧城市信息协同模式中协同数据标准的统一的有效途径。

在协同的业务流程中，协同主体首先通过对信息生态视角下智慧城市信息协同模式的服务对象，即群众和企业的需求进行梳理。结合生命周期理论与群众和企业在社会生活中的现实需求，本书将群众的智慧城市信息协同业务需求归纳为出生、入学、婚姻、工作、退休、丧葬等业务环节，将企业的智慧城市信息协同业务需求归纳为企业注册、企业运营、企业破产等业务环节。在明确各个环节业务流程的基础上，运用关联数据的方法将各个业务环节中涉及的数据进行关联，进而实现信息生态视角下智慧城市信息协同模式为群众与企业提供优质的业务办理服务。

11.4.4 实施层——数据驱动路径

信息生态视角下智慧城市信息协同模式中的实施层主要包括协同数据模块，采用数据驱动的路径对其进行驱动，如图 11 – 2 所示。具体表现为对信息生态视角下智慧城市信息协同模式中所包含的多元数据进行数据关联。

关联数据的概念是由万维网之父 T. Berners-Lee 提出的，指将以前看似没有关联的数据连接在一起，用以解决海量的、异构的、异源的数据困扰，更好地发挥数据的价值①。随后，W3C 组织和关联数据社区联合发起了关联开放数据的运动，号召人们用关联数据的形式发布数据②。随着关联数据技术的不断成熟，关联数据被众多公共管理机构应用于数据的共建共享中，如为了实现数据的关联，联合国粮食及农业组织发布了多种语言的农业叙词③。美国国会图书馆与瑞典国家图书馆均采用关联数据技术发布书目数据④⑤。美

① BERNERS-LEE T. Linked data-design issues［EB/OL］.［2019 – 03 – 19］. http://www. w3. org/Design Linked Data. html.

② W3C. Linking open data［EB/OL］.［2017 – 01 – 19］. https://www. w3. org/wiki/Linked Data.

③ AIMS. AGROVOC linked open data［EB/OL］.［2019 – 03 – 21］. http://aims. fao. org/standards/agrovoc/Linked – data.

④ SUMMERS E，ISAAC A，REDDING C. LCSH，SKOS 和关联数据［J］. 现代图书情报技术，2009，3（3）：8 – 14.

⑤ MALMSTEN M，李雯静，黄田青，等. 将图书馆目录纳入语义万维网［J］. 现代图书情报技术，2009，3（3）：3 – 7.

国政府数据门户网站与英国政府数据门户网站也都在多个领域应用了关联数据①②。由上述分析可知，关联数据具有将海量的、异构的、异源的政务信息关联起来的优势，是实现信息生态视角下智慧城市信息协同模式中实施层内数据驱动的有效路径。

---

① 侯人华，徐少同. 美国政府开放数据的管理和利用分析：以 www. data. go 为例 ［J］. 图书情报工作，2011，55（4）：119 – 122.

② 朱贝，盛小平. 英国政府开放数据政策研究 ［J］. 图书馆论坛，2016，36（3）：121 – 126.

12 智慧城市信息协同策略及保障措施

我们可以基于智慧城市政务数据，运用复杂网络分析等方法，得到智慧城市信息、协同结构，并对信息协同度进行测量。依据信息生态理论，构建智慧城市信息协同模式，可以为智慧城市完善自身信息协同结构、提高信息协同程度提供方法和途径。智慧城市在运行信息协同模式的过程中，需要一定的保障措施来保障信息协同模式的顺利实施，在信息生态理论框架下，在上文的信息协同结构和信息协同行为等研究成果的支撑下，可以析出具体的智慧城市信息协同策略，进而形成完善的智慧城市信息协同运行体系。本书在已有研究的基础上，基于信息生态视角，分析并提出智慧城市信息协同策略和保障措施。

12.1 协同策略

12.1.1 以人为本，提升信息协同参与者的协同能力

（1）实现参与者对信息协同的价值认同

提升信息协同过程中参与者的协同能力，需首先实现参与者对信息协同过程的价值认同。价值认同主体在观念上对某类价值的认可与共享，也是一种自觉遵循与接受的态度。要想从源头上促进智慧城市的建设，各模块及相关人员对其建设目标的价值认同必不可少。建设智慧城市，实际上就是实现城市的高效能运转。提高各模块对信息共享以及业务合作的价值认同，可以从观念上改变信息提供方的不平衡心态，保持积极参与的姿态，最大限度缓解信息提供主体的信息供给压力。提升价值认同，应由政府部门主导，关注参与者思想观念的转变和提升，从基础业务层面着手，形成对跨领域、跨部门、跨层级合作的认同，最终完成协同网络全渗透的目标。对于参与者，要加强宣传教育、强化信息共享和业务合作的价值认同，关注参与者因陈旧观念造成的故步自封等现象。提高基层每项业务处理效率，要依据"智慧城市"目标及方法，推陈出新，加快推进基层业务中信息的共享协同。跨领域、跨部门、跨层级合作认同是价值认同的最后环节也是关键环节，只有将价值认同贯彻到整个协同网络中，让协同网络整体营造出良好的氛围，才能真正建设好"智慧城市"。

（2）提升参与者信息协同相关技能

提升信息协同过程中参与者的协同能力，需加强相关知识和技能的培训。信息协同过程主要依赖业务人员对信息系统的操作，许多部门搭建了完善的信息系统及信息共享平台，但这往往会对业务人员日常的业务处理有所影响，往往会出现适应期对新系统、新平台的排异，甚至给业务处理人员增加了新的负担，业务处理人员在处理日常业务的同时还要额外维护信息系统及平台的运行。这样一来，业务处理与信息协同不仅没有相辅相成，合二为一，提高效率，反而使业务处理人员工作压力增大，业务效率降低。因此对相关人员进行系统和平台使用以及业务融合方面的培训，减少参与者在平台适应期的排异感，才能使信息协同真正发挥其作用进而提升业务处理效率。

（3）明确信息协同中各参与者的职能分工

高效的协同需要一个分工有序的组织，或许明确各方职责往往被视作合作的壁垒，会在一定程度上隔绝各方权力和利益。但在实际操作中，明确各方的职能分工是实现信息高效协同的重要前提，任何一个团队或组织都需要分工合作，各展所长，信息协同过程亦是如此。信息的多元化、复用性、实时性等特性，也决定了信息协同过程中各参与方的职能分工，并非像为了划分地域范围保证互不侵犯所修筑的堡垒工事，而是近似于人体的手脚各有分工却始终属于同一整体。

明确信息协同过程中各协作方的职能分工，要做到以下几点：首先，明确协同中多元责任的分配。协同过程往往是多部门的合作，合作中共享责任往往会导致责任模糊化，因此需要对责任分配进行界定，如果协同过程包含多元责任方，需要确定主要责任方以及连带责任方。其次，丰富信息协同的绩效评估评定标准。不能一味地将绩效与信息协同工作的目标和任务挂钩，也需要注重事项的最终完成效率，将协同工作最后整体目标的完成度作为绩效评价的重要指标，才能够真正促进信息协同各方积极配合，为统一的目标而各展所长。

（4）完善评估和监督机制

在明确职能分工的基础上，完善管理机制，从而实现有效、实时的评估和监督，才能实现信息协同中对要素"人"的闭环控制。评估与监督是这一闭环控制中的反馈环节，评估中实现激励，监督中完成制约，从而进一步影响价值认同，促进所属职能分工高效完成

绩效评估指标的多元性和合理性决定着激励作用的角度和强弱。在评估指标的规划中，需要注重主、客观指标的丰富程度。主观指标反映人们对所评估对象的意见、看法、期望值和满意度，是心理量值的反应。客观指标反映客观事实，有确定的数量属性，只要事实清楚，原始数据真实完整，指标统计结果就具有客观上的确定性，不同对象之间就具

有明确的可比性。在基本指标的基础上，应针对不同的工作事项，有针对性地设计主、客观评估指标，指标多元化能够从更宽泛的角度形成激励。同时，激励政策的合理性对激励效果有较强影响。同种指标在不同的业务情境中所代表的含义也不同，因此在不同的业务情境中同种指标所占权重也应有所调整，权重配比的合理性能够实现激励效果的最大化。

12.1.2　推进业务流程再造

（1）推进业务流程标准化

我国在不断探索业务服务流程改革的过程中，业务服务理念、重点、目标、幅度、模式、权利分配等都随着社会的发展进步不断发生改变，其中很重要的一点变化就是将标准化的科学管理手段与工具引入业务流程再造①。业务服务理念从以业务促发展的单纯的经济诉求逐步转变为构建全方位政府的多元诉求，业务服务重点从部门内部流程再造发展至跨部门流程再造，业务服务目标从提升流程效率发展为完善政府职能，业务服务幅度从局部试点到全面铺开，业务服务模式从窗口服务发展为网络化服务，业务服务权力分配从政府内部权力重新分配到社会分权。政务服务若要完成多元化的服务理念、跨部门改革、职能完善、全面性改革以及网络化服务，实现业务流程的标准化是推进业务流程再造的前提条件。

首先，梳理事项清单。事项清单是对业务办理所需的申请材料名称、提交形式、提交份数、办理形式、材料合格标准、受理流程以及收费标准等一切相关问题进行说明的文件。申请人需要根据事项清单准备和提交相关申请材料，各部门需要根据事项清单明确材料类型及合格标准，因此事项清单必须是明确合理、标准一致的，需对事项清单进行梳理，使用标准化的格式、词汇和表述形式，使清单具有统一格式和属性，同一部门、同种材料拥有同一名称，对于业务的办理方式、审批时限、材料的合格标准使用统一的表述方式。

其次，规范办事指南。在事项清单标准化的基础上，办事指南进一步明确了业务流程中所涉及的部门及其权责分配。标准化办事指南明确所涉各部门的功能、职责及权限以及申请人所具有的权利和义务，从而保证业务受理、办理等全操作流程的规范性，减少以权谋私，权责不明，互相"踢皮球"等情况的发生，促进信息公开透明，有利于社会监管的有效实施。

（2）推进业务流程简洁化

业务流程再造相关工作始终围绕着精简流程的目标，推行联审联办，将中介办理流程

---

① 黄恒学，张勇．政府基本公共服务标准化研究［M］．北京：人民出版社，2011：192 - 196.

纳入并联审批流程，极大地缩减了办事环节。联审联办针对部分基础业务所做的简洁化工作效果较好，由受理部门工作人员按照事项清单收取材料，并进行初步检验和筛查，依据业务流程，相关审批部门基于"一家牵头、并联审批、限时办结"的原则，由牵头部门负责，通过平台互联或者其他渠道沟通、协调，在限定时间内完成对材料的审核并反馈给事项申请人。

但面对较为复杂的业务时，推行联审联办的效果仍然有限，某些业务办理所涉及部门类别较多，且办理频次相对于基础业务较低，实施联审联办新模式的改革可能性相对较低，因此容易被忽视。针对此类业务，更需要从业务流程基础设计方面出发，简化流程设计，取消不合法、不合理、不必要的审批事项，减少保留事项的前置条件①。针对部分特殊事项，还可设计专属办理通道。例如，广州市为其重点项目、高端项目、重点企业、优质企业提供快车道服务②，设置跨城通办专区，为重点项目等提供专项服务，跟踪审批进程，直接对接企业，及时解决审批中遇到的障碍，实现"一件事一次办"。与此同时，主动跟踪审批进程，还可以反推事项流程中的冗余之处，从而促进事项流程设计进一步精简。

（3）推进业务办理"一窗式"

"一窗式"的集中化改革是直击群众痛点的改革，"办证多、办证难""冤枉路""循环证明"等问题是事项办理中被反馈最多的问题，是业务办理的痛点、堵点所在。自"互联网+政务服务"相关政策推行实施"一号申请、一窗受理、一网通办"以来，此类情况已经有所改善，但限于政务服务事项体制、信息共享水平以及管理运维能力等方面的不足，"一号、一窗、一网"模式的推行仍有一定的阻碍。许多地区的"互联网+政务服务"表面呈现一片欣欣向荣，但其内部却只是空壳子，有很多部门只是应用了相关的信息技术，但并未将"互联网+"的思想真正融入服务当中，事项办理只不过是从"传统型"业务办理转化为"数字化"业务办理，不仅没有为业务的申办者提供方便，"该跑还得跑"的现象依然存在，而且还提高了业务办理的技术门槛，给很多不熟悉信息技术的申办者带来更多困扰。

"一窗式"的集中化改革并非仅仅将服务的受理集中到一个窗口，或者将窗口集中到同一个建筑中，而是需要从服务的视角出发，梳理各类业务，协调各个相关部门和模块，

---

① 国务院办公厅关于全面开展工程建设项目审批制度改革的实施意见［EB/OL］．［2020－03－06］．http://www.gov.cn/zhengce/content/2019-03/26/content_5376941.htm.

② 钟莉．数字治理视域下地方政府政务服务效能提升策略研究——以广州"一窗式"集成服务改革为例［J］．地方治理研究，2020（2）：2－11，78.

真正实现业务流的融合，在此基础上，再对相关联的事项进行整合和集中，实现真正意义上的"一窗办事"。与此同时，需要对服务人员进行细化分工，根据前台受理人员与后台审批人员工作的不同工作特性，制定不同的工作制度和激励策略。"一窗式"的集中化改革是面向全体服务事项进行布局优化，既有传统服务窗口的破除，也有新型综合窗口的设立，以"集中"为目标但却需关注"分工"，实现更有效、便捷的服务。

12.1.3　构建以信息技术为支撑的信息协同网络

（1）统一信息系统数据标准

构建信息协同网络，需完善各模块的电子信息系统，促进数据标准化的推行，实现各系统数据标准的统一。首先，推广无纸化信息服务，促进实现信息收集的"全"和"准"，以解决信息获取不充分导致的信息协同问题。其次，构建标准化的信息体系，完善信息主体之间的链接，丰富信息流转渠道，拓宽信息渠道容量，以解决信息流转不充分导致的信息协同问题。再次，将现已有的纸本资料电子化，建立健全电子档案库，并将基本信息实时存储至信息数据库，相关人员在处理事件时可根据自身需求通过网上系统进行线上申请，系统将按需提取所需档案的基本信息，将信息一同发送至相关模块中。最后，继续调取其他模块中的相关信息直至办理审核结束。从申请到办理完成，全程无纸化信息服务不仅有效地解决信息流转不充分问题，还极大地节约了材料寄送等事务的人力、物力以及时间成本。

（2）搭建数据互联互通平台

构建信息协同网络，需加强各模块业务流程交叉与合并，建立数据中心，搭建数据互联互通平台。数据中心是由政府牵头，布局各模块，实现海量数据计算、存储、交互，基于数据中心搭建信息共享互通类平台。这一平台不局限于各模块本身，而是由政府主导的实现信息互联的通道。结合"互联网＋"的发展趋势，开发和应用相关的互联网软件，以信息电子化的形式将各类重复利用率高、易冗余的纸质材料存储在平台中，实现"信息传输高效化、材料提取及时化"的设计目标，将对信息协同网络平衡化及小世界化起到极为有益的作用。例如，在政务信息协同过程中，申请人等信息提供主体暴露出的材料冗余、提供压力大等对协同网络发展不友好的现象，政府各部门之间的沟通交流有限是造成这些现象的重要原因之一。现今，各政府部门已或多或少地开发出相应的信息管理平台，但由于这些平台多立足于部门本身，未上升至政府整体，久而久之，关键性部门内部信息堆积，边缘性部门信息不足，"信息孤岛"现象显现。

针对此类问题，国内一些先行示范城市已经探索出一定的经验。唐坚提出"长三角智慧城市群”构想，应用信息通信技术打破城市间的信息壁垒，以统一接口的形式对信息进行多方向传输及管理[1]；应用云技术在所建构的统一网络平台上传送信息并进行整合。上述经验可供政府部门建设智慧城市所借鉴。为增强网络连通性，应以业务流程中中介调节作用较强的相关节点为核心，加强各服务流程的交叉与合并，建立后台信息流通共享平台，丰富其周围节点间的信息连通渠道，提升信息协同效能。加强各信息需求的相似重合度较高的部门之间的信息共享，优化服务流程，以相关服务流程交叉的方式搭建核心节点与其周围节点的信息流通渠道，以合并流程及部门重叠部分来提高信息协同效率，建立更为便捷、更为完善的信息共享互通平台，将信息提供主体的可多次使用类信息存储在云端，不仅可以减轻各类关键主体的信息处理压力，还能够最大限度地减少冗余，促进业务处理效率的提升。

12.2 保障措施

12.2.1 法律制度保障

智慧城市的顺利建设和健康发展离不开各种保障措施，任何建设和发展都需要在合法的条件下进行，依法建设，依法发展，以民主为前提和基础，以严格依法办事为核心，以制约权力为关键。因此在法治思想的指导下，建立健全配套的法律制度，是最根本和最首要的任务。建立健全配套法律制度需要紧跟时代的发展步伐。智慧城市建设速度之快，发展之迅猛给政府运行和公共管理带来了巨大的挑战，政府必须紧跟发展潮流，甚至是超前预估发展动向，秉持创新理念制定发展战略和发展规划，重新定位政府的目标、体制、任务及功能，科学合理地整合利用公共资源、社会资源，以保障人民利益为前提，深化改革、简政放权、转变职能，向着公开透明、实时高效、服务为先等方向努力，以适应社会不断更新的需求。

首先，要将法治理念充分融入信息协同事项的决策机制中。在整个决策的过程中，让法律成为决策的主导因素。决策即决策者面对未来的不确定性做出决定的意志行为，但是如何决策实际上反映的是决策者的价值偏向。决策的结果往往会由于决策者本身价值偏向而具有一定的个体差异，或许会由于价值偏向与社会实际需求不一致，导致所做决策偏离社会的主流价值观。然而，在法律的指导下，决策过程能够更加客观。因此，将法治理念

---

[1] 唐坚. 积极探索智慧政务异地互通机制推动长三角智慧城市群发展 [J]. 智库时代，2019 (28)：13－14，144.

充分融入决策机制，其关键在于基本法治理念的培训和熏陶，决策者在行政决策的过程中，要不断加强法治意识，树立依法决策的思维模式。另外，在技术环节中加强法制约束力度。决策的技术环节主要包括确定目标、拟订方案、确定方案、方案实施四个环节。各个环节都需要有针对性地制定相关法律制度。例如，在确定目标阶段，应确立合法的调查、咨询制度，在方案实施阶段，要制定一定的信息公开制度，并且加强决策效果监督力度，确保决策过程合法性。针对不同类型的决策，应出台更具有针对性的法律制度，对其决策论证过程进行详细的说明。

其次，注重法律制度的民主性特征，充分调动信息协同中各类参与者的积极性和能动性。法治，是民主的法治，而非集权下的法治，其所体现的实际上是最广大人民群众的利益。在整个信息协同过程中，也应当体现民主的价值取向。信息协同的主要目的在于推动业务办理的高效、便捷，而高效、便捷是对最广大人民群众的高效和便捷，而非只针对个人的高效和便捷，因此，应当以服务人民群众为目标完成信息协同工作，推动信息协同过程中的民主化。信息协同的过程往往需要顶层设计和统一的领导，但相关制度的制定和推行应该注重其民主性，秉承"顶层设计"基于民主决策理念，业务的领导者应将自己视为参与者，负责项目的组织、实施和监督等工作，而非是全部业务的设计者和决策者。这样才能保证信息协同目标、过程以及结果都具有民主性特征。

12.2.2　人力资源保障

智慧城市的建设本身，是比较复杂的系统性工程，而信息协同工作相当于这一复杂系统工程中的链接枢纽，需要以强大的人力资源保障作为支撑。在人才需求方面，信息协同工作既需要从顶层工作入手，从总体把控各项工作，进行信息的协调调度和人员的任务分配，对信息协同的最终成效具有决定性的影响力。而最为紧缺的莫过于信息协同工作的顶层设计人才、指挥人才，此类具备统筹全局能力开展信息协同工作的核心关键人才，对于信息协同的完成具有决定性的作用。从信息协同工作的具体事项来看，协同过程中往往要同时涉及智慧城市建设多个方面，因此，协同工作的顺利开展离不开各类交叉型人才，负责沟通协调各类参与者，尤其是专业性差异较为悬殊的参与方。例如，当前电子政务的发展要求不断提升政务的信息化建设，政务工作人员与技术开发人员之间的直接对接往往难度较大，技术人员在开发过程中对所涉及事项的业务需求、功能需求、性能需求若无法摸清摸透，所得到的系统将很难满足政务工作。而在这一过程中信息的对接极为重要，尤其需要既懂行政管理，同时也了解系统开发的人员从中协调沟通，以便实现对政务服务业务实际需求的调研，形成初步的系统设计思路并将其提供给系统开发人员，完成两方的信息对接。智慧城市本身即通过协同多元城市模块，实现更简单、便捷、即时的智慧生活，因此，各类模块之间的信息沟通协调人才亦是实现信息协同的必备要素。

在人才配备方面，首先，需不断加强人才引进力度，制定多元化的人才引进制度，以优厚的福利待遇引进所需的高端人才，不断完善人才调节机制和服务配套体系促进人才的合理流动，优化人才配置。进一步丰富人才引进渠道，推动制定人才国际化战略，需特别关注高端信息技术人才以及具有统筹能力的全面型人才。人才引进的后续配套保障措施也需要跟上，关注引进人才的工作和生活，在户籍、配偶、子女、养老、保障等方面为其提供优质服务，解决其后顾之忧，从而充分发挥人才价值和优势，并且为进一步吸引高端人才打好基础。其次，提升人才的培养速度和质量也尤为重要，需进一步完善人才培养机制，构建科学合理的人才培养体系。不仅要关注各类人才的专业性，更要注重交叉型人才的培养。信息这一概念涵盖面非常广，涉及城市生活方方面面，而协同这一过程所注重的正是交叉与融合，因此，需要建立健全复合型人才的培养体系。实现多个年龄层的科学培养模式，是丰富交叉型人才储备的一种重要手段，学习过程需要时间的积累，在学习初阶成长期人才的学习能力强，应为其打牢基础教育，同时注重多元化的培养模式，鼓励年轻人多尝试，多实践。进阶成熟期人才具备交叉性的视野，更需要专注于一个方面的深入学习，是交叉型人才的专业培养期，交叉型人才并非什么都懂一点却什么都不精通的人才，而是精通于交叉型工作的人才，即从事具有交叉特质的工作，而精通于这份工作，此为处于成熟期人才的重要培养目标。而对于高阶稳定期人才，需要充分发挥其工作经验所带来的价值优势，进一步提升其工作视野，以培养统筹性的综合人才为目标。

12.2.3 技术保障

新兴技术是支撑智慧城市建设的砖瓦，新技术的革命性发展将彻底改造人类社会的底层架构，大数据、人工智能、物联网、云计算、5G 网络、区块链以及虚拟现实是与智慧城市建设密切相关的关键技术，智慧城市信息协同的实现需要依托于此类新兴技术的发展和建设①。

大数据时代，对于效率的关注度更高。大数据技术的发展，让人们不再将注意力重点放在精确度上，而是更注重效率，许多不可计量的事物被数据化，在大量数据中更多的是不那么精确的数据，但是人们依然能够通过这些数据推断出未来的发展，辅助决策，大数据帮助人们做出更快、更高效的决策，从精确转向速度，高效率就是价值所在。大数据也为智慧政府信息协同效率提升提供技术支撑，政务大数据平台建设，能够促进数据的开

---

① 何宗耀. 新型智慧城市建设现状技术与研究 [M]. 北京. 北京邮电大学出版社，2018：56 – 57.

放、共享、融合，从而为政务决策、标准制定、宏观调控等政府职能的智慧化提供保障。

人工智能在智慧城市的建设中所涉及的应用领域之广是无与伦比的，交通、医疗、物流、金融等生产生活各个领域都离不开人工智能技术。人工智能基于数据分析，由智能算法进行决策，然后再将指令输送到设施设备上，实现城市全局实时分析，公共资源的自动调配，以近似人类智能的方式做出反应，相当于人类的大脑，基于信息、设计指令，进行协同，基于信息过程对人的意识和思维进行模拟，是实现高效、自动化的关键技术。

物联网为有限资源的合理配置问题提供了更优的解决方案，对工业、农业、环境、交通、物流、安保等基础设施领域的智能化发展都有极大的促进作用，家居、医疗、教育、金融、旅游等行业的服务范围、服务方式也因此而进行变革和创新。物联网即物物相连的互联网，是一个基于互联网、传统电信网等传递信息的载体，利用各类信息传感设备，将物品数据化，通过传感、射频识别、定位系统等各类可能的网络接入，进行信息交换，实现定位、跟踪、监控，实现物与物、物与人、人与人之间的泛在连接，完成物品的智能化传输、跟踪、监管，是承担着信息协同实现资源配置优化完成"最后一公里"的关键技术。

云计算是一种新兴的商业计算模型，基于分布式计算和虚拟化技术，解决任务分发问题，通过任务分发和计算结果合并，将数据存储、分析以及计算等服务独立出来，从而实现信息资源的合理调配。云计算技术带来的分布式平台服务，可以在极短的时间内完成数以万计的数据量的处理，极大地提升了信息的存储、分析效率，降低了数据的相关运营成本，为大量、多源信息的高效协同提供了可能。

信息协同需要基于实时、多源的信息共享，对信息的传输速度和广度提出了更高的要求，5G 网络的发展为信息协同的信息传输需求提供了可靠的技术支撑。5G 网络考虑的是万物互联和大数据传输的问题，不仅解决基础通信的需求，更是人与人、人与物、物与物之间互联互通的保障。5G 网络将提供无限的信息接入，让任何人和物随时随地共享数据，为信息的跨层级、跨部门、跨地域等各类型的整合协同提供各种可能性。

区块链技术兴起于商业支付，以分布式共享账本以及点对点的价值传输技术，为商业界创造了一种全新的货币体系。如今，区块链技术在其他领域的应用也日渐兴盛，例如分布式身份认证、分布式域名系统、分布式自治等，区块链的技术所带来的改变，令人不禁感叹它或将颠覆整个互联网的底层协议，建构一套新的网络运行体系，这也将给信息的传输、共享和协同模式带来新的挑战和机遇。

虚拟现实是一种可以创建和体验虚拟世界的计算机仿真系统，本身就是由多源信息融合、交互形成三维动态视景和实体行为的系统仿真，是各类信息协同完成的产物，主要由检测模块、反馈模块、传感器模块、控制模块、建模模块构成，与外部传感装置构成反馈闭环，基于人与虚拟世界的信息交互，进一步对外界世界中的实体设备产生作用，在虚拟环境中，实现人对外部环境的感知和控制。而在智慧城市建设阶段，虚拟现实技术可以为各类信息协同构架实现仿真模拟，用户、企业、管理部门等信息参与者都可参与其中，从而为现实协同体系的构建打好基础，提高设计质量、节省成本。

12.2.4 资金保障

资金支持是智慧城市建设的必要前提和基础条件。信息协同的实现虽然不比城市硬件设施对物质保障的全方位依赖，但在平台的搭建、人力资源的供应、数据服务的支撑等方面，信息协同对于高新技术、高科技人才的依赖往往远超基建工程，因此，智慧城市的信息协同建设亦需要充足的资金支持。

在资金来源方面，首先，政府财政的投入和建设拨款必不可少①。智慧城市的建设过程中，政府资金可谓是支撑了半壁江山，城市建设中许多项目，特别是公共服务类项目需要投入大量资金，且收益期较长，收益率较低，很多项目无法依赖商业企业资金注入来完成，需要依托政府地方的财政支持，加大对智慧城市建设项目的财政投入，以及国家的财政拨款，为智慧城市建设解决资金上的后顾之忧，奠定坚实的物质基础，加速智慧城市建设市场化和产业化进程。

然而，依靠政府来解决智慧城市的建设问题也会极大地增加政府财政压力，并且政府资金往往更关注于基础设施建设以及公共服务建设方面，对智慧城市建设中的商业化项目的投资和管理经验较少。因此，也要充分考虑资金来源的多元化，充分发挥市场对资源配置的天然力量。通过信贷、风投以及债券等各类方式，吸引社会资本，鼓励民营资本参与智慧城市的建设和维护，充分发挥市场对资金的吸引和调配能力。并且，创新投资、融资模式，充分了解智慧城市建设对资金的需求，依此对投资、融资模式进行合理的规划设计。政府需要为企业做好配套系统设施、融资渠道以及政策保障等，可以设立相应的资金管理中心，借助资金运营公司的能力，盘活各类资金，对现有的资金进行保值和增值，从而为城市建设提供资金支撑，同时控制社会资本所带来的风险，对融资对象进行必要的风险信用等级评估，完善 PPP 项目的第三方评价机制，依据相应的等级对资金进行管理和利用，由资金管理中心全方位负责，能够更好地规避风险，调配资金，实现资金利用效率最大化。

---

① 李娟. 我国智慧城市建设存在的问题及对策研究——以深圳市罗湖区为例 [D]. 湘潭：湘潭大学，2015：31 - 32.

与此同时，还需制订合理的资金使用计划，实现资金的合理利用和收益最大化。以智慧城市建设的实际情况为基础，制订科学的资金使用计划，协调资金的使用类别，有侧重、有倾斜，侧重对信息基建、公共服务建设等方面的关注，向关键技术、核心人才等方面倾斜，对于更贴近民生基础项目建设，或是对未来发展影响更深远的技术优先发展；根据实际资金情况以及项目建设轻重缓急，有重心、有节奏地推进项目建设，优先将资金投入需求更为迫切的工程项目，从而保证资金的稳定。

在智慧城市建设的过程中，各个部分环环相扣在一起，制度、人力、技术、资金各方面不仅相互影响，而且相互牵制，牵一发而动全身，但往往很难事事兼顾，由于人力、技术、资金都是有限资源，这对于制度的完善和发展也会起到一定的制约作用，尤其是人力和资金对于智慧城市的限制性作用更为显著，制度再完美、技术再高端，若人力和资金的配备不足，无论多么智慧的城市建设方案也无法发挥真正的效用，但人力和资金作为有限资源，只能依据现有情况进行优化分配，争取以最优配置弥补不足，使有限的资源发挥最大的效用。

为构建完善的信息协同模式，搭建好应用情境、服务对象、协同数据三大模块，需配以相应的协同策略。本章从协同参与者、业务流程以及协同网络构建三个角度探讨了协同模式实施策略。协同参与者即信息人，需注重其自身协同意识、相关技能等能力的提升，同时以明确职能分工为配套；推进业务流程标准化、简洁化，推进业务办理一窗式；协同网络的实现，需基于统一的数据标准，搭建数据互联互通平台。

结　语

　　智慧城市建设不仅为改善民生提供了新的途径，更为城市经济发展提供了新的增长点。智慧城市实现智慧化的基础是不同信息系统之间的理解，是数据及信息层次的协同。本书以信息生态为视角，研究智慧城市信息协同的结构和模式，主要的出发点是民生的改善，认为智慧城市的运行核心是智慧政府和智慧政务的实现。在总结国内外专家对智慧城市、信息协同、信息生态的研究基础上，基于协同论、图论、复杂网络理论、信息生态理论、群体智慧理论，通过访谈调研、问卷调查、网络爬虫、人工采集等各种方式收集数据，采用命名实体识别、结构方程模型、复杂网络分析、扎根理论等方法分析数据，最终梳理出智慧城市信息协同三元理论框架及智慧城市信息协同数据融合框架，识别出智慧城市信息协同结构，完成智慧政府信息协同度测度，探讨智慧城市多源信息系统元数据的规范化，提出智慧城市多源信息系统元数据的映射方式，探析智慧政务背景下政府公职人员的信息协同行为，提出智慧城市信息协同模式，并最终给出信息协同策略建议。

　　本书的理论贡献和学术价值主要表现在：为智慧政府信息协同网络结构识别提供科学方法与理论依据，通过对我国智慧城市信息协同工作的实证研究为优化智慧政府信息协同网络结构提供新思路与新方法，为智慧政府信息协同网络结构建设提供理论框架与概念模型。本书对于智慧城市实践的贡献主要在于：提出构建智慧城市信息协同网络结构的方法，为相关政府部门精准施策，推进智慧城市信息协同网络建设提供依据；对智慧城市信息协同网络结构进行研究，将有助于信息协同网络结构的优化，提升信息协同网络结构的协同效应。

　　智慧城市建设是一个系统的庞大工程，从建设模式上看，基于城市现有多源信息系统基本架构的局部更新迭代更为常见也更具有操作性。本书的数据收集以政府公共服务数据为主，因此，偏重对城市治理信息协同的结构和模式分析，目前对于信息协同的分析结果也主要适用于城市公共服务层面。随着数据覆盖广度的进一步扩大，智慧城市建设其他模块，如交通、医疗、物流等，与智慧政府的信息交互与协同可以进一步得到揭示，进而促进智慧城市智慧化的更广范围覆盖。

　　大数据时代进程深入发展，数据要素成为生产要素之一参与到社会经济生活中，这为智慧城市建设的内涵式发展提供新的思路和契机。本书研究主要在信息协同层面，信息协同的基础是组织结构功能的支撑和信息人之间的主动协同，进而实现信息系统功能支持的多源信息之间的协同。在数据要素市场化的数字经济时代，细粒度的数据协同是理论和实践层面都需要探索的领域，未来的智慧城市发展离不开数据价值的深度开发和利用，多源异构数据之间的理解、互操作和协同，以及数据在智慧城市不同功能模块中的创新应用。数据的创新性开发利用能够推进城市智慧化深入发展。

智慧城市建设研究领域从来不能脱离实践支撑。对于智慧城市信息协同程度的定量化测评和评估、实践案例研究、智慧城市信息协同策略的实证都有待进一步深化，并最终为智慧城市建设提供有意义的指导和参考。

参考文献

中　文

［1］安小米．面向智慧城市发展的信息资源管理协同创新策略——以荷兰阿姆斯特丹智慧城市为例 ［J］．情报资料工作，2014（3）：49－53．

［2］鲍汐汐．估值任务场景中群体智慧的稳定性影响因素研究 ［D］．广州：华南理工大学，2019．

［3］北京市规划委员会．城市基础地理信息　矢量数据要素分类与代码：DB11／T 1065—2014 ［S］．北京：北京市质量技术监督局，2014．

［4］北京市信息化工作办公室．法人基础信息数据元目录规范：DB11／T 448—2007 ［S］．北京：北京市质量技术监督局，2014．

［5］本刊首席时政观察员．建智慧城市先建"智慧政府" ［J］．领导决策信息，2011（16）：8－9．

［6］毕强，史海燕．信息集成服务模式研究 ［J］．图书情报工作，2004（9）：30－33．

［7］毕强，朱亚玲．元数据标准及其互操作研究 ［J］．情报理论与实践，2007（5）：666－670．

［8］蔡萌生，陈绍军．反思社会学视域下群体智慧影响因素研究 ［J］．学术界，2012（4）：23－30，271－274．

［9］长春市工业和信息化局．打造"智慧长春"发展智慧产业助力东北亚区域性中心城市建设——"智慧长春"建设综述 ［N］．长春日报，2017－03－24（4）．

［10］辰旭．世行的项目周期 ［N］．中华工商时报，2010－06－18（D14）．

［11］陈剑平．浅论人本管理思想在企业管理中应用 ［J］．商讯，2019（10）：34－35．

［12］陈婧，陈鹤阳．基于众包的应急管理信息主体协同机制研究 ［J］．情报理论与实践，2016，39（5）：69－73．

［13］陈锐，贾晓丰，赵宇．基于模糊聚类的智慧城市多源信息协同结构测度与优化 ［J］．计算机应用研究，2016，33（7）：1945－1951．

［14］陈锐，贾晓丰，赵宇．智慧城市运行管理的信息协同标准体系 ［J］．城市发展研究，2015，22（6）：40－46．

［15］陈曙．信息生态研究 ［J］．图书与情报，1996（2）：12－19．

［16］陈庭强，何建敏．基于复杂网络的信用风险传染模型研究 ［J］．软科学，2014，22（2）：1－10．

［17］陈星童．元数据驱动的 EPDM 与 E&P 数据模型双向映射研究 ［D］．大庆：东北石油大学，2012．

［18］陈艳，周馨．基于 CIDOC CRM 的文化遗产资源的元数据集成——以 DC 元数据的映射为例 ［J］．

现代情报，2010，30（5）：60－63，84.

[19] 程琳．网络信息生态链供需平衡度测评及教育网站实测研究［J］．图书情报工作，2014（15）：28－34.

[20] 代君，廖莹驰，郭世新．不同信息视域环境下的跨学科协同信息行为［J］．情报科学，2018，36（11）：132－137.

[21] 戴旸，周磊．国外"群体智慧"研究述评［J］．图书情报知识，2014（2）：120－127.

[22] 丁永波，刘桐，陶诗韵．网络招聘信息生态系统模型构建及其运行机制研究——基于机制设计理论的阐释［J］．情报科学，2019，37（9）：85－89.

[23] 杜成杰．基于信息生态理论的高校数字档案系统信息流转能力评价研究［D］．太原：山西财经大学，2013.

[24] 杜娟，王宁．生态视野下基础教育信息化评价模型的构建研究［J］．中国电化教育，2014（7）：63－69.

[25] 房小可．OAI 环境下基于本体的 DC 元数据与档案元数据 EAD 的映射［J］．兰台世界，2018（12）：41－45.

[26] 盖靖元．综合交通枢纽信息协同服务研究［J］．北方交通，2018（8）：78－81，86.

[27] 盖奇文．基于结构熵权法的公共图书馆展览绩效评价指标体系构建［J］．图书馆工作与研究，2017（5）：96－100.

[28] 甘雨，刘昆雄．面向创新型湖南建设的跨系统信息协同服务策略［J］．情报杂志，2015，34（3）：176－180.

[29] 高雁，盛小平．公共图书馆创客空间用户使用意愿影响因素实证研究［J］．图书情报工作，2018，62（9）：89－96.

[30] 葛梦蕊，杨思洛，李超．学位论文资源发现系统多源元数据映射研究［J］．图书情报知识，2018（3）：45－54.

[31] 公安部计算机与信息处理标准化技术委员会．常住人口管理信息规范　第 1 部分：基本数据项：GA214.1—2004［S］．北京．中华人民共和国公安部，2004.

[32] 公安部计算机与信息处理标准化技术委员会．公安业务基础数据元素集：GA/T 543—2005［S］．北京．中华人民共和国公安部，2005.

[33] 公安部刑事侦查局．指纹数据代码　第 1 部分：指纹指位代码：GA 777.1—2010［S］．北京：中华人民共和国公安部，2010.

[34] 公安部刑事侦查局．指纹数据代码　第 2 部分：指纹纹型代码：GA 777.2—2008［S］．北京：中华人民共和国公安部，2008.

[35] 公安部治安管理局．公安信息代码　第 27 部分：户口性质分类与代码：GA/T 2000.27［S］．北京：中华人民共和国公安部，2014.

[36] 关鹏，王曰芬，曹嘉君．整合主题的学科知识网络构建与演化分析框架研究［J］．情报科学，

2018，36（9）：3－8.

［37］关于印发促进智慧城市健康发展的指导意见的通知［EB/OL］.［2020－06－22］. https：//
www. gov. cn/gongbao/content/2015/content_2806019. htm.

［38］贵州省大数据标准化技术委员会. 政府数据　核心元数据　第1部分：人口基础数据：DB52/T
1239.1—2017［S］. 贵州：贵州省质量技术监督局，2017.

［39］贵州省大数据标准化技术委员会. 政府数据　核心元数据　第2部分：法人单位基础数据：DB52/
T 1239.2—2017［S］. 贵州：贵州省质量技术监督局，2017.

［40］郭世泽，陆哲明. 复杂网络基础理论［M］. 北京：科学出版社，2012.

［41］郭治安. 协同学入门［M］. 成都：四川人民出版社，1988.

［42］国务院. 2016年政府工作报告［EB/OL］.［3018－05－16］. http：//www. gov. cn/premier/2016－03/
17/content_5054901. htm.

［43］国务院办公厅. 国务院关于促进信息消费扩大内需的若干意见［EB/OL］.［2019－01－22］.
https：//www. gov. cn/gongbao/content/2013/content 2473877. htm.

［44］国务院办公厅. 互联网＋政务服务建设指南［EB/OL］.［2018－05－16］. http：//www. gov. cn/
zhengce/content/2017－01/12/content_5159174. htm.

［45］国务院办公厅关于印发进一步深化"互联网＋政务服务"推进政务服务"一网、一门、一次"改
革实施方案的通知［EB/OL］.［2019－07－02］. http：//www. gov. cn/zhengce/content/2018－06/22/
content_5300516. htm.

［46］何宗耀. 新型智慧城市建设现状技术与研究［M］. 北京：北京邮电大学出版社，2018.

［47］河北省政府办公厅. 河北省人民政府办公厅关于加快推进新型智慧城市建设的指导意见［EB/
OL］.［2020－06－22］. http：//www. echinagov. com/policy/246692. htm.

［48］侯人华，徐少同. 美国政府开放数据的管理和利用分析：以 www. data. go 为例［J］. 图书情报工
作，2011，55（4）：119－122.

［49］胡海波，王科，徐玲，等. 基于复杂网络理论的在线社会网络分析［J］. 复杂系统与复杂性科学，
2008（2）：5－18.

［50］胡漠，马捷，李璐. 智慧城市多元主体信息链协同效应作用机理之实证研究［J］. 图书情报工作，
2019，63（15）：23－32.

［51］胡漠，马捷. 信息协同视角下无边界化智慧政务推进机制研究［J］. 情报资料工作，2019，40
（1）：44－51.

［52］黄飞虎，彭舰，宁黎苗. 基于信息熵的社交网络观点演化模型［J］. 物理学报，2014，63（16）：
16－24.

［53］黄刚，王斌，吴秀英. 元数据驱动的双向映射ETL模型研究［J］. 计算机与数字工程，2013，41
（3）：433－436.

［54］黄刚，袁满，吴秀英，等. 元数据驱动的异构数据模型双向映射策略［J］. 科学技术与工程，

2012，12（32）：8750－8756.

［55］ 黄恒学，张勇．政府基本公共服务标准化研究［M］．北京：人民出版社，2011.

［56］ 黄宏斌，张维明，邓苏，等．面向语义信息共享的元数据模型的研究与实现［J］．计算机科学，2008（4）：124－128.

［57］ 黄佳．自组织理论框架下的 Web2.0 信息有序化研究［J］．图书情报知识，2008（3）：13－18.

［58］ 黄倩，黑静洁，曹芬芳．犯罪主体社会网络视角下的未成年人犯罪战略情报分析研究［J］．图书情报工作，2019，63（10）：115－124.

［59］ 黄如花，温芳芳．在开放政府数据条件下如何规范政府数据——从国际开放定义和开放政府数据原则谈起［J］．情报理论与实践，2018（9）：37－44.

［60］ 黄微，周昕，张钊铭．网络平台构建要素的信息功能生态位测度［J］．图书情报工作，2013（8）：62－69.

［61］ 黄炜，黄建桥，李岳峰．基于 BiLSTM-CRF 的涉恐信息实体识别模型研究［J/OL］．情报杂志，2019，38（12）：1－9［2019－11－20］．http://kns. cnki. net/kcms/detail/61. 1167. g3. 20190910. 1730. 010. html.

［62］ 中国国家标准化管理委员会．基础地理信息要素分类与代码：GB/T 13923—2006［S］．西安：国家测绘局测绘标准化研究所，2006.

［63］ 吉林省发展和改革委员会．关于印发吉林省促进智慧城市健康发展的实施意见的通知［EB/OL］．［2020－06－22］．http://jldrc. jl. gov. cn/jgcs/fgc/gfxwj/gfxml/201511/t20151125_5235072. html.

［64］ 贾晓丰，梁郑丽，任锦鸾．多源信息协同——城市和区域级大数据的应用与演进［M］．北京：清华大学出版社，2016：227－228.

［65］ 姜异康，袁曙宏，韩康，等．国外公共服务体系建设与我国建设服务型政府［J］．中国行政管理，2011（2）：7－13.

［66］ 解学梅，徐茂元．协同创新机制、协同创新氛围与创新绩效——以协同网络为中介变量［J］．科研管理，2014，35（12）：9－16.

［67］ 靖继鹏，张向先．信息生态理论与应用［M］．北京：科学出版社，2017.

［68］ 靖继鹏．信息生态理论研究发展前瞻［J］．图书情报工作，2009，53（4）：5－7.

［69］ 柯健，黄文倩，彭瀚琦．基于信息生态理论的农村电子商务发展研究［J］．情报探索，2019（9）：7－12.

［70］ 柯健，李超．网络教学机构信息生态位评价研究［J］．现代情报，2013（12）：15－19.

［71］ 柯健，彭瀚琦，黄文倩．国内信息生态学研究综述［J］．情报探索，2019（7）：119－127.

［72］ 柯健．网络教育信息生态系统评价研究［J］．情报理论与实践，2011（12）：50－54.

［73］ 冷晓彦，马捷．网络信息生态环境评价与优化研究［J］．情报理论与实践，2011（5）：10－14.

［74］ 李北伟，徐越，单既民，等．网络信息生态链评价研究［J］．情报理论与实践，2013（9）：38－42.

[75] 李超, 张奇云. 图书馆消减民众信息搜寻焦虑的实证分析 [J]. 图书情报工作, 2019, 63 (15): 85 – 93.

[76] 李电生, 夏国建. 基于结构熵理论的供应链系统有序度评价研究 [J]. 北京交通大学学报 (社会科学版), 2008, 7 (4): 40 – 43.

[77] 李纲, 李阳. 智慧城市应急决策情报体系构建研究 [J]. 中国图书馆学报, 2016, 42 (3): 39 – 54.

[78] 李纲, 李阳. 智慧城市应急决策情报体系构建研究 [J]. 中国图书馆学报, 2016, 42 (3): 39 – 54.

[79] 李根强, 刘莎, 张亚楠, 等. 信息熵理论视角下网络集群行为主体的观点演化研究 [J]. 情报科学, 2020, 38 (1): 42 – 47, 86.

[80] 李徽. 供应链信息协同绩效评价研究 [D]. 大连: 大连理工大学, 2013.

[81] 李慧佳, 马建玲, 张秀秀, 等. 元数据语义化映射过程研究——以中科院机构名称规范控制库为例 [J]. 图书馆论坛, 2017, 37 (12): 72 – 79.

[82] 李嘉兴. 生命周期视角下移动社交网络老年用户使用行为过程研究 [D]. 长春: 吉林大学, 2019.

[83] 李娟. 我国智慧城市建设存在的问题及对策研究——以深圳市罗湖区为例 [D]. 湘潭: 湘潭大学, 2015.

[84] 2019 年政府工作报告 [EB/OL]. [2020 – 03 – 10]. http://www.gov.cn/zhuanti/2019qglh/2019lhzfgzbg/.

[85] 李力. 新兴产业技术标准联盟协同创新机制研究 [D]. 哈尔滨: 哈尔滨理工大学, 2014.

[86] 李亮, 朱庆华. 社会网络分析方法在合著分析中的实证研究 [J]. 情报科学. 2008, 26 (4): 549 – 555.

[87] 李美娣. 信息生态系统的剖析 [J]. 情报杂志, 1998 (4): 3 – 5.

[88] 李习彬. 熵—信息理论与系统工程方法论的有效性分析 [J]. 系统工程理论与实践, 1994 (2): 37 – 42.

[89] 李霞, FONG P S W. 基于小波神经网络的智慧武汉信息化发展评价及对策研究 [J]. 情报科学, 2018, 36 (2): 113 – 117.

[90] 李勇. 新加坡开展智慧国 2015 规划 [J]. 每周电脑报, 2006 (16): 57.

[91] 李勇. 智慧城市建设对城市信息安全的强化与冲击分析 [J]. 图书情报工作, 2012, 56 (6): 20 – 24.

[92] 李玉杰, 刘志峰. 信息生态系统健康的内涵、本质及评价体系研究 [J]. 科技管理研究, 2009 (6): 263 – 266.

[93] 林芳芳, 赵辉. 数据溯源模型与 DC 元数据的映射研究 [J]. 数字图书馆论坛, 2016 (3): 10 – 16.

[94] 刘超. 基于协同理论的情报合成作战研究 [D]. 北京: 中国人民公安大学, 2019.

［95］刘红光，杨倩，刘桂锋．高校面向企业的专利信息协同服务模式分析［J］．图书情报研究，2015，8（4）：70－73，69．

［96］刘家益，李鲤瑶，张智雄，等．关键词和被引次数对科技论文自动摘要效果影响研究［J］．情报学报，2017，36（11）：1165－1174．

［97］刘昆雄，赵杨，沈雪乐．国家创新系统中的信息资源协同配置效率评价［J］．情报杂志，2012（12）：158－163．

［98］刘晓娟，刘群，余梦霞．基于关联数据的命名实体识别［J］．情报学报，2019，38（2）：191－200．

［99］刘莘，王轩．论服务型政府中的服务行政［J］．宪政与行政法治评论，2009：172－185．

［100］刘星．基于 BIM 的工程项目信息协同管理研究［D］．重庆：重庆大学，2016．

［101］刘越男，梁凯，顾伟．电子文件管理系统实施过程中元数据方案的设计［J］．档案学研究，2012（2）：56－64．

［102］娄策群，周承聪．信息生态链：概念、本质和类型［J］．图书情报工作，2007（9）：29－32．

［103］娄策群，周承聪．信息生态链中的信息流转［J］．情报理论与实践，2007（6）：725－727．

［104］娄策群．信息生态位理论探讨［J］．图书情报知识，2006（9）：23－27．

［105］吕发成，方国雄．秘书学基本原理［M］．兰州：兰州大学出版社，1992．

［106］吕品．基于主题映射元数据的数据库集成系统的设计与实现［C］//中国指挥与控制学会．2014 第二届中国指挥控制大会论文集（上）．北京：中国指挥与控制学会，2014：417－419．

［107］罗贤春．网络信息生命周期［J］．图书馆学研究，2004（2）：51－53．

［108］MALMSTEN M，李雯静，黄田青，等．将图书馆目录纳入语义万维网［J］．现代图书情报技术，2009，3（3）：3－7．

［109］马捷，韩朝，侯昊辰．社会公共服务网络信息环境生态化程度测度初探［J］．情报科学，2013（2）：67－71．

［110］马捷，胡漠，李丹．我国信息生态测评研究综述［J］．情报科学，2015，33（6）：143－149，161．

［111］马捷，胡漠，魏傲希．基于系统动力学的社会网络信息生态链运行机制与优化策略研究［J］．图书情报工作，2016，60（4）：12－20．

［112］马捷，靖继鹏，张向先．信息生态系统的信息组织模式研究［J］．图书情报工作，2010，54（10）：15－19．

［113］马捷，蒲泓宇，张云开，等．基于关联数据的政府智慧服务框架与信息协同机制［J］．情报理论与实践，2018，41（11）：20－26．

［114］马捷，蒲泓宇，张云开．基于复杂网络分析的智慧政务信息协同结构及特征研究——以深圳市为例［J］．情报理论与实践，2020，43（1）：24－32．

［115］马捷，魏傲希，王艳东．网络信息生态系统生态化程度测度模型研究［J］．图书情报工作，2014

（15）：6-13.

［116］马捷，谢雨杉，蒲泓宇，等．智慧政务局部近邻网络节点脆弱性研究——以深圳市政府在线为例［J］．图书情报工作，2019，63（15）：13-22.

［117］马捷，徐晓晨，张光媛，等．基于年龄分组的数字阅读使用意愿影响因素研究［J］．图书情报工作，2018，62（18）：64-76.

［118］马捷，张云开，蒲泓宇．信息协同：内涵、概念与研究进展［J］．情报理论与实践，2018，41（11）：12-19.

［119］奥尔森．集体行动的逻辑［M］．陈郁，郭宇峰，李崇新，译．上海：上海人民出版社，1995.

［120］穆林．内嵌元数据的电子文件管理［J］．档案学研究，2005（2）：48-50.

［121］宁溥泰．基于智慧城市多层异质复杂网络的决策可视化平台设计［D］．天津：天津大学，2017.

［122］齐莉丽，廖媛红．社保基金信息系统的生态评价模型及方法研究［J］．科技管理研究，2013（9）：231-236.

［123］乔砚．智慧长春：让城市充满"灵性"打造智慧城市：长春扬帆起航［EB/OL］．［2020-03-10］．http://www.changchun.gov.cn/zw_33994/yw/zwdt_74/zwdt/201612/t2016 1210_1568372.html.

［124］智慧城市建设　需加强其在民生关键行业的应用［EB/OL］．［2017-01-05］．http://www.changchun.gov.cn/lh/taya/201701/t20170105_1547957.html.

［125］邱嘉文．智慧城市整体建模技术初探［J］．中国科技资源导刊，2016，48（5）：35-41.

［126］曲岩．我国智慧城市建设水平评估体系研究［D］．大连：大连理工大学，2017.

［127］全国地理信息标准化技术委员会．地理信息元数据：GB/T 19710—2005［S］．北京．中华人民共和国国家质量监督检疫总局，2005.

［128］全国文献工作标准化技术委员会．中国各民族名称的罗马字母拼写法和代码：GB 3304—91［S］．北京：国家技术监督局，1991.

［129］山东省信息标准化技术委员会．法人单位信息数据元目录　第1部分：工商行政管理数据元：DB 37/T 1436—2009［S］．山东：山东省质量技术监督局，2009.

［130］山东省信息标准化技术委员会．法人单位信息数据元目录　第2部分：质量监督数据元：DB37/T 1437—2009［S］．山东：山东省质量技术监督局，2009.

［131］山东省信息标准化技术委员会．法人单位信息数据元目录　第3部分：国家税务数据元：DB37/T 1438—2009［S］．山东：山东省质量技术监督局，2009.

［132］山东省信息标准化技术委员会．法人单位信息数据元目录　第4部分：地方税务数据元：DB37/T 1439—2009［S］．山东：山东省质量技术监督局，2009.

［133］山东省信息标准化技术委员会．空间地理基础信息数据元目录　第1部分：测绘数据元：DB37/T 1441—2009［S］．山东：山东省质量技术监督局，2009.

［134］山东省信息标准化技术委员会．空间地理基础信息数据元目录　第2部分：地政数据元：DB37/T 1442—2009［S］．山东：山东省质量技术监督局，2009.

[135] 山东省信息标准化技术委员会. 空间地理基础信息数据元目录 第 3 部分：矿政数据元：DB37/T 1443—2009 ［S］. 山东：山东省质量技术监督局，2009.

[136] 山东省信息标准化技术委员会. 人口基础信息数据元目录 第 1 部分：公安数据元：DB37/T 1444—2009 ［S］. 山东：山东省质量技术监督局，2009.

[137] 山东省信息标准化技术委员会. 人口基础信息数据元目录 第 2 部分：民政数据元：DB37/T 1445—2009 ［S］. 山东：山东省质量技术监督局，2009.

[138] 山东省信息标准化技术委员会. 人口基础信息数据元目录 第 3 部分：计生数据元：DB37/T 1446—2009 ［S］. 山东：山东省质量技术监督局，2009.

[139] 山东省信息标准化技术委员会. 人口基础信息数据元目录 第 4 部分：社保数据元：DB37/T 1447—2009 ［S］. 山东：山东省质量技术监督局，2009.

[140] 山东省市场监督管理局. 政务信息资源 数据元 第 2 部分：法人单位：DB37/T 4223.2—2020 ［S］. 山东：山东省市场监督管理局，2020.

[141] 山东省市场监督管理局. 政务信息资源 数据集 法人单位 第 1 部分：企业登记信息：DB37/T 4222.1—2020 ［S］. 山东：山东省市场监督管理局，2020.

[142] 山东省市场监督管理局. 政务信息资源 数据集 法人单位 第 2 部分：社会组织登记信息：DB37/T 4222.2—2020 ［S］. 山东：山东省市场监督管理局，2020.

[143] 山东省市场监督管理局. 政务信息资源 数据集 法人单位 第 3 部分：机关事业单位登记信息：DB37/T 4222.3—2020 ［S］. 山东：山东省市场监督管理局，2020.

[144] 山东省市场监督管理局. 政务信息资源 数据元 第 1 部分：人口：DB37/T 4223.1—2020 ［S］. 山东：山东省市场监督管理局，2020.

[145] 山东省市场监督管理局. 政务信息资源 数据集 人口 第 1 部分：出生登记信息：DB37/T 4221.1—2020 ［S］. 山东：山东省市场监督管理局，2020.

[146] 山东省市场监督管理局. 政务信息资源 数据集 人口 第 2 部分：户籍人口信息：DB37/T 4221.2—2020 ［S］. 山东：山东省市场监督管理局，2020.

[147] 山东省市场监督管理局. 政务信息资源 数据集 人口 第 3 部分：流动人口信息：DB37/T 4221.3—2020 ［S］. 山东：山东省市场监督管理局，2020.

[148] 山东省市场监督管理局. 政务信息资源 数据集 人口 第 4 部分：婚姻登记信息：DB37/T 4221.4—2020 ［S］. 山东：山东省市场监督管理局，2020.

[149] 山东省市场监督管理局. 政务信息资源 数据集 人口 第 5 部分：养老保险信息：DB37/T 4221.5—2020 ［S］. 山东：山东省市场监督管理局，2020.

[150] 山东省市场监督管理局. 政务信息资源 数据集 人口 第 6 部分：医疗保险信息：DB37/T 4221.6—2020 ［S］. 山东：山东省市场监督管理局，2020.

[151] 山东省市场监督管理局. 政务信息资源 数据集 人口 第 7 部分：失业保险信息：DB37/T 4221.7—2020 ［S］. 山东：山东省市场监督管理局，2020.

[152] 山东省市场监督管理局. 政务信息资源　数据集　人口　第 8 部分：工伤保险信息：DB37/T 4221.8—2020 ［S］. 山东：山东省市场监督管理局，2020.

[153] 山东省市场监督管理局. 政务信息资源　数据集　人口　第 9 部分：生育保险信息：DB37/T 4221.9—2020 ［S］. 山东：山东省市场监督管理局，2020.

[154] 山东省市场监督管理局. 政务信息资源　数据集　人口　第 10 部分：死亡信息：DB37/T 4221.10—2020 ［S］. 山东：山东省市场监督管理局，2020.

[155] 上海市人民政府. 关于印发《上海市推进智慧城市建设"十三五"规划》的通知 ［EB/OL］. ［2021 – 06 – 22］. http://www. shanghai. gov. cn/nw41166/20200823/0001 – 41166. 50224. html.

[156] 申晓娟，高红. 从元数据映射出发谈元数据互操作问题 ［J］. 国家图书馆学刊，2006 （4）：51 – 55.

[157] 施雪华. "服务型政府"的基本涵义、理论基础和建构条件 ［J］. 社会科学，2010 （2）：3 – 11.

[158] 决胜全面建成小康社会　夺取新时代中国特色社会主义伟大胜利——在中国共产党第十九全国代表大会上的报告 ［EB/OL］. ［2017 – 10 – 08］. ［2020 – 03 – 10］. https：//www. gov. cn/zhuanti/2017 – 10/27/content_ 5234876. htm.

[159] 司莉，赵洁. 美国开放政府数据元数据标准及启示 ［J］. 图书情报工作，2018，62 （3）：86 – 93.

[160] 司林波，孟卫东. 装备制造业技术协同创新机制协同度评价——基于 SIM 模型的实证分析 ［J］. 技术经济与管理研究，2017 （2）：104 – 109.

[161] 宋懿，安小米，范灵俊，等. 大数据时代政府信息资源共享的协同机制研究——基于宁波市海曙区政府信息资源中心的案例分析 ［J］. 情报理论与实践，2018，41 （6）：64 – 69.

[162] 孙安，于英香，罗永刚，等. 序列标注模型中的字粒度特征提取方案研究——以 CCKS2017：Task2 临床病历命名实体识别任务为例 ［J］. 图书情报工作，2018，62 （11）：103 – 111.

[163] 孙玺菁，司守奎. 复杂网络算法与应用 ［M］. 北京：国防工业出版社，2015.

[164] 孙玉伟，成颖，张建军. 扎根理论方法论在国内图情领域的应用及其反思 ［J］. 图书馆学研究，2019 （19）：2 – 11，20.

[165] SUMMERS E，ISAAC A，REDDING C. LCSH，SKOS 和关联数据 ［J］. 现代图书情报技术，2009，3 （3）：8 – 14.

[166] 索罗维基. 群体的智慧：如何做出最聪明的决策 ［M］. 王宝泉，译. 北京：中信出版社，2010.

[167] 谭跃进，吴俊. 网络结构熵及其在非标度网络中的应用 ［J］. 系统工程理论与实践，2004 （6）：1 – 3.

[168] 田占伟，王亮，刘臣. 基于复杂网络的微博信息传播机理分析与模型构建 ［J］. 情报科学，2015，33 （9）：15 – 21.

[169] 华为云用实力证明，打造"智慧"城市，华为云城市峰会亮剑长春! ［EB/OL］. ［2020 – 03 – 10］.

https://www.sohu.com/a/310105019_398811.

[170] 汪玉凯.智能化治理与智慧化服务:打造政务服务新模式 [J].信息化建设,2017 (1):15-18.

[171] 王翠翠.基于信息生态学视角的企业信息化研究 [D].济南:山东大学,2009.

[172] 王迪.打造"智慧长春"发展智慧产业 [EB/OL].[2020-03-10].http://www.xinhuanet.com/info/2017-03/24/c_136154004_2.htm.

[173] 王刚,张屹.移动云计算环境下数字图书馆信息服务协同机制研究 [J].大学图书情报学刊,2018,36 (3):25-28,88.

[174] 王海艳,邵诗迪,邵喜武,等.大学经营视域下的高校信息生态链建设研究 [J].情报科学,2018,36 (1):49-53.

[175] 王浒,李琦,董宝青,等.构建数字城市的元数据服务体系 [J].计算机科学,2003,30 (8):85-87.

[176] 王俭,修国义,过仕明.虚拟学术社区科研人员信息行为协同机制研究——基于 ResearchGate 平台的案例研究 [J].情报科学,2019,37 (1):94-98,111.

[177] 王鹏.基于演化博弈的食品供应链各主体协同机制研究 [D].天津:天津科技大学,2016.

[178] 王萍,宋雪雁.EAD、DC、TEI 著录实例及其比较分析 [J].图书情报工作,2006 (12):79-82.

[179] 王微,王晰巍,娄正卿,等.信息生态视角下移动短视频 UGC 网络舆情传播行为影响因素研究 [J].情报理论与实践:1-10.

[180] 王小帆,李翔,陈关荣.复杂网络理论及其应用 [M].北京:清华大学出版社,2006.

[181] 王晓雯,孙承爱,周春露.基于元数据映射机制的异构数据操作 [J].软件导刊,2015,14 (1):146-148.

[182] 王雪梅,刘敏超,季磊,等.病案首页元数据与 FHIR 元素映射关系研究 [J].中国数字医学,2018,13 (8):39-42.

[183] 王勇.关于国务院机构改革方案的说明 [EB/OL].[2019-03-06].https://www.gov.cn/guowuyuan/2018-03/14/content_5273856.htm.

[184] 王征,刘帅.高校图书馆微信公众平台老年教师使用意愿影响因素研究 [J].图书情报工作,2019,63 (6):41-48.

[185] 王知津,江力波.论情报学的互动观 [J].图书与情报,2008 (1):23-28.

[186] 卫生部卫生信息标准专业委员会.卫生信息数据元值域代码 第3部分:人口学及社会经济学特征:WS 364.3—2011 [S].北京:中华人民共和国卫生部,2011.

[187] 魏巍.绿园:探索社会治理的"智慧路径" [N].长春日报,2014-10-13 (1-02)

[188] 巫细波,杨再高.智慧城市理念与未来城市发展 [J].城市发展研究,2010,17 (11):56-60,40.

[189] 吴昂,程大章.智慧城市的信息集成 [J].智能建筑,2014 (2):14-18.

[190] 吴玲玲. 网络游戏生态系统（HI）评价指标体系及评价模型设计初探［J］. 长春工业大学学报（社会科学版），2013（3）：141－145.

[191] 吴志红，赵元斌，韩秀珍. 区域集群式信息服务协同体系与智慧城市深度融合之探讨［J］. 图书情报工作，2014，58（13）：11－16.

[192] 详解里约热内卢智慧城市［EB/OL］. ［2016－11－09］. http://www.5lian.cn/html/2012/guoji_0503/32429.html.

[193] 相丽玲，史杰. 信息空间图书馆生态位的测度与分析［J］. 情报理论与实践，2010（6）：11－14.

[194] 向尚，邹凯，张中青扬，等. 智慧城市信息生态链的系统动力学仿真分析［J］. 情报杂志，2017，36（3）：155－160，154.

[195] 向郑涛，陈宇峰，李昱瑾，等. 基于多尺度熵的交通流复杂性分析［J］. 物理学报，2014，63（3）：481－489.

[196] 肖应旭. 面向智慧城市的信息服务体系构建与运行模式研究［D］. 长春：吉林大学，2012.

[197] 谢守美，李敏，黄萍莉，等. 基于科学数据服务的馆员与科研人员协同信息行为研究［J］. 情报杂志，2020，39（5）：1－8.

[198] 辛士波，陈妍，张宸. 结构方程模型理论的应用研究成果综述［J］. 工业技术经济，2014，33（5）：61－71.

[199] 新华社. 政务大数据起步，助力智慧政府转型［EB/OL］. ［2018－05－16］. http://www.gov.cn/zhengce/2015－06/19/content_2881884.htm.

[200] 郭源生，张建国，吕晶. 智慧城市的模块化构架与核心技术［M］. 北京：国防工业出版社，2014.

[201] 邢云菲，王晰巍，韩雪雯，等. 基于信息熵的新媒体环境下网络节点影响力研究——以微信公众号为例［J］. 图书情报工作，2018，62（5）：76－86.

[202] 徐咪咪. 我国政府开放数据的元数据标准主题研究［J］. 江苏科技信息，2020，37（2）：7－9.

[203] 徐绪堪，卞艺杰. 基于信息生态视角的企业信息生态环境成熟度研究［J］. 情报杂志，2010（7）：58－60.

[204] 许庆瑞，吴志岩，陈力田. 智慧城市的愿景与架构［J］. 管理工程学报，2012，26（4）：1－7.

[205] 薛佩伟. 信息生态视阈下数字图书馆信息协同服务模式研究［J］. 中国中医药图书情报杂志，2018，42（1）：35－38.

[206] 薛鹏. 高校图书馆信息生态系统评价研究［D］. 济南：山东大学，2013.

[207] 薛卫双. 高校数字图书馆信息生态系统评价［D］. 曲阜：曲阜师范大学，2012.

[208] 严炜炜，赵杨. 科研合作中的协同信息行为规范与控制体系构建［J］. 情报杂志，2018，37（1）：140－144，104.

[209] 严炜炜. 科研合作中的信息需求结构与协同信息行为［J］. 情报科学，2016，34（12）：11－16.

[210] 阎植林，邱菀华，陈志强. 管理系统有序度评价的熵模型［J］. 系统工程理论与实践，1997（6）：

45－48.

[211] 杨峰，姚乐野．危险化学品事故情报资源的情景要素提取研究 [J]．情报学报，2019，38（6）：586－594．

[212] 杨洪伦．"智慧交通"让百姓出行更便捷 [N]．长春日报，2014－10－12（1）．

[213] 杨家娥．语义元数据定义及映射方法探究 [J]．电子技术与软件工程，2014（4）：200．

[214] 杨丽娜，邵静，彭珍．面向智慧城市数据管理和多维决策的时空数据仓库建设 [J]．测绘科学，2014，39（8）：44－49．

[215] 杨梦晴．基于信息生态系统视角的移动图书馆社群化服务系统动力学仿真研究 [J]．情报科学，2020，38（1）：153－161．

[216] 杨瑞仙，毛春蕾，左泽．国内外政府数据开放现状比较研究 [J]．情报杂志，2016，35（5）：167－172

[217] 杨秀芳．信息生态位评价体系研究 [D]．太原：山西大学，2010．

[218] 叶艳，代君．跨学科情境下协同信息行为诱发因素分析——基于信息视域的视角 [J]．情报科学，2017，35（5）：20－24．

[219] 叶艳，代君．跨学科协同信息行为模式及特征研究 [J]．图书馆学研究，2017（4）：68－73．

[220] 尹文武．信息生命周期理论下的移动图书馆信息服务质量控制 [J]．图书馆理论与实践，2017（4）：91－93．

[221] 邮电部电信传输研究所．电信术语 电话：GB/T 14733.8—1993 [S]．北京：国家技术监督局，1993．

[222] 于超，朱瑾，张文倩，等．信息交互视角下在线社群协同进化耦合域构建机制研究 [J]．情报科学，2018，36（12）：111－117．

[223] 于施洋，杨道玲，王璟璇，等．基于大数据的智慧政府门户：从理念到实践 [J]．电子政务，2013（5）：65－74．

[224] 于欣．系统观视野下的生态文明建设 [D]．沈阳：东北大学，2011．

[225] 袁满，陈星童．基于元数据驱动的异构数据模型映射算法 [J]．东北林业大学学报，2011，39（12）：128－131．

[226] 曾韦蜻，刘敏榕，陈振标．基于扎根理论的大学生创客服务需求模型构建及验证 [J]．图书情报工作，2019，63（15）：68－76．

[227] 曾子明，方正东．基于熵理论的突发事件舆情演化研究 [J]．情报科学，2019，37（9）：3－8．

[228] 曾子明，万品玉．基于主权区块链网络的公共安全大数据资源管理体系研究 [J]．情报理论与实践，2019，42（8）：110－115，77．

[229] 翟军．关联政府数据原理与应用：大数据时代开放数据的技术与实践 [M]．北京：电子工业出版社，2016．

[230] 张长亮, 韩雪雯, 李竟彤. 大数据背景下中国与新加坡智慧城市建设比较研究 [J]. 现代情报, 2018, 38 (10): 126 - 131, 141.

[231] 张福平, 王欣, 王博, 等. 我国都市现代农业中利益主体协同机制研究——基于北京市都市型现代农业业为例 [J]. 科技管理研究, 2014, 34 (4): 1 - 5.

[232] 张海涛, 张丽, 张连峰, 等. 商务网站信息生态系统的配置与评价 [J]. 情报理论与实践, 2012 (8): 12 - 16.

[233] 张海涛, 张会然, 魏萍, 等. 微信公众号影响力评价模型研究 [J]. 图书情报工作, 2019, 63 (4): 23 - 31.

[234] 张海涛, 张连峰, 孙学帅, 等. 商务网站信息生态系统经营效益评价 [J]. 图书情报工作, 2012 (16): 20 - 24.

[235] 张涵, 王忠. 国外政府开放数据的比较研究 [J]. 情报杂志, 2015 (8): 142 - 146.

[236] 张纪岳, 郭治安, 胡传机. 评《协同学导论》[J]. 系统工程理论与实践, 1982 (3): 63 - 64.

[237] 张建光, 朱建明, 尚进. 国内外智慧政府研究现状与发展趋势综述 [J]. 电子政务, 2015 (8): 72 - 79.

[238] 张金柱, 胡一鸣. 利用链路预测揭示合著网络演化机制 [J]. 情报科学, 2017, 35 (7): 75 - 81.

[239] 张立荣, 姜庆志. 国内外服务型政府和公共服务体系建设研究述评 [J]. 政治学研究, 2013 (1): 104 - 115.

[240] 张良均, 云伟标, 王路. R 语言数据分析与挖掘实战 [M]. 北京: 机械工业出版社, 2015.

[241] 张敏, 车雨霏, 张艳. 差异化任务情境下用户在线旅游协同信息检索的行为特征分析 [J]. 情报理论与实践, 2019, 42 (10): 84 - 90.

[242] 张敏. 图书馆协同信息服务的技术实现策略研究 [J]. 情报理论与实践, 2011, 34 (9): 110 - 114.

[243] 张晴, 刘志学. 供应链信息协同及 agent 在其中的应用: 研究综述 [J]. 计算机应用研究, 2008 (8): 2265 - 2269.

[244] 张向先, 国佳, 马捷. 企业信息生态系统的信息协同模式研究 [J]. 情报理论与实践, 2010, 33 (4): 10 - 13.

[245] 张向先, 霍明奎, 孟楠. 商务网站信息生态位测度方法研究 [J]. 图书情报工作, 2012 (8): 6 - 9.

[246] 张向先, 史卉, 江俞蓉. 网络信息生态链效能的分析与评价 [J]. 图书情报工作, 2013 (8): 44 - 49.

[247] 张潇. 教育类网络信息生态的指标评价体系研究 [D]. 北京: 北京交通大学, 2012.

[248] 张雪, 张志强, 陈秀娟. 基于期刊论文的作者合作特征及其对科研产出的影响——以国际医学信息学领域高产作者为例 [J]. 情报学报, 2019, 38 (1): 29 - 37.

[249] 张义, 陈虞君, 杜博文, 等. 智慧城市多模式数据融合模型 [J]. 北京航空航天大学学报, 2016, 42 (12): 2683 - 2690.

［250］张永新，李庆忠，彭朝晖．基于 Markov 逻辑网的两阶段数据冲突解决方法［J］．计算机学报，2012，35（1）：101 - 111.

［251］张宇光，黄永跃，林宏伟．基于信息生态链的高校图书馆定量评价研究［J］．现代情报，2012（4）：121 - 123.

［252］张元好，侯海东．基于城市公共信息资源需求的公众信息行为研究——以河北省为例［J］．图书馆理论与实践，2017（10）：68 - 71，106.

［253］赵龙文，罗力舒．基于关联数据的政府数据开放：模式、方法与实现——以上海市政府开放数据为例［J］．图书情报工作，2017，61（19）：102 - 112.

［254］赵蓉英，梁志森，段培培．英国政府数据开放共享的元数据标准——对 Data. gov. uk 的调研与启示［J］．图书情报工作，2016，60（19）：31 - 39.

［255］赵需要，周庆山，张文德．网络信息生态系统评价指标体系构建方略［J］．情报学报，2009（2）：303 - 309.

［256］赵杨，郭明晶．分布式信息资源协同配置机制研究［J］．图书情报工作，2008，52（6）：71 - 74.

［257］赵杨．国家创新系统中的信息资源协同配置研究［D］．武汉：武汉大学，2010.

［258］赵屹．电子文件管理元数据漫谈［J］．北京档案，2015（1）：30 - 32.

［259］郑晶晶．问卷调查法研究综述［J］．理论观察，2014（10）：102 - 103.

［260］郑伟．成都市龙泉驿区"生命周期"行政审批流程再造案例研究［D］．成都：电子科技大学，2017.

［261］郑宇．城市计算概述［J］．武汉大学学报（信息科学版），2015，40（1）：1 - 13.

［262］郑志军．实现 DC 元数据与档案元数据 EAD 的映射［J］．科技创新导报，2013（1）：225 - 226，228.

［263］政府工作报告［EB/OL］．［2019 - 08 - 22］．http://www. gov. cn/premier/2019 - 03/16/content_5374314. htm.

［264］智慧城市——巴西里约热内卢市［EB/OL］．［2016 - 10 - 03］．http://asmarterplanet. com/tw/blog/2012/03/82. html.

［265］中共中央，国务院．国家新型城镇化规划（2014—2020 年）［EB/OL］．［2020 - 06 - 22］．https://www. gov. cn/gongbao/content/2014/content_2644805. htm.

［266］中共中央．国务院．关于构建更加完善的要素市场化配置体制机制的意见［EB/OL］．［2020 - 04 - 11］．http://www. mofcom. gov. cn/article/i/jyjl/e/202004/20200402954393. shtml.

［267］中共中央网络安全和信息化委员会办公室，国家互联网信息办公室，中国互联网络信息中心．第45 次《中国互联网网络发展状况统计报告》［EB/OL］．［2020 - 06 - 22］．http://www. cac. gov. cn/2020 - 04/27/c_1589535470378587. htm.

［268］中国标准化研究院．国民经济行业分类：GB/T 4754—2017［S］．北京：中华人民共和国国家质

量监督检验检疫总局，2017.

[269] 中国标准化研究院．中华人民共和国行政区划代码：GB/T 2260—2007［S］．北京：中华人民共和国国家质量监督检验检疫总局，2007.

[270] 中国标准化综合研究所．文化程度代码：GB/T 4658—84［S］．北京：国家标准局，1984.

[271] 中国标准研究中心．经济类型分类与代码：GB/T 12402—2000［S］．北京：中华人民共和国国家质量监督检验检疫总局，2000.

[272] 中国标准研究中心．全国主要产品分类与代码　第 1 部分：可运输产品：GB/T 7635.1—2002［S］．北京：中华人民共和国国家质量监督检验检疫总局，2002.

[273] 中国标准研究中心．全国主要产品分类与代码　第 2 部分：不可运输产品：GB/T 7635.2—2002［S］．北京：中华人民共和国国家质量监督检验检疫总局，2002.

[274] 中国国家标准化管理委员会．政务信息资源目录体系　第三部分：核心元数据：GB/T 2106.3—2007［S］．北京：全国信息技术标准化委员会，2007.

[275] 中国社科院信息化研究中心，国脉互联智慧城市研究中心．第五届中国智慧城市发展水平评估报告［EB/OL］．［2023-01-10］．https://ishare.iask.sina.com/f/dgjlpuYu01.html.

[276] 中华人民共和国民政部．民政业务数据共享与交换编码：MZ/T 012—2014［S］．北京：中华人民共和国民政部，2014.

[277] 钟莉．数字治理视域下地方政府政务服务效能提升策略研究——以广州"一窗式"集成服务改革为例［J］．地方治理研究，2020（2）：2-11，78.

[278] 周涛，柏文洁，汪秉宏，等．复杂网络研究概述［J］．物理，2005（1）：31-36.

[279] 朱贝，盛小平．英国政府开放数据政策研究［J］．图书馆论坛，2016，36（3）：121-126.

[280] 朱超，关于元数据互操作的探讨［J］．情报理论与实践，2005（6）：87-90，98.

[281] 朱凯悦，崔庆宏，赵金先，等．基于内容分析法的国内智慧城市概念研究［J］．中国管理信息化，2019，22（1）：147-149.

[282] 朱明，廖熙铸．高校图书馆管理制度内化的理论构建——基于扎根理论的探索性研究［J］．图书情报工作，2019，63（5）：32-41.

[283] 朱衍红，齐莉丽．我国电子政务网信息生态评价研究［J］．情报理论与实践，2014（6）：12-17.

[284] 住房和城乡建设部办公厅．国家智慧城市试点暂行管理办法［EB/OL］．［2016-09-28］．http://www.cusdn.org.cn/news_detail.php? id=232514.

[285] 庄新田，张鼎，苑莹，等．中国股市复杂网络中的分形特征［J］．系统工程理论与实践，2015，35（2）：273-282.

[286] 卓新建，苏永美．图论及其应用［M］．北京：北京邮电大学出版社，2018.

[287] 邹均，张海宁，唐屹，等．区块链技术指南［M］．北京：机械工业出版社，2018.

英 文

［1］ AIMS. AGROVOC linked open data ［EB/OL］. ［2019 - 03 - 21］. http：//aims. fao. org/standards/agro-voc/Linked - data.

［2］ AJZEN I. The theory of planned behavior ［J］. Organizational behavior & human decision processes，1991，50（2）：179 - 211.

［3］ ALEXANDER S. Copyright in the blockchain era：promises and challenges ［J］. Computer law & security review，2018，66（2）：59 - 82.

［4］ ALGEBRI H K，HUSIN Z，ABDULHUSSIN A，et al. Why move toward the smart government ［C］//2017 International Symposium on Computer Science and Intelligent Controls（ISCSIC），IEEE. Budapest，2017：167 - 171.

［5］ BADII C，BELLINI P，CENNI D，et al. Analysis and assessment of a knowledge based smart city architecture providing service APIs ［J］. Future generation computer systems，2017，75（10）：14 - 29.

［6］ BAKICI T，ALMIRALL E，WAREHAM J. A smart city initiative：the case of barcelona ［J］. Journal of the knowledge economy，2013，4（2）：135 - 148.

［7］ BALAKRISHNA C. Enabling technologies for smart city services and applications ［C］//Proceedings of 6th International Conference on Next Generation Mobile Applications，Services and Technologies，Paris，2012：223 - 227.

［8］ BALASUNDARAM B. Cohesive subgroup model for graph-based text mining ［C］//2008 IEEE International Conference on Automation Science and Engineering，IEEE. Arlington，2008：989 - 994.

［9］ BALDAUF M，DUSTDAR S，ROSENBERG F. A survey on context-aware systems ［J］. International journal of Ad Hoc and ubiquitous computing，2007（4）：263 - 277.

［10］ BANDURA A. Self-efficacy：toward a unifying theory of behavioral change ［J］. Psychological review，1977，84（2）：191 - 215.

［11］ BERNERS-LEE T. Linked data-design issues ［EB/OL］. ［2019 - 03 - 19］. http：//www. w3. org/Design Linked Data. html.

［12］ Bon G L. The crowd：a study of the popular mind ［M］. New York：Dover Publications，2002.

［13］ BORGE-HOLTHOEFER J，MORENO Y. Absence of influential spreaders in rumor dynamics ［J］. Physical Review E，2012，85（2）.

［14］ BRONSCH T，BÖHM R，BULIN C，et al. Mapping medication metadata from the ABDA data model to an openEHR medication archetype：a qualitative analysis ［J］. Studies in health technology and informatics，2019（264）：1435 - 1436.

［15］ CHRISLIP D D，LARSON C E，FORUM A L. Collaborative leadership：how citizens and civic leaders can make a difference [J]. Review of public personnel administration, 1995 (2): 88 – 93.

[16] City 2 IBM help rio become a smarter city [EB/OL]. [2016 – 10 – 03]. http://www – 07. ibm. com/tw/dp – cs/smartercity/success. html.

[17] COMIN C H, COSTA L D F. Identifying the starting point of a spreading process in complex networks [J]. Physical review E, 2011, 84 (5).

[18] Complex networks [EB/OL]. [2018 – 10 – 04]. https://en. wikipedia. org/wiki/Complex_network.

[19] DAS R K, MISRA H. Smart city and e-governance: exploring the connect in the context of local development in India [C] //Fourth International Conference on Edemocracy & Egovernment, IEEE. Quito, 2017: 232 – 233.

[20] Deloitte. Super smart city: happier society with higher quality [R]. London: Deloitte, 2018.

[21] JONES A. Collaborative learning: cognitive and computational approaches [J]. Computers & education, 2000, 35 (1): 83 – 86.

[22] EISENHARDT K M. Building theories from case study research [J]. Academy of management review, 1989, 14 (4): 532 – 550.

[23] EISENHARDT K M, GRAEBNER M E. Theory building from cases: opportunities and challenges [J]. Academy of management journal, 2007, 50 (1): 25 – 32.

[24] EU-project. Smartencity-towards smart zero CO_2 cities across Europe [EB/OL]. [2017 – 12 – 08]. http://smartencitynetwork. eu/.

[25] FIDEL R, BRUCE H, PEJTERSEN A, et al. Collaborative information retrieval (CIR) [J]. New Review of information behaviour research, 2000, 1 (1): 235 – 247.

[26] FISHBEIN M, AJZEN I. Belief, attitude, intention and behavior: an introduction to theory and research [M]. Cambrige, Mass: Addison-Wesley Pub. Co., 1975.

[27] FOSTER J. Collaborative information seeking and retrieval [J]. Annual review of information science & technology, 2006, 40 (1): 329 – 356.

[28] FREEMAN L C. Centrality in social networks' conceptual clarification [J]. Social networks, 1979, 1 (3): 215 – 239.

[29] FRIEDMAN E J, RESNICK P. The social cost of cheap pseudonyms [J]. Journal of economics & management strategy, 2010, 10 (2): 173 – 199.

[30] FU G H. Chinese named entity recognition using a morpheme-based chunking tagger [C] //International Conference on Asian Language Processing. IEEE Computer Society. Singapore, 2009: 289 – 292.

[31] GABA V. Understanding smart cities: an integrative framework [C] //Hawaii International Conference on System Sciences, IEEE Computer Society. Hawaii, 2012.

[32] GALTON F. Vox populi [J]. Nature, 1907, 75 (5): 450 – 451.

［33］ GLASER B G，STRAUSS A L. Discovery of grounded theory：strategies for qualitative research ［M］. Chicago：Aldine，1967.

［34］ GLASER B G. Basics of grounded theory analysis：emergence vs. forcing ［M］. Mill Valley，CA：Sociology Press，1992.

［35］ GLASER B G. Doing grounded theory：issues and discussions ［M］. Mill Valley，CA：Sociology Press，1998.

［36］ Goals & strategies of UN—Habitat ［EB/OL］.［2019 – 01 – 16］. https：//unhabitat. org/goals – and – strategies – of – un – habitat/.

［37］ GOLOVCHINSKY G，PICKENS J，BACK M. A taxonomy of collaboration in online information seeking ［EB/OL］.［2018 – 10 – 05］. https：//doi. org/10. 48550/arxiv. 0908. 0704.

［38］ GONG L J，SUN X. ATRMiner：a system for automatic biomedical named entities recognition ［C］//International Conference on Natural Computation，IEEE. Yantai，2010：3842 – 3845.

［39］ GONZÁLEZ-IBÁÑEZ R，SHAH C，HASEKI M. Time and space in collaborative information seeking：the clash of effectiveness and uniqueness ［J］. Proceedings of the association for information science & technology，2012，49（1）：1 – 10

［40］ GRAY B. Strong opposition：frame-based resistance to collaboration ［J］. Jornal of community & applied social psychology，2010，14（3）：166 – 176.

［41］ GREENBERG J. Understanding metadata and metadata schemes ［J］. Cataloging & classification quarterly，2009，40（3/4）：17 – 36.

［42］ GUO H S，AVILA A，SHI HI D. Quantum Information entropies of the eigenstates for the pschl-teller-like potential ［J］. Chinese physics B，2013，22（5）：117 – 121.

［43］ HANSEN P，JÄRVELIN K. Collaborative information retrieval in an information-intensive domain ［J］. Information processing & management，2005，41（5）：1101 – 1119.

［44］ HANSEN P，WIDÉN G. The embeddedness of collaborative information seeking in information culture ［J］. Journal of information science，2017，43（4）：554 – 566.

［45］ HARDIN G. The tragedy of the commons. The population problem has no technical solution；it requires a fundamental extension in morality ［J］. Science，1968，162（3859）：1243 – 1248.

［46］ HE J Y，YANG B H. A Study on effective study path for open education students based on complex network ［C］//2018 2nd International Conference on Computer Science and Intelligent Communication（CSIC 2018），School of Economics and Management，Yunnan Open University. Xi'an，2018：38.

［47］ HE N，LI DY，GAN W Y，et al. Mining vital nodes in complex networks ［J］. Computer science，2007，34（12）：1 – 5.

［48］ HECHTER M. Principles of group solidarity ［J］. American political science association，1989，83

（1）：323.

[49] HELLER M A. The tragedy of the anticommons：property in the transition from marx to markets ［J］. Harvard law review, 1998, 111 （3）：621 – 688.

[50] HERTZUM M. Collaborative information seeking：the combined activity of information seeking and collaborative grounding ［J］. Information processing and management, 2008, 44 （2）：957 – 962.

[51] HKIRI E, MALLAT S, ZRIGUI M. Integrating bilingual named entities lexicon with conditional random fields model for Arabic named entities recognition ［C］//Iapr International Conference on Document Analysis & Recognition, IEEE Computer Society. Kyoto, 2017：609 – 614.

[52] HOFF P D, RAFTERY A E, HANDCOCK M S. Latent space approaches to social network analysis ［J］. Journal of the American statistical association, 2002, 97 （460）：1090 – 1098.

[53] HORTON F W. Information ecology ［J］. Journal of systems management, 1978, （9）：32 – 36.

[54] IDIODI J O A, ONATE C A. Entropy, fisher information and variance with Frost-Musulin potenial ［J］. Communications in theoretical physics, 2016, 66 （9）：269 – 274.

[55] IIVONEN M, SONNENWALD D H. The use of technology in international collaboration：two case studies. ［M］//Chicago, 2000：78 – 92.

[56] HARSH A, ICHALKARANJE N. Intelligent computing, communication and devices ［M］. New Delhi, Springer, 2015：9 – 16.

[57] COLEMAN J S. Foundations of social Theory ［M］Cambridge MA：Harvard University Press, 1990：993.

[58] JIANG W X. An intelligent supply chain information collaboration model based on Internet of things and big data ［J］. IEEE access, 2019, 7：58324 – 58335.

[59] JIONG J, JAYAVARDHANA G, SLAVEN M, et al. An information framework for creating a smart city through internet of things ［J］. Internet of thing journal, 2014, 2 （1）：112 – 121.

[60] KHONSARI K K, NAYERI Z A, FATHALIAN A, et al. Social network analysis of Iran's green movement opposition groups using Twitter ［C］//International Conference on Advances in Social Networks Analysis & Mining, IEEE Computer Society. Odense, 2010：414 – 415.

[61] KITSAK M, GALLOS L K, HAVLIN S, et al. Identification of influential spreaders in complex networks ［J］. Nature physics, 2010, 6 （11）：888 – 893.

[62] KOCK-SCHOPPENHAUER A K, BRULAND P, KADIOGLU D, et al. Scientific challenge in eHealth：MAPPATHON, a metadata mapping challenge ［M］. Studies in health technology and informatics, 2019, 264：1516 – 1517.

[63] KOLLOCK P. The production of trust in online markets ［J］. Advances in group processes, 1999, 16 （16）：1 – 20.

[64] KOMNINOS N, PALLOT M, SCHAFFERS H. Special issue on smart cities and the future internet in Eu-

rope〔J〕. Journal of the knowledge economy, 2013, 4（2）: 119 – 134.

〔65〕 KRAMER R. Collaborating: finding common ground for multiparty problems, by Barbara Gray〔J〕. Academy of management review, 1990, 15（3）: 545 – 547.

〔66〕 LAZAROIU G C, ROSCIA M. Definition methodology for the smart cities model〔J〕. Energy, 2012（47）: 326 – 332.

〔67〕 LI Y M, ZHAO L M, YU Z Y, et al. Traffic flow prediction with big data: a learning approach based on SIS-complex networks〔C〕//2017 IEEE 2nd Information Technology, Networking, Electronic and Automation Control Conference（ITNEC 2017）.

〔68〕 MACKAY C. Extraordinary popular delusions and the madness of crowds〔M〕. New York: Farrar, Straus and Giroux, 1841.

〔69〕 MAO Y H, LI H Y, XU Q R. The mode of urban renewal base on the smart city theory under the background of new urbanization〔J〕. Frontiers of engineering management. 2015, 2（3）: 261 – 265.

〔70〕 MASLOW A H. A theory of human motivation〔J〕. Psychological review, 1943, 50（4）: 370 – 396.

〔71〕 MATTONI B, GUGLIERMETTI F, BISEGNA F. A multilevel method to assess and design the renovation and integration of smart cities〔J〕. Sustainable cities and socirty, 2015（15）: 105 – 119.

〔72〕 MCADAM D, PAULSEN R. Specifying the relationship between social ties and activism〔J〕. American journal of sociology, 1993, 99（3）: 640 – 667.

〔73〕 MEEGAN J, WELLS K. IBM Smart City Portal〔EB/OL〕.〔2017 – 12 – 08〕http://www.ibm.com/developerworks/cn/industry/ind – smartercitydatamodel1/index.html.

〔74〕 MESMER-MAGNUS J R, DECHURCH L A. Information sharing and team performance: a meta-analysis〔J〕. Journal of applied psychology, 2009, 94（2）: 535.

〔75〕 MURNIGHAN J K, ROTH A E. Expecting continued play in prisoner's dilemma games a test of several models〔J〕. Journal of conflict resolution, 1983, 27（2）: 279 – 300.

〔76〕 NAM T, PARDO T A. Conceptualizing smart city with dimensions of technology, people, and institutions〔C〕//International Digital Government Research Conference: Digital Government Innovation in Challenging Times. ACM, 2011: 282 – 291.

〔77〕 NASRIN K, ALI M, MO M. Conceptual modeling of the impact of smart cities on household energy consumption〔J〕. Procedia computer science, 2014, 28: 81 – 86.

〔78〕 NESI P, BADII C, BELLINI P, et al. Km4City smart city API: an integrated support for mobility services〔C〕//IEEE International Conference on Smart Computing, IEEE. 2016: 1 – 8.

〔79〕 VON Neumann J, MORGENSTERN O. The theory of games and economic behaviour〔M〕. Princeton: Princeton University Press, 1944: 56 – 100.

〔80〕 NIBOONKIT S, KRATHU W, PADUNGWEANG P. Automatic discovering success factor relationship entities in articles using named entity recognition ［C］//International Conference on Knowledge & Smart Technology, IEEE. Chonburi, 2017: 238 – 241.

［81］ NJENGA M, BRAITSTEIN P, GALLAHER C. Innovations in urban agriculture and energy for climate-smart cities in Kenya ［J］. Urban agriculture magazine, 2014 (27): 24 – 27.

［82］ OSTROM E, ALEMÁN E C. Governing the commons: the evolution of institutions for collective action ［J］. American political science review, 1993, 86 (1): 279 – 249.

［83］ PAGE S E. The difference: how the power of diversity creates better groups, firms, schools, and societies ［J］. Introductory chapters, 2008, 88 (4): 270 – 278.

［84］ PAN G, QI G, ZHANG W, et al. Trace analysis and mining for smart cities: issues, methods, and applications ［J］. IEEE communications magazine, 2013, 51 (6): 120 – 126.

［85］ PAS182: 2014 Smart city concept model ［S］. British: The British Standards Institution, 2014.

［86］ PASKALEVA K. Enabling the smart city: the progress of city e-governance in Europe ［J］. International journal of innovation and regional development, 2009, 1 (4): 405 – 422.

［87］ PAUL M, LAURENT R, MARIA T, et al. Mapping heterogeneous research infrastructure metadata into a unified catalogue for use in a generic virtual research environment ［J］. Future generation computer systems, 2019, 101: 1 – 13.

［88］ PAUL S A, MORRIS M R. CoSense: enhancing sensemaking for collaborative web search ［C］//CHI'09: Proceedings of the SIGCHI Conference on Human Factors in Computing Systems. New York: Association for computing maching, 2019: 1771 – 1780.

［89］ PENG S D. Cohesive subgroups analysis of asynchronous cognitive interactive network in collaborative learning ［C］//2011 International Conference on Electrical and Control Engineering, IEEE. Yichang, 2011: 6424 – 6428.

［90］ POLTROCK S, GRUDIN J, DUMAIS S, et al. Information seeking and sharing in design teams ［C］//International ACM Siggroup Conference on Supporting Group Work. ACM, 2003: 239 – 247.

［91］ RAGU-NATHAN T S, TARAFDAR M, RAGU-NATHAN B S, et al. The consequences of technostress for end users in organizations: conceptual development and empirical validation ［J］. Information systems research, 2008, 19 (4): 417 – 433.

［92］ ROB K. The real-time city? Big data and smart urbanism ［J］. GeoJournal, 2014, 79 (1): 1 – 14.

［93］ SAŠA A, DRAŽEN M, EDVARD T, et al. Application of social network analysis to port community systems ［C］//2018 41st International Convention on Information and Communication Technology, Electronics and Microelectronics (MIPRO), IEEE. Opatija, 2018: 1304 – 1310.

［94］ SCHRAGE M. No more teams! Mastering the dynamics of creative collaoration ［J］. Mathematics & computer education, 1995, 44 (3): 261 – 263.

［95］ SEATON K A, HACKETT L M. Stations, trains and small-world networks ［J］. Physica A – statistical mechanics & its applications, 2003, 339（3）: 635 – 644.

［96］ SHAH C, MARCHIONINI G. Awareness in collaborative information seeking ［J］. Journal of the American society for information science & technology, 2014, 61（11）: 1970 – 1986.

［97］ SHAH C. Collaborative information seeking: the art and science of making the whole greater than the sum of all ［M］. Berlin: Springer, 2012.

［98］ SHAH C. Evaluating the synergic effect of collaboration in information seeking ［C］//SIGIR'11 Proceedings of the 34th International ACM SIGIR Conference on Research and Development in Information Retrieval, Association for Computing Machinery. Beijing, 2011: 913 – 922.

［99］ SHANNON C E. A mathematical theory of communication ［J］. Bell system technical journal, 1948, 27（4）: 623 – 656.

［100］ SHANNON C E. The mathematical theory of communications ［J］. Bell system technical journal, 1948, 27（3）: 379 – 423.

［101］ SHAO F B, LI K P. A Complex network model for analyzing railway accidents based on the maximal information coefficient ［J］. Communications in theoretical physics, 2016（10）: 459 – 466.

［102］ SIMONS A M. Many wrongs: the advantage of group navigation ［J］. Trends in ecology & Evolution, 2004, 19（9）: 453.

［103］ SONNENWALD D H, LIEVROUW L A. Collaboration during the design process: a case study of communication, information behavior, and project performance ［C］//An International Conference on Information Seeking in Context. London: Taylor Graham Publishing, 1997: 179 – 204.

［104］ SONNENWALD D H, PIERCE L G. Information behavior in dynamic group work contexts: interwoven situational awareness, dense social networks and contested collaboration in command and control ［J］. Information processing & management, 2000, 36（3）: 461 – 479.

［105］ STARKE J, KING A J, CHENG L, et al. Is the true "wisdom of the crowd" to copy successful individuals? ［J］. Biol Lett, 2012, 8（2）: 197 – 200.

［106］ STRAUSS A L. Qualitative analysis for social scientists ［M］. Cambridge: Cambridge University Press, 1987.

［107］ OSLON M. The logic of collective action: public goods and the theory of groups ［J］. Social forces, 1973, 52（1）: 123 – 125.

［108］ SUROWIECKI J. The wisdom of crowds ［M］. New York: Anchor Books, 2005.

［109］ SUTANTA H, ADITYA T, ASTRINI R. Smart city and geospatial information availability, current status in Indonesian cities ［J］. Procedia – social and behavioral sciences, 2016, 227（7）: 265 – 269.

［110］ TALJA S, HANSEN P. Information sharing ［J］. Information science & knowledge management, 2006,

79 (9): 45 - 55.

[111] TALJA S. Information sharing in academic communities: types and levels of collaboration in information seeking and use [J]. New review of information behaviour research, 2002, 3 (1): 143 - 160.

[112] TANSLEY A G. The use and abuse of vegetational concepts and terms [J]. Ecology, 1935, 16 (3): 284 - 307.

[113] TAO Y, TOMBROS A. How collaborators make sense of tasks together: a comparative analysis of collaborative sensemaking behavior in collaborative information-seeking tasks [J]. Journal of the association for information science and technology, 2017: 68 (3): 609 - 622.

[114] TAYLOR R S. Question-negotiation and information seeking in libraries [J]. College & research libraries, 1968, 29 (3): 178 - 194.

[115] THOMASH D, LAURENCE P. Information ecology: mastering the information and knowledge environment [M]. New York: Oxford university press, 1997.

[116] TUBA B, ESTEVE A, JONATHAN W. A smart city initiative: the case of Barcelona [J]. Journal of the knowledge economy, 2013, 4 (3): 135 - 148.

[117] VALENCIA A, GONZÁLEZ G, CASTAÑEDA M. Structural equation model for studying the mobile-learning acceptance [J]. IEEE Latin America transactions, 2016, 14 (4): 1988 - 1992.

[118] VAN LANGE P A M. A social dilemma analysis of commuting preferences: the roles of social value orientations and trust [J]. Journal of applied social psychology, 1998, 28 (9): 796 - 820.

[119] VAN LANGE P A, OTTEN W, DE BRUIN E M N, et al. Development of prosocial, individualistic, and competitive orientations: theory and preliminary evidence [J]. Journal of personality and social psychology, 1997, 73 (4): 733 - 746.

[120] VLASOV E V, PATERIKIN V I. Optical information collaboration systems based on the volumetric virtual environment and the physical reality [J]. Computer optics, 2016, 4 (6): 972 - 975.

[121] W3c. Linking Open Data [EB/OL]. [2017 - 01 - 19]. https://www. w3. org/wiki/Linked Data.

[122] WANG S W, XU R F, LIU B. Financial named entity recognition based on conditional random fields and information entropy [C] //2014 International Conference on Machine Learning and Cybernetics, Lanzhou, 2014: 838 - 843.

[123] WANG S Y, LI X Y, YU G H. Information coordination mechanism of urban critical infrastructures based on multi-agent [M]. International conference on management science and engineering - annual conference proceedings, 2016: 1518 - 1523.

[124] WANG X W, YANG M Q, LI J X, et al. Factors of mobile library user behavioral intention from the perspective of information ecology [J]. Electronic library, 2018, 36 (4): 705 - 720.

[125] WANG Z, CHEN Q, HOU B, et al. Parallelizing maximal clique and k-plex enumeration over graph data

［J］. Journal of parallel and distributed computing, 2017, 106（3）: 79 – 91.

［126］ WASSERMAN S, FAUST K. Social network analysis: methods and applications ［M］. New York: Cambridge university press, 1994: 199.

［127］ WILEY E O, LAYZER D. Information in cosmologyphysics and biology ［J］. Quantum chem, 1988, 12 （1）: 185 – 195.

［128］ WU Y, XUE Y Z, XUE Z L. The study on the core personality trait words of Chinese medical university students based on social network analysis ［J］. Medicine, 2017, 96（37）: 1 – 5.

［129］ WUTHISHUWONG C, TRAECHTLER A. Consensus-based local information coordination for the networked control of the autonomous intersection management ［J］. Complex & intelligent systems, 2017, 3 （1）: 17 – 32.

［130］ YAMAGISHI T, COOK K S. Generalized exchange and social dilemmas ［J］. Social psychology quarterly, 1993, 56（4）: 235 – 248.

［131］ YAN T S, GU Q W. Group purchase customer satisfaction research by structural equation modeling ［C］ //2014 International Conference on Information Science, Electronics and Electrical Engineering, IEEE. Sapporo, 2014: 523 – 526.

［132］ YAO X Y. A method of Chinese organization named entities recognition based on statistical word frequency, part of speech and length ［C］ //2011 4th IEEE International Conference on Broadband Network and Multimedia Technology, IEEE. Shenzhen, 2011: 637 – 641.

［133］ YI J K, YIN M Y, ZHANG Y C, et al. A novel recommender algorithm using information entropy and secondary-clustering ［C］ //2017 2nd IEEE International Conference on Computational Intelligence and Applications（ICCIA）, IEEE. Beijing, 2017: 128 – 132.

［134］ YIN R K. Case study research: design and methods ［M］. California: SAGE Publications. 2009.

［135］ ZHANG WEIYANG, SHAO BINHUANG. Value-added development of government information resources of a smart city: a case study ［C］ //2016 IEEE 20th International Conference on Computer Supported Cooperative Work in Design（CSCWD）, IEEE. Nanchang, 2016: 643 – 646.

［136］ ZHANG X Y, WANG Y B, WU L. Research on cross language text keyword extraction based on information entropy and textRank ［C］ //2019 IEEE 3rd Information Technology, Networking, Electronic and Automation Control Conference（ITNEC）, IEEE. Chengdu, 2019: 16 – 19.

［137］ ZHAO Z D, XIA H, SHANG M S, et al. Empirical analysis on the human dynamics of a large-scale short message communication system ［J］. Chinese physics letter, 2011, 28（6）.

附录一
智慧城市多源信息系统元数据

1. 人口基本信息系统元数据一览

元数据名称：姓名

标识符：01001001

定义：在户籍管理部门正式登记注册、人事档案中正式记载的姓氏名称

数据类名称：人口基本信息系统元数据

数据类型：字符型

表示格式：不超过30位字符

值域：无

备注：汉字表示的姓名中间不应存在空格

元数据名称：公民身份号码

标识符：01002002

定义：赋码机关为每个公民给出的唯一的、终身不变的法定标识号码

数据类名称：人口基本信息系统元数据

数据类型：字符型

表示格式：18位字符

值域：符合GB/T 11643—1999《公民身份号码》的规定

备注：无

元数据名称：性别

标识符：01003003

定义：人的性别

数据类名称：人口基本信息系统元数据

数据类型：字符型

表示格式：2位字符

值域：采用GB/T 2261.1《个人基本信息分类与代码》中的性别名称

备注：无

元数据名称：民族

标识符：01004004

定义：人的民族

数据类名称：人口基本信息系统元数据

数据类型：字符型

表示格式：不超过10位字符

值域：采用GB/T 3301—1991《中国各民族名称罗马字母拼写法和代码》中的民族名称

备注：无

元数据名称：出生日期

标识符：01005005

定义：人的出生年月日

数据类名称：人口基本信息系统元数据

数据类型：日期型

表示格式：YYYYMMDD 或 YYYY – MM – DD

值域：无

备注：无

元数据名称：住址

标识符：01006006

定义：证件视读和机读项目记载的常住户口所在地住址

数据类名称：人口基本信息系统元数据

数据类型：字符型

表示格式：不超过 400 位字符

值域：无

备注：无

元数据名称：乡镇（街道）名称

标识符：01006007

定义：我国区、县以下行政区划乡、镇、街道办事处等的名称

数据类名称：人口基本信息系统元数据

数据类型：字符型

表示格式：不超过 100 位字符

值域：无

备注：为 01006006 "住址" 的描述元数据项

元数据名称：街路巷名称

标识符：01006008

定义：城市或乡镇街、路、胡同的名称

数据类名称：人口基本信息系统元数据

数据类型：字符型

表示格式：不超过 100 个字符

值域：无

备注：为 01006006 "住址" 的描述元数据项

元数据名称：门（楼）牌号

标识符：01006009

定义：门（楼）牌号的描述

数据类名称：人口基本信息系统元数据

数据类型：字符型

表示格式：不超过 60 位字符

值域：无

备注：为 01006006 "住址" 的描述元数据项

元数据名称：门（楼）详细地址

标识符：01006010

定义：门（楼）牌号以下的地址描述

数据类名称：人口基本信息系统元数据

数据类型：字符型

表示格式：不超过 80 位字符

值域：无

备注：为 01006006 "住址" 的描述元数据项

元数据名称：相片

标识符：01007011

定义：能够反映人员正面整体脸部特征的照片

数据类名称：人口基本信息系统元数据

数据类型：二进制

表示格式：无

值域：无

备注：无

元数据名称：籍贯

标识符：01008012

定义：人的出生国家和地点

数据类名称：人口基本信息系统元数据

数据类型：字符型

表示格式：多位字符

值域：无

备注：无

元数据名称：籍贯国家（地区）

标识符：01008013

定义：祖居地或原籍地国家或地区

数据类名称：人口基本信息系统元数据

数据类型：字符型

表示格式：不超过 20 位字符

值域：采用 GB/T 2659.1—2002《世界各国和地区及其行政区划名称代码 第 1 部分：国家和地区代码》中的世界各国和地区名称

备注：为 01008012 "籍贯" 的描述元数据项

元数据名称：籍贯省市县

标识符：01008014

定义：祖居地或原籍地县级及县级以上名称

数据类名称：人口基本信息系统元数据

数据类型：字符型

表示格式：不超过 20 位字符

值域：采用 GB/T 2260—2007《中华人民共和国行政区划代码》中的中华人民共

和国行政区划名称

备注：为 01008012 "籍贯" 的描述元数据项

元数据名称：职业

标识符：01009015

定义：从事的社会性工作的名称

数据类名称：人口基本信息系统元数据

数据类型：字符型

表示格式：不超过 60 位字符

值域：无

备注：无

元数据名称：宗教信仰

标识符：01010016

定义：宗教信仰

数据类名称：人口基本信息系统元数据

数据类型：字符型

表示格式：无

值域：根据个人事实进行填写。如无、基督教、伊斯兰教、佛教等

备注：无

元数据名称：婚姻状况

标识符：01011017

定义：当前的婚姻状况

数据类名称：人口基本信息系统元数据

数据类型：字符型

表示格式：无

值域：未婚、已婚、离婚、丧偶

备注：无

元数据名称：兵役状况

标识符：01012018

定义：公民服兵役状况

数据类名称：人口基本信息系统元数据

数据类型：字符型

表示格式：无

值域：未服兵役、服现役、预备役、退出
　　现役

备注：无

元数据名称：身高

标识符：01013019

定义：人的身高

数据类名称：人口基本信息系统元数据

数据类型：数字型

表示格式：3 位数字

值域：无

备注：以厘米（cm）作单位

元数据名称：血型

标识符：01014020

定义：人的血型

数据类名称：人口基本信息系统元数据

数据类型：字符型

表示格式：1 位字符

值域：O 型、A 型、B 型、AB 型、RH 阴
　　型 5 种血型

备注：无

元数据名称：文化程度

标识符：01015021

定义：在教育机构接受科学、文化知识训
　　练并获得国家教育行政部门认可的最高
　　学历的名称

数据类名称：人口基本信息系统元数据

数据类型：字符型

表示格式：不超过 50 位字符

值域：研究生、本科、大专、中专、中技、
　　技工学校、高中、初中、小学、文盲、
　　半文盲

备注：使用国家文化程度代码标准（国家
　　标准 GB 4658—84）

2. 公安信息系统元数据一览

元数据名称：指纹指位代码

标识符：01101022

定义：指纹所处手指位置的代码

数据类名称：公安信息系统元数据

数据类型：字符型

表示格式：2 位字符

值域：符合 GA 777.1—2010《指纹数据代
　　码　第 1 部分：指纹指位代码》的规定

备注：无

元数据名称：指纹纹型代码

标识符：01102023

定义：指纹的中心花纹基本形态代码

数据类名称：公安信息系统元数据

数据类型：字符型

表示格式：1 位字符

值域：符合 GA 777.2—2008《指纹数据代
　　码　第 2 部分：指纹纹型代码》的规定

备注：无

元数据名称：指纹图形

标识符：01103024

定义：人的指纹的图形

数据类名称：公安信息系统元数据

数据类型：二进制

表示格式：无

值域：无

备注：无

元数据名称：有效期起始日期

标识符：01104025

定义：居民身份证的有效期起始日期

数据类名称：公安信息系统元数据

数据类型：时间型

表示格式：YYYYMMDD 或 YYYY－MM－DD

值域：无

备注：无

元数据名称：有效期截止日期

标识符：01105026

定义：居民身份证的有效期截止日期

数据类名称：公安信息系统元数据

数据类型：时间型

表示格式：YYYYMMDD 或 YYYY－MM－DD

值域：无

备注：无

元数据名称：签发机关

标识符：01106027

定义：居民身份证的签发机关

数据类名称：公安信息系统元数据

数据类型：字符型

表示格式：不超过 50 位字符

值域：无

备注：无

元数据名称：与户主关系代码

标识符：01107028

定义：户成员与户主的关系代码

数据类名称：公安信息系统元数据

数据类型：字符型

表示格式：2 位字符

值域：采用 GB/T 4761—2008 《家庭关系
　　代码》中的 2 位数字码

备注：无

元数据名称：户号

标识符：01108029

定义：户口簿的编号

数据类名称：公安信息系统元数据

数据类型：字符型

表示格式：9 位字符

值域：无

备注：无

元数据名称：迁来本市情况/何时迁来

标识符：01109030

定义：对由本市（县）以外地区迁入的公
　　民，填写其迁入落户的时间

数据类名称：公安信息系统元数据

数据类型：时间型

表示格式：YYYYMMDD 或 YYYY – MM – DD

值域：无

备注：无

元数据名称：迁来本市情况/何因迁来

标识符：01110031

定义：户籍迁来本市（县）的原因

数据类名称：公安信息系统元数据

数据类型：字符型

表示格式：4 位字符

值域：符合 GA/T 2000.27—2014《公安信息代码　第 27 部分：户口性质分类与代码》的规定

备注：无

元数据名称：迁来本市情况/何地迁来

标识符：01111032

定义：户籍从何地迁来本市（县）

数据类名称：公安信息系统元数据

数据类型：字符型

表示格式：不超过 100 位字符

值域：无

备注：无

元数据名称：迁出注销情况/迁出日期

标识符：01112033

定义：户籍迁出本市（县）的日期

数据类名称：公安信息系统元数据

数据类型：时间型

表示格式：YYYYMMDD 或 YYYY – MM – DD

值域：无

备注：无

元数据名称：迁出注销情况/迁出注销类别

标识符：01113034

定义：户籍迁出本市（县）或注销的类别

数据类名称：公安信息系统元数据

数据类型：字符型

表示格式：不超过 20 位字符

值域：符合 GA/T 2000.27—2014《公安信息代码　第 27 部分：户口性质分类与代码》的规定

备注：无

元数据名称：迁出注销情况/迁往地

标识符：01114035

定义：迁出本市情况/迁往地

数据类名称：公安信息系统元数据

数据类型：字符型

表示格式：不超过 100 位字符

值域：无

备注：无

元数据名称：死亡日期

标识符：01115036

定义：人的死亡日期

数据类名称：公安信息系统元数据

数据类型：时间型

表示格式：YYYYMMDD 或 YYYY – MM – DD

值域：无

备注：无

元数据名称：死亡注销类别

标识符：01116037

定义：死亡注销的类别

数据类名称：公安信息系统元数据

数据类型：字符型

表示格式：4 位字符串

值域：符合 GA/T 2000. 27—2014《公安信息代码　第 27 部分：户口性质分类与代码》的规定

备注：无

元数据名称：死亡证明编号

标识符：01117038

定义：死亡证明的编号

数据类名称：公安信息系统元数据

数据类型：字符类

表示格式：20 位字符串

值域：采用"死亡医学证明"的编号

备注：无

3. 民政信息系统元数据一览

元数据名称：婚姻登记证类别代码

标识符：01201039

定义：当前婚姻登记证类别代码

数据类名称：民政信息系统元数据

数据类型：数字型

表示格式：1 位数字

值域：符合 MZ/T 012—2014《民政业务数据共享与交换编码》的规定

备注：无

元数据名称：办理机关编号

标识符：01202040

定义：办理婚姻登记证的机关的编号

数据类名称：民政信息系统元数据

数据类型：字符型

表示格式：不超过 20 位字符

值域：无

备注：无

元数据名称：办理机关名称

标识符：01203041

定义：办理婚姻登记证的机关名称

数据类名称：民政信息系统元数据

数据类型：字符型

表示格式：不超过 100 位字符

值域：无

备注：无

元数据名称：婚姻登记时间

标识符：01204042

定义：最近一次结婚或离婚的登记时间

数据类名称：民政信息系统元数据

数据类型：时间型

表示格式：YYYYMMDD 或 YYYY－MM－DD

值域：无

备注：无

元数据名称：结婚登记字号

标识符：01205043

定义：结婚申请人结婚证的证件号码

数据类名称：民政信息系统元数据

数据类型：字符型

表示格式：不超过 50 位字符

值域：无

备注：无

元数据名称：结婚申请人男方姓名

标识符：01206044

定义：结婚申请人男方在户籍管理部门正
　　式登记注册、人事档案中正式记载的姓
　　氏名称

数据类名称：民政信息系统元数据

数据类型：字符型

表示格式：不超过 50 位字符

值域：无

备注：无

元数据名称：结婚申请人女方姓名

标识符：01207045

定义：结婚申请人女方在户籍管理部门正
　　式登记注册、人事档案中正式记载的姓
　　氏名称

数据类名称：民政信息系统元数据

数据类型：字符型

表示格式：不超过 50 位字符

值域：无

备注：无

元数据名称：男方身份证类型

标识符：01208046

定义：由特定机构颁发的可以证明结婚申
　　请人男方个人身份的证件的名称

数据类名称：民政信息系统元数据

数据类型：字符型

表示格式：不超过 50 位字符

值域：如居民身份证、军官证、警官证、
　　护照等

备注：无

元数据名称：男方身份证号码

标识符：01209047

定义：结婚申请人男方身份证件上记载的、
　　可唯一标识个人身份的号码

数据类名称：民政信息系统元数据

数据类型：字符型

表示格式：18 位字符

值域：无

备注：与元数据 01208046 "男方身份证类
　　型"连用

元数据名称：女方身份证类型

标识符：01210048

定义：由特定机构颁发的可以证明结婚申
　　请人女方个人身份的证件的名称

数据类名称：民政信息系统元数据

数据类型：字符型

表示格式：不超过 50 位字符

值域：如居民身份证、军官证、警官证、
　　护照等

备注：无

元数据名称：女方身份证号码

标识符：01211049

定义：结婚申请人女方身份证件上记载的、可唯一标识个人身份的号码

数据类名称：民政信息系统元数据

数据类型：字符型

表示格式：18 位字符

值域：无

备注：与元数据 01211048 "女方身份证类型"连用

元数据名称：男方出生日期

标识符：01212050

定义：结婚申请人男方出生证签署的，并在户籍部门正式登记注册、人事档案中记载的日期

数据类名称：民政信息系统元数据

数据类型：时间型

表示格式：YYYYMMDD 或 YYYY – MM – DD

值域：无

备注：无

元数据名称：女方出生日期

标识符：01213051

定义：结婚申请人女方出生证签署的，并在户籍部门正式登记注册、人事档案中记载的日期

数据类名称：民政信息系统元数据

数据类型：时间型

表示格式：YYYYMMDD 或 YYYY – MM – DD

值域：无

备注：无

元数据名称：低保人员劳动能力代码

标识符：01214052

定义：申请低保的人员所具有的劳动能力的代码

数据类名称：民政信息系统元数据

数据类型：数字型

表示格式：1 位数字

值域：符合 MZ/T 012—2014《民政业务数据共享与交换编码》的规定

备注：无

元数据名称：低保人员类别代码

标识符：01215053

定义：申请低保的人员所属类别代码

数据类名称：民政信息系统元数据

数据类型：数字型

表示格式：1 位数字

值域：符合 MZ/T 012—2014《民政业务数据共享与交换编码》的规定

备注：无

元数据名称：低保人员工作性质代码

标识符：01216054

定义：申请低保的人员所从事的工作性质代码

数据类名称：民政信息系统元数据

数据类型：数字型

表示格式：1 位数字

值域：符合 MZ/T 012—2014《民政业务数据共享与交换编码》的规定

备注：无

元数据名称：低保家庭领取证号

标识符：01217055

定义：申请低保的家庭获取到的证件编号

数据类名称：民政信息系统元数据

数据类型：字符型

表示格式：18 位字符

值域：无

备注：无

4. 社保信息系统元数据一览

元数据名称：扣款银行

标识符：01301056

定义：采用银行缴费方式缴纳社会保险费用时，个人自行选择的代收社会保险费用的银行

数据类名称：社保信息系统元数据

数据类型：字符型

表示格式：不超过 20 位字符

值域：无

备注：无

元数据名称：扣款银行卡号或存折号

标识符：01302057

定义：用于缴纳社会保险费用的银行卡号或存折号

数据类名称：社保信息系统元数据

数据类型：字符型

表示格式：不超过 20 位字符

值域：无

备注：无

元数据名称：离退休时间

标识符：01303058

定义：由组织、人事部门批准的离退休日期

数据类名称：社保信息系统元数据

数据类型：时间型

表示格式：YYYYMMDD 或 YYYY – MM – DD

值域：无

备注：无

元数据名称：离退休人员类别

标识符：01304059

定义：离退休人员的类别

数据类名称：社保信息系统元数据

数据类型：字符型

表示格式：不超过 2 位字符

值域：1. 在职人员，2. 退休人员，3. 失业人员，4. 下岗人员，5. 其他人员

备注：无

元数据名称：领取养老金标识

标识符：01305060

定义：是否领取养老金的状态标识

数据类名称：社保信息系统元数据

数据类型：二进制

表示格式：0 或 1

值域：0 未领取，1 已领取

备注：无

元数据名称：养老保险参保时间

标识符：01306061

定义：参加养老保险的起始时间

数据类名称：社保信息系统元数据

数据类型：时间型

表示格式：YYYYMMDD 或 YYYY－MM－DD

值域：无

备注：无

元数据名称：养老保险参保状态

标识符：01307062

定义：参加养老保险的状态

数据类名称：社保信息系统元数据

数据类型：数字型

表示格式：0—3

值域：0 未参保，1 参保缴费，2 暂停缴费，
3 终止参保

备注：无

元数据名称：参加医疗保险类别

标识符：01308063

定义：个人所参加的医疗保险的类别

数据类名称：社保信息系统元数据

数据类型：字符型

表示格式：不超过 50 位字符

值域：城镇职工基本医疗保险、城乡居民
医疗保险

备注：无

元数据名称：医疗保险参保时间

标识符：01309064

定义：参加医疗保险的起始时间

数据类名称：社保信息系统元数据

数据类型：时间型

表示格式：YYYYMMDD 或 YYYY－MM－DD

值域：无

备注：无

元数据名称：医疗保险参保状态

标识符：01310065

定义：参加医疗保险的当前状态

数据类名称：社保信息系统元数据

数据类型：数字型

表示格式：0—3

值域：0 未参保，1 参保缴费，2 暂停缴费，
3 终止参保

备注：无

元数据名称：工伤事故时间

标识符：01311066

定义：申请工伤的职工发生工伤事故的
时间

数据类名称：社保信息系统元数据

数据类型：时间型

表示格式：YYYYMMDD 或 YYYY－MM－DD

值域：无

备注：无

元数据名称：工伤诊断时间

标识符：01312067

定义：申请工伤的职工的受伤诊断时间

数据类名称：社保信息系统元数据

数据类型：时间型

表示格式：YYYYMMDD 或 YYYY－MM－DD

值域：无

备注：无

元数据名称：受伤害部位

标识符：01313068

定义：工伤造成身体伤害的部位

数据类名称：社保信息系统元数据

数据类型：字符型

表示格式：不超过 50 位字符

值域：无

备注：无

元数据名称：职业病名称

标识符：01314069

定义：申请工伤的职工的职业病名称

数据类名称：社保信息系统元数据

数据类型：字符型

表示格式：不超过 100 位字符

值域：无

备注：无

元数据名称：接触职业病危害岗位

标识符：01315070

定义：申请工伤的职工接触的职业病危害
　　岗位

数据类名称：社保信息系统元数据

数据类型：字符型

表示格式：不超过 100 位字符

值域：无

备注：无

元数据名称：接触职业病开始时间

标识符：01316071

定义：申请工伤的职工接触职业病的开始
　　日期

数据类名称：社保信息系统元数据

数据类型：时间型

表示格式：YYYYMMDD 或 YYYY – MM – DD

值域：无

备注：无

元数据名称：伤残等级

标识符：01317072

定义：专业机构认定的伤残等级

数据类名称：社保信息系统元数据

数据类型：数字型

表示格式：不超过 3 位数字

值域：无

备注：无

元数据名称：工伤保险参保时间

标识符：01318073

定义：参加工伤保险的起始日期

数据类名称：社保信息系统元数据

数据类型：时间型

表示格式：YYYYMMDD 或 YYYY – MM – DD

值域：无

备注：无

元数据名称：工伤保险参保状态

标识符：01319074

定义：参加工伤保险的状态

数据类名称：社保信息系统元数据

数据类型：数字型

表示格式：0—3

值域：0 未参保，1 参保缴费，2 暂停缴费，3 终止参保

备注：无

5. 卫生与计生信息系统元数据一览

元数据名称：出生地类别代码

标识符：01401075

定义：个体出生地点的类别在特定编码体系中的代码

数据类名称：卫生与计生信息系统元数据

数据类型：字符型

表示格式：1 位字符

值域：采用 WS 364.3—2011《卫生信息数据元值域代码　第 3 部分：人口学及社会经济学特征》中的出生（分娩）地点类别代码

备注：无

元数据名称：孕产妇分娩地点类别代码

标识符：01402076

定义：孕产妇分娩地点类别在特定编码体系中的代码

数据类名称：卫生与计生信息系统元数据

数据类型：数字型

表示格式：1 位数字

值域：采用 WS 364.3—2011《卫生信息数据元值域代码　第 3 部分：人口学及社会经济学特征》中的出生（分娩）地点

类别代码

备注：无

元数据名称：分娩日期

标识符：01403077

定义：产妇分娩胎儿娩出当日的公元纪年日期

数据类名称：卫生与计生信息系统元数据

数据类型：时间型

表示格式：YYYYMMDD 或 YYYY‑MM‑DD

值域：无

备注：无

元数据名称：死亡地点类别代码

标识符：01404078

定义：个体死亡时所在地点类别在特定编码体系中的代码

数据类名称：卫生与计生信息系统元数据

数据类型：数字型

表示格式：2 位数字

值域：采用 WS 364.3—2011《卫生信息数据元值域代码　第 3 部分：人口学及社会经济学特征》中的死亡地点类别代码

备注：无

元数据名称：传染病患者归属代码

标识符：01405079

定义：传染病患者现住地址与就诊医院所在地区关系在特定编码体系中的代码

数据类名称：卫生与计生信息系统元数据

数据类型：数字型

表示格式：1 位数字

值域：采用 WS 364.3—2011《卫生信息数据元值域代码 第 3 部分：人口学及社会经济学特征》中的传染病患者归属代码

备注：无

元数据名称：电子生育服务证号

标识符：01406080

定义：电子生育服务证号

数据类名称：卫生与计生信息系统元数据

数据类型：字符型

表示格式：不超过 30 位字符

值域：无

备注：无

元数据名称：普通生育服务证号

标识符：01407081

定义：普通生育服务证号

数据类名称：卫生与计生信息系统元数据

数据类型：字符型

表示格式：不超过 30 位字符

值域：无

备注：无

元数据名称：生育登记孩次

标识符：01408082

定义：生育登记孩次

数据类名称：卫生与计生信息系统元数据

数据类型：数字型

表示格式：1 位数字

值域：只能为数字"1"或"2"

备注：无

元数据名称：生育服务证状态

标识符：01409083

定义：生育服务证状态

数据类名称：卫生与计生信息系统元数据

数据类型：字符型

表示格式：不超过 20 位字符

值域：有效、有效（已生育）、无效

备注：无

元数据名称：女方姓名

标识符：01410084

定义：已进行生育登记的夫妇女方姓名

数据类名称：卫生与计生信息系统元数据

数据类型：字符型

表示格式：不超过 30 位字符

值域：无

备注：无

元数据名称：男方姓名

标识符：01411085

定义：已进行生育登记的夫妇男方姓名

数据类名称：卫生与计生信息系统元数据

数据类型：字符型

表示格式：不超过 30 位字符

值域：无

备注：无

元数据名称：登记单位

标识符：01412086

定义：进行生育登记的计生部门名称

数据类名称：卫生与计生信息系统元数据

数据类型：字符型

表示格式：不超过 100 位字符

值域：无

备注：无

元数据名称：登记单位电话

标识符：01413087

定义：进行生育登记的计生部门联系电话

数据类名称：卫生与计生信息系统元数据

数据类型：字符型

表示格式：不超过 30 位字符

值域：无

备注：无

元数据名称：登记日期

标识符：01414088

定义：生育登记成功日期

数据类名称：卫生与计生信息系统元数据

数据类型：时间型

表示格式：YYYYMMDD 或 YYYY – MM – DD

值域：无

备注：无

元数据名称：备注

标识符：01415089

定义：记录有关生育登记的说明

数据类名称：卫生与计生信息系统元数据

数据类型：字符型

表示格式：不超过 200 位字符

值域：无

备注：无

元数据名称：出生医学证明编号

标识符：01416090

定义：婴儿出生时出生医学证明上的编号

数据类名称：卫生与计生信息系统元数据

数据类型：字符型

表示格式：不超过 20 位字符

值域：无

备注：无

元数据名称：新生儿姓名

标识符：01417091

定义：新生儿的中文姓名全称

数据类名称：卫生与计生信息系统元数据

数据类型：字符型

表示格式：不超过 30 位字符

值域：无

备注：无

元数据名称：出生时间

标识符：01418092

定义：婴儿出生的具体时间

数据类名称：卫生与计生信息系统元数据

数据类型：时间型

表示格式：YYYYMMDD 或 YYYY – MM – DD

值域：无

备注：无

元数据名称：出生地点

标识符：01419093

定义：婴儿出生的具体地点

数据类名称：卫生与计生信息系统元数据

数据类型：字符型

表示格式：不超过 100 位字符

值域：无

备注：无

元数据名称：接生机构名称

标识符：01420094

定义：负责接生的机构的名称

数据类名称：卫生与计生信息系统元数据

数据类型：字符型

表示格式：不超过 100 位字符

值域：无

备注：无

元数据名称：父亲姓名

标识符：01421095

定义：父亲姓名

数据类名称：卫生与计生信息系统元数据

数据类型：字符型

表示格式：不超过 50 位字符

值域：无

备注：无

元数据名称：父亲身份证号码

标识符：01422096

定义：父亲身份证号码

数据类名称：卫生与计生信息系统元数据

数据类型：字符型

表示格式：18 位字符

值域：无

备注：无

元数据名称：母亲姓名

标识符：01423097

定义：母亲姓名

数据类名称：卫生与计生信息系统元数据

数据类型：字符型

表示格式：不超过 50 位字符

值域：无

备注：无

元数据名称：母亲身份证号码

标识符：01424098

定义：母亲身份证号码

数据类名称：卫生与计生信息系统元数据

数据类型：字符型

表示格式：18 位字符

值域：无

备注：无

元数据名称：发证日期

标识符：01425099

定义：证件颁发的日期

数据类名称：卫生与计生信息系统元数据

数据类型：时间型

表示格式：YYYYMMDD 或 YYYY – MM – DD

值域：无

备注：无

元数据名称：发证单位

标识符：01426100

定义：证件颁发机关的名称

数据类名称：卫生与计生信息系统元数据

数据类型：字符型

表示格式：不超过 100 位字符

值域：无

备注：无

6. 个税信息系统元数据一览

元数据名称：个人所得税自行申报情形

标识符：01501101

定义：个人所得税自行申报情形

数据类名称：个税信息系统元数据

数据类型：字符型

表示格式：不超过 50 位字符

值域：从中国境内两处或两处以上取得工
资，薪金所得；没有扣缴义务人；其他
情形

备注：无

元数据名称：所得时间

标识符：01502102

定义：纳税人取得所得的起止时间

数据类名称：个税信息系统元数据

数据类型：时间型

表示格式：YYYYMMDD 或 YYYY－MM－DD

值域：无

备注：无

元数据名称：所得项目

标识符：01503103

定义：纳税人的所得项目

数据类名称：个税信息系统元数据

数据类型：字符型

表示格式：不超过 50 位字符

值域：无

备注：无

元数据名称：收入额

标识符：01504104

定义：纳税人实际取得的全部收入额

数据类名称：个税信息系统元数据

数据类型：数字型

表示格式：无限制

值域：无

备注：无

元数据名称：免税所得

标识符：01505105

定义：可以免税的所得

数据类名称：个税信息系统元数据

数据类型：数字型

表示格式：无限制

值域：无

备注：无

元数据名称：税前扣除项目

标识符：01506106

定义：可以在税前扣除的项目

数据类名称：个税信息系统元数据

数据类型：字符型

表示格式：不超过 100 位字符

值域：基本养老保险费、基本医疗保险费、失业保险费、住房公积金、财产原值、允许扣除的税费、其他、合计

备注：无

元数据名称：减除费用

标识符：01507107

定义：可以在税前减除的费用

数据类名称：个税信息系统元数据

数据类型：数字型

表示格式：无限制

值域：无

备注：无

元数据名称：准予扣除的捐赠额

标识符：01508108

定义：可以在税前扣除的捐赠额

数据类名称：个税信息系统元数据

数据类型：数字型

表示格式：无限制

值域：无

备注：无

元数据名称：应纳税所得额

标识符：01509109

定义：应纳税的所得金额

数据类名称：个税信息系统元数据

数据类型：数字型

表示格式：无限制

值域：无

备注：无

元数据名称：应纳税额

标识符：01510110

定义：纳税人依照税法规定的费用减除标准和适用税率计算的应纳税额

数据类名称：个税信息系统元数据

数据类型：数字型

表示格式：无限制

值域：无

备注：无

元数据名称：减免税额

标识符：01511111

定义：符合税法规定可以减免的税款

数据类名称：个税信息系统元数据

数据类型：数字型

表示格式：无限制

值域：无

备注：无

元数据名称：已缴税额

标识符：01512112

定义：纳税人当期已实际被扣缴或缴纳的个人所得税税款

数据类名称：个税信息系统元数据

数据类型：数字型

表示格式：无限制

值域：无

备注：无

元数据名称：应补（退）税额

标识符：01513113

定义：应补（退）税的金额

数据类名称：个税信息系统元数据

数据类型：数字型

表示格式：无限制

值域：无

备注：无

元数据名称：个人所得税纳税人类型

标识符：01514114

定义：缴纳个人所得税的自然人的类型

数据类名称：个税信息系统元数据

数据类型：字符型

表示格式：不超过 50 位字符

值域：有任职受雇单位、无任职受雇单位（不含股东投资者）、投资者、无住所个人

备注：无

元数据名称：纳税人识别号

标识符：01515115

定义：自然人在税务机关登记的纳税人识别号

数据类名称：个税信息系统元数据

数据类型：字符型

表示格式：不超过 50 位字符

值域：无

备注：无

元数据名称："三险一金"缴纳情况

标识符：01516116

定义：纳税人缴纳社会保险费的实际情况

数据类名称：个税信息系统元数据

数据类型：字符型

表示格式：不超过 50 位字符

值域：基本养老保险费、基本医疗保险费、失业保险费、住房公积金、无

备注：无

元数据名称：是否残疾、烈属、孤老

标识符：01517117

定义：纳税人是否是残疾人、烈属或孤寡老人

数据类名称：个税信息系统元数据

数据类型：字符型

表示格式：不超过 10 位字符

值域：是、否

备注：无

7. 工商行政信息系统元数据一览

元数据名称：组织机构代码

标识符：02102001

定义：由组织机构代码管理部门，根据全国组织机构代码编制规则，赋予法人的组织机构代码号

数据类名称：工商行政信息系统元数据

数据类型：字符型

表示格式：9 位字符

值域：无

备注：无

元数据名称：机构名称

标识符：02102002

定义：由企业登记管理机关、机构编制管理机关、社会团体登记管理机关以及其他法律、法规规定的组织机构登记管理机关或批准机关核准注册或登记的组织机构名称

数据类名称：工商行政信息系统元数据

数据类型：字符型

表示格式：不超过 100 位字符

值域：无

备注：无

元数据名称：机构类型

标识符：02103003

定义：由企业登记管理机关、机构编制管理机关和社会团体登记管理机关核定或确定的类型为准，参照其他法律、法规规定的组织机构登记或批准机关核定或确定的类型

数据类名称：工商行政信息系统元数据

数据类型：字符型

表示格式：不超过 20 位字符

值域：采用 GB/T 16987—2002《组织机构代码信息数据库（基本库）数据格式》中的如下枚举值：企业法人、企业分支机构、企业其他、事业法人、事业其他、社团法人、行政机关、民办非企业单位、个体、工会法人、其他机构

备注：无

元数据名称：机构住所

标识符：02104004

定义：法人登记机构注册、备案或批准机关批准的法人主要办事机构所在地地址，包括所属行政区划名称，乡（镇）、村、街名称和门牌号

数据类名称：工商行政信息系统元数据

数据类型：字符型

表示格式：不超过 100 位字符

值域：无

备注：无

元数据名称：邮政编码

标识符：02105005

定义：组织机构注册或登记管理部门核发的有效证照或批文上的机构所在地址的邮政编码

数据类名称：工商行政信息系统元数据

数据类型：字符型

表示格式：6 位字符

值域：符合《中国地址邮政编码簿》

备注：无

元数据名称：电话号码

标识符：02106006

定义：机构或人员的联系电话号码

数据类名称：工商行政信息系统元数据

数据类型：字符型

表示格式：不超过 18 位字符

值域：符合 GB/T 14733.8—1993《电信术语》的规定

备注：无

元数据名称：法定代表人姓名

标识符：02107007

定义：组织机构法定代表人（或负责人）的姓名

数据类名称：工商行政信息系统元数据

数据类型：字符型

表示格式：不超过20位字符

值域：无

备注：无

元数据名称：成立日期

标识符：02108008

定义：组织机构注册或登记管理部门核发的有效证照或批文上的成立日期或批准成立日期

数据类名称：工商行政信息系统元数据

数据类型：时间型

表示格式：YYYYMMDD 或 YYYY－MM－DD

值域：无

备注：无

元数据名称：注册或登记号

标识符：02109009

定义：企业（包括个体工商户）在工商登记机关注册的营业执照上的唯一注册号、事业单位证书号、社会团体登记证号等由法人登记机构或批准机关核发的法人证书或批文上的注册号、登记号、文号

数据类名称：工商行政信息系统元数据

数据类型：字符型

表示格式：不超过31位字符

值域：无

备注：无

元数据名称：行政区划

标识符：02110010

定义：法人住所所在地的行政区划代码

数据类名称：工商行政信息系统元数据

数据类型：字符型

表示格式：不超过20位字符

值域：GB/T 2260—2007《中华人民共和国行政区划代码》中的数字码

备注：无

元数据名称：组织机构代码证颁证日期

标识符：02111011

定义：向法人颁发组织机构代码证的日期

数据类名称：工商行政信息系统元数据

数据类型：时间型

表示格式：YYYYMMDD 或 YYYY－MM－DD

值域：无

备注：无

元数据名称：组织机构代码证废置日期

标识符：02112012

定义：组织机构代码证被废置的日期

数据类名称：工商行政信息系统元数据

数据类型：时间型

表示格式：YYYYMMDD 或 YYYY－MM－DD

值域：无

备注：无

元数据名称：组织机构代码证变更事项

标识符：02113013

定义：变更的组织机构代码证登记事项
　　名称

数据类名称：工商行政信息系统元数据

数据类型：字符型

表示格式：不超过 20 位字符

值域：无

备注：无

元数据名称：组织机构代码证变更内容

标识符：02114014

定义：变更后的组织机构代码证登记事项
　　内容

数据类名称：工商行政信息系统元数据

数据类型：字符型

表示格式：不超过 500 位字符

值域：无

备注：无

元数据名称：组织机构代码证变更日期

标识符：02115015

定义：变更后的组织机构代码证登记事项
　　的日期

数据类名称：工商行政信息系统元数据

数据类型：时间型

表示格式：YYYYMMDD 或 YYYY – MM – DD

值域：无

备注：无

元数据名称：经济行业代码

标识符：02116016

定义：组织机构所属行业类型的代码

数据类名称：工商行政信息系统元数据

数据类型：字符型

表示格式：4 位字符

值域：采用 GB/T 4754—2017《国民经济
　　行业分类》中的国民经济行业代码

备注：

元数据名称：职工人数

标识符：02117017

定义：法人单位/机构下属职工人数

数据类名称：工商行政信息系统元数据

数据类型：数字型

表示格式：无限制

值域：无

备注：无

元数据名称：经营或业务范围

标识符：02118018

定义：机构登记机关或批准机关核发的有
　　效证照或批文上登记的宗旨和业务范围、
　　生产和经营商品的类别、品种及服务项
　　目等

数据类名称：工商行政信息系统元数据

数据类型：字符型

表示格式：不超过 240 位字符

值域：无

备注：无

元数据名称：经济类型

标识符：02119019

定义：机构经济类型分类，按不同资本（资金来源和资本组合方式）划分的经济组织和其他组织机构的类别

数据类名称：工商行政信息系统元数据

数据类型：字符型

表示格式：不超过 30 位字符

值域：采用 GB/T 12402—2000《经济类型分类与代码》中的经济类型名称

备注：无

元数据名称：注销或撤销日期

标识符：02120020

定义：机构登记机关或批准机关核准法人注销或批准法人撤销的日期或执法机关吊销法人的日期

数据类名称：工商行政信息系统元数据

数据类型：时间型

表示格式：YYYYMMDD 或 YYYY – MM – DD

值域：无

备注：无

元数据名称：法定代表人身份证件类型

标识符：02121021

定义：机构登记机关或批准机关核发的有效证照或批文上的法定代表人身份证件类型

数据类名称：工商行政信息系统元数据

数据类型：字符型

表示格式：不超过 50 位字符

值域：身份证、军官证、护照、港澳通行证、回乡证等

备注：无

元数据名称：法定代表人身份证件号码

标识符：02122022

定义：机构登记机关或批准机关核发的有效证照或批文上的法定代表人的身份证件号码

数据类名称：工商行政信息系统元数据

数据类型：字符型

表示格式：18 位字符

值域：无

备注：无

元数据名称：注册或开办资金金额

标识符：02123023

定义：机构在登记管理机关依法登记的资本总额

数据类名称：工商行政信息系统元数据

数据类型：数字型

表示格式：无限制

值域：无

备注：无

元数据名称：注册或开办资金币种

标识符：02124024

定义：机构在登记管理机关依法登记的资本比重，价值交换的中介的名称

数据类名称：工商行政信息系统元数据

数据类型：字符型

表示格式：不超过 30 位字符

值域：采用 GB/T 12406—2002《表示货币的代码》中的"货币名称"中文名称

备注：无

元数据名称：实收资本

标识符：02125025

定义：指企业实际收到的投资人投入的资本

数据类名称：工商行政信息系统元数据

数据类型：数字型

表示格式：无限制

值域：无

备注：无

元数据名称：分支机构组织机构代码

标识符：02126026

定义：由组织机构代码管理部门，根据全国组织机构代码编制规则，赋予法人所属分支机构的组织机构代码号

数据类名称：工商行政信息系统元数据

数据类型：字符型

表示格式：9 位字符

值域：无

备注：无

元数据名称：分支机构名称

标识符：02127027

定义：由法人登记机构核准注册、备案或由批准机关批准的法人所属分支机构名称

数据类名称：工商行政信息系统元数据

数据类型：字符型

表示格式：不超过 100 位字符

值域：无

备注：无

元数据名称：分支机构注册或登记号

标识符：02128028

定义：营业执照注册号、社会团体登记证号等由法人登记机构或批准机关核发的法人分支机构证书或批文上的注册号、登记号、文号

数据类名称：工商行政信息系统元数据

数据类型：字符型

表示格式：31 位字符

值域：无

备注：无

元数据名称：分支机构住所

标识符：02129029

定义：法人登记机构核准注册、备案或由批准机关批准的法人所属分支机构主要办事机构所在地地址，包括所属行政区划名称、乡（镇）、村、街名称和门牌号

数据类名称：工商行政信息系统元数据

数据类型：字符型

表示格式：不超过 100 位字符

值域：无

备注：无

元数据名称：法人证书变更事项

标识符：02130030

定义：工商行政管理部门办理变更登记的
　项目名称

数据类名称：工商行政信息系统元数据

数据类型：字符型

表示格式：不超过 200 位字符

值域：无

备注：无

元数据名称：法人证书变更内容

标识符：02131031

定义：企业变更事项的变更后内容

数据类名称：工商行政信息系统元数据

数据类型：字符型

表示格式：不超过 600 位字符

值域：无

备注：无

元数据名称：法人证书变更日期

标识符：02132032

定义：企业变更事项的日期

数据类名称：工商行政信息系统元数据

数据类型：时间型

表示格式：YYYYMMDD 或 YYYY – MM – DD

值域：无

备注：无

元数据名称：办理变更机关

标识符：02133033

定义：企业办理变更事项的机关

数据类名称：工商行政信息系统元数据

数据类型：字符型

表示格式：不超过 20 位字符

值域：无

备注：无

元数据名称：营业执照吊销日期

标识符：02134034

定义：企业营业执照被吊销或注销的日期

数据类名称：工商行政信息系统元数据

数据类型：时间型

表示格式：YYYYMMDD 或 YYYY – MM – DD

值域：无

备注：无

元数据名称：营业执照吊销原因

标识符：02135035

定义：企业营业执照被吊销或注销的原因

数据类名称：工商行政信息系统元数据

数据类型：字符型

表示格式：不超过 200 位字符

值域：无

备注：无

8. 质监信息系统元数据一览

元数据名称：主管部门

标识符：02201036

定义：上级行政主管部门的名称

数据类名称：质监信息系统元数据

数据类型：字符型

表示格式：不超过 100 位字符

值域：无

备注：无

元数据名称：主要产品

标识符：02202037

定义：机构生产、销售的主要产品

数据类名称：质监信息系统元数据

数据类型：字符型

表示格式：不超过50位字符

值域：符合 GB/T 7635.1—2002《全国主要产品分类与代码　第1部分：可运输产品》、GB/T 7635.2—2002《全国主要产品分类与代码　第2部分：不可运输产品》的规定

备注：无

元数据名称：主要股东

标识符：02203038

定义：主要股东名称

数据类名称：质监信息系统元数据

数据类型：字符型

表示格式：不超过100位字符

值域：无

备注：无

元数据名称：办证日期

标识符：02204039

定义：办理组织机构代码证的日期

数据类名称：质监信息系统元数据

数据类型：时间型

表示格式：YYYYMMDD 或 YYYY – MM – DD

值域：无

备注：同义名称 02111011 "组织机构代码证颁证日期"

元数据名称：定期检验日期

标识符：02205040

定义：组织机构代码定期检验的日期

数据类名称：质监信息系统元数据

数据类型：时间型

表示格式：YYYYMMDD 或 YYYY – MM – DD

值域：无

备注：无

元数据名称：登记批准机构

标识符：02206041

定义：办理登记、审批的机构代码

数据类名称：质监信息系统元数据

数据类型：字符型

表示格式：6位字符

值域：无

备注：无

元数据名称：年检年度

标识符：02207042

定义：法人在工商行政管理部门、机构编制部门、民政部门等法人登记机构进行年检的年度

数据类名称：质监信息系统元数据

数据类型：时间型

表示格式：YYYY

值域：无

备注：无

元数据名称：年检结果

标识符：02208043

定义：法人在工商行政管理部门、机构编制部门、民政部门等法人登记机构进行年检的情况

数据类名称：质监信息系统元数据

数据类型：字符型

表示格式：不超过 8 位字符

值域：无

备注：无

元数据名称：批准文号

标识符：02209044

定义：机构登记机关或批准机关核发的批文上登记的号码

数据类名称：质监信息系统元数据

数据类型：字符型

表示格式：31 位字符

值域：无

备注：无

元数据名称：注册号

标识符：02210045

定义：机构登记机关或批准机关核发的有效证照上的登记号码

数据类名称：质监信息系统元数据

数据类型：字符型

表示格式：26 位字符

值域：无

备注：无

元数据名称：办证机构

标识符：02211046

定义：组织机构代码的办理机构

数据类名称：质监信息系统元数据

数据类型：字符型

表示格式：不超过 60 位字符

值域：无

备注：无

元数据名称：职工人数

标识符：02212047

定义：法人单位的职工人数

数据类名称：质监信息系统元数据

数据类型：数字型

表示格式：不超过 6 位数字

值域：无

备注：同义名称 02117017 "职工人数"

元数据名称：经办人

标识符：02213048

定义：办理组织机构代码的人的姓名

数据类名称：质监信息系统元数据

数据类型：字符型

表示格式：不超过 30 位字符

值域：无

备注：无

元数据名称：内设机构组织机构代码

标识符：02214049

定义：内设机构组织机构代码

数据类名称：质监信息系统元数据

数据类型：字符型

表示格式：9 位字符

值域：符合 GB 11714—1997《全国组织机
　　构代码编制规则》的规定

备注：无

元数据名称：内设机构名称

标识符：02215050

定义：内设机构的中文名称

数据类名称：质监信息系统元数据

数据类型：字符型

表示格式：不超过 100 位字符

值域：无

备注：无

元数据名称：内设机构联系电话

标识符：02216051

定义：内设机构的联系电话

数据类名称：质监信息系统元数据

数据类型：字符型

表示格式：不超过 18 位字符

值域：无

备注：无

元数据名称：录入日期

标识符：02217052

定义：内设机构的录入日期

数据类名称：质监信息系统元数据

数据类型：时间型

表示格式：YYYYMMDD 或 YYYY – MM – DD

值域：无

备注：无

9. 国税信息系统元数据一览

元数据名称：国税纳税人识别号

标识符：02301053

定义：国税税务登记证上的纳税人识别号

数据类名称：国税信息系统元数据

数据类型：字符型

表示格式：18 位字符或 15 位字符

值域：无

备注：无

元数据名称：国税税务登记机关名称

标识符：02302054

定义：国税税务登记证上的登记机关全称

数据类名称：国税信息系统元数据

数据类型：字符型

表示格式：不超过 100 位字符

值域：无

备注：无

元数据名称：国税税务登记日期

标识符：02303055

定义：法人办理国税税务（设立）登记的
　　日期

数据类名称：国税信息系统元数据

数据类型：时间型

表示格式：YYYYMMDD 或 YYYY – MM – DD

值域：无

备注：无

元数据名称：国税注销税务登记日期

标识符：02304056

定义：法人注销国税税务登记的日期

数据类名称：国税信息系统元数据

数据类型：时间型

表示格式：YYYYMMDD 或 YYYY – MM – DD

值域：无

备注：无

元数据名称：纳税人名称

标识符：02305057

定义：国税纳税人名称

数据类名称：国税信息系统元数据

数据类型：字符型

表示格式：不超过 80 位字符

值域：无

备注：无

元数据名称：办理税务登记机关

标识符：02306058

定义：机构办理税务登记的机关名称

数据类名称：国税信息系统元数据

数据类型：字符型

表示格式：不超过 60 位字符

值域：无

备注：无

元数据名称：税务登记注销机关

标识符：02307059

定义：办理税务登记注销的机关名称

数据类名称：国税信息系统元数据

数据类型：字符型

表示格式：不超过 60 位字符

值域：无

备注：无

元数据名称：非正常户认定日期

标识符：02308060

定义：国税部门认定为非正常户的日期

数据类名称：国税信息系统元数据

数据类型：时间型

表示格式：YYYYMMDD 或 YYYY – MM – DD

值域：无

备注：无

10. 地税信息系统元数据一览

元数据名称：地税纳税人识别号

标识符：02401061

定义：税务部门为纳税人分配的唯一税务登记编号

数据类名称：地税信息系统元数据

数据类型：字符型

表示格式：20 位字符

值域：无

备注：无

元数据名称：地税税务登记机关名称

标识符：02402062

定义：地税税务登记证上的登记机关全称

数据类名称：地税信息系统元数据

数据类型：字符型

表示格式：不超过 100 位字符

值域：无

备注：无

元数据名称：地税税务登记日期

标识符：02403063

定义：法人办理地税税务（设立）登记的
　　　日期

数据类名称：地税信息系统元数据

数据类型：时间型

表示格式：YYYYMMDD 或 YYYY－MM－DD

值域：无

备注：无

元数据名称：地税注销税务登记日期

标识符：02404064

定义：法人注销地税税务登记的日期

数据类名称：地税信息系统元数据

数据类型：时间型

表示格式：YYYYMMDD 或 YYYY－MM－DD

值域：无

备注：无

元数据名称：地税纳税人名称

标识符：02405065

定义：地税纳税人的名称

数据类名称：地税信息系统元数据

数据类型：字符型

表示格式：不超过 100 位字符

值域：无

备注：无

元数据名称：非正常户认定日期

标识符：02406066

定义：地税部门认定纳税人为非正常户的
　　　日期

数据类名称：地税信息系统元数据

数据类型：时间型

表示格式：YYYYMMDD 或 YYYY－MM－DD

值域：无

备注：无

附录二
"智慧长春"多源信息系统元数据映射方案

所属部门	办理事项	材料名称	材料数据项	标准元数据项名称	对应多源信息系统	映射类型
长春市公安局	出生婚生婴儿落户	出生医学证明	新生儿姓名	新生儿姓名	卫生与计生	内容结构双映射
			性别	性别	人口基本	内容结构双映射
			出生日期	分娩日期	卫生与计生	内容结构双映射
			出生地	出生地点	卫生与计生	内容结构双映射
			母亲姓名	母亲姓名	卫生与计生	内容结构双映射
			母亲身份证号	母亲身份号码	卫生与计生	内容结构双映射
			母亲国籍	国家（地区）	人口基本	结构单映射
			母亲民族	民族	人口基本	结构单映射
			父亲姓名	父亲姓名	卫生与计生	内容结构双映射
			父亲身份证号	父亲身份号码	卫生与计生	内容结构双映射
			父亲国籍	国家（地区）	人口基本	结构单映射
			父亲民族	民族	人口基本	结构单映射
			身份证号	公民身份号码	人口基本	内容结构双映射
			接生机构名称	接生机构名称	卫生与计生	内容结构双映射
			出生证编号	出生医学证明编号	卫生与计生	内容结构双映射
			签发日期	发证日期	卫生与计生	内容结构双映射
			签证机构	发证单位	卫生与计生	内容结构双映射
	死亡注销户口登记	火化证	姓名	姓名	人口基本	内容结构双映射
			性别	性别	人口基本	内容结构双映射
			生前户口所在地	住址	人口基本	结构单映射
		公安机关出具的死亡证明	证明编号	死亡证明编号	公安	内容结构双映射
			死者姓名	姓名	人口基本	结构单映射
			性别	性别	人口基本	内容结构双映射
			身份证号	公民身份号码	人口基本	内容结构双映射
			户口所在地	住址	人口基本	内容结构双映射

续表

所属部门	办理事项	材料名称	材料数据项	标准元数据项名称	对应多源信息系统	映射类型
		死亡医学证明书	死者姓名	姓名	人口基本	结构单映射
			性别	性别	人口基本	内容结构双映射
			民族	民族	人口基本	内容结构双映射
			身份证号码	公民身份号码	人口基本	内容结构双映射
			户口所在地	住址	人口基本	内容结构双映射
			死亡日期	死亡日期	公安	内容结构双映射
	出生非婚生婴儿落户	司法鉴定许可证	机构名称	机构名称	工商行政	结构单映射
			机构住所	机构住所	工商行政	结构单映射
			法定代表人	法定代表人姓名	工商行政	结构单映射
		中华人民共和国收养登记证	收养人	姓名	人口基本	结构单映射
			收养父亲姓名	姓名	人口基本	结构单映射
			父亲国籍	国家（地区）	人口基本	结构单映射
			收养父亲出生日期	出生日期	人口基本	内容结构双映射
			身份证件号	公民身份号码	人口基本	内容结构双映射
			住址	住址	人口基本	内容结构双映射
			收养母亲姓名	姓名	人口基本	结构单映射
			母亲国籍	国家（地区）	人口基本	结构单映射
			出生日期	出生日期	人口基本	内容结构双映射
			身份证件号	公民身份号码	人口基本	内容结构双映射
			住址	住址	人口基本	内容结构双映射
			被收养人姓名	姓名	人口基本	结构单映射
			性别	性别	人口基本	内容结构双映射
			出生日期	出生日期	人口基本	内容结构双映射
			身份证件号	公民身份号码	人口基本	内容结构双映射
			住址	住址	人口基本	内容结构双映射
			送养人姓名	姓名	人口基本	结构单映射
	互联网上网服务营业场所经营单位变更备案	互联网上网服务营业场所信息网络安全审核表	申请单位	机构名称	工商行政	结构单映射
			营业场所详细地址	机构住所	工商行政	内容结构双映射
			法定代理人姓名	姓名	人口基本	结构单映射
			身份证号	法定代表人身份证件号码	工商行政	内容结构双映射

续表

所属部门	办理事项	材料名称	材料数据项	标准元数据项名称	对应多源信息系统	映射类型
			联系电话	电话号码	工商行政	内容结构双映射
			法人代码	组织机构代码	工商行政	内容结构双映射
			企业名称	机构名称	工商行政	内容结构双映射
			地址	机构住所	工商行政	内容结构双映射
			法定代表人	法定代表人姓名	工商行政	内容结构双映射
			注册资本	注册或开办资金金额	工商行政	内容结构双映射
	核发第一类易毒制化学品（非药品类）购买许可证	第一类易制毒化学品购买许可证	购买单位名称	机构名称	工商行政	内容结构双映射
			购买单位地址	机构名称	工商行政	结构单映射
			法定代表人	法定代表人姓名	工商行政	内容结构双映射
			电话	电话号码	工商行政	内容结构双映射
			销售单位名称	机构名称	工商行政	内容结构双映射
			住所	机构住址	工商行政	内容结构双映射
			法定代表人	法定代表人姓名	工商行政	内容结构双映射
			电话	电话号码	工商行政	内容结构双映射
	娱乐场所备案	娱乐场所备案登记表	单位名称	机构名称	工商行政	内容结构双映射
			经营地址	机构住址	工商行政	内容结构双映射
			法定代表人姓名	法定代表人姓名	工商行政	内容结构双映射
			联系电话	电话号码	工商行政	内容结构双映射
			身份证号	法定代表人身份证件号码	工商行政	内容结构双映射
			实际负责人姓名	姓名	人口基本	结构单映射
			身份证号	公民身份号码	人口基本	内容结构双映射
			经济性质	经济类型	工商行政	内容结构双映射
			经营范围	经营或业务范围	工商行政	内容结构双映射
	金融机构计算机信息系统资源配置、技术人员构成备案	计算机信息系统资源配置、技术人员登记申请表	单位名称	机构名称	工商行政	内容结构双映射
			单位地址	机构住址	工商行政	内容结构双映射
			法定代表人	法定代表人姓名	工商行政	内容结构双映射
			联系电话	电话号码	工商行政	内容结构双映射
			安全领导小组组长	姓名	人口基本	结构单映射
			申请人	姓名	人口基本	结构单映射

续表

所属部门	办理事项	材料名称	材料数据项	标准元数据项名称	对应多源信息系统	映射类型
	大型活动烟花爆竹燃放许可审批	焰火燃放许可证申请表	施工方案设计人	姓名	人口基本	结构单映射
			公民身份号码	公民身份号码	人口基本	内容结构双映射
			审核人	姓名	人口基本	结构单映射
			公民身份号码	公民身份号码	人口基本	内容结构双映射
			批准人	姓名	人口基本	结构单映射
			公民身份号码	公民身份号码	人口基本	内容结构双映射
市残疾人联合会	聋儿听力语言康复训练	门诊诊断书	姓名	姓名	人口基本	内容结构双映射
			性别	性别	人口基本	内容结构双映射
		残疾人证	姓名	姓名	人口基本	内容结构双映射
			性别	性别	人口基本	内容结构双映射
			民族	民族	人口基本	内容结构双映射
			出生年月	出生日期	人口基本	内容结构双映射
	听障儿童人工耳蜗安装救助	残疾人精准康复服务补助申请审批表	姓名	姓名	人口基本	内容结构双映射
			性别	性别	人口基本	内容结构双映射
			民族	民族	人口基本	内容结构双映射
			出生年月	出生日期	人口基本	内容结构双映射
			身份证号	公民身份号码	人口基本	内容结构双映射
			家庭住址	住址	人口基本	内容结构双映射
			监护人姓名	姓名	人口基本	结构单映射
长春市人才服务中心	高校毕业生就业见习个人申请	长春市高校毕业生就业见习登记表	姓名	姓名	人口基本	内容结构双映射
			性别	性别	人口基本	内容结构双映射
			出生年月	出生日期	人口基本	内容结构双映射
			身份证号	公民身份号码	人口基本	内容结构双映射
	应届高校毕业生求职创业补贴	驻长高校毕业生求职创业补贴申请表	姓名	姓名	人口基本	内容结构双映射
			性别	性别	人口基本	内容结构双映射
			身份证号	公民身份号码	人口基本	内容结构双映射
			入学前户籍	住址	人口基本	结构单映射
	长春市人才公寓租住申请	个人住房信息查询结果证明	申请人	姓名	人口基本	结构单映射
			有效证件号码	公民身份号码	人口基本	内容结构双映射
			身份证号	公民身份号码	人口基本	内容结构双映射

续表

所属部门	办理事项	材料名称	材料数据项	标准元数据项名称	对应多源信息系统	映射类型
		专业技术任职资格证书	姓名	姓名	人口基本	内容结构双映射
			性别	性别	人口基本	内容结构双映射
			出生日期	出生日期	人口基本	内容结构双映射
			文化程度	文化程度	人口基本	内容结构双映射
			身份证号	公民身份号码	人口基本	内容结构双映射
		国家执业资格证书	姓名	姓名	人口基本	内容结构双映射
			性别	性别	人口基本	内容结构双映射
			工作单位	工作单位	人口基本	内容结构双映射
			身份证号	公民身份号码	人口基本	内容结构双映射
长春市城乡建设委员会	建造师申请初始注册	二级建造师初始注册申请表	姓名	姓名	人口基本	内容结构双映射
			性别	性别	人口基本	内容结构双映射
			出生年月	出生日期	人口基本	内容结构双映射
			民族	民族	人口基本	内容结构双映射
			身份证号	公民身份号码	人口基本	内容结构双映射
			学历	文化程度	人口基本	内容结构双映射
	核发建设工程竣工规划核实通知书	长春市乡村建设竣工规划核实申请表	身份证号	公民身份号码	人口基本	内容结构双映射
长春市住房保障和房屋管理局	住房货币分配审批	职工住房档案	证件号	公民身份号码	人口基本	内容结构双映射
			出生日期	出生日期	人口基本	内容结构双映射
			性别	性别	人口基本	内容结构双映射
			姓名	姓名	人口基本	内容结构双映射
			婚姻状况	婚姻状况	人口基本	内容结构双映射
			配偶姓名	姓名	人口基本	结构单映射
			配偶证件号	公民身份号码	人口基本	结构单映射
		长春市住房档案个人信息调查表	姓名	姓名	人口基本	内容结构双映射
			性别	性别	人口基本	内容结构双映射
			身份证件号	公民身份号码	人口基本	内容结构双映射
			出生日期	出生日期	人口基本	内容结构双映射
			婚姻状况	婚姻状况	人口基本	内容结构双映射

续表

所属部门	办理事项	材料名称	材料数据项	标准元数据项名称	对应多源信息系统	映射类型
		干部任免审批表	姓名	姓名	人口基本	内容结构双映射
			性别	性别	人口基本	内容结构双映射
			出生年月	出生日期	人口基本	内容结构双映射
			民族	民族	人口基本	内容结构双映射
			籍贯	籍贯	人口基本	内容结构双映射
			学历学位	文化程度	人口基本	内容结构双映射
		长春市职工住房补贴、工龄补贴资金使用审批表	姓名	姓名	人口基本	内容结构双映射
			身份证号	公民身份号码	人口基本	内容结构双映射
			工作单位	机构名称	工商行政	结构单映射
长春市气象局	灾害天气证明	长春市气象局灾害天气证明申请表	申请人	姓名	人口基本	结构单映射
			法定代表人	法定代表人姓名	工商行政	内容结构双映射
			申办人	姓名	人口基本	结构单映射
			申办人身份证号码	公民身份号码	人口基本	结构单映射
			通讯地址	机构住所	工商行政	内容结构双映射
长春市供电公司	更名过户申请	变更用电业务申请书（更名过户）	客户名称	机构名称	工商行政	结构单映射
			联系人姓名	姓名	人口基本	结构单映射
			联系电话	电话号码	工商行政	内容结构双映射
	新装用电申请	新装用电业务申请书	客户名称	机构名称	工商行政	结构单映射
			用电地址	机构住所	工商行政	结构单映射
			联系人姓名	姓名	人口基本	结构单映射
			联系电话	电话号码	工商行政	内容结构双映射
	暂停恢复申请	变更用电业务申请书（暂停恢复）	客户名称	机构名称	工商行政	结构单映射
			联系人姓名	姓名	人口基本	结构单映射
			联系电话	电话号码	工商行政	内容结构双映射

续表

所属部门	办理事项	材料名称	材料数据项	标准元数据项名称	对应多源信息系统	映射类型
	分户申请、并户申请	变更用电业务申请书（分户并户）	客户名称	机构名称	工商行政	结构单映射
			联系人姓名	姓名	人口基本	结构单映射
			联系电话	电话号码	工商行政	内容结构双映射
	暂停用电申请	变更用电业务申请书（暂停）	客户名称	机构名称	工商行政	结构单映射
			联系人姓名	姓名	人口基本	结构单映射
			联系电话	电话号码	工商行政	内容结构双映射
	减容用电申请	变更用电业务申请书（减容）	客户名称	机构名称	工商行政	结构单映射
			联系人姓名	姓名	人口基本	结构单映射
			联系电话	电话号码	工商行政	内容结构双映射
	增容用电申请	变更用电业务申请书（增容）	客户名称	机构名称	工商行政	结构单映射
			联系人姓名	姓名	人口基本	结构单映射
			联系电话	电话号码	工商行政	内容结构双映射
长春市档案局	向档案馆捐赠、寄存档案的服务	个人（单位）向长春市档案馆寄存（捐赠）档案申请表	申请人	姓名	人口基本	结构单映射
			性别	性别	人口基本	内容结构双映射
			住址	住址	人口基本	内容结构双映射
长春市热力集团	房屋拆迁及整楼退网业务	房屋拆迁及整楼退网减少供热面积申请表	申请单位	机构名称	工商行政	结构单映射
			经办人	姓名	人口基本	结构单映射
	改变用热性质	用户信息卡	用户姓名	姓名	人口基本	内容结构双映射
	开具不欠费证明	热费收缴情况证明	姓名	姓名	人口基本	内容结构双映射
		开具不欠费证明申请	姓名	姓名	人口基本	内容结构双映射

续表

所属部门	办理事项	材料名称	材料数据项	标准元数据项名称	对应多源信息系统	映射类型
长春市公交公司	老年人乘车卡办理	吉林省老年人优待证	姓名	姓名	人口基本	内容结构双映射
			性别	性别	人口基本	内容结构双映射
			身份证号	公民身份号码	人口基本	内容结构双映射
			住址	住址	人口基本	内容结构双映射
长春市医疗保障局	机关事业单位人员续保	进（出）编单	填报单位	机构名称	工商行政	结构单映射
			姓名	姓名	人口基本	内容结构双映射
			性别	性别	人口基本	内容结构双映射
			出生日期	出生日期	人口基本	内容结构双映射
			文化程度	文化程度	人口基本	内容结构双映射
	异地急诊登记	急诊登记	患者姓名	姓名	人口基本	结构单映射
			身份证号	公民身份号码	人口基本	内容结构双映射
			经办人姓名	姓名	人口基本	结构单映射
	男职工配偶无工作生育就诊审批	失业证	姓名	姓名	人口基本	内容结构双映射
			身份证号	公民身份号码	人口基本	内容结构双映射
			性别	性别	人口基本	内容结构双映射
			出生日期	出生日期	人口基本	内容结构双映射
			民族	民族	人口基本	内容结构双映射
			详细地址	住址	人口基本	内容结构双映射
	退休人员异地门诊特殊疾病审批（首次办理）	退休人员异地门诊大病申请表	姓名	姓名	人口基本	内容结构双映射
			性别	性别	人口基本	内容结构双映射
	企业单位人员停保	终止、解除劳动合同备案申报花名册	姓名	姓名	人口基本	内容结构双映射
			户籍所在地	住址	人口基本	内容结构双映射
		劳动合同解除（终止）证明书	法定代表人	法定代表人姓名	工商行政	内容结构双映射
			乙方姓名	姓名	人口基本	结构单映射
			性别	性别	人口基本	内容结构双映射
			身份证编号	公民身份号码	人口基本	内容结构双映射

续表

所属部门	办理事项	材料名称	材料数据项	标准元数据项名称	对应多源信息系统	映射类型
长春市就业局	市直离休干部异地居住就医手续	长春市离休人员异地居住就医申请表	姓名	姓名	人口基本	内容结构双映射
			性别	性别	人口基本	内容结构双映射
	工伤伤残津贴首次办理	工伤认定申请表	申请人	姓名	人口基本	结构单映射
			受伤害职工	姓名	人口基本	结构单映射
	创业项目—项目推介	个体工商户营业执照	字号名称	机构名称	工商行政	内容结构双映射
			经营者姓名	法定代表人姓名	工商行政	内容结构双映射
			经营范围及方式	经营或业务范围	工商行政	内容结构双映射
长春市人力资源和社会保障局	信用社区申请小额担保贷款	长春市下岗失业人员自谋职业小额担保贷款申请表	姓名	姓名	人口基本	内容结构双映射
			性别	性别	人口基本	内容结构双映射
			出生日期	出生日期	人口基本	内容结构双映射
			身份证号	公民身份号码	人口基本	内容结构双映射
			婚姻状况	婚姻状况	人口基本	内容结构双映射
			文化程度	文化程度	人口基本	内容结构双映射
			家庭住址	住址	人口基本	内容结构双映射
长春市人民防空办公室	警报器装、拆、迁、移审批	长春市人防警报器设施装拆迁移申请审批表	申请单位	机构名称	工商行政	结构单映射
			申请单位联系人	姓名	人口基本	结构单映射
长春市食品药品监督管理局	医疗用毒性药品零售企业批准	医疗用毒性药品经营企业申请表	经营企业名称	机构名称	工商行政	内容结构双映射
			注册地址	机构住所	工商行政	内容结构双映射
			邮编	邮政编码	工商行政	内容结构双映射
			经营方式	经济类型	工商行政	内容结构双映射
			法定代表人	法定代表人姓名	工商行政	内容结构双映射
			联系电话	电话号码	工商行政	内容结构双映射
			主管负责人	姓名	人口基本	结构单映射

续表

所属部门	办理事项	材料名称	材料数据项	标准元数据项名称	对应多源信息系统	映射类型
麻醉药品和第一类精神药品运输证明核发		中华人民共和国药品经营许可证	企业名称	机构名称	工商行政	内容结构双映射
			经营方式	经济类型	工商行政	内容结构双映射
			经营范围	经营或业务范围	工商行政	内容结构双映射
			法定代表人	法定代表人姓名	工商行政	内容结构双映射
			企业负责人	姓名	人口基本	结构单映射
			质量负责人	姓名	人口基本	结构单映射
			企业名称	机构名称	工商行政	内容结构双映射
			注册地址	机构住所	工商行政	内容结构双映射
			法定代表人	法定代表人姓名	工商行政	内容结构双映射
			企业负责人	姓名	人口基本	结构单映射
			企业类型	经济类型	工商行政	内容结构双映射
麻醉药品、精神药品邮寄证明核发		麻醉药品、精神药品邮寄证明申请表	申请运输单位	机构名称	工商行政	结构单映射
			地址	机构住所	工商行政	内容结构双映射
			经办人	姓名	人口基本	结构单映射
			身份证号	公民身份号码	人口基本	内容结构双映射
长春市应急管理局	烟花爆竹经营（批发）许可变更申请	批发许可证变更申请书	单位名称	机构名称	工商行政	内容结构双映射
			主要负责人	姓名	人口基本	结构单映射
			注册地址	机构住所	工商行政	内容结构双映射
			邮政编码	邮政编码	工商行政	内容结构双映射
			经济类型	经济类型	工商行政	内容结构双映射
			注册资本	注册或开办资金金额	工商行政	内容结构双映射
			联系电话	电话号码	工商行政	内容结构双映射
			工商注册号	注册或登记号	工商行政	内容结构双映射
长春市体育局	国家二级运动员审批	运动员技术等级称号申请表	姓名	姓名	人口基本	内容结构双映射
			性别	性别	人口基本	内容结构双映射
			民族	民族	人口基本	内容结构双映射
			身份证号码	公民身份号码	人口基本	内容结构双映射

续表

所属部门	办理事项	材料名称	材料数据项	标准元数据项名称	对应多源信息系统	映射类型
长春市市场监督管理局	个体工商户设立登记	营业单位登记申请书	隶属单位（企业）	机构名称	工商行政	结构单映射
			注册号/统一社会信用代码	注册或登记号	工商行政	内容结构双映射
			营业单位名称	机构名称	工商行政	内容结构双映射
			组织机构代码	组织机构代码	工商行政	内容结构双映射
			纳税人识别号	国税纳税人识别号	国税	内容结构双映射
			地址	机构住址	工商行政	内容结构双映射
			邮政编码	邮政编码	工商行政	内容结构双映射
			联系电话	电话号码	工商行政	内容结构双映射
			负责人姓名	姓名	人口基本	结构单映射
			联系电话	电话号码	工商行政	内容结构双映射
			经营范围	经营或业务范围	工商行政	内容结构双映射
	分公司设立登记	分公司登记申请书	公司名称	机构名称	工商行政	内容结构双映射
			公司注册号	注册或登记号	工商行政	内容结构双映射
			分公司名称	机构名称	工商行政	结构单映射
			组织机构代码	组织机构代码	工商行政	内容结构双映射
			纳税人识别号	国税纳税人识别号	国税	内容结构双映射
			联系电话	电话号码	工商行政	内容结构双映射
			邮政编码	邮政编码	工商行政	内容结构双映射
	个人独资企业设立登记	个人独资企业登记（备案）申请书	名称	机构名称	工商行政	内容结构双映射
			备用名称1	机构名称	工商行政	结构单映射
			备用名称2	机构名称	工商行政	结构单映射
			组织机构代码	组织机构代码	工商行政	内容结构双映射
			纳税人识别号	国税纳税人识别号	国税	内容结构双映射
			企业住所	机构住址	工商行政	内容结构双映射
			联系电话	电话号码	工商行政	内容结构双映射
			邮政编码	邮政编码	工商行政	内容结构双映射

续表

所属部门	办理事项	材料名称	材料数据项	标准元数据项名称	对应多源信息系统	映射类型
	非公司企业法人开业登记	非公司企业法人登记（备案）申请书	名称	机构名称	工商行政	内容结构双映射
			组织机构代码	组织机构代码	工商行政	内容结构双映射
			纳税人识别号	国税纳税人识别号	国税	内容结构双映射
			住所	机构住址	工商行政	内容结构双映射
			联系电话	电话号码	工商行政	内容结构双映射
			邮政编码	邮政编码	工商行政	内容结构双映射
			法定代表人姓名	法定代表人姓名	工商行政	内容结构双映射
			注册资金	注册或开办资金金额	工商行政	内容结构双映射
			经济性质	经济类型	工商行政	内容结构双映射
	外商投资合伙企业设立登记	外资投资合伙企业登记申请书	名称	机构名称	工商行政	内容结构双映射
			组织机构代码	组织机构代码	工商行政	内容结构双映射
			纳税人识别号	国税纳税人识别号	国税	内容结构双映射
			联系电话	电话号码	工商行政	内容结构双映射
			邮政编码	邮政编码	工商行政	内容结构双映射
	外国（地区）企业常驻代表机构设立登记	外国（地区）企业常驻代表机构登记申请书	代表机构名称	机构名称	工商行政	结构单映射
			登记证注册号/统一社会信用代码	注册或登记号	工商行政	内容结构双映射
			组织机构代码	组织机构代码	工商行政	内容结构双映射
			联系电话	电话号码	工商行政	内容结构双映射
			邮政编码	邮政编码	工商行政	内容结构双映射
	农民专业合作社设立登记	农民专业合作社登记（备案）申请书	名称	机构名称	工商行政	内容结构双映射
			备用名称1	机构名称	工商行政	结构单映射
			备用名称2	机构名称	工商行政	结构单映射
			登记证注册号/统一社会信用代码	注册或登记号	工商行政	内容结构双映射
			组织机构代码	组织机构代码	工商行政	内容结构双映射
			住所	机构住址	工商行政	内容结构双映射
			联系电话	电话号码	工商行政	内容结构双映射
			邮政编码	邮政编码	工商行政	内容结构双映射

续表

所属部门	办理事项	材料名称	材料数据项	标准元数据项名称	对应多源信息系统	映射类型
长春市畜牧业管理局	执业兽医资格证书的申请注册	执业兽医师注册申请表	姓名	姓名	人口基本	内容结构双映射
			性别	性别	人口基本	内容结构双映射
			出生年月	出生日期	人口基本	内容结构双映射
			身份证号	公民身份号码	人口基本	内容结构双映射
			学历	文化程度	人口基本	内容结构双映射
			家庭住址	住址	人口基本	内容结构双映射
			受聘单位	机构名称	工商行政	内容结构双映射
			地址	机构住所	工商行政	内容结构双映射
			法人	法定代表人姓名	工商行政	内容结构双映射
			联系电话	电话号码	工商行政	内容结构双映射
	动物诊疗许可	动物诊疗许可证申请表	机构名称	机构名称	工商行政	内容结构双映射
			地址	机构住址	工商行政	内容结构双映射
			法人代表	法定代表人姓名	工商行政	内容结构双映射
			身份证号	法定代表人身份证件号码	工商行政	内容结构双映射
			联系电话	电话号码	工商行政	内容结构双映射
			执业首席姓名	姓名	人口基本	结构单映射
	动物防疫条件合格证核发	动物防疫条件合格证申请表	单位名称	机构名称	工商行政	内容结构双映射
			姓名	姓名	人口基本	内容结构双映射
			身份证号	公民身份号码	人口基本	内容结构双映射
			经营范围	经营或业务范围	工商行政	内容结构双映射
			经营场所地址	机构住址	工商行政	内容结构双映射
长春市卫生健康委员会	母婴保健专项技术服务执业许可证注销（婚前医学检查）	母婴保健技术服务执业许可证	机构名称	机构名称	工商行政	内容结构双映射
			法定代表人	法定代表人姓名	工商行政	内容结构双映射
			地址	机构住址	工商行政	内容结构双映射

续表

所属部门	办理事项	材料名称	材料数据项	标准元数据项名称	对应多源信息系统	映射类型
	医疗机构设置审批	长春市设置医疗机构申请审核意见表	被申请机关	机构名称	工商行政	结构单映射
			设置单位	机构名称	工商行政	结构单映射
			地址	机构住址	工商行政	内容结构双映射
			法定代表人	法定代表人姓名	工商行政	内容结构双映射
			联系电话	电话号码	工商行政	内容结构双映射
			联系人	姓名	人口基本	结构单映射
			经营性质	机构行政	工商行政	内容结构双映射
	医师执业证书遗失补证	医师执业证书遗失补办申请表	姓名	姓名	人口基本	内容结构双映射
			性别	性别	人口基本	内容结构双映射
			出生年月	出生日期	人口基本	内容结构双映射
			民族	民族	人口基本	内容结构双映射
			学历	文化程度	人口基本	内容结构双映射
长春市国家保密局	国家秘密载体印制资质初步审查（乙级）	企业上两个年度完税证明	纳税识别号	国税纳税人识别号	国税	内容结构双映射
长春市文化广播电视和旅游局	举办香港特别行政区、澳门特别行政区、台湾地区的文艺表演团体、个人参加的营业性演出审批	营业性演出申请登记表	演出举办个人	姓名	人口基本	结构单映射
		演出场所营业单位备案/设立申请登记表	申请人	姓名	人口基本	结构单映射
			经济类型	经济类型	工商行政	内容结构双映射
			注册资本	注册或开办资金金额	工商行政	内容结构双映射
			法定代表人	法定代表人姓名	工商行政	内容结构双映射
			身份证号	法定代表人身份证件号码	工商行政	内容结构双映射
			办公电话	电话号码	工商行政	内容结构双映射
			主要负责人姓名	姓名	人口基本	结构单映射
			身份证号	公民身份号码	人口基本	内容结构双映射
			住所	住址	人口基本	内容结构双映射

续表

所属部门	办理事项	材料名称	材料数据项	标准元数据项名称	对应多源信息系统	映射类型
长春市交通运输局	电视剧制作许可证（乙种）审批	电视剧制作许可证（乙种）申请表	申请机构名称	机构名称	工商行政	结构单映射
			负责人或法定代表人	法定代表人姓名	工商行政	内容结构双映射
			联系人	姓名	人口基本	结构单映射
			编剧姓名	姓名	人口基本	结构单映射
			编剧国籍	国籍	人口基本	结构单映射
	机动车驾驶员培训经营许可	机动车驾驶员培训许可申请书	名称	机构名称	工商行政	内容结构双映射
			地址	机构住址	工商行政	内容结构双映射
			法定代表人	法定代表人姓名	工商行政	内容结构双映射
			邮编	邮政编码	工商行政	内容结构双映射
			法人身份证号	法定代表人身份证件号码	工商行政	内容结构双映射
	危险货物（化学品）运输从业人员资格证审核	道路危险货物运输从业人员从业资格考试申请表	姓名	姓名	人口基本	内容结构双映射
			性别	性别	人口基本	内容结构双映射
			学历	文化程度	人口基本	内容结构双映射
			住址	住址	人口基本	内容结构双映射
			工作单位	机构名称	工商行政	结构单映射
			身份证号	公民身份号码	人口基本	内容结构双映射
长春市规划和自然资源局	企业查询本单位土地登记信息（10件以内）	土地登记类档案查询申请书	姓名	姓名	人口基本	内容结构双映射
			证件类型及号码	公民身份号码	人口基本	内容结构双映射
			代理人姓名	姓名	人口基本	结构单映射
			身份证号	公民身份号码	人口基本	内容结构双映射
			住所地（经常居住地）	住址	人口基本	内容结构双映射
	建设项目竣工用地检查验收	授权委托书	委托人（法定代表人）	法定代表人姓名	工商行政	内容结构双映射
			性别	性别	人口基本	内容结构双映射
			工作单位	工作单位	人口基本	内容结构双映射
			家庭住址	住址	人口基本	内容结构双映射
			委托代理人姓名	姓名	人口基本	结构单映射
			性别	性别	人口基本	内容结构双映射
			工作单位或家庭住址	住址	人口基本	内容结构双映射
			委托代理人身份证	公民身份证号码	人口基本	结构单映射

续表

所属部门	办理事项	材料名称	材料数据项	标准元数据项名称	对应多源信息系统	映射类型
长春市规划和自然资源局	建设项目竣工用地检查验收	国有建设用地使用权出让合同	出让人	姓名	人口基本	结构单映射
			受让人	姓名	人口基本	结构单映射
		中华人民共和国国有建设土地划拨决定书	划拨建设用地使用权人	姓名	人口基本	结构单映射
		工商营业执照	名称	机构名称	工商行政	内容结构双映射
			类型	机构类型	工商行政	内容结构双映射
			住所	机构住址	工商行政	内容结构双映射
			法定代表人	法定代表人姓名	工商行政	内容结构双映射
			注册资本	注册或开办资金金额	工商行政	内容结构双映射
			经营范围	经营或业务范围	工商行政	内容结构双映射
		长春市建设项目竣工用地检查验收申请表	土地使用者	姓名	人口基本	结构单映射
			法定代表人	法定代表人姓名	工商行政	内容结构双映射
			联系人	姓名	人口基本	结构单映射
	划拨土地使用权转让	城镇国有划拨土地使用权转让申请表	转让方	姓名	人口基本	结构单映射
			受让方	姓名	人口基本	结构单映射
			委托人	姓名	人口基本	结构单映射
			委托人（法人代表）	法定代表人姓名	工商行政	结构单映射
			委托代理人（经办人）	姓名	人口基本	结构单映射
长春市司法局	法律职业资格证书申领	法律职业资格授予申请表	姓名	姓名	人口基本	内容结构双映射
			性别	性别	人口基本	内容结构双映射
			身份证号	公民身份号码	人口基本	内容结构双映射
			民族	民族	人口基本	内容结构双映射
			学历	文化程度	人口基本	内容结构双映射
			户籍地	住址	人口基本	内容结构双映射

续表

所属部门	办理事项	材料名称	材料数据项	标准元数据项名称	对应多源信息系统	映射类型
长春市民政局	对申请公职律师岗位或公职律师办公室审核	申请律师工作证登记表	姓名	姓名	人口基本	内容结构双映射
			性别	性别	人口基本	内容结构双映射
			民族	民族	人口基本	内容结构双映射
			出生日期	出生日期	人口基本	内容结构双映射
			身份证号	公民身份号码	人口基本	内容结构双映射
			最高学历	文化程度	人口基本	内容结构双映射
			工作单位	机构名称	工商行政	结构单映射
			单位地址	机构住址	工商行政	结构单映射
			单位邮编	邮编	工商行政	内容结构双映射
			单位电话	电话号码	工商行政	内容结构双映射
			所居地址	住址	人口基本	内容结构双映射
	律师事务所执业许可证注销审查	律师事务所注销登记表	律师所名称	机构名称	工商行政	结构单映射
	社会团体变更登记	社会团体法人登记证书	名称	机构名称	工商行政	内容结构双映射
			法定代表人	法定代表人姓名	工商行政	内容结构双映射
			业务范围	经营或业务范围	工商行政	内容结构双映射
			住所	机构住所	工商行政	内容结构双映射
			注册资金	注册或开办资金金额	工商行政	内容结构双映射
	慈善组织公开募资捐资格的审查批准	税务登记本	纳税人名称	纳税人名称	国税	内容结构双映射
			法定代表人	法定代表人姓名	工商行政	内容结构双映射
			地址	机构住所	工商行政	内容结构双映射
			登记注册类型	机构类型	工商行政	内容结构双映射
			经营范围	经营或业务范围	工商行政	内容结构双映射
			总机构名称	机构名称	工商行政	结构单映射
			纳税人识别号	国税纳税人识别号	国税	内容结构双映射
长春市教育局	民办学校办学许可证补发和换发	中华人民共和国民办学校办学许可	校长	姓名	人口基本	结构单映射
		产权证明	房屋所有人	姓名	人口基本	结构单映射

续表

所属部门	办理事项	材料名称	材料数据项	标准元数据项名称	对应多源信息系统	映射类型
长春市发展和改革委员会	企业投资项目备案	吉林省企业投资项目备案申请表	单位名称	机构名称	工商行政	内容结构双映射
			单位法人代表	法定代表人姓名	工商行政	内容结构双映射
			注册地址	机构住所	工商行政	内容结构双映射
			邮政编码	邮政编码	工商行政	内容结构双映射
			联系电话	电话号码	工商行政	内容结构双映射
			联系人姓名	姓名	人口基本	结构单映射
			联系人身份证号	公民身份号码	人口基本	结构单映射
			经济类型	经济类型	工商行政	内容结构双映射
			统一社会信用代码	组织机构代码	工商行政	内容结构双映射
	外商投资项目备案	中外投资各方的企业注册证明材料	统一社会信用代码	注册或登记号	工商行政	内容结构双映射
			名称	机构名称	工商行政	内容结构双映射
			类型	机构类型	工商行政	内容结构双映射
			住所	机构住所	工商行政	内容结构双映射
			法定代表人姓名	法定代表人姓名	工商行政	内容结构双映射
			注册资本	注册或开办资金金额	工商行政	内容结构双映射
			成立时间	成立日期	工商行政	内容结构双映射
			经营范围	经营或业务范围	工商行政	内容结构双映射
		企业法人营业执照	名称	机构名称	工商行政	内容结构双映射
			住所	机构住所	工商行政	内容结构双映射
			注册号	注册或登记号	工商行政	内容结构双映射
			法定代表人姓名	法定代表人姓名	工商行政	内容结构双映射
			公司类型	机构类型	工商行政	内容结构双映射
			注册资本	注册或开办资金金额	工商行政	内容结构双映射
			实收资本	实收资本	工商行政	内容结构双映射
			经营范围	经营或业务范围	工商行政	内容结构双映射
			成立日期	成立日期	工商行政	内容结构双映射

续表

所属部门	办理事项	材料名称	材料数据项	标准元数据项名称	对应多源信息系统	映射类型
长春市不动产登记中心	不动产换证登记（自然人原郊区房屋证书换发登记）	房屋测绘数据调查表	产权主	姓名	人口基本	结构单映射
			法人代表	法定代表人姓名	工商行政	内容结构双映射
			测量员	姓名	人口基本	结构单映射
		抵押权人、地役权人、预告登记权利人、查封机关同意注销材料	借款人	姓名	人口基本	结构单映射
			身份证号	公民身份号码	人口基本	内容结构双映射
	国有建设用地使用权、抵押权注销登记	证明房屋抵押权消灭的材料	权利人（申请人）	姓名	人口基本	结构单映射
			义务人	姓名	人口基本	结构单映射
	分割登记	国有土地使用证	土地使用权人	机构名称	工商行政	结构单映射
		法官工作证	姓名	姓名	人口基本	内容结构双映射
			性别	性别	人口基本	内容结构双映射
			出生年月	出生日期	人口基本	内容结构双映射
	证明身份变更（单位）	企业变更情况	企业名称	机构名称	工商行政	内容结构双映射
			统一社会信用代码	组织机构代码	工商行政	内容结构双映射
			注册号	注册或登记号	工商行政	内容结构双映射
	证明身份变更的材料（单位）	最高额抵押合同	抵押人名称	姓名	人口基本	结构单映射
			证件号码	公民身份号码	人口基本	内容结构双映射
			抵押权人	姓名	人口基本	结构单映射
		备注营业执照	地址	机构住所	工商行政	内容结构双映射
			电话	电话号码	工商行政	内容结构双映射
	出让国有建设用地使用权首次登记	国有建设用地使用权出让合同	出让人	姓名	人口基本	结构单映射
			受让人	姓名	人口基本	结构单映射